공자개제고【三】

孔子改制考

공자개제고【三】 孔子改制考

An Annotated Translation of
"Confucius as a Reformer"

캉유웨이 저
김 동 민 역주

세창출판사

공자개제고 【三】 孔子改制考

1판 1쇄 인쇄 2013년 12월 16일
1판 1쇄 발행 2013년 12월 26일

저 자 | 캉유웨이(康有爲)
역주자 | 김동민(金東敏)
발행인 | 이방원
발행처 | 세창출판사

주소 | 서울 서대문구 경기대로 88 (냉천빌딩 4층)
신고번호 | 제300-1990-63호
전화 | (02) 723-8660 팩스 | (02) 720-4579
http://www.sechangpub.co.kr
e-mail: sc1992@empal.com

ISBN 978-89-8411-447-0 94150
978-89-8411-444-9 (세트)

잘못된 책은 구입하신 서점에서 바꾸어 드립니다.
책값은 뒤표지에 있습니다.

이 도서의 국립중앙도서관 출판시도서목록(CIP)은 서지정보유통지원시스템 홈페이지(http://seoji.nl.go.kr)와 국가자료공동목록시스템(http://www.nl.go.kr/kolisnet)에서 이용하실 수 있습니다.(CIP제어번호: CIP2013026788)

역주자 서문

孔子改制考

캉유웨이가 활동했던 시대는 역사상의 변화가 가장 심했던 격동의 시대였다. 수천 년 동안 지속되었던 전통 왕조의 붕괴, 그리고 근대로의 이행이라는 거스를 수 없는 세계사적 흐름, 이처럼 전통과 근대가 교차하는 시대에 당대의 지식인들은 많은 혼란과 고민을 겪었을 것이다. 근대와 전통 단절, 혹은 전통의 연속으로서의 근대, 어느 쪽을 선택하는가에 따라 중국이 나아가야 할 미래의 모습은 확연히 달라질 수 있기 때문이다. 당대의 많은 학자들이 다양한 형태의 중국 근대 설계도를 제시했는데, 그중에서도 가장 파격적인 모델을 제시한 인물이 바로 캉유웨이라고 할 수 있다. 그는 전통과의 연속이라는 밑그림 위에, 개혁과 변혁을 통한 근대로의 이행을 선포했다. 전통에 근거한 근대적 개혁이 마치 언어 모순처럼 보이지만, 그는 전통에 대한 재해석을 통해 가장 중국적인 근대를 만들 수 있다고 확신했다. 이런 점에서 캉유웨이의 철학 사상이 "형식면에서 중국 고대철학의 연속이자 고전 전통의 근대적 종결"(『中國近代思想史論』)이라고 한 리쩌허우(李澤厚)의 평가는 매우 적절한 것처럼 보인다.

그런데 사실 캉유웨이의 설계도는 자신의 독창적인 작품이 아니다. 그것은 예전에 이미 존재했던 원형의 모델을 단지 벤치마킹했다고 할 수 있다. 중국 고대에 새로운 시대를 위한 개혁의 설계도를 그린 대표적인 인물은 바로 공자이며, 그 설계도에 의해 탄생한 결과물이 바로 유교이다. 그러한 공자와 유교의 역사를 체계화시켜 하나의 정형화된 도식으로 만든 작품이 『공자개제고』이다. 그렇다면 그는 왜 공자와 유교를 벤치마킹의 대상으로 삼았을까? 공자가 탁고(託古)라는 형식을 통해 개제(改制)를 시도했듯이, 자신도 공자를 탁고의 대상으로 삼아 개혁을 추진했다고 할 수 있다. 유교를 통한 공자의 개제를 자신이 추진하는 개혁과 동일시함으로써 개혁의 이론적 토대와 정당성을 동시에 확보하려는 의도였다. 결과적으로 태평(太平)의 정치와 대동(大同)의 복지를 누리고 싶다던 캉유웨이의 꿈은 공허한 외침으로 끝이 났지만, 그의 근대적 담론의 원천은 『공자개제고』 속에 여전히 남아 있다.

캉유웨이의 연보를 살펴보면, 이 책은 10년이 넘는 오랜 기간에 걸쳐 완성되었다. 아마도 개혁과 변법을 위한 이론적 근거로 활용할 책이었기 때문에 상당히 심혈을 기울였을 것으로 짐작할 수 있다. 책 전체의 목차만 살펴보더라도 공자와 유교의 역사를 한눈에 파악할 수 있다. 유교의 창립, 공자와 유교의 관계, 유교와 제자백가의 투쟁, 유교의 전파와 사상 통일 등 유교의 성립과 전개에 관한 일련의 과정은 물론, 그 과정에서 상호 관계를 맺었던 제자백가의 양상까지도 체계적으로 정리되어 있다. 따라서 이 책은 캉유웨이와 관련을 짓지 않더라도, 춘추전국시대부터 한대까지 전개된 중국 고대 사상의 전모를 파악할 수 있는 중요한 자료로서의 가치도 지니고 있다. 특히 당시에 활동했던 거의 모든 제자백가의 성립과 활동 등에 관한 핵심 원전 텍스트가 망라되어 있기 때문에 그들 사이의 상호 대립과 투쟁, 조화와 융합의 과정을 매우 생생하게 살펴볼 수 있다. 지금처럼 DB화된 원전 자료가 없던 시대에 이처럼 방대한 자료를 주제별로 발췌하여 인용했다는 것이 놀라울 따름이다.

명저 번역을 신청하기 위해 준비하던 단계부터 출판을 앞둔 현 시점까지 거의 4년의 시간이 흘렀다. '명저'라는 타이틀이 주는 중압감 때문에 번역 과정에서의 고민과 시간 투자가 그 어떤 책보다 많았던 것 같다. 그렇지만 역시 고전 번역자로서의 능력이나 노력 부족 등으로 오역이나 오탈자 등 많은 문제가 드러날 수밖에 없을 것이다. 이 점에 대해서는 향후 연구자들의 따끔한 질타를 겸허하게 기다리겠다. 한편 번역과 교열의 과정에서 큰 도움을 주신 임옥균 선생님과 길훈섭·정병섭 동학께 깊은 감사를 드린다. 아울러 세창출판사의 임길남 상무님과 교정 및 편집을 맡은 분들의 노고에 감사드린다.

마지막으로 고전 번역 사업의 추진이 쉽지 않은 환경 속에서, 한국연구재단의 '명저 번역' 지원 사업 덕분에 이 책이 세상에 나올 수 있게 되었다. 향후 이 사업이 더욱 활성화되어 학술적으로 중요하고 가치 있는 고전들이 체계적으로 번역 출판될 수 있기를 기대해본다.

2013년 12월
와룡산 자락에서
김 동 민

일러두기

孔子改制考

1. 본 역주서의 저본은 1958년 中華書局에서 발행된 『孔子改制考』이다. 번역 과정에서 참조한 대교본은 세 종류이다. 1922년 萬木草堂叢書本 『孔子改制考』(『民國叢書』 第四編 3, 上海書店, 1989) / 中國人民大學出版社 출판본 『孔子改制考』(姜義華/張榮華 編校, 『康有爲全集』 제3집, 2007) / 中國人民大學出版社 출판본 『孔子改制考』(國學基本文庫, 2010)이다.
2. 번역문의 표점은 저본의 표점을 따르되, 다른 판본의 표점도 참조하였다. 단 최종적으로는 한글 번역문에 맞추어 구두나 문장 부호를 다는 것으로 표점의 원칙을 삼았다.
3. 『공자개제고』 속의 원문 중에 인용된 제자백가와 역사 관련 서적들은 그 책의 현행본 원전의 글자와 비교하여 오탈자를 교감했다. 오탈자가 있을 경우에는 현행본의 원문에 따라 수정하고, 교감과 관련된 사항을 주석으로 처리했다.
4. 『공자개제고』의 원문은 크게 세 가지 형식으로 구성되어 있다. ① 각 권의 대의를 설명한 내용, ② 원전 자료를 인용한 내용, ③ 캉유웨이의 해설이나 주장이다. ①은 각 장별 서론에 해당되며. 캉유웨이가 그 장을 기술하게 된 배경과 필요성을 기술한 부분이다. ②는 그 장의 문제 제기를 뒷받침하거나 주장의 근거로 인용한 원전 자료이다. ③은 캉유웨이가 논거 자료에 대해 부가 해설을 하거나, 문제 제기와 논거 자료를 바탕으로 자신의 주장을 펼친 것이다.

5. 『공자개제고』 저본에는 권수 이외에는 세부 항목별 번호나 기호가 붙어 있지 않다. 번역문의 전체 차례나 번역 내용 속에 포함된 분류 번호나 기호, 숫자 등은 모두 역주자가 임의로 붙인 것이다. 먼저 앞의 ①에 해당되는 부분은 〈제1권 머리글〉, 〈제2권 머리글〉 등으로 표시했다. 그리고 원전 자료를 인용한 ②에서, 먼저 세부 절이 없는 제1권과 제11권의 경우, 제1권의 첫 번째 원전 자료는 〈1-1〉, 두 번째 원전 자료는 〈1-2〉, 제11권의 첫 번째 원전 자료는 〈11-1〉, 두 번째 원전 자료는 〈11-2〉 등으로 표시했다. 나머지 19개 권은 세부 절까지 함께 표시했다. 예를 들어 제2권 제1절의 첫 번째 원전 자료는 〈2-1-1〉, 제2권 제2절의 두 번째 원전 자료는 〈2-2-2〉, 제21권 제1절의 세 번째 원전 자료는 〈21-1-3〉 등으로 표시했다. 마지막으로 캉유웨이의 해설이나 주장에 해당되는 ③의 경우, 세부 절은 표시하지 않고 권수와 차례만 표시했다. 예를 들어 제1권의 첫 번째 캉유웨이 글은 〈康1-1〉, 제10권의 두 번째 캉유웨이 글은 〈康10-2〉 등으로 표시했다.
6. 원문의 번역은 되도록 직역을 원칙으로 했다. 다만 직역의 의미 전달이 불명확한 경우에는 의역하여 가독성을 높였다. 그리고 원문에는 없지만 앞뒤의 문맥 연결이나 의미 이해를 위해 보충 번역한 경우에는 [ ] 표시를 해서 구분했다. 원전 자료 중에서 중복되어 인용된 것은 첫 번째 인용문에만 주석을 달았고, 뒷부분은 주석을 모두 빼고 해석만을 넣었다.
7. 역자주는 크게 세 가지 부분으로 구성되어 있다. 첫째, 난해한 어휘와 문장의 보충 해설, 인명과 지명에 대한 해설. 둘째, 철학적 의미나 사상사적인 의의 등에 관한 보충 설명. 셋째, 원전 자료의 대표적 주석서의 비교이다. 인용된 원전 자료 중에 주석서에 따라 번역의 차이가 큰 경우에는 주요 주석서들을 상호 비교하고, 본 역주서에서 근거한 주석의 내용을 밝혔다.

총목차

孔子改制考

孔子改制考【一】

孔子改制考【二】

孔子改制考【三】

孔子改制考【四】

孔子改制考【五】

목차

孔子改制考

孔子改制考【三】

제9권 | 공자가 유교를 창립하여 제도를 개혁하다

孔子創儒教改制考

An Annotated Translation of “Confucius as a Reformer”

제9권 머리글

모든 지구상의 교주(敎主) 중에서 제도를 개혁하고 법도를 세우지 않은 사람이 없다. 제자백가들도 이미 모두 그러했다. 중국의 의리와 제도는 모두 공자에 의해 세워졌으며, 제자들은 그의 도를 전수받고 그의 교설을 전함으로써 그것을 천하에 실행하고, 옛 풍속을 바꾸었다. 관복(冠服)이나 삼년상, 친영(親迎), 정전(井田), 학교(學校), 선거(選擧)와 같은 것은 그 중에서도 규모가 커서 눈에 띄는 것들이다. 이제 전해오는 기록을 뽑아서 한 모퉁이를 드러내 밝히니, 학자들이 인용하여 논리를 펼치고 종류별로 확대 해석하기를 기다린다.[1] 이와 관련된 상세한 내용은 전문 서적을 별도로 만들었다.

凡大地教主, 無不改制立法也. 諸子已然矣. 中國義理制度, 皆立于孔子, 弟子受其道而傳其教, 以行之天下, 移易其舊俗. 若冠服・三年喪・親迎・井田・學校・選擧, 尤其大而著者. 今采傳記, 發其一隅, 以待學者引伸觸長焉. 其詳別爲專書矣.

1. 공자의 제도 개혁에 대한 종합적 의미 [孔子改制總義]

9-1-1[2]

사람의 힘으로 불러들일 수 없지만 저절로 이르는 일이 있는데, [노나

1_ 인신촉장(引伸觸長)은 인용하여 논리를 펼치고 종류별로 확대 해석한다는 뜻으로, 『역』「계사 상(繫辭 上)」편의 "引而伸之, 觸類而長之, 天下之能事畢矣."에서 나온 말이다.

2_ 이하에서 인용한 『춘추번로』「부서」편의 내용은 이 책의 제8권 제1절 〈8-1-9〉에서 이미 인용했다. 자세한 주석은 앞의 내용을 참조 바람.

라의] 서쪽 교외에서 기린을 잡은 사건이니, 천명을 받은 징표가 바로 이것이다. 그런 이후에 옳고 그름을 판단하는 『춘추』에 가탁하여 제도 개혁의 의의를 밝혔다.(『춘추번로』「부서」)

有非力之所能致而自致者, 西狩獲麟, 受命之符是也. 然後託乎『春秋』正不正之間, 而明改制之義.(『春秋繁露』「符瑞」)

9-1-2[3]

은(殷)나라는 하(夏)나라[의 예법]을 바꾸었고, 주(周)나라는 은나라[의 예법]을 바꾸었으며, 『춘추』는 주나라[의 예법]을 바꾸었다. 삼대의 예법이 같지 않으니, 어찌 옛것만을 따르겠는가?(『회남자』「범론훈」)

夫殷變夏, 周變殷, 『春秋』變周. 三代之禮不同, 何古之從?(『淮南子』「氾論訓」)

康9-1

『춘추』가 주나라[의 예법]을 바꾼 것이라고 여겼으니, 공자가 제도를 개혁한 증거가 될 수 있다. 또한 『춘추』를 한 시대[의 왕조]로 여긴 것은 회남자의 시대에도 이미 이와 같았으니, 공자가 제도를 개혁한 소왕이라는 것을 알지 못하는 사람이 없었던 것이다.

以『春秋』爲變周, 可爲孔子改制之證. 且以『春秋』爲一代, 當淮南子時已如此, 蓋莫不知孔子爲改制之素王矣.

9-1-3

주나라가 쇠퇴하자마자 제후들이 제멋대로 날뛰었다. 공자는 예악(禮

3_ 이하에서 인용한 『회남자』「범론훈」편의 내용은 이 책의 제8권 제10절〈8-10-2〉에서 이미 인용했다. 자세한 주석은 앞의 내용을 참조 바람.

樂)이 폐기되고 무너지는 것을 슬퍼하여, 경술을 연구하여 정비함으로써 왕도(王道)를 갖추었으며, 난리를 바로잡아서 올바른 상태로 되돌리려고 했다.[4] 그의 글을 보면, 천하를 위해 예의와 법도를 제정하고, 육예(六藝)의 근본이 되는 핵심을 후세에 남겼다.(『사기』「태사공자서」)

周室旣衰, 諸侯恣行. 仲尼悼禮廢樂崩, 追[5]修經術, 以達王道, 匡亂世反之于正. 見其文辭, 爲天下制儀法, 垂六藝之統紀于後世.(『史記』「太史公自序」)

9-1-4

예의(禮義)는 공자로부터 나왔다.(『염철론』「논유」)

禮義由孔氏出.(『鹽鐵論』「論儒」)

康9-2

유교의 예제(禮制)와 의리(義理)는 모두 공자가 만든 것이니, 이 조목이 가장 좋은 증거가 된다. 한나라의 여러 유학자들은 모두 그 사실을 알고 있었다.

儒敎禮制義理, 皆孔子所制, 此條最可據. 蓋漢諸儒皆知之.

4_ 발란반정(撥亂反正), 즉 '난세를 바로잡아서 올바른 도리로 되돌리는 것'은 공자가 『춘추』를 통해서 추구하고자 했던 목표라고 공양학에서는 말한다. 『공양전』「애공(哀公)」 14년에 "군자는 무엇 때문에 『춘추』를 지었는가? 난세를 바로잡아서 올바른 도리로 되돌리는 것은 『춘추』보다 더 가까운 것이 없다[君子曷爲爲『春秋』? 撥亂世, 反諸正, 莫近諸『春秋』]"라고 한 것이 그것이다. 그리고 『사기』「태사공자서」의 다른 부분에서도 "『춘추』는 의리를 말하고 있기 때문에 어지러운 세상을 바로잡아서 올바른 상태로 되돌려놓는 데는 『춘추』보다 더 가까운 것이 없다[『春秋』以道義, 撥亂世反之正, 莫近於『春秋』.]"라고 했다.

5_ 추(追)가 『공자개제고』에는 진(進)으로 되어 있는데, 『사기』 원문에 따라 고쳤다.

9-1-5

『춘추』에서 '왕정월(王正月)'이라고 했는데, 『공양전』에서 "왕(王)이란 누구를 말하는가? 문왕을 말한다. 무엇 때문에 먼저 '왕'을 말하고 뒤에 '정월'을 말했는가? 왕의 정월이기 때문이다"라고 했다. 무엇 때문에 왕의 정월이라고 말했는가? 대답했다. 왕자는 반드시 천명을 받은 뒤에야 왕이 된다. 왕자는 반드시 역법을 고치고 복색(服色)을 바꾸며 예악(禮樂)을 제정하여 천하를 하나로 통일함으로써 역성(易姓)[에 의한 왕조 교체]이지 전대의 왕을 계승한 것이 아니며, 모두가 자신이 하늘에서 받은 것임을 밝힌다. 왕자가 천명을 받아서 왕노릇을 하면 정월을 제정하여 [천명의] 변화에 호응해야 하기 때문에 여러 가지 법령을 만들어 천지(天地)를 받든다. 따라서 왕정월(王正月)이라고 한다.

> 『春秋』曰, '王正月.' 傳曰, "王者孰謂? 謂文王也. 曷爲先言'王'而後言'正月'? 王正月也." 何以謂之王正月? 曰, 王者必受命而後王. 王者必改正朔, 易服色, 制禮樂, 一統於天下, 所以明易姓非繼人,[6] 通以己受之於天[7]也. 王者受命而王, 制此月以應變, 故作科以奉天地. 故謂之王正月也.

왕자가 제도를 개혁할 때 세부 조항은 어떻게 만드는가? 열 두 가지의 색 중에서 월력은 각각 [정월로 삼은 달의] 정색(正色)을 법칙으로 삼아서[8] 세 종류의 역법을 역으로 계산하여 반복 순환한다.[9] 삼대(三代) 이

6_ 인(人)이 『공자개제고』와 『춘추번로』의 여러 판본에는 인(仁)으로 되어 있는데, 『춘추번로의증』에 따라 고쳤다.

7_ 천(天)자 다음에 『공자개제고』에는 하(下)자가 있는데, 『춘추번로』 원문에 따라 삭제했다.

8_ 『춘추번로의증』에 의하면, 1년이 12달이기 때문에 열두 가지 색이며, 매월의 사물의 색이 각각 다르다. 이 열두 가지 색 중에서 정월로 삼은 달의 색을 선택하여 정색(正色)으로 삼아서 제도를 개혁한다. 그리고 원문의 '이정색(而正色)'은 '기정색

전의 왕조를 [왕조의 계열에서] 축출하여 오제(五帝)라고 부르고, 오제[가 각각 숭상했던 색]을 돌아가면서 그중 한 가지 색을 으뜸의 색으로 삼아서 순서에 따라 다섯 가지 색이 돌아가면서 반복된다.[10] 예악(禮樂)은 각각 그 법칙에 따라 그 마땅한 것을 본받는데, 순서에 따라 네 가지 법칙[四法]이 돌아가면서 반복된다.[11] 모두 국가의 호칭을 새로 짓고 궁궐과 도읍을 옮기며 관직 명칭을 바꾸고 예악을 새로 제정한다.

> 王者改制作科奈何? 曰當十二色, 曆各法而正色, 逆數三而復. 絀三之前曰五帝, 帝迭首一色, 順數五而相復. 禮樂各以其法象其宜, 順數四而相復. 咸作國號, 遷宮邑, 易官名, 制禮作樂.

따라서 탕(湯)임금은 천명을 받아서 왕자가 되자, 하늘에 호응하여 하(夏)라는 국호를 은(殷)이라는 국호로 바꾸고,[12] 역법은 백통(白統)으로

(其正色)'이 되어야 한다고 했다.

9_ 삼통(三統)의 순환은 십이지(十二支)에서 북두(北斗)가 가리키는 방향인 자(子) - 축(丑) - 인(寅)인데, 이것을 역으로 계산하여 인(寅) - 축(丑) - 자(子)의 순서에 따라서 진행한다. 즉 하(夏)나라는 13월 맹춘(孟春)을, 은(殷)나라는 12월 계동(季冬)을, 주(周)나라는 11월 중동(仲冬)을 정월로 삼는데, 주나라를 계승한 나라는 다시 하나라의 13월 맹춘을 정월로 삼으니, 역수(逆數)에 합치한다.

10_ 『춘추번로의증』에 의하면, 이것은 오행(五行)이 서로 돌아가면서 변화하는 뜻이다. 예를 들어 오제 중 황제(黃帝)는 토덕(土德)이므로 황색을 으뜸의 색으로 삼는다. 후대에는 이것을 그대로 답습하여 역대 왕조마다 숭상하는 색이 있었는데, 대체로 오행의 상극(相剋)을 취하여 뜻을 삼은 것이다. 원나라와 명나라 때에는 황제의 복장에 오로지 황색만을 사용했고, 청나라 때에는 그것을 그대로 답습하여 고치지 않았는데, 처음으로 오덕(五德)의 옛 이론을 거부한 것이다.

11_ 동중서의 개제 이론에는 삼통설 이외에도 사법설(四法說)이라는 것이 있다. 동중서는 가치론적 범주인 사법설을 함께 운용함으로써 기계적 순환론인 삼통설의 한계를 극복하려고 했다. 사법(四法)은 가치론적 개념인 문(文) · 질(質) · 상(商) · 하(夏)의 개념으로, 「삼대개제질문」편에서 "왕자가 새롭게 제도를 제정할 때 한번은 상(商)을 본받고, 한번은 하(夏)를 본받으며, 한번은 질(質)을 본받고, 한번은 문(文)을 본받는다[王者以制, 一商一夏, 一質一文.]"라고 한 것이 그것이다.

12_ 탕임금이 지은 국호는 원래 상(商)이었고, 이후에 반경(盤庚)이 천도한 이후에 은(殷)으로 바꾸었다.

바로잡았다. 하(夏)나라를 친하게 여기는 대상으로 삼고, [순임금의] 우(虞)나라를 옛 나라로 여겼으며, [요임금의] 당(唐)나라를 [왕조의 계열에서] 축출하여 시대가 먼 나라로 취급하여 제요(帝堯)라고 부르고, 신농(神農)을 적제(赤帝)로 삼았다. 낙수(洛水) 하류[下洛]의 북쪽에 궁궐과 도읍을 짓고, 관직을 담당하는 관리를 윤(尹)이라고 명명했으며, 「호악(濩樂)」이라는 음악을 짓고, 질박[質]에 근본한 예법을 제정하여 하늘을 받들었다. 문왕(文王)은 천명을 받아서 왕자가 되자, 하늘에 호응하여 은(殷)이라는 국호를 주(周)라는 국호로 바꾸고, 역법은 적통(赤統)으로 바로잡았다. 은나라를 친하게 여기는 대상으로 삼고, 하나라를 옛 나라로 여겼으며, [순임금의] 우(虞)나라를 축출하여 시대가 먼 나라로 취급하여 제순(帝舜)이라고 부르고, 헌원(軒轅)을 황제(黃帝)로 삼았으며, 신농(神農)을 위로 밀어올려 구황(九皇)으로 삼았다.[13] 풍(豊) 땅에 궁궐과 도읍을 짓고, 관직을 담당하는 관리를 재(宰)라고 명명했으며, 「무악(武樂)」이라는 음악을 짓고, 형식[文]에 근본한 예법을 제정하여 하늘을 받들었다. 무왕(武王)은 천명을 받자, 호(鎬) 땅에 궁궐과 도읍을 짓고, 작위를 5등급으로 제정하였으며, 「상악(象樂)」이라는 음악을 짓고, 문왕을 계승하여 하늘을 받들었다. 주공(周公)은 성왕(成王)을 보필하여 천명을 받자, 낙양(洛陽)에 궁궐과 도읍을 짓고, 문왕과 무왕의 제도를 완성하였으며, 「작악(汋樂)」이라는 음악을 지어서 하늘을 받들었다.

> 故湯受命而王, 應天變夏作殷號, 時正白統. 親夏, 故虞, 絀唐謂之帝堯, 以神農爲赤帝. 作宮邑於下洛之陽, 名相官曰尹, 作「濩樂」, 制質禮以奉天. 文王受命而王, 應天變殷作周號, 時正赤統. 親殷, 故夏, 絀虞謂之帝舜,[14] 以軒轅爲黃帝, 推神農以爲九皇. 作宮邑於豐, 名相

13_ 『춘추번로의증』에 의하면, 동중서의 개제에서는 삼대(三代)를 삼통(三統)으로 삼는데, 그것을 거슬러 올라가서 앞에 있는 5대의 왕조를 오제(五帝)라고 하고, 또 앞으로 3대를 거슬러 올라가서 있는 왕조를 구황(九皇)이라고 한다.

14_ 이 내용 중에서 "作濩樂, 制質禮以奉天. 文王受命而王, 應天變殷, 作周號, 時正赤統, 親殷, 故夏, 絀虞, 謂之帝舜."까지의 부분이 『공자개제고』에는 단지 "爵謂之帝

官曰宰, 作「武樂」, 制文禮以奉天. 武王受命. 作宮邑於鎬,[15] 制爵五等, 作「象樂」, 繼文以奉天. 周公輔成王受命, 作宮邑於洛陽, 成文·武之制, 作「汋樂」以奉天.

은나라 탕임금의 후예들을 [송(宋)나라에 모여 살게 하고[16] 그곳을] 읍(邑)이라고 불러서 하늘이 천명을 위반한 왕조를 교체한다는 뜻을 보여주었다. 그러므로 하늘의 명령은 일정함이 없으며, 오직 덕이 있는 사람에게 복을 준다.[17] 따라서 『춘추』는 하늘에 호응하여 새로운 왕의 일을 만들었다. 역법은 흑통(黑統)으로 바로잡고, 노(魯)나라를 왕자로 삼았으며, 검은색을 숭상하고, 하나라를 [왕조의 계열에서] 축출하여 시대가 먼 나라로 취급하였으며, 주나라를 친하게 여기는 대상으로 삼고, 송나라는 옛 나라로 여겼다.[18] 음악은 [순임금의] 「소무(招武)」[19]를

舜."이라고만 기록되어 있다. 아마도 '작(爵)'자는 '작(作)'자의 오자이고, 호악(濩樂)부터 출우(絀虞)까지는 앞뒤에 비슷한 내용이 있어서 빠뜨리고 기록하지 않은 듯하다. 여기에서는 원문을 보충하여 해석했다.

15_ 호(鎬)는 『춘추번로』 원문에는 호(鄗)로 되어 있는데, 서로 통용되기 때문에 그대로 두었다.

16_ 『예기』 「악기(樂記)」편에 "投殷之後於宋."이라는 기록이 보인다.

17_ 천명무상(天命無常)은 천명이 일정하게 한 사람에게 계속 머물러 있지 않고, 덕이 있는 사람에게 옮겨 간다는 논리이다. 천명미상(天命靡常)이라고도 하며, 『시경집전』에서 "天命無常, 惟德是與."라고 했다. 『서』 「이윤(伊訓)」편에도 "惟上帝不常, 作善降之百祥, 作不善降之百殃. 爾惟德罔小, 萬邦惟慶. 爾惟不德罔大, 墜厥宗."이라는 기록이 보인다. 한편 '유명시덕경(唯命是德慶)'은 『춘추번로의증』에서 '유덕시경(唯德是慶)'이 되어야 한다고 했는데, 그에 따라 해석했다. '유덕시여(惟德是與)'와 마찬가지 의미이다.

18_ 『사기』 「공자세가」에도 "노(魯)나라를 근거로 삼고, 주(周)나라를 친하게 여기는 대상으로 삼으며, 은(殷)나라를 옛 나라로 여겼다[據魯, 親周, 故殷.]"라는 기록이 보인다. 『사기색은』에서 "공자가 『춘추』를 지을 때 노나라를 위주로 했기 때문에 노나라를 근거로 삼았다[據魯]고 했다. 친주(親周)는 공자의 때에 주나라가 비록 미세하지만, 주나라 왕을 친한 대상으로 삼은 것은 그로써 천하에 종주(宗主)가 있다는 것을 보여준 것이다"라고 했다.

19_ 소무(招武)는 『춘추번로의증』에 의하면, 소(招)는 소(韶)자와 통용되고, 무(武)는

가까이 하는 것이 마땅하기 때문에 순임금을 친한 대상으로 기록했고, 작위의 제정은 상(商)나라[의 제도]가 마땅하기 때문에 백(伯)·자(子)·남(男)을 하나의 등급으로 합쳤다.[20]

殷湯之後稱邑, 示天之變反命. 故天子[21]命無常, 唯命是德慶. 故『春秋』應天作新王之事. 時正黑統, 王魯, 尙黑, 絀夏, 親周, 故宋. 樂宜親「招武」. 故以虞錄親, 樂制[22]宜商, 合伯·子·男爲一等.

그렇다면 그 대략의 이론은 어떠한가? 세 가지 역법[三正][23]은 흑통(黑統)으로 시작한다. 흑통을 바로잡는 것은 어떻게 해야 하는가? 흑통을 바로잡는 것은 다음과 같이 한다. 월력은 해와 달이 영실성(營室星)에서 만나고 북두칠성의 자루가 인(寅)의 방위를 가리키는 달[斗建寅, 1월]을 정월로 삼는다.[24] 하늘이 기(氣)를 통솔하여 처음으로 통하여 만물을 화육할 때 만물이 싹을 보이면서 그 모습을 드러내는데, 그 색깔이 검다. 따라서 정월에 천자를 조회할 때는 검은색의 복장을 입고,[25] 머리에는 물풀의 무늬가 그려진 검은색의 모자를 쓰며,[26] 정식 수레는 검은색 바

무(舞)의 잘못이라고 했다.

20_ 원래의 작위 제도는 공(公)·후(侯)·백(伯)·자(子)·남(男)의 다섯 등급으로 구성되어 있는데, 새로운 제도에서는 백(伯)·자(子)·남(男)을 합쳐서 하나의 등급으로 만들어서, 공(公)·후(侯)와 함께 세 등급의 작위로 만들었다는 의미이다.

21_ 자(子)자는 『춘추번로의증』에서 지(之)자가 되어야 한다고 했다.

22_ 악제(樂制)는 『춘추번로의증』의 노문초의 교정에 따라서 '제작(制爵)'으로 고쳐서 해석했다.

23_ 삼정(三正)은 하·은·주 삼대의 역법으로, 건인[建寅, 歲首 1월, 夏] - 건축[建丑, 歲首 12월, 殷] - 건자[建子, 歲首 11월, 周]이다. 삼통(三統)의 순환 논리에 따르면, 삼정(三正)은 하[黑統] - 은[白統] - 주[赤統]의 순서로 순환 반복한다.

24_ 영실성(營室星)은 28수(宿)의 하나로 북쪽에 위치해 있다. 인방(寅方)은 24방위 중의 하나로 동동북(東東北) 방향이다. 북두칠성의 7개 별 중에서 다섯 번째와 일곱 번째 자리를 합쳐서 북두칠성의 자루[斗柄]라고 한다.

25_ 조정(朝正)은 정월에 제후들이 천자를 알현하는 것을 말한다. 『좌씨전』「문공(文公)」 원년에 "昔諸侯朝正於王."이라는 기록이 보인다.

26_ 조(藻)는 모자에 물풀의 무늬를 새겨서 장식하는 것을 말한다.

탕을 칠하고, 말도 검은색을 사용한다. 큰 부절과 인끈, 두건은 검은색을 숭상하고,[27] 깃발도 검은색을 사용하며, 큰 보석이나 옥도 검은색을 사용한다. 하늘과 땅에 지내는 제사의 희생도 검은색을 사용하고, 희생은 계란만한 크기의 뿔을 가진 것을 사용한다.[28] 관례는 사당의 동쪽 계단에서 거행하고, 혼례를 거행할 때에는 [신랑이] 뜰에서 [신부를] 맞이한다. 상례를 거행할 때에는 동쪽 계단 위에 빈소를 마련하고, 제사의 희생은 검은색의 수컷 소를 사용하며, 제사에 올리는 제물은 간을 으뜸으로 치고, 악기는 바탕을 검은색으로 칠한다. 법에서는 임신을 했거나 막 출산한 여인은 [죄를 지어도] 처형하지 않고, 정월에는 사형을 집행하지 않는다.[29] 청삭(聽朔)의 의례[30]를 거행할 때는 형벌을 폐지하고 덕을 베풀어 [앞선] 두 왕조의 후손들을 모두 보존해두니,[31] 적통(赤統)을 가까운 대상으로 여긴 것이다. 따라서 날이 환히 밝을 때를 기준으로 하루를 나누어[32] 날이 환히 밝을 때 천자를 조회한다.

然則其略說奈何? 曰, 三正以黑統初. 正黑統奈何? 曰, 正黑統者, 歷[33]

27_ 대절(大節)은 징표로 사용하는 큰 부절이다. 수(綬)는 패옥이나 도장을 찰 때 매는 인끈이고, 책(幘)은 머리를 싸는 두건이다.

28_ 뿔이 막 나오기 시작하여 밖으로 나오지 않고 계란과 같은 모양으로 되어 있는 것으로, 아직 어린 송아지를 말한다.

29_ 시월(是月)은 『춘추번로의증』에 의하면, 음력 그믐날이나 윤월 등으로 해석하기도 하는데, 여기에서는 소여의 주장에 따라서 정월로 해석했다.

30_ 청삭(聽朔)은 천자나 제후가 매월 초하룻날 정사를 보기 전에 행한 예로, 그 달에 실행해야 할 행사나 절기 등을 듣는 의례이다. 『예기』 「옥조(玉藻)」편에 "朝日於東門之外, 聽朔於南門之外."라는 기록이 보인다. 한편 천자가 1년에 한 번씩 섣달에 제후에게 책력을 나누어주는 의례를 곡삭(告朔)이라고 한다.

31_ 두 왕조는 요임금과 순임금을 말한다. 두 왕조의 후손들에게 땅을 주어 종묘에서 제사를 지낼 수 있도록 한다는 의미이다.

32_ 평명(平明)은 날이 환하게 밝을 때를 말한다. 하루가 시작하는 기준을 이때로 정하여 날짜를 나눈다는 의미이다.

33_ 『춘추번로의증』에서 유월은 초(初)자 다음에 "正黑統奈何? 曰正黑統者, 歷."이라는 11글자가 빠져 있다고 했다. 뒤의 문장에서 백통(白統)이나 적통(赤統)을 설명한 문장 형식에 근거하면, 보충하는 것이 마땅하기 때문에 여기에서는 보충해서

正日月朔於營室, 斗建寅. 天統氣始通化物, 物見萌達, 其色黑. 故朝正服黑, 首服藻黑, 正路輿質黑, 馬黑. 大節綬幘尙黑, 旗黑, 大寶玉黑. 郊牲黑, 犧牲角卵. 冠于阼, 昏禮逆于庭. 喪禮殯於東階之上, 祭牲黑牡, 薦尙肝, 樂器黑質. 法不刑有懷任新産, 是月不殺. 聽朔廢刑發德, 具存二王之後[34]也, 親赤統. 故日分平明, 平明朝正.

백통(白統)을 바로잡는 것은 어떻게 해야 하는가? 백통을 바로잡는 것은 다음과 같이 한다. 월력은 해와 달이 허성(虛星)에서 만나고 북두칠성의 자루가 축(丑)의 방위를 가리키는 달[斗建丑, 12월]을 정월로 삼는다.[35] 하늘이 기(氣)를 통솔하여 처음으로 터져서 만물을 화육할 때, 만물이 껍질을 까고 발아하는데, 그 색깔이 희다. 따라서 정월에 천자를 조회할 때는 흰색의 복장을 입고, 머리에는 물풀의 무늬가 그려진 흰색의 모자를 쓰며, 정식 수레는 흰색 바탕을 칠하고, 말도 흰색을 사용한다. 큰 부절과 인끈, 두건은 흰색을 숭상하고, 깃발도 흰색을 사용하며, 큰 보석이나 옥도 흰색을 사용한다. 하늘과 땅에 지내는 제사의 희생도 흰색을 사용하고, 희생은 고치만한 크기의 뿔을 가진 것을 사용한다.[36] 관례는 마루에서 거행하고, 혼례를 거행할 때에는 [신랑이] 마루에서 [신부를] 맞이한다. 상례를 거행할 때에는 기둥 사이에 빈소를 마련하고, 제사의 희생은 흰색의 수컷 소를 사용하며, 제사에 올리는 제물은 폐를 으뜸으로 치고, 악기는 바탕을 흰색으로 칠한다. 법에서

해석했다.

34_ 후(後)가 『공자개제고』에는 덕(德)으로 되어 있는데, 『춘추번로』 원문에 따라 고쳤다.

35_ 허성(虛星)은 28수(宿)의 하나로 북쪽에 위치해 있다. 축방(丑方)은 24방위 중의 하나로 동북동(東北東) 방향이다.

36_ 견(繭)은 누에고치인데, 송아지의 뿔이 처음 나올 때 그 모양이 누에고치 모양과 같다고 한다. 견율(繭栗)이라고 하여, 누에고치나 밤톨 모양과 비슷하다는 말로 사용되기도 한다. 『예기』「왕제(王制)」편에 "祭天地之牛角繭栗."이라는 기록이 보인다.

는 임신 중에 있는 여인은 [죄를 지어도] 처형하지 않고, 정월에는 사형을 집행하지 않는다. 청삭(聽朔)의 의례를 거행할 때는 형벌을 폐지하고 덕을 베풀어 [앞선] 두 왕조[37]의 후손들을 모두 보존해두니, 흑통(黑統)을 가까운 대상으로 여긴 것이다. 따라서 닭이 울 때를 기준으로 하루를 나누어[38] 닭이 울 때 천자를 조회한다.

正白統奈何? 曰, 正白統者, 歷正日月朔于虛, 斗建丑. 天統氣始蛻化物, 物初芽, 其色白. 故朝正服白, 首服藻白, 正路輿質白, 馬白. 大節綬幘尙白, 旗白, 大寶玉白. 郊牲白, 犧牲角繭. 冠于堂, 昏禮逆于堂. 喪事殯于楹柱之間, 祭牲白牡, 薦尙肺, 樂器白質. 法不刑有身懷任, 是月[39]不殺. 聽朔廢刑發德, 具存二王之後也, 親黑統. 故日分鳴晨, 鳴晨朝正.

적통(赤統)을 바로잡는 것은 어떻게 해야 하는가? 적통을 바로잡는 것은 다음과 같이 한다. 월력은 해와 달이 견우성(牽牛星)에서 만나고 북두칠성의 자루가 자(子)의 방위를 가리키는 달[斗建子, 11월]을 정월로 삼는다.[40] 하늘이 기(氣)를 통솔하여 처음으로 베풀어서 만물을 화육할 때 만물이 처음으로 움직이는데, 그 색깔이 붉다. 따라서 정월에 천자를 조회할 때는 붉은색의 복장을 입고, 머리에는 물풀의 무늬가 그려진 붉은색의 모자를 쓰며, 정식 수레는 붉은색 바탕을 칠하고, 말도 붉은색을 사용한다. 큰 부절과 인끈, 두건은 붉은색을 숭상하고, 깃발도 붉은색을 사용하며, 큰 보석이나 옥도 붉은색을 사용한다. 하늘과 땅

37_ 두 왕조는 우나라와 하나라를 말한다.

38_ 명신(鳴晨)은 새벽에 닭이 우는 시점을 말한다.

39_ 월(月)이 『공자개제고』에는 일(日)로 되어 있는데, 『춘추번로』 원문에 따라 고쳤다.

40_ 견우성(牽牛星)은 28수(宿)의 하나로 은하(銀河)를 마주하고 직녀성(織女星)과 마주하고 있는 별이다. 자방(子方)은 24방위 중의 하나로 정북(正北)을 중심으로 좌우 15도 각도의 안쪽 방향이다.

에 지내는 제사의 희생도 붉은색을 사용하고, 희생은 밤톨만한 크기의 뿔을 가진 것을 사용한다.[41] 관례는 방안에서 거행하고, 혼례를 거행할 때에는 [신랑이] 문에서 [신부를] 맞이한다. 상례를 거행할 때에는 서쪽 계단 위에 빈소를 마련하고, 제사의 희생은 붉은색의 수컷 소를 사용하며, 제사에 올리는 제물은 심장을 으뜸으로 치고, 악기는 바탕을 붉은색으로 칠한다. 법에서는 임신 중인 여인은 [죄를 지어도] 처형하지 않으니, 아기를 임신하여 미세한 태아를 기르는 것을 중시한 것이다. 정월에는 사형을 집행하지 않는다. 청삭(聽朔)의 의례를 거행할 때는 형벌을 폐지하고 덕을 베풀어, [앞선] 두 왕조[42]의 후손들을 모두 보존해두니, 백통(白統)을 가까운 대상으로 여긴 것이다. 따라서 한밤중을 기준으로 하루를 나누어 한밤중에 천자를 조회한다.

> 正赤統奈何? 曰, 正赤統者, 歷正日月朔于牽牛, 斗建子. 天統氣始施化物, 物始動, 其色赤. 故朝正服赤, 首服藻赤, 正路輿質赤, 馬赤. 大節綬幘尙赤, 旗赤. 大寶玉赤, 郊牲騂, 犧牲角栗. 冠于房, 昏禮逆于戶. 喪禮殯于西階之上, 祭牲騂牡, 薦尙心, 樂器赤質. 法不刑有身, 重懷藏以養微. 是月不殺. 聽朔廢刑發德, 具存二王之後也, 親白統. 故日分夜半, 夜半朝正.

역법을 고치는 의미는 하늘을 받들어서[43] 시작하는 것이다. 옛날의 왕자들은 천명을 받아서 왕이 되면 호칭과 정월의 제도를 개혁하고, 복색이 새로 정해진 뒤에 교제(郊祭)를 거행하여 천지(天地)와 여러 신들에게 아뢰고, 시조와 아버지 사당에 제사를 지내 추모했다. 그런 이후에 천하에 선포했다. 제후들은 종묘에서 역법을 받아서 사직과 종묘, 산

41_ 앞에서 나온 누에고치와 마찬가지의 의미로, 견율(繭栗)이라는 말로 사용된다.

42_ 두 왕조는 하나라와 은나라를 말한다.

43_ 봉원(奉元)은 『춘추번로의증』에서 봉천(奉天)으로 되어야 한다는 주장에 따라 해석했다.

천의 신들에게 아뢰었다. 그런 이후에 하늘에 감응하여 천하가 모두 한 가지 역법에 따라 일을 담당했다. 삼통(三統)의 변화는 가까운 지역의 이적(夷狄)이나 먼 지역의 국가들은 해당되지 않고, 서로 순환하는 것은 오직 중국 [안의 국가]뿐이다.[44] 그래서 삼대(三代)가 역법을 고치면서 반드시 삼통(三統)[의 순환에 따라] 천하를 통일했으니, 세 가지 계통[三統]과 다섯 가지 시작[五端][45]이라는 것은 사방을 교화시키는 근본이다. 하늘이 옛것을 폐지하고 새로운 것을 시행할 때,[46] [새로운 왕자의] 땅은 반드시 [천하의] 중앙을 공급해준다. 따라서 삼대는 반드시 천하의 중앙에 거처했다. 하늘을 본받고 근본을 받들어, 중요한 단서를 포착하여 천하를 통솔하고, 제후들에게 조회를 오도록 했다. 이 때문에 제후들이 정월에 천자를 조회하는 의미는 다음과 같다. 천자는 [자기 왕조의] 계통에 정해진 순수한 색의 옷을 입고,[47] 제후들은 계통에 정해신 옷을 입되 옷의 가선이나 허리띠는 분홍색을 사용하며,[48] 대부와

44_ 생살(生煞)은 생극(生剋)과 같다. 오행의 생극(生剋)과 같이 왕조나 국가가 순환하는 것을 말한다.

45_ 오단(五端)은 오시(五始)라고도 하며, 『춘추』에서 각 군주의 기사를 기록할 때 가장 먼저 "원년(元年), 춘(春), 왕(王), 정월(正月), 공즉위(公卽位)"의 다섯 가지 시작을 기록하는 것을 말한다. '원년'은 기(氣)의 시초, '춘'은 계절의 시초, '왕'은 수명(受命)의 시초, '정월'은 정교(政敎)의 시초, '공즉위'는 일국(一國)의 시초를 의미한다. 『공양전』에서는 어떤 군주의 원년에 대한 기록에서 이 다섯 가지 시작이 온전하게 기록되어 있지 않을 경우에는 춘추필법으로 파악하고, 그 이유를 상세하게 기록했다.

46_ 『춘추번로의증』에서 "옛것을 폐지하고 새로운 것을 시행한다[廢舊施新.]"라고 풀이했다.

47_ 『춘추번로의증』에서 소여는 뒷 문장이 '諸侯統衣'로 되어 있는 것에 근거하여, 이 문장이 '天子統衣純色'이 되어야 한다고 했는데, 여기에서는 소여의 주장에 따라 해석했다. 순통(統衣)은 천통(天統)에 따라서 옷의 색을 삼는다는 뜻이다. 삼통(三統) 중에서 그 왕조가 만약 흑통(黑統)에 해당하면 그 왕조의 순색(純色)인 검은색에 맞게 의복도 모두 검은색의 옷을 입는다는 의미이다.

48_ 연(緣)은 옷의 가장자리에 가선을 둘러서 장식하는 것이고, 뉴(紐)는 허리띠이다. 『춘추번로의증』에서 소여는 전(纏)은 연(緣)자와 음과 뜻이 같은 연문이라고 하고, "천자는 순수한 검은색의 옷을 입고, 제후는 각각 검은색으로 옷의 가선을

선비는 계통에 정해진 색의 관을 쓰고, 조회를 오는 가까운 지역의 이적은 계통에 정해진 색의 관끈을 사용하며,[49] 먼 지역의 국가는 각각 자기 나라의 복장을 입고 조회한다. 이로써 하늘의 통솔[天統]의 의미를 밝혔다. '삼정(三正)의 통솔[統三正]'이라고 말할 때의 '정(正)'은 올바르다[正]는 뜻이다. [하늘이] 그 기(氣)를 모두 통솔하여 만물이 모두 호응하는데, [하늘의] 올바름으로 올바른 것을 통솔하니, 그 나머지도 모두 올바르게 된다. 한 해의 핵심은 정월이니, 정월을 본받는 도리는 다음과 같다. 근본을 바르게 하면 말단이 호응하고, 안을 바르게 하면 밖이 호응하여, 동작과 행위가 [바르게] 변화하여 [근본과 안을] 따르지 않음이 없으니, 정월을 본받았다고 말할 수 있다. 따라서 군자가 "무왕(武王)은 정월과 같다"라고 말한 것이다.[50]

두르고 거기에 허리띠를 참으로써 천자보다 예법을 내린 것을 밝혔다"라고 했다. 한편 손이양은 "전(纏)은 분홍색을 의미하는 훈(纁)이 되어야 한다. 제후는 검은색의 옷을 입되, 분홍색으로 옷의 가선을 두르고, 또 분홍색으로 허리띠를 하여 천자보다 예법을 낮추니, 순수한 검은색을 사용할 수 없기 때문이다"라고 했다. 여기에서는 손이양의 주장에 따라 해석했다.

49_ 참(參)은 『춘추번로의증』에서 손이양이 연문이라고 했고, 또 유(緌)는 관의 끈을 의미하는 유(緌)자의 가차자로, 검은색으로 관의 끈을 만든 것이라고 했다. 한편 소여는 참(參)이 천자를 조회한다[朝參]는 의미라고 하고, "가까운 지역의 이적은 왕의 교화를 어느 정도 받았기 때문에 와서 천자를 조회할 때 단지 관의 끈만을 구별함으로써 순전한 신하로 여기지 않음을 표시했다"라고 풀이했다. 여기에서는 소여의 주장에 따라 해석했다.

50_ 『춘추번로의증』에서 소여는 다음과 같이 풀이했다. "주나라가 천명을 받은 것이 비록 문왕으로부터 시작되지만, 그 왕업을 확대하여 천하로 하여금 거기에 호응하여 바르게 되도록 만든 것은 무왕이다. 따라서 '무왕이 정월과 같다'라고 했다. 한편 『설원(說苑)』 「군도(君道)」편에서는 '공자가 말하기를, 문왕은 원년(元年)과 같고, 무왕은 춘왕(春王)과 같으며, 주공은 정월(正月)과 같다[文王似元年, 武王似春王, 周公似正月.]'라고 하여, 이 문장과는 다르다. 그런데 「군도」편에서는 이 문장에 이어서 '문왕은 그 몸을 바르게 함으로써 그 나라를 바르게 했고, 그 나라를 바르게 함으로써 천하를 바르게 했다. 무도한 나라를 정벌하고, 죄가 있는 사람에게 형벌을 주니, 한 번 움직이자 천하가 바로잡혔으니, 그 일이 올바르기 때문이다. 봄이 그 올바른 시기에 이르니, 만물이 모두 생겨나게 되었고, 군주가 그 도리를 다하니, 백성들이 모두 다스려지게 되었다'라고 하니, 『춘추번로』의 문장과 의

改正之義, 奉元而起. 古之王者受命而王, 改制稱號正月, 服色定, 然後郊告天地及群神, 遠追祖禰. 然後布天下. 諸侯廟受, 以告社稷宗廟山川. 然後感應一其司. 三統之變, 近夷遐方無有, 生煞者, 獨中國. 然而三代改正, 必以三統天下, 曰三統五端, 化四方之本也. 天始廢始施, 地必待中. 是故三代必居中國. 法天奉本, 執端要以統天下, 朝諸侯也. 是以朝正之義. 天子純統色衣, 諸侯統衣纏緣紐, 大夫士以冠, 參近夷以綏, 遐方各衣其服而朝. 所以明乎天統之義也. 其謂'統三正'者, 曰'正'者, 正也. 統致其氣, 萬物皆應, 而正統正, 其餘皆正. 凡歲之要, 在正月也, 法正之道, 正本而末應, 正內而外應, 動作擧錯, 靡不變化隨從, 可謂法正也. 故君子曰, "武王其似正月矣."

『춘추』에서 "기(杞)나라의 백작이 [노나라에] 와서 조회했다"[51]라고 말했다. 왕자의 후손은 '공작[公]'이라고 일컫는데,[52] [하나라의 후손인] 기나라는 무엇 때문에 '백작[伯]'이라고 일컬었는가? 『춘추』에서는 위로는 하나라를 [왕조의 계열에서] 축출하여 시대가 먼 나라로 취급하며, 아래로는 주(周)나라를 [왕조의 계열에] 보존해두며, 『춘추』를 새로운 왕에 해당시켰기 때문이다. 『춘추』를 새로운 왕에 해당시킨 것은 무엇 때문인가? 왕자의 법도에서는 반드시 호칭을 바로잡는다. [왕조의 계열에서] 축출된 나라는 '제(帝)'라고 말하고, 그 후손들에게는 작은 나라

미가 일치한다."

51_ 기(杞)나라는 하(夏)나라의 후손들을 위해 주나라에서 세워준 국가이다. 기나라의 백작이 노나라로 조회를 온 것[杞伯來朝]은 『춘추』에 모두 4번 기록되어 있다. 「장공(莊公)」 27년(B.C.667), 「문공(文公)」 12년(B.C.615), 「성공(成公)」 4년(B.C. 587), 「성공(成公)」 18년(B.C.573)이다.

52_ 『공양전』 「은공」 5년에 "천자의 삼공(三公)을 공(公)이라고 일컫고, 왕자의 후손을 공작[公]이라고 일컬으며, 그 나머지 대국을 후작[侯]이라고 일컫고, 소국을 백작[伯]·자작[子]·남작[男]이라고 일컫는다[天子三公稱公, 王者之後稱公, 其餘大國稱侯, 小國稱伯子男.]"라고 했는데, 하휴의 주에 의하면 대국은 사방 100리의 땅을 소유한 나라이고, 소국 중에서 백작은 70리, 자작과 남작은 50리를 소유한다.

를 봉해주고, 자기 조상을 받들어 제사지내도록 한다. 아래로 두 왕조[주나라와 은나라]의 후손을 대국으로 보존해두고, 그들이 자기 왕조의 복식을 그대로 입고, 자기 왕조의 예악을 그대로 실행하도록 하며, 손님이라고 일컬어서 [새로운 왕에게] 조회하도록 한다.[53] 따라서 동시에 '제(帝)'라고 호칭하는 대상이 다섯 가지[五帝]이며, '왕(王)'이라고 호칭하는 대상이 세 가지[三王]이니, 이로써 다섯 가지 시작[五端]을 밝히고 세 가지 계통[三統]을 통하게 하는 것이다. 이 때문에 주나라 사람이 왕노릇을 할 때에는 신농(神農)을 위로 밀어올려 구황(九皇)으로 삼고, 헌원(軒轅)의 호칭을 고쳐서 황제(黃帝)라고 부르며, 제전욱(帝顓頊)·제곡(帝嚳)·제요(帝堯)의 '제(帝)'라는 호칭을 그대로 보존해두고, [순임금의] 우(虞)나라를 축출하여 시대가 먼 나라로 취급하여 순(舜)을 '제순(帝舜)'이라고 호칭하며, 오제(五帝)[의 후손]에게는 작은 나라를 봉해주었다.[54] 아래로는 우(禹)임금의 후손을 기(杞)나라에 보존해두고, 탕(湯)임금의 후손을 송(宋)나라에 보존해두되, 사방 백리의 땅을 주고[55] 관작은 '공(公)'이라고 호칭하니, 모두 자기 왕조의 복식을 그대로 입고, 자기 왕조의 예악을 그대로 실행하도록 하며, 선왕의 손님이라고 일컬어서 조회하도록 했다.[56]

53_ 일반적인 제후의 나라들은 순신(純臣)의 입장에서 천자에게 조회를 오지만, 새로운 왕자의 이전 두 왕조, 즉 주나라와 은나라의 후손들은 같은 왕조의 계열로, 새로운 왕자와 대등한 위치에 있기 때문에 신하가 아닌 손님의 입장에서 조회하도록 규정한 것이다.

54_ 록(錄)은 록(祿)과 같은 의미로, 작은 나라를 봉해주는 것이다. 소여는 "작은 나라를 가지고 조상을 받들어 제사지내도록 했다"라고 풀이했다.

55_ 이(以)자는 소여가 지(地)가 되어야 한다고 했는데, 사방 백리의 땅을 주었다는 뜻이다.

56_ 이 부분은 주나라의 제도 개혁의 방법에 대해 기록한 것이다. 「삼대개제질문」의 앞부분에서도 이와 비슷한 내용이 기록되어 있다. "문왕(文王)은 천명을 받아서 왕자가 되자, 하늘에 호응하여 은(殷)이라는 국호를 주(周)라는 국호로 바꾸고, 역법은 적통(赤統)으로 바로잡았다. 은나라를 친하게 여기는 대상으로 삼고 하나라를 옛 나라로 여겼으며, [순임금의] 우(虞)나라를 축출하여 시대가 먼 나라로 취급

『春秋』曰, "杞伯來朝." 王者之後稱'公', 杞何以稱'伯'? 『春秋』上黜夏, 下存周, 以『春秋』當新王. 『春秋』當新王者奈何? 曰, 王者之法必正號. 絀王謂之'帝', 封其後以小國, 使奉祀之. 下存二王之後以大國, 使服其服, 行其禮樂, 稱客而朝. 故同時稱'帝'者五, 稱'王'者三, 所以昭五端, 通三統也. 是故周人之王, 尙推神農爲九皇, 而改號軒轅謂之黃帝, 因存帝顓頊·帝嚳·帝堯之'帝'號, 絀虞, 而號舜曰'帝舜', 錄五帝以小國. 下存禹之後于杞, 存湯之後于宋, 以方百里, 爵號'公', 皆使服其服, 行其禮樂, 稱先王客而朝.

『춘추』에서 신왕(新王)의 일을 제정할 때는 주(周)나라의 제도를 바꾸어서 마땅히 흑통(黑統)을 바로잡으니, 은(殷)나라와 주(周)나라는 왕자의 후손이 되고, 하(夏)나라를 [왕조의 계열에서] 축출하여 시대가 먼 나라로 취급하여, 우(禹)임금의 호칭을 고쳐서 '제우(帝禹)'라고 호칭하고, 그 후손들에게는 작은 나라를 봉해준다. 따라서 하(夏)나라를 [왕조의 계열에서] 축출하여 시대가 먼 나라로 취급하고, 주(周)나라를 [왕조의 계열에] 보존해두며, 『춘추』를 신왕에 해당시킨다고 한다. 기(杞)나라를 후작[侯]이라고 호칭하지 않은 것은 왕자의 후손과 동일하게 취급하지 않은 것이다.[57] '자작'이라고 호칭하거나 또는 '백작'이라고 호칭한 것은 무엇 때문인가? 그 나라를 이전과는 다른 소국으로 취급했음을 드러낸 것이다.

『春秋』作新王之事, 變周之制, 當正黑統, 而殷周爲王者之後, 絀夏, 改號禹謂之帝, 錄其後以小國. 故曰絀夏, 存周, 以『春秋』當新王. 不以杞侯, 弗同王者之後也. 稱'子'又稱'伯'何? 見殊之小國也.

하여 제순(帝舜)이라고 부르고, 헌원(軒轅)을 황제(黃帝)로 삼았으며, 신농(神農)을 위로 밀어올려 구황(九皇)으로 삼았다."

57_ 『춘추』의 신왕의 입장에서 앞의 두 왕조인 은나라와 주나라의 후손만을 왕자의 후손으로 취급하고, 하나라는 왕조의 계열에서 축출되어 시대가 먼 나라로 취급되어 제(帝)라고 호칭했기 때문에 왕자의 후손들과는 함께 할 수가 없다.

황제의 경우는 시호(諡號)를 앞에 붙이고, 나머지 네 명의 제(帝)는 시호를 뒤에 붙이는 것은 무엇 때문인가?[58] 제(帝)라는 호칭은 반드시 다섯 명의 해당자가 있으며, 황색은 하늘을 대표하는 첫 번째 색이며, 호칭은 다섯 번째 해당자에 이르면 다시 되돌아간다. 주나라 사람이 왕노릇을 했을 때, 헌원(軒轅)이 마땅히 하늘을 대표하는 첫 번째 호칭에 해당하기 때문에 황제라고 말한 것이다. 제(帝)라는 호칭은 존귀한데 시호(諡號)는 낮기 때문에 네 명의 제(帝)는 시호를 [제(帝)자의] 뒤에 붙인 것이다. 제(帝)는 존귀한 호칭인데, [오제(五帝)의 후손들에게] 작은 나라를 봉해준 것은 무엇 때문인가? [현재를 기준으로] 시대가 먼 경우는 호칭은 존귀하게 붙이되 땅은 작게 봉해주고, 시대가 가까운 경우는 호칭은 낮게 붙이되 땅은 크게 봉해주니, 이것은 가까운 이와 소원한 이를 구분하는 의리이다. 따라서 왕자가 [제도를 개혁할 때] 바꾸지 않는 것이 있고, 두 가지를 반복하는 것이 있고, 세 가지를 반복하는 것이 있으며, 네 가지를 반복하는 것이 있고, 다섯 가지를 반복하는 것이 있으며, 아홉 가지를 반복하는 것이 있다.[59] 이러한 천지와 음양과 사시와 일월과 성신과 산천과 인륜의 모든 이치에 밝아서, 덕이 천지와 대등한 자는 황(皇)이나 제(帝)라고 호칭할 수 있고, 하늘이 도와서 그를

58_ 황제(黃帝)는 제(帝)자의 앞에 황(黃)이라는 시호를 붙였는데, 제전욱(帝顓頊)·제곡(帝嚳)·제요(帝堯)·제순(帝舜)은 제(帝)자 뒤에 각각의 시호를 붙인 것을 말한다. 『백호통의』「시(諡)」편에 의하면, 황제의 경우 황(黃)이 앞에 있고 제(帝)가 뒤에 있는 것은 그가 처음으로 법도를 제정한 업적 때문이다. 즉 후대에 성인의 덕이 하늘과 짝하면 제(帝)라고 부를 수는 있지만, 그 누구도 처음으로 법도를 제정한 업적에는 필적할 수 없기 때문에 황제 이외에는 제(帝)자 앞에 황(黃)자를 붙일 수가 없다는 것이다. 각각의 시호가 지닌 의미에 대해서는 『백호통의』「호(號)」와 「시(諡)」편에서 자세히 다루고 있다.

59_ 바꾸지 않는 것은 도(道)를 말한다. 『춘추번로』「초장왕(楚莊王)」편에서 "왕자는 명분상으로는 제도를 고치지만 실제로는 도리를 바꾸지 않는다[王者有改制之名, 無易道之實.]"라고 말했다. 두 가지는 문(文)과 질(質), 세 가지는 삼정(三正)의 역법, 네 가지는 상(商)·하(夏)·문(文)·질(質)의 사법(四法), 다섯 가지는 오제(五帝), 아홉 가지는 구황(九皇)을 말한다.

자식처럼 사랑한다는 뜻에서 천자(天子)라고 호칭할 수 있다. 따라서 성왕이 태어나면 천자(天子)라고 호칭하고, 돌아가면 삼왕(三王)으로 보존해두며,[60] [시대가 멀어서] 물리쳐 왕조의 계열에서 없애면 오제(五帝)로 호칭하고, 아래로 부용국(附庸國)[61]의 수준에 이르게 되면 더 물리쳐서 구황(九皇)으로 호칭한다. 그 아래로 최종적으로 내려가면 백성[民]으로 호칭하며,[62] 이들은 한결같이 선대(先代)라고 말한다. 따라서 이들은 비록 [후손에게 봉해주는] 땅마저 없지만 종묘의 신위나 제사의 희생은 여전히 교(郊)제사의 호칭 속에 나열되며,[63] 태산(泰山)[64]에 지내는 제사에서도 받들어 모신다. 그러므로 "명성이나 혼백은 텅빈 [천지 사이로] 돌아가지만,[65] [덕(德)은] 지극히 오래 살아서 한이 없다"라고 했다.

黃帝之先謚, 四帝之後謚何也? 曰, 帝號必存五, 帝[66]代首天之色, 號至五而反. 周人之王, 軒轅直首天黃號.[67] 故曰黃帝云. 帝號尊而謚

60_ 본 왕조와 앞의 두 왕조를 합쳐서 삼왕이 된다.

61_ 부용국(附庸國)은 제후국의 통제권 아래에 놓여 있는 작은 나라를 말한다.

62_ 백성[民]은 『춘추번로의증』의 소여에 의하면, 64민(民)을 말하며, 구황 이전에는 백성이라고 호칭했다고 한다. 소여가 인용한 『한구의(漢舊儀)』에서 "삼왕, 오제, 구황, 64민을 제사지내는데, 모두 옛날의 제왕으로, 81개의 성(姓)이다"라고 했고, 『예기』「방기(坊記)」편의 정현 주에서는 "선민(先民)은 상고 시대의 군주이다"라고 했다.

63_ 『춘추번로의증』의 소여는 『순자』「예론(禮論)」편에서 "교(郊)제사는 하늘에 백왕(百王)도 함께 포함해서 제사지냈다"라고 한 것에 근거하면, 동중서는 하늘에 제사를 지내는 교제사 때 백왕들도 함께 제사지낸 것으로 여겼다고 했다. 백왕은 여기에서 말한 민(民)을 말한다.

64_ 대종(代宗)은 대종(岱宗)과 같은 말로, 태산(泰山)을 말한다. 태산에서 천자가 지내는 제사를 봉선제(封禪)라고 한다.

65_ 『예기』「교특생(郊特牲)」편에서 "혼기(魂氣)는 하늘로 돌아가고, 형백(形魄)은 땅으로 돌아간다"라고 했다. 따라서 소여는 '텅빈 허공으로 베풀어진다[施於虛.]'는 것은 곧 천지로 되돌아간다는 의미라고 했다.

66_ 제(帝)자는 『춘추번로의증』에서 황(黃)자가 되어야 한다고 했다. 즉 황(黃)은 하늘을 대표하는 첫 번째 색이고, 제(帝)는 하늘을 대표하는 첫 번째 호칭이다.

67_ 『춘추번로의증』에 의하면, 직(直)자는 의(宜)자가 되어야 하고, 황(黃)자는 지(之)자가 되어야 한다.

卑. 故四帝後謚也. 帝, 尊號也, 錄以小何? 曰, 遠者號尊而地小, 近者號卑而地大, 親疏之義也. 故王者有不易者, 有再而復者, 有三而復者, 有四而復者, 有五而復者, 有九而復者. 明此通天地·陰陽·四時·日月·星辰·山川·人倫, 德侔天地者, 稱皇帝, 天佑而子之, 號稱天子. 故聖王生則稱天子, 崩遷則存爲三王, 絀滅則爲五帝, 下至附庸, 絀爲九皇. 下極其爲民, 有一謂之三[68]代. 故雖絶地, 廟位祝牲猶列于郊號, 宗于代宗. 故曰, "聲名魂魄施於虛, 極壽無疆."

두 가지를 반복하는 것이 있고, 세 가지를 반복하는 것이 있다는 것은 무엇을 말하는가? 『춘추』에서 정(鄭)나라 임금에 대해 무엇 때문에 홀(忽)이라고 이름을 기록했는가? 『춘추』에서는 "백(伯)·자(子)·남(男)이 하나의 작위이니, [홀을] 비판한 말이 아니다"라고 했다.[69] 어째서 하나의 작위가 되는가? 대답했다. 주(周)나라는 다섯 등급으로 작위를 나누었고, 『춘추』는 세 등급을 나누었다.[70] 『춘추』에서는 무엇 때문에 세

68_ 삼(三)은 『춘추번로의증』에서 선(先)자의 오자라고 했다.

69_ 『춘추』「환공」 11년에 "정나라 태자 홀(忽)이 출국하여 위(衛)나라로 망명했다[鄭忽出奔衛.]"라는 기사에 대해, 『공양전』에서 "홀은 무엇 때문에 이름을 기록했는가? 『춘추』에서는 백(伯)·자(子)·남(男)이 하나의 작위이니, [홀을] 비판한 말이 아니다[忽何以名? 『春秋』伯·子·男, 一也, 辭無所貶.]"라고 했다. 그리고 하휴 주에서 "『춘추』는 주나라의 문(文)을 고쳐서 은나라의 질(質)을 따랐으니, 백(伯)·자(子)·남(男)을 하나로 합친 것은 비난하려는 말이 하나도 없다. 모두 자(子)라는 작위를 따랐으니, 오랑캐에게 작위를 줄 경우에도 자(子)라고 불렀다"라고 했다. 정나라 홀이 부친의 상례를 끝냈지만, 아직 해를 넘기지 않아서 군주의 자리에 오르지는 못한 상태였는데, 이때에는 돌아가신 부친의 아들이라는 의미에서 자(子)자를 사용하는 것이 통례였다. 그러나 『춘추』에서는 주나라의 5등급 작위 제도를 은나라의 3등급 작위 제도로 바꾸었기 때문에 은나라의 제도에 따라서 백(伯)·자(子)·남(男)의 작위를 자작[子]으로 통합했다. 그런데 여기에서 만약 '정자(鄭子)'라고 기록해버리면 제도 개혁의 차원에서 백(伯)자 대신에 자(子)자를 사용한 것으로 오인될 수가 있다. 따라서 『춘추』에서는 '정홀(鄭忽)'이라고 이름을 기록함으로써 구분했다.

70_ 『사기』「삼왕세가(三王世家)」에 "옛날 오제(五帝)는 제도를 달리했으며, 주나라

등급으로 나누었는가? 대답했다. 왕자가 새롭게 제도를 만들 때, 한 번은 상(商)을 본받고 한 번은 하(夏)를 본받으며, 한 번은 질(質)을 본받고 한 번은 문(文)을 본받는다. 상을 본받고 질을 본받는 것은 하늘을 위주로 삼는 것이고, 하를 본받고 문을 본받는 것은 땅을 위주로 삼는 것이다.[71] 『춘추』는 사람을 위주로 삼기 때문에 세 등급으로 나눈 것이다.

何謂再而復, 四而復? 『春秋』鄭忽何以名? 『春秋』曰, "伯子男一也, 辭無所貶." 何以爲一? 曰, 周爵五等, 『春秋』三等. 『春秋』何三等? 曰, 王者以[72]制, 一商一夏, 一質一文. 商質者主天, 夏文者主地. 『春秋』者主人, 故三等也.

하늘을 위주로 하고 상(商)을 본받아서 왕자가 되면, 그 도는 양기(陽氣)가 왕성하게 되는 데 있으므로 친한 이를 사랑하면서 인자하고 후덕함을 많이 실행한다. 따라서 후계자를 세울 때는 자식에게 자리를 주고, 같은 어머니에게서 난 동생을 독실하게 사랑하며,[73] 첩은 자식 때문에

는 다섯 등급으로 작위를 나누었고, 『춘추』는 세 등급으로 나누었으니, 모두 때에 맞추어 존비의 질서를 정한 것이다"라고 했다.

71_ 이것은 문질(文質)과 상하(商夏)를 합쳐 사법(四法)으로 규정하고, 이 네 가지의 순환을 통해 개제의 이론을 설명하는 이론이다. 여기에서 '문질'은 그 가치론적 의미가 명확하지만 '상하'는 무엇을 의미하고, 또 무슨 근거에서 사법설에 포함시켰는지에 대해서 동중서는 밝히지 않고 있다. 꾸지에깡(顧頡剛)은 "상하는 왕조의 이름이 아니라 두 종류의 법제(法制)의 명칭"이라고만 설명했고[古史論文集』 제3책(北京:中華書局, 1996), 292쪽], 『설원(說苑)』「수문(修文)」편에서는 "상(商)은 항상됨[常]이고, 항상됨은 질(質)이며, 질은 하늘을 위주로 한다. 하(夏)는 광대함[大]이며, 광대함은 문(文)이며, 문은 땅을 위주로 한다[商者常也, 常者質, 質主天. 夏者大也, 大者文也, 文主地.]"라고 풀이했다. 결국 '상하'에 대해서는 정확하게 그 의미를 파악할 수 없고, '상'과 '질', '하'와 '문'은 비슷한 속성을 지닌 개제의 내용이라고 짐작할 수 있을 뿐이다. 각각 쌍을 이루는 상·질과 하·문은 천(天)과 지(地)라는 기준과의 조합을 통해서 네 가지의 구체적인 개제의 규정이 도출된다.

72_ 이(以)자는 『춘추번로의증』에서 작(作)자가 되어야 한다고 했다.

73_ 『공양전』「은공」 7년에 "동생[弟]이라고 부른 것은 무엇 때문인가? 같은 어머니에게서 난 동생은 동생[弟]이라고 부르고, 같은 어머니에게서 난 형은 형(兄)이라고

귀해진다.[74] 혼례나 관례의 예법은 아버지의 명령에 따라 아들의 자(字)를 짓고, 부부 [사이의 예법]을 세부적으로 구분하고, [신방에서] 서로 마주 앉아서 음식을 먹는다. 상례에서는 [부부를] 따로 구분하여 매장하고, 제례에서는 날고기[75]를 먼저 올리며, 부부[의 신주]는 소목(昭穆)에 따라 따로 배열한다. 관작은 세 등급으로 제정하고, 사인(士人)에게는 두 등급으로 나누어 봉록을 준다. 하늘 제사를 지내는 궁실과 천자의 태묘(太廟)인 명당(明堂)은 원형으로 지으며, 그 지붕도 높고 넓은 원형으로 만든다.[76] 제기도 원형으로 만들고, 옥(玉)의 두께는 아홉 등급으로 나누고, 흰색을 바탕으로 여러 가지 색이 섞인 다섯 가닥의 실로 옥을 꿰며,[77] 옷은 윗부분의 품을 크게 만들고, 머리에는 높고 둥근 관을 쓴다. 방울이 달린 천자의 수레[鸞輿]는 수레덮개를 높이 만들고, 하늘의 일월성신이 늘어서 있는 형상을 본받아서 만들며, 네 개의 방울을 매달아 놓는다.[78] 악기는 북을 설치하고, 방패를 들고 추는 무무

부른다[母弟稱弟, 母兄稱兄]"라는 기록이 보인다. 그리고 하휴의 주에서 "같은 어머니를 구별하는 것은 『춘추』는 주나라의 형식[文]을 바꾸어서 은나라의 바탕[質]을 따른다. 바탕을 중시하는 왕조는 친한 이를 사랑하니, 사랑하고 후덕하게 대하는 것이 다른 공자(公子)와는 당연히 달라야 함을 밝힌 것이다"라고 풀이했다.

74_ 첩은 자식의 신분이 높으면 거기에 따라서 신분이 함께 높아진다는 것이다. 『공양전』「은공」 원년에 "어머니는 자식 때문에 귀해진다[母以子貴.]"라는 말이 있고, 하휴 주에서 "예법에 첩의 자식이 즉위하면 그 어머니는 부인의 신분이 될 수 있다. 부인 성풍(成風)이 그 사례이다"라고 풀이했다.

75_ 조(臊)는 돼지의 기름인데, 여기에서는 성(腥)과 마찬가지로 익히지 않은 날고기를 말한다.

76_ 엄(嚴)은 높다는 뜻이고, 치(侈)는 넓다는 뜻이다. 지붕을 높고 넓은 원형으로 만든다는 의미이다.

77_ 조(藻)는 『예기』「옥조(玉藻)」편의 정현의 주에서 "여러 가지 색깔이 섞인 것"이라고 했고, 공영달의 소에서는 "여러 가지 색깔이 섞인 실인데, 이것으로 옥을 꿴다"라고 했다. 여기에서는 흰색을 바탕으로 여러 가지 색이 섞인 실을 의미한다. 한편 『춘추번로의증』에 의하면, 9와 5라는 기수(奇數)를 사용한 것은 양(陽)의 도를 본받은 것이다.

78_ 난여(鸞輿)는 난거(鸞車)와 같은 말로, 방울이 달려 있는 천자의 수레이다. 『춘추번로의증』에서 인용한 『대대례(大戴禮)』에 의하면, 옛날에 천자의 수레를 만들

(武舞)를 추며,[79] 춤의 대열은 원형으로 한다.[80] [제사를 지낼 때는] 먼저 희생의 털과 피를 바친 이후에 음악을 연주한다.[81] 형벌을 공정하게 시행하되 대부분 비공개로 하고, [천자의] 친척의 범죄는 대부분 처벌을 피한다. 봉선 제사를 지낼 때 [천자는] 윗자리에 위치한다.

主天法商而王, 其道佚陽, 親親而多仁樸. 故立嗣予子, 篤母弟, 妾以子貴. 昏冠之禮, 字子以父, 別眇夫婦, 對坐而食. 喪禮別葬, 祭禮先臊, 夫妻昭穆別位. 制爵三等, 祿士二品. 制郊宮明堂員, 其屋高嚴侈員. 惟祭器員, 玉厚九分, 白藻五絲, 衣制大上, 首服嚴員. 鸞輿尊, 蓋法天列象, 垂四鸞. 樂載鼓, 用錫儛, 舞溢員. 先毛血而後用聲. 正刑多隱, 親戚多諱. 封禪于尙位.

땅을 위주로 하고 하(夏)를 본받아서 왕자가 되면, 그 도는 음기(陰氣)로 나아가는 데 있으므로[82] 존귀한 이를 높이면서 의리와 절도를 많이 실행한다. 따라서 후계자를 세울 때는 손자에게 자리를 주고,[83] 세자를 독실하게 사랑하며, 첩은 자식[이 귀해지더라도] 귀한 호칭을 부르지

때, 수레덮개를 둥글게 만든 것은 하늘을 본뜬 것이고, 28개의 수레덮개의 뼈대는 늘어서 있는 별들을 본뜬 것이며, 수레 바닥에 두르는 가로장을 네모꼴로 만든 것은 땅을 본뜬 것이고, 30개의 바퀴살은 달을 본뜬 것이라고 한다.

79_ 석무(錫儛)는 석무(錫舞)와 같은 말로, 『춘추번로의증』의 능서(凌曙)에 의하면, 이 춤은 무무(武舞)의 일종으로 방패를 들고 추는 춤인 간무(干舞)를 말하며, 백금(白金)으로 방패의 뒷면을 장식했기 때문에 석무라고 한다.

80_ 일(溢)은 능서(凌曙)가 일(佾)과 같다고 했다. 일(佾)은 춤의 대열을 말한다.

81_ 『시』「소아 · 신남산(信南山)」편에 "그 털을 헤쳐서 보이고, 그 피와 기름을 받아내도다[以啓其毛, 取其血膋.]"라는 기록이 있는데, 『시경집전』에서 "그 털을 헤쳐서 보이는 것은 순수한 색임을 아뢰는 것이고, 그 피를 받아내는 것은 죽인다는 것을 아뢰는 것이다"라고 풀이했다.

82_ 『춘추번로의증』에서 소여는 "양기가 지나치니 음기로 나아간다"라고 했다.

83_ 『공양전』「은공」 원년의 하휴 주에서 "적자가 손자를 두고서 죽으면, 바탕을 중시하는 왕조는 친한 이를 사랑하므로 먼저 적자의 동생을 세우고, 형식을 중시하는 왕조는 존귀한 이를 높이므로 먼저 손자를 세운다"라고 했다. 이 부분은 형식을 중시하는 왕조의 제도 개혁 방법이다.

못한다. 혼례나 관례의 예법은 어머니의 명령에 따라 아들의 자(字)를 짓고, 부부 [사이의 예법]을 세부적으로 구분하고, [신방에서] 나란히 앉아서 음식을 먹는다. 상례에서는 [부부를] 합장하고, 제례에서는 삶은 고기를 먼저 올리며, 부인[의 신주]는 남편을 따라서 소목(昭穆)에 함께 배열한다. 관작은 다섯 등급으로 제정하고, 사인(士人)에게는 세 등급으로 나누어 봉록을 준다. 하늘 제사를 지내는 궁실과 천자의 태묘(太廟)인 명당(明堂)은 방형으로 지으며, 그 지붕도 낮은 방형으로 만든다. 제기도 방형으로 만들고, 옥(玉)의 두께는 여덟 등급으로 나누고, 흰색을 바탕으로 여러 가지 색이 섞인 네 가닥의 실로 옥을 꿰며, 옷은 아래 부분의 품을 크게 만들고, 머리에는 앞부분이 낮게 내려간 관을 쓴다. 방울이 달린 천자의 수레는 [수레덮개를] 낮게 만들고, 땅이 두루 만물을 싣고 있는 형상을 본받아서 만들며, 두 개의 방울을 매달아 놓는다. 악기는 북을 설치하고, 들소 꼬리를 들고 추는 춤을 추며,[84] 춤의 대열은 방형으로 한다. [제사를 지낼 때는] 먼저 삶은 고기를 올린 이후에 음악을 연주한다. 형벌을 하늘의 법처럼 공정하게 시행한다. 봉선 제사를 지낼 때 [천자는] 아래 자리에 위치한다.

主地法夏而王, 其道進陰, 尊尊而多義節. 故立嗣與孫, 篤世子, 妾不以子稱貴號. 昏冠之禮, 字子以母, 別眇夫婦, 同坐而食. 喪禮合葬, 祭禮先亨, 婦從夫爲昭穆. 制爵五等, 祿士三品. 制郊宮明堂方, 其屋卑汚方. 祭器方, 玉厚八分, 白藻四絲, 衣制大下, 首服卑退. 鸞輿卑, 法地周象載, 垂二鸞. 樂設鼓, 用纖施舞, 舞溢方. 先亨而後用聲. 正刑天法. 封壇[85]於下位.

84_ 섬시무(纖施舞)는 『춘추번로의증』에서 유월이 모무(旄舞), 즉 들소 꼬리를 손에 들고 흔드는 춤이라고 했다.

85_ 단(壇)자는 『춘추번로의증』에서 노문초가 단(襌)자가 되어야 하며, 단(襌)자는 선(禪)자와 통한다고 했다. 아래의 단(壇)자도 마찬가지이다.

하늘을 위주로 하고 질(質)을 본받아서 왕자가 되면, 그 도는 양기(陽氣)가 왕성하게 되는 데 있으므로 친한 이를 사랑하면서 질박한 사랑을 많이 실행한다. 따라서 후계자를 세울 때는 자식에게 자리를 주고, 같은 어머니에게서 난 동생을 독실하게 사랑하며, 첩은 자식 때문에 귀해진다. 혼례나 관례의 예법은 아버지의 명령에 따라 아들의 자(字)를 짓고, 부부 [사이의 예법]을 세부적으로 구분하고, [신방에서] 서로 마주 앉아서 음식을 먹는다. 상례에서는 [부부를] 따로 구분하여 매장하고, 제례에서는 벼[86]를 먼저 올리며, 부부[의 신주]는 소목(昭穆)에 따라 따로 배열한다. 관작은 세 등급으로 제정하고, 사인(士人)에게는 두 등급으로 나누어 봉록을 준다. 하늘 제사를 지내는 궁실과 천자의 태묘(太廟)인 명당(明堂)은 내부는 원형으로 만들고 외부는 타원형으로 만들며, 그 지붕도 원형과 타원형이 서로 이어진 형태로 만든다.[87] 제기도 타원형으로 만들고, 옥(玉)의 두께는 일곱 등급으로 나누고, 흰색을 바탕으로 여러 가지 색이 섞인 세 가닥의 실로 옥을 꿰며, 옷은 앞자락을 길게 만들고, 머리에는 원형의 관을 쓴다. 방울이 달린 천자의 수레는 수레덮개를 높이 만들고, 하늘의 일월성신이 늘어서 있는 형상을 본받아서 만들며, 네 개의 방울을 매달아 놓는다. 악기는 안석 모양의 기구에 설치하고,[88] 꿩의 깃털과 피리를 들고 추는 문무(文舞)를 추며,[89] 춤의 대열은 타원형으로 한다. [제사를 지낼 때는] 먼저 옥으로 된 악기를 연주한 이후에 삶은 고기를 올린다. 형벌을 공정하게 시행하되 대

86_ 가소(嘉疏)는 제사에 사용하는 벼를 말한다. 『예기』 「곡례 하」편에 "凡祭宗廟之禮, … 稷曰明粢, 稻曰嘉蔬."라는 기록이 보인다.

87_ 의미(倚靡)는 『춘추번로의증』에 의하면 리미(離靡)와 같은 말로, 서로 이어서 끊어지지 않는 것이다.

88_ 영(桯)은 『춘추번로의증』에서 손이양이 영(楹)과 통한다고 했고, 소여는 북을 걸어두는 것이 아니라, 모양이 마치 긴 안석과 같은 기구에 북을 설치해두는 것이라고 했다.

89_ 우약무(羽籥舞)는 꿩의 깃털과 피리를 들고 추는 문무(文舞)이다.

부분 비공개로 하고, [천자의] 친척의 범죄는 대부분 사면한다. 봉선 제사를 지낼 때 [천자는] 왼쪽 자리에 위치한다.

> 主天法質而王, 其道佚陽, 親親而多質愛. 故立嗣予子, 篤母弟, 妾以子貴. 昏冠之禮, 字子以父, 別眇夫婦, 對坐而食. 喪禮別葬, 祭禮先嘉疏, 夫婦昭穆別位. 制爵三等, 祿士二品. 制郊宮明堂內員外橢, 其屋如倚靡員橢. 祭器橢, 玉厚七分, 白藻三絲, 衣長前衽, 首服員轉. 鸞輿尊, 蓋備[90]天列象, 垂四鸞. 樂桯鼓, 用羽籥舞, 舞溢橢. 先用玉聲而後烹. 正刑多隱, 親戚多赦. 封壇於左位.

땅을 위주로 하고 문(文)을 본받아서 왕자가 되면, 그 도는 음기(陰氣)로 나아가는 데 있으므로 존귀한 이를 높이면서 예법과 형식을 많이 실행한다. 따라서 후계자를 세울 때는 손자에게 자리를 주고, 세자를 독실하게 사랑하며, 첩은 자식[이 귀해지더라도] 귀한 호칭을 부르지 못한다. 혼례나 관례의 예법은 어머니의 명령에 따라 아들의 자(字)를 짓고, 부부 [사이의 예법]을 세부적으로 구분하고, [신방에서] 나란히 앉아서 음식을 먹는다. 상례에서는 [부부를] 합장하고, 제례에서는 울금향(鬱金香)과 기장으로 빚은 술[91]을 먼저 올리며, 부인[의 신주]는 남편을 따라서 소목(昭穆)에 함께 배열한다. 관작은 다섯 등급으로 제정하고, 사인(士人)에게는 세 등급으로 나누어 봉록을 준다. 하늘 제사를 지내는 궁실과 천자의 태묘(太廟)인 명당(明堂)은 내부는 방형으로 만들고 외부는 장방형으로 만들며, 그 지붕도 겹쳐서 장방형으로 만든다. 제기도 장방형으로 만들고, 질기(秩機)[92]를 만들며, 옥(玉)의 두께는 여섯 등급으

90_ 비(備)자는 『춘추번로의증』에서 소여가 법(法)자가 되어야 한다고 했다. 아래도 마찬가지이다.

91_ 거창(秬鬯)은 울금향(鬱金香)과 기장으로 빚은 술로, 제사 때 땅에 뿌린다.

92_ 질기(秩機)는 그 의미를 알 수 없다. 『춘추번로교석』에 의하면, 질(秩)이 일(佚)로 되어 있는 판본이 많이 있는데, 역시 의미를 알 수 없다. 그리고 『춘추번로의증』에서 노문초는 선(旋)이 되어야 한다고 했는데, 이것도 역시 의미가 통하지 않는다.

로 나누고, 흰색을 바탕으로 여러 가지 색이 섞인 세 가닥의 실로 옥을 꿰며, 옷은 뒷자락을 길게 만들고, 머리에는 겹친 관을 쓰되 수실을 드리운다.[93] 방울이 달린 천자의 수레는 [수레덮개를] 낮게 만들고, 땅이 두루 만물을 싣고 있는 형상을 본받아서 만들며, 두 개의 방울을 매달아 놓는다. 악기는 북을 걸어두고, 방패를 들고 추는 「만무(萬舞)」[94]를 추며, 춤의 대열은 장방형으로 한다. [제사를 지낼 때는] 먼저 삶은 고기를 올린 이후에 음악을 연주한다. 형벌을 하늘의 법처럼 공정하게 시행한다. 봉선 제사를 지낼 때 [천자는] 왼쪽 자리에 위치한다.

主地法文而王, 其道進陰, 尊尊而多禮文. 故立嗣予孫, 篤世子, 妾不以子稱貴號. 昏冠之禮, 字子以母, 别眇夫妻, 同坐而食. 喪禮合葬, 祭禮先秬鬯, 婦從夫爲昭穆. 制爵五等, 祿士三品. 制郊宮明堂內方外衡, 其屋習而衡. 祭器衡同, 作秩機, 玉厚六分, 白藻三絲, 衣長後衽, 首服習而垂流. 鸞輿卑, 備地周象載, 垂二鸞. 樂縣鼓, 用「萬舞」, 舞溢衡. 先烹而後用樂, 正刑天法. 封壇于左位.

[이상과 같은] 네 가지 법칙은 옛 이론을 다듬은 것이며, 선대 제왕들을 본보기로 삼은 것이다.[95] 따라서 네 가지 법칙은 마치 사계절이 운행되는 것처럼 [하나의 법칙이] 끝나면 [다른 법칙이] 다시 시작하고, 최

93_ 류(流)는 소여가 류(旒)와 같다고 했다. 류(旒)는 면류관의 앞뒤에 드리운 주옥을 꿴 수실을 말하는데, 신분에 따라서 줄의 숫자가 다르다. 천자는 12줄, 제후는 9줄, 상대부는 7줄, 하대부는 5줄, 사는 3줄이다. 『예기』「예기(禮器)」편에 "天子之冕朱綠藻, 十有二旒, 諸侯九, 上大夫七, 下大夫五, 士三. 此以文爲貴也."라는 기록이 보인다.

94_ 만무(萬舞)는 악곡의 이름이다. 『공양전』「선공(宣公)」 8년에서 만무는 간무(干舞)라고 했는데, 하휴 주에서 간(干)은 간(楯)이고, 만(萬)은 그 편명이라고 했다.

95_ 『춘추번로금주금역』에서는 유사배(劉師培)의 교정에 따라서, 수(修)를 순(循), 소고(所故)를 고대의 제왕으로 해석했다. 그런데 이렇게 해석하면 바로 뒷 문장에 선대의 제왕[先帝]이라는 말과 중복이 되기 때문에 따르지 않았다. 여기에서는 동중서의 이 이론이 독창적인 것이 아니라 옛날부터 내려오던 이론[所故]을 다듬은 것이라는 의미로 해석했다.

고점까지 도달하면 다시 근본으로 돌아온다. 이 네 가지 법칙의 시행은 하늘의 부명(符命)이 성인에게 왕법(王法)을 주면,[96] 제왕의 조상에게 하늘이 부여한 본성과 운명이 [미리] 나타나고, 제왕에게 밝게 드러난다. 따라서 하늘이 순임금에게 천명을 주려고 했을 때에는 하늘을 위주로 하고 상(商)을 본받아서 왕자가 되도록 했다[主天法商而王]. 따라서 그의 조상에게 [미리] 요씨(姚氏)라는 성을 내려주었고, 순임금에 이르러서는 그의 신체 중에서 상체가 크고 머리가 원형이었고, 눈에는 두 개의 눈동자가 있었으며, 성품은 천문(天文)에 뛰어났고, 지극히 효성스럽고 자애로웠다. 하늘이 천하를 우임금에게 천명을 주려고 했을 때에는 땅을 위주로 하고 하(夏)를 본받아서 왕자가 되도록 했다[主地法夏而王]. 따라서 그의 조상에게 [미리] 사(姒)라는 성을 내려주었고, 우임금에 이르러서는 [어머니의] 등에서 태어났으며,[97] 키가 크고 다리가 길었다.[98] 빨리 달릴 때는 왼쪽 다리를 먼저 내딛고 그 뒤에 오른쪽 다리가 따라갔기 때문에 왼쪽 다리는 힘들었고, 오른쪽 다리는 편안했다. 성품은 실천에 뛰어났고, 지리에 익숙하고 물의 이치에 밝았다. 하늘이 천하를 탕임금에게 주려고 했을 때에는 하늘을 위주로 하고 질(質)을 본받아서 왕자가 되도록 했다[主天法質而王]. 따라서 그의 조상에게 [미리] 자(子)라는 성을 내려주었다. [탕임금의 시조인] 설(契)의 어머니가 제비의 알을 삼켜서 설을 낳았고, 설은 어머니의 가슴을 절개하여

96_ 『춘추번로교석』에서는 천시(天施) 두 글자가 시천(施天)을 거꾸로 옮겨 적은 것이라는 혜동(惠棟)의 주장에 따라서, 이 문장을 "四法之施, 天符授聖人王法."으로 고쳐서 기록했다. 여기에서도 혜동의 주장에 따라 해석했다. 한편 『춘추번로의증』에서는 지(之)자가 즉(則)자의 오자라고 하고, "四法之天施符授聖人."으로 구두를 끊고 있는데, 여기에서는 따르지 않았다.

97_ 『사기』 「초세가(楚世家)」의 『사기집해』의 주에, "수기가 등을 절개하여 우임금을 낳고, 간적이 배를 절개하여 설을 낳았다[修己背坼而生禹, 簡狄胸剖而生契.]"라는 간보(干寶)의 말이 있다.

98_ 근(肵)은 『춘추번로교석』에서 종아리를 의미하는 기(踦)자로 해석했다. 장족근(長足肵)은 다리가 길다는 뜻이다.

태어났으며, 성품은 인륜에 뛰어났다고 한다.[99] 탕임금에 이르러서는 몸이 뚱뚱하고 키가 작았으며,[100] 왼쪽 다리는 마비되어 사용하지 않고[101] 오른쪽 다리를 많이 사용하여, 오른쪽 다리는 힘들었고 왼쪽 다리는 편안했다. 성품은 천문에 뛰어났고, 질박하고 조화로우면서 지극히 어질었다. 하늘이 문왕에게 천명을 주려고 했을 때에는 땅을 위주로 하고 문(文)을 본받아서 왕자가 되도록 했다[主地法文而王]. 따라서 그의 조상에게 희(姬)라는 성을 내려주었다. [문왕의 시조인] 후직(后稷)의 어머니 강원(姜原)이 천신의 발자국을 밟고 후직을 낳았는데,[102] 후직은 태(邰)[103]라는 땅에서 자라면서 곡식을 파종했다고 한다. 문왕에 이르러서는 몸이 크고 장대했으며, 가슴에는 네 개의 젖꼭지가 달려 있었고[104] 발이 컸다. 성품은 땅의 형세 [파악]에 뛰어났다. 따라서 순

99_ 『사기』 「삼대세표(三代世表)」에 "『시전(詩傳)』에서 '탕임금의 선조는 설(契)인데, 아버지가 없이 태어났다. 설의 어머니가 자매들과 함께 현구수(玄邱水)에서 목욕을 하는데, 제비가 알을 물고 있다가 떨어뜨렸다. 설의 어머니는 그것을 주어서 입에 넣고 있다가 잘못하여 삼켰는데, 곧 설을 낳았다"라는 기록이 보인다. 이외에도 『시』 「상송(商頌)·현조(玄鳥)」편의 "天命玄鳥, 降而生商.", 『백호통의』 「성명(姓名)」편의 "殷姓子氏, 祖以玄鳥子也.", 『회남자』 「수무(修務)」편의 "契生於卵." 등의 기록이 보인다.

100_ 전(專)은 『춘추번로교석』에서 노문초가 단(團)으로, 혜동이 박(博)으로 해석했다. 둘 모두 몸이 뚱뚱하다는 의미이다.

101_ 편(扁)은 고(枯)와 마찬가지 의미로, 다리가 마비되어 사용하지 못하는 것이다.

102_ 『사기』 「주본기(周本紀)」에 "주나라의 시조 후직은 이름이 기(棄)이다. 그의 어머니는 유태씨(有邰氏)의 딸인 강원(姜原)이며, 강원은 제곡(帝嚳)의 원비(元妃)이다. 강원이 들에 나갔다가 거인의 발자국을 보았는데, 마음이 매우 설레어서 그것을 밟고 싶었다. 그것을 밟자 마치 잉태한 것처럼 몸속이 움직였다. 임신 기간이 경과하자 아들을 낳았다"라는 기록이 보인다. 이외에도 『사기』 「오제본기(五帝本紀)」의 "棄爲周, 姓姬氏", 『백호통의』 「성명(姓名)」편의 "周姓姬氏, 祖以履大人跡生也." 등의 기록이 보인다.

103_ 태(邰)는 지금의 섬서(陝西) 무공(武功)의 서남쪽이다. 『사기』 「주본기」에 "후직의 어머니는 유태씨(有邰氏)의 딸로 강원이라고 하며, 후직을 낳고 태(邰) 땅에 봉해졌다"라는 기록이 보인다.

104_ 『춘추번로의증』의 능서가 인용한 『제왕세기(帝王世紀)』에 "문왕은 용의 머리에

임금이 우임금과 고요(皐陶)에게 성씨(姓氏)에 대해 논의하도록 하여, 은나라의 덕이 양(陽)의 덕이라는 것을 알았기 때문에 자(子)로 성을 삼았고, 주나라의 덕이 음(陰)의 덕이라는 것을 알았기 때문에 희(姬)로 성을 삼았던 것이다.[105] 그러므로 은나라의 왕은 제도를 바꿀 때, 남자를 의미하는 자(子)자로 [성을] 기록했고, 주나라의 왕은 여자를 의미하는 희(姬)자로 [성을] 기록했다.[106] 따라서 하늘의 도는 각각 같은 종류별로 반응하니, 성인이 아니면 누가 그것을 밝게 알 수 있겠는가?(『춘추번로』「삼대개제질문」)

四法修於所故, 祖於先帝. 故四法如四時然, 終而復始, 窮則反本. 四法之天施符授聖人王法, 則性命形乎先祖, 大昭乎王君. 故天將授舜, 主天法商而王. 祖錫姓爲姚氏, 至舜, 形體大上而員首, 而明有二童子, 性長於天文, 純乎孝慈. 天將授禹, 主地法夏而王. 祖錫姓爲姒氏, 至禹, 生發於背, 形體長, 長足肵. 疾行先左, 隨以右, 勞左佚右也. 性長於行, 習地明水. 天將授湯, 主天法質而王. 祖錫姓爲子氏. 謂契母呑玄鳥卵生契, 契先[107]發於胸, 性長於人倫. 至湯, 體長專小, 足左扁而右便, 勞右佚左也. 性長於天光,[108] 質易純仁. 天將授文王, 主地法文而王. 祖錫姓姬氏. 謂后稷母姜原履天之跡, 而生后稷, 后稷長於

호랑이의 눈썹 모양을 하고 있었고, 키는 10척이고, 네 개의 젖꼭지가 있었다"라는 기록이 보인다. 이외에도 『시자(尸子)』와 『회남자』「수무(修務)」편, 『백호통의』「성인(聖人)」편 등에도 '文王四乳'라는 기록이 보인다.

105_ 이 내용은 출전을 찾을 수 없다. 『춘추번로교석』에서는 『사기』「삼대세표(三代世表)」에 요임금이 덕을 세우고 성씨를 하사한 일이 있는데, 여기의 내용은 그와 관련된 전설이라고 했다.

106_ 『춘추번로교석』에서 "은나라를 양의 덕으로 여겼는데, 양의 성질은 남자이기 때문에 남자를 의미하는 자(子)라는 성을 취했다. 그리고 주나라를 음의 덕으로 여겼는데, 음의 성질은 여자이기 때문에 여자를 의미하는 희(姬)라는 성을 취했다"라고 했다.

107_ 선(先)자는 『춘추번로의증』에서 생(生)자가 되어야 한다고 했다.

108_ 광(光)자는 『춘추번로교석』에 의하면, 왕모(王謨)의 판본에는 문(文)자로 되어 있고, 소여는 연문이라고 했다. 여기에서는 왕모의 판본에 따라 해석했다.

郃土, 播田五穀. 至文王, 形體博長, 有四乳而大足. 性長於地文[109]勢. 故帝使禹・皐論姓, 知殷之德陽德也, 故以子爲姓, 知周之德陰德也, 故以姬爲姓. 故殷王改文, 以男書子, 周王以女書姬. 故天道各以其類動, 非聖人庸能明之?(『春秋繁露』「三代改制質文」)

康9-3

공자가 만든 『춘추』의 제도 개혁 이론은 비록 다른 책에서도 여기저기 보이지만, 가장 정밀하고 상세하면서도 근거로 믿을 만한 것으로는 이 편만한 것이 없다. 『춘추』는 신왕에 해당한다고 5번 말한 것과 주(周)나라의 제도를 바꾸어서 주나라를 왕자의 후예로 삼는다고 말한 것은 왕[의 음악인 아(雅)]가 풍(風)으로 강등되고, 주나라의 도가 유왕과 여왕 때에 없어졌다는 말과 같은 의미이다. 따라서 주나라를 계승한 『춘추』를 한 왕조로 삼았으니, 주나라를 친하게 여기는 것[親周]과 송나라를 옛 나라로 여기는 것[故宋]과 노나라를 왕으로 여기는 것[王魯]에 이르러서 삼통(三統)의 이론도 분명하게 드러났다. 이것은 모두 『공양전』의 큰 의리이다. 이외에 우(虞)나라를 [왕조의 계열에서] 축출하여 시대가 먼 나라로 취급한 것[絀虞]과 하(夏)나라를 [왕조의 계열에서] 축출하여 시대가 먼 나라로 취급한 것[絀夏], 오제(五帝), 구황(九皇), 64민(民) 등은 모두 공자의 추론을 따른 것이다. [각 왕조의 시조에게] 요(姚)・사(姒)・자(子)・희(姬) 등의 성을 부여한 것은 모두 공자의 표현을 따른 것이다. 흰색과 검은색[白黑], 방형과 원형[方圓], 다름과 같음[異同], 계승관계[世及] 등은 공자가 만든 것이다. 비록 명칭상으로는 삼대(三代)이지만, 실제로는 하나의 왕조에서 나왔으니, 다만 광범위하게 조리를 만들어 후인들이 실천하기를 기다렸기 때문에 두 번, 세 번, 네 번, 다섯 번, 아홉

109_ 문(文)자는 『춘추번로교석』에서 지(之)자와 글자 형태가 비슷하여 잘못 기록된 것이라고 했다.

번의 반복 순환이 있는 것이다. [공자의] 폭넓고 광대함은 땅과 짝하고, 높고 밝음은 하늘과 짝하여 천지 사이를 자유롭게 드나드니, 아름다운 종묘 예법이나 수많은 관직 제도를 알아서, 특별한 세계에 대해 추론한 것이 무궁하다. 소옹(邵雍, 1011~1077)이 "해와 달과 별들이 모두 밝게 비추고 있는 대지에, 삼황(三皇)과 오제(五帝), 삼왕(三王)과 오패(五霸)의 역사가 거대하게 펼쳐져 있다"라고 말하니,[110] 오직 공자만이 [그러한 역사에 대한 지식을] 가질 수 있다. 동중서는 가장 독실한 유학자인데, 어찌 근거도 없는 거짓된 이론을 제멋대로 진술할 수 있겠는가? 이것은 공자 문하에서 전수된 매우 특이한 견해이기 때문에 감히 책에 기록하지 못했다. 따라서 비록 『공양전』이라고 하더라도 그 이론을 갑자기 기록하지 못했는데, 동중서에 이르러 세상이 많이 달라지자 책에 기록했던 것이다. 따라서 『논형』에서는 "공자의 학문이 동중서에게 전수되었다"라고 했다.[111] 만약 동중서와 같이 독실한 사람으로부터 나오지 않았다면, 비록 이러한 이론이 있더라도 그것을 믿을 수가 없을 것이다. 다행히 동중서의 이 편이 여전히 전해지고 있기 때문에 공자의 제도 개혁의 대의를 충분히 증명할 수 있게 되었다.

孔子作『春秋』改制之說, 雖雜見他書, 而最精詳可信據者莫如此篇. 稱『春秋』當新王者凡五, 稱變周之制, 以周爲王者之後, 與王降爲風,

---

110_ 이 내용은 송나라 소옹(邵雍)의 『격양집(擊壤集)』 권9 「안락와중일부서(安樂窩中一部書)」에 보인다. 이 글은 소옹이 『황극경세서(皇極經世書)』를 짓고, 그 책 속에 천지를 개벽한 복희씨와 헌원씨로부터 춘추시대 오패에 이르기까지 중국 역사 전체가 광대하게 펼쳐져 있다고 말한 내용이다. 그 전문을 소개하면 다음과 같다. "安樂窩中一部書, 號云皇極意何如? 春秋禮樂能遺則, 父子君臣可廢乎? 浩浩羲軒開闢後, 巍巍堯舜協和初. 炎炎湯武干戈外, 恟恟桓文弓劒餘. 日月星辰高照耀, 皇王帝伯大鋪舒. 幾千百主出規制, 數億萬年成楷模. 治久便憂强跋扈, 患深仍念惡驅除. 才堪命世有時有, 智可濟時無世無. 旣往盡歸閑指點, 未來須俟別支梧. 不知造化誰爲主, 生得許多奇丈夫." 한편 『공자개제고』의 패(霸)자가 원문에는 패(伯)자로 되어 있다.

111_ 『논형』 「초기(超奇)」편에 "文王之文在孔子, 孔子之文在仲舒."라는 기록이 보인다.

周道亡于幽·厲同義. 故以『春秋』繼周爲一代, 至于親周·故宋·王魯, 三統之說亦著焉. 皆爲『公羊』大義. 其他紬虞·紬夏·五帝·九皇·六十四民, 皆聽孔子所推. 姓姚·姓姒·姓子·姓姬, 皆聽孔子所象. 白黑·方圓·異同·世及, 皆爲孔子所制. 雖名三代, 實出一家, 特廣爲條理, 以待後人之行, 故有再·三·四·五·九之復. 博厚配地, 高明配天, 游入其中, 乃知宗廟之美, 百官之富, 別有世界, 推之不窮. 邵子謂"日月星辰齊照耀, 皇王帝覇大鋪舒." 惟孔子乃有之. 董子爲第一醇儒, 安能妄述無稽之謬說? 此蓋孔門口說相傳非常異義, 不敢筆之于書. 故雖『公羊』未敢驟著其說, 至董生時, 時世殊易, 乃敢著于竹帛. 故『論衡』謂"孔子之文傳于仲舒也." 苟非出自醇實如董生者, 雖有此說, 亦不敢信之矣. 幸董生此篇猶傳, 足以證明孔子改制大義.

9-1-6[112]

『춘추』는 세상의 일에 대해서 옛것을 회복하는 것을 좋게 여기고 일상적인 법도를 바꾸는 것을 비난했으니, 선왕을 본받기를 바란 것이다. 그런데 거기에 한 마디 말이 덧붙여졌는데, "왕자는 반드시 제도를 개혁해야 한다"라는 것이다.(『춘추번로』「초장왕」)

『春秋』之于世事也, 善復古, 譏易常, 欲其法先王也. 然而介以一言曰, "王者必改制."(『春秋繁露』「楚莊王」)

9-1-7[113]

지금 '새로운 왕자는 반드시 제도를 바꾼다'는 것은 그 [정치의] 도리를

112_ 이하에서 인용한 『춘추번로』「초장왕」편의 내용은 이 책의 제8권 제6절 〈8-6-11〉에서 이미 인용했다. 자세한 주석은 앞의 내용을 참조 바람.

113_ 이하에서 인용한 『춘추번로』「초장왕」편의 내용은 이 책의 제8권 제2절 〈8-2-7〉에서 이미 인용했다. 자세한 주석은 앞의 내용을 참조 바람.

바꾸는 것도 아니고, 그 [정치의] 이치를 바꾸는 것도 아니다. 하늘에서 천명을 받아서 성을 바꾸고 [앞의 왕을] 교체한 것이지, 앞의 왕을 계승하여 왕자 노릇을 하는 것이 아니다. 만약 [새로운 왕이] 한결같이 앞 왕조의 제도를 그대로 따르고 옛 왕조의 사업을 그대로 수행한 채, 고치는 것이 없다면 이것은 앞 왕조를 계승하여 왕자 노릇하는 것과 차별성이 없다. 천명을 받은 임금은 하늘이 크게 드러내는 자이다. 부모를 섬기는 자는 부모의 뜻을 받들고, 임금을 섬기는 자는 임금의 의지를 본받으며, 하늘을 섬기는 것도 마찬가지이다. 지금 하늘이 자기를 크게 드러냈는데, 제도[物]는 이전 시대를 그대로 답습하여 대체로 서로 같다면 [새로운 왕조가] 드러나지도 밝혀지지도 않은 것이니, 하늘의 의지가 아니다. 따라서 반드시 거주하는 도읍을 옮기고, 칭호를 바꾸며, 역법을 고치고, 예복의 색깔을 바꾸는 것은 다른 이유가 아니라 하늘의 의지에 순종함으로써 스스로를 드러낸다는 것을 감히 밝히지 않을 수 없기 때문이다. 국가의 큰 원칙과 인륜, 도리, 정치, 교화, 습속, 문자의 뜻과 같은 것은 모두 옛날과 똑같이 해야 하니, 또한 어떻게 고칠 수 있겠는가? 따라서 왕자는 명분상으로는 제도를 고치지만 실제로는 도리를 바꾸지 않는다. 공자가 "인위적으로 하지 않고도 잘 다스리는 자는 순(舜)임금일 것이다"라고 하니, 순임금이 요임금의 도리를 위주로 하여 [그대로 따른 것을] 말한 것이다. 이것은 도리를 바꾸지 않는 효과가 아니겠는가? 질문하는 자가 물었다. 제도가 바뀌어 하늘이 준 천명이 드러났는데, 반드시 음악을 다시 짓는 것은 무엇 때문인가? 대답했다. 음악은 그러한 제도와는 다르다. 제도는 하늘의 뜻에 호응해서 고치는 것이지만, 음악은 백성의 뜻에 호응해서 짓는 것이다. 왕이 천명을 받은 것은 반드시 백성들이 함께 즐거워하는 일이다. 그러므로 처음에 제도를 크게 고치는 것은 천명을 밝히는 방법이며, 마지막에 다시 음악을 짓는 것은 하늘의 공적을 드러내는 방법이다.(『춘추번로』「초장왕」)

今所謂新王必改制者, 非改其道, 非變其理. 受命於天, 易姓更王, 非繼前王而王也. 若一因前制, 修故業, 而無有所改, 是與繼前王而王者無以別. 受命之君, 天之所大顯也. 事父者承意, 事君者儀志. 事天亦然. 今天大顯己, 物襲所代而率與同, 則不顯不明, 非天志. 故必徙居處 · 更稱號 · 改正朔 · 易服色者, 無他焉, 不敢不順天志而明自顯也. 若夫大綱 · 人倫 · 道理 · 政治 · 教化 · 習俗 · 文義盡如故, 亦何改哉? 故王者有改制之名, 無易道之實. 孔子曰, "無爲而治者, 其舜乎." 言其主堯之道而已. 此非不易之效與? 問者曰, 物改而天授顯矣, 其必更作樂, 何也? 曰, 樂異乎是. 制爲應天改之, 樂爲應人作之. 彼之所受命者, 必民之所同樂也. 是故大改制於初, 所以明天命也, 更作樂於終, 所以見天功也.(『春秋繁露』「楚莊王」)

9-1-8[114]

따라서 공자는 새로운 왕자가 해야 할 도리를 세우면서, 그가 [행위자의] 의지를 중시하여 이익[의 추구]를 반대한다는 것을 밝히고, 진실을 좋아하여 허위를 없애는 것을 드러내었다. 새로운 왕은 [문식을 중시한] 주나라의 폐단을 계승했기 때문에 [개혁의 방향이] 이와 같은 것이다.(『춘추번로』「옥배」)

故孔子立新王之道, 明其貴志以反和, 見其好誠以滅僞. 其有繼周之弊, 故若此也.(『春秋繁露』「玉盃」)

9-1-9

따라서 왕자는 천명을 받으면 역법을 고치는데, 숫자의 순서에 따라

114_ 이하에서 인용한 『춘추번로』「옥배」편의 내용은 이 책의 제8권 제2절 〈8-2-2〉에서 이미 인용했다. 자세한 주석은 앞의 내용을 참조 바람.

고쳐 나가는 것이 아니라, 반드시 [앞 왕조의 다음 순서의 역법을] 맞이해 와서 받아들이는 것은 천명을 주고 받는 의리이다.[115](『춘추번로』「이단」)

故王者受命, 改正朔, 不順數而往, 必迎來而受之者, 授受之義也.(『春秋繁露』「二端」)

康9-4

장자는 공자를 신명성왕(神明聖王)으로 여겼고, 맹자는 선왕(先王)이라고 불렀으며, 순자는 후왕(後王)을 본받아야 한다고 했으니, 당시에는 대부분 공자를 왕자로 여겼던 것이다. 따라서 위서(緯書)에서도 공자를 소왕(素王)으로 호칭하였다. 『공양전』에서는 "왕이란 누구를 말하는가? 문왕을 말한다"[116]라고 했고, 『논어』에서는 "문왕이 죽었으니, [주나라의] 문화 제도가 여기 나에게 있지 않겠는가?"[117]라고 말했다. 공자의 제도 개혁은 문질(文質)과 삼통(三統) 이론이다. 소(素)라는 것은 바탕[質]이다. 바탕을 중시하는 왕조를 소왕(素王)이라고 부르며, 형식을 중시하는 왕조를 문왕(文王)이라고 부른다. 『춘추』는 주나라의 형식[文]을 바꾸어서 은나라의 바탕[質]을 따른다. 따라서 『춘추위(春秋緯)』에서는 소왕을 많이 언급했는데, 『공양전』에서는 가장 먼저 문왕을 언급한 것은 또한 형식과 바탕은 순환 반복할 수 있다는 뜻을 보여준 것이다. 『춘추번로』에서 "왕자는 천명을 받아서 제도를 개혁한다"라고 말한 것은 바로 『춘추위』에서 "공자가 단문(端門)에서 천명을 받았다"[118]는 것과 동

115_ 새로운 왕조가 역법을 시행할 때는 단순히 정월과 초하루의 숫자에 따르는 것이 아니라 삼통설(三統說)에 따른 왕조 교체에 맞추어 역법도 새롭게 개정한다는 의미이다. 즉 삼통설에 근거하여 앞 왕조가 시행한 역법의 다음 순서에 있는 새로운 역법을 기준으로 삼아서 고친다는 것이다.

116_ 『공양전』「은공」 원년에 보인다.

117_ 『논어』「자한」편에 보인다.

118_ 단문(端門)과 공자의 관계에 대해서는 이 책의 제8권 제8절〈康8-38〉주)163 참

일하다. 공자가 이미 소왕이었으므로 수많은 왕들이 전수받은 정치도 또한 확고하게 자리잡을 수 있었으니, 제도 개혁의 이론을 어찌 이상하게 여길 것이 있겠는가!

莊子以孔子爲神明聖王, 孟子稱先王, 荀子法後王, 當時多有以孔子爲王者. 卽秘緯亦以素王稱之. 『公羊』"王者孰謂? 謂文王." 『論語』"文王旣沒, 文不在茲?" 蓋孔子改制, 文質三統. 素者, 質也. 質家則稱之素王, 文家則稱爲文王. 『春秋』改周之文, 從殷之質. 故『春秋緯』多言素王, 而『公羊』首言文王者, 則又見文質可以周而復之義也. 『繁露』之言"王者受命改制", 正與緯言"孔子受端門之命"同. 孔子旣爲素王, 則百王受治亦固其所, 改制之說何足怪哉!

9-1-10[119]

공자의 시대에는 위로는 밝은 군주가 없었고, 아래로는 [공자 자신이] 임용되지 못했다. 따라서 『춘추』를 지어 당세에는 사용될 수 없는 문장으로 기록하여 예의(禮義)를 결단하고, 한 왕자의 법도에 해당시켰다.(『사기』「태사공자서」)

孔子之時, 上無明君, 下不得任用. 故作『春秋』, 垂空文以斷禮義, 當一王之法.(『史記』「太史公自序」)

9-1-11[120]

이 때문에 공자는 왕도를 밝히기 위해 70여 군주에게 [자리를] 요청했

조.

119_ 이하에서 인용한 『사기』「태사공자서」의 내용은 이 책의 제8권 제1절〈8-1-7〉에서 이미 인용했다. 자세한 주석은 앞의 내용을 참조 바람.

120_ 이하에서 인용한 『사기』「십이제후연표」의 내용은 이 책의 제8권 제1절〈8-1-8〉에서 이미 인용했다. 자세한 주석은 앞의 내용을 참조 바람.

지만 등용되지 못했다. 따라서 서쪽으로 가서 주나라 왕실[의 서적]을 살펴보고, 역사 기록과 전해들은 옛 기록을 논술하면서, 노나라에서 집필을 시작하여 『춘추』를 편찬했다. 위로는 노나라 은공(隱公)부터 기록하여, 아래로는 애공(哀公) 때 기린을 잡은 시기까지 이르렀다. 그 문장을 간략하게 기록하고, 번잡하고 중복되는 것을 삭제함으로써 의리와 법도를 제정하니, 왕도가 구비되고 인도가 다 갖추어졌다. 70명의 제자들이 공자가 전수한 취지를 입으로 전했는데, 그 이유는 풍자하는 내용, 칭찬하거나 숨기는 내용, 비난하는 내용 등이 있어서 글로 기록해서 드러낼 수 없었기 때문이다.(『사기』「십이제후연표」)

是以孔子明王道, 干七十余君, 莫能用. 故西觀周室, 論史記舊聞, 興于魯而次『春秋』. 上記隱, 下至哀之獲麟. 約其文辭, 去其煩重, 以制義法, 王道備, 人事浹. 七十子之徒口受其傳指, 爲有所刺譏·褒諱·挹損之文辭, 不可以書見也.(『史記』「十二諸侯年表」)

9-1-12[121]

공자가 70여 명의 제후들에게 유세를 행하면서 정해진 처소가 없었고, 천하의 백성들이 각기 자기 위치에서 편안하게 살 수 있도록 하고자 했는데, 도가 실행되지 않았다. 물러나 『춘추』를 손질하여, 아무리 작은 선이라도 찾아내고 아무리 작은 악이라도 비판하여, 인간사가 다 갖추어지고 왕도가 구비되었다. 정밀하고 조화로운 성인의 제도는 위로 하늘에 통하여 기린이 이르렀으니, 이것은 하늘이 공자를 알아본 것이다.(『설원』「지공」)

夫子行說七十諸侯無定處, 意欲使天下之民各得其所, 而道不行. 退而修『春秋』, 采毫毛之善, 貶纖介之惡, 人事浹, 王道備. 精和聖制, 上

121_ 이하에서 인용한 『설원』「지공」편의 내용은 이 책의 제8권 제10절〈8-10-8〉에서 이미 인용했다. 자세한 주석은 앞의 내용을 참조 바람.

通于天而麟至, 此天之知夫子也.(『說苑』「至公」)

9-1-13

오제(五帝)는 시대가 다르기 때문에 음악을 서로 계승하지 않았고, 삼왕(三王)도 시대가 다르기 때문에 예법을 서로 답습하지 않았다. 음악은 정도가 지나치면 근심을 만들고, 예법은 너무 엉성하면 편협하게 된다. 음악을 정도에 맞게 독실하게 즐겨서 근심이 없게 하고, 예법을 잘 갖추어 편협하지 않게 하는 것은 오직 큰 성인일 것이다!(『예기』「악기」)

五帝殊時, 不相沿樂, 三王異世, 不相襲禮. 樂極則憂, 禮粗則偏矣. 及夫敦樂而無憂, 禮備而不偏者, 其唯大聖乎!(『禮記』「樂記」)

9-1-14

도량형의 표준을 세우고[122] 예악 제도를 점검하며, 역법을 고치고 복색을 바꾸며, 휘호(徽號)[123]를 다르게 표시하고 기구들을 다르게 만들며, 의복을 [다른 왕조와] 구별한다. 이것은 백성들과 함께 고쳐서 바꿀 수 있는 것들이다.[124](『예기』「대전」)

立權度量, 考文章, 改正朔, 易服色, 殊徽號, 異器械, 別衣服. 此其所得與民變革者也.(『禮記』「大傳」)

122_ 권(權)은 무게를 재는 저울, 도(度)는 길이를 재는 자, 량(量)은 용량을 재는 기구로, 모두 도량형의 표준을 말한다.

123_ 휘호(徽號)는 왕조를 상징하는 깃발이나 표기의 표식이나 기호를 말한다.

124_ 앞에서 열거한 것들은 새로운 왕조가 시행해야 할 제도 개혁의 대상이라는 말이다. 이 내용에 이어서 친친(親親)과 존존(尊尊), 장장(長長) 등은 개혁의 대상이 아니라고 했다. 『춘추번로』「초장왕(楚莊王)」편에서 "왕자는 명분상으로는 제도를 고치지만, 실제로는 도리를 바꾸지 않는다[王者有改制之名, 無易道之實.]"라고 말한 것과 같은 내용이다.

康9-5

제도 개혁의 대의를 제시한 것이다.

揭改制大義.

9-1-15

따라서 성인은 일이 막히면 다시 실행하고, 법에 폐단이 생기면 제도를 고치니, 옛것을 변화시키고 일상적인 것을 바꾸기를 즐겨하는 것이 아니다. 장차 패망하는 나라를 구제해주고 쇠퇴하는 나라를 도와주며, 음탕한 것을 쫓아내고 잘못된 것을 그치게 함으로써[125] 천지의 기를 조화시키고, 만물의 올바름에 따르기 위해서이다.(『회남자』「태속훈」)

故聖人事窮而更爲, 法弊而改制, 非樂變古易常也. 將以救弊扶衰, 黜淫濟非, 以調天地之氣, 順萬物之宜也.(『淮南子』「泰俗訓」)

康9-6

『춘추』에 있는 제도 개혁의 이론은 한나라 초기의 선사(先師)들이 함께 전수하면서 함께 알고 있었던 것이다. 따라서 『회남자』에도 여전히 이 이론이 있으니, 단지 동중서만이 [『춘추』에 있는 제도 개혁의 이론을 알고 있었던 것이] 아니다.

『春秋』有改制之說, 蓋初漢先師所共傳共知. 故『淮南』猶有是說, 不止董子矣.

<이상 공자의 제도 개혁에 대한 종합적 의미를 밝히다: 右明孔子改制總義>

125_ 제(濟)는 『회남자집석(淮南子集釋)』의 우창(于鬯)이 「천문훈(天文訓)」편의 고유 주에서 제(濟)를 지(止)로 풀이한 것에 근거하여, 여기에서도 지(止)로 해석해야 된다고 했다.

2. 공자가 제자와 제도 개혁의 대의를 상의해서 정하다 [孔子與弟子商定改制大義]

9-2-1

안연이 나라를 다스리는 방법에 대해 묻자, 공자가 대답했다. "하나라의 역법을 시행하고,[126] 은나라의 수레를 타며,[127] 주나라의 면류관을 착용하고,[128] 음악은 [순임금의] 소무(韶舞)를 사용한다."[129](『논어』「위령공」)

顔淵問爲邦, 子曰, "行夏之時, 乘殷之輅, 服周之冕, 樂則韶舞."(『論語』「衛靈公」)

126_ 하·은·주 삼대의 역법을 삼정(三正)이라고 한다. 하나라는 1월을 세수로 하는 건인(建寅)을 기준으로, 은나라는 12월을 세수로 하는 건축(建丑)을 기준으로, 주나라는 11월을 세수로 하는 건자(建子)를 기준으로 역법을 시행한다. 『논어집주』에 의하면, 하나라의 역법은 인정(人正), 은나라의 역법은 지정(地正), 주나라의 역법은 천정(天正)에 해당되는데, 역법으로 농사일을 하기 때문에 당연히 하나라의 인정(人正)을 핵심으로 삼아야 한다고 했다.

127_ 로(輅)는 천자가 타는 수레를 말한다. 『논어집주』에 의하면, 옛날에는 나무로 수레를 만들었는데, 은나라 때 이르러 목로(木輅)라는 명칭이 생기면서 그 제도를 새롭게 만든 것이다. 주나라 때의 수레는 금과 옥으로 장식하여 지나치게 사치하고 쉽게 파손된 것과는 달리, 은나라의 수레는 질박하면서도 튼튼하여 수레로서는 가장 적절했다고 한다.

128_ 『논어집주』에 의하면, 면류관은 크지도 않고 또 사람의 머리에 사용하는 것이기 때문에 비록 사치스럽더라도 형식적으로 잘 갖추어진 주나라의 면류관이 가장 적절하다고 했다.

129_ 『논어집주』에서 그것이 가장 진선진미(盡善盡美)하여 선택한 것이라고 했다. 공자가 무왕의 음악이 진미(盡美)하기는 하지만 진선(盡善)하지는 못한 반면, 순임금의 음악은 진선(盡善)과 진미(盡美)를 다 갖추었다고 평가했다. 『논어』「팔일(八佾)」편에 "子謂韶, 盡美矣, 又盡善也. 謂武, 盡美矣, 未盡善也."라는 기록이 보인다.

康9-7

이 조목은 제도 개혁의 확실한 증거이다. 비유하면, 지금 원(元)나라의 역법을 사용하고 명(明)나라의 수레를 타며 청(淸)나라의 관을 착용하고 송(宋)나라의 희곡을 듣는다고 말한다면, 어찌 매우 희한한 이야기가 아니겠는가? 성인이 아니면 어찌 그것을 정할 수 있겠는가!

此條爲改制之確證. 譬如今日言用元朝之曆, 乘明朝車, 戴國朝朝帽, 聽宋朝戲曲, 豈非大異聞乎? 非聖人豈能定之!

9-2-2

자장(子張)이 "10세대 [이후의 왕조]를 알 수 있습니까?"라고 묻자, 공자가 대답했다. "은나라는 하나라의 예법을 따랐으니, 덜어내거나 더한 내용을 알 수 있고, 주나라는 은나라의 예법을 따랐으니, 덜어내거나 더한 내용을 알 수 있다. 혹시 주나라를 계승하는 나라가 있으면 비록 100세대가 지난 이후에도 알 수 있다."[130](『논어』「위정」)

子張問, "十世可知也?" 子曰, "殷因于夏禮, 所損益, 可知也, 周因于殷禮, 所損益, 可知也. 其或繼周者, 雖百世, 可知也."(『論語』「爲政」)

康9-8

『회남자』에서 "은(殷)나라는 하(夏)나라[의 예법]을 바꾸었고, 주(周)나라는 은나라[의 예법]을 바꾸었으며, 『춘추』는 주나라[의 예법]을 바꾸었

130_ 손익(損益)은 문화나 제도 등의 단점을 덜어내고 장점을 더한다는 말로, 공자의 제도 개혁의 방법론을 말한다. 공자는 하(夏) - 은(殷) - 주(周) 세 왕조가 교체되는 법칙이 문(文)과 질(質)이라는 문화적 특징, 그리고 삼통(三統)이라는 역법이 순환 반복한다는 점에 착안하여, 각 왕조의 손익(損益)을 따져보면 비록 100세대 이후의 왕조라도 그 제도 개혁의 방향이나 내용을 알 수 있다고 했다.

으니,[131] 삼대의 예법이 같지 않다"[132]라고 했으니, 『춘추』를 한 시대의 왕조로 삼은 것이다. 『설원』에서는 "하(夏)나라의 도가 사라지지 않았으면 상(商)나라의 덕(德)이 일어나지 않았고, 상나라의 덕이 사라지지 않았으면 주나라의 덕이 일어나지 않았으며, 주나라의 덕이 사라지지 않았으면 『춘추』가 지어지지 않았을 것이다"[133]라고 했다. 이로써 증명하면 주나라를 계승한 것은 『춘추』이다. 100세대가 지나 성인을 기다려서, 100세대가 지난 이후의 100세대의 왕들[의 수준]을 등급매기더라도 [거부할 수 있는 사람이 없을 것이니], 『춘추』로 100세대를 다스린다는 의미이다.[134] 100세대 이후에 막히면 다시 변통하게 되니, 또한 삼통[의 순환]이 있기 때문이다. 이것이 바로 제도 개혁의 은미한 말이다.

『淮南子』"殷變夏, 『春秋』變周, 三代之禮不同." 以『春秋』爲一代. 『說苑』"夏道不亡, 殷德不作, 殷道不亡, 周德不作, 周道不亡, 『春秋』不作." 以此證之, 繼周者『春秋』也. 百世以俟聖人, 由百 世之後, 等百世之王, 以『春秋』治百世也. 百世之後, 窮則變通, 又有三統也. 此改制之微言也.

131_ 『회남자』 본문의 '춘추(春秋)'는 '『춘추』'가 아니라 '춘추시대'의 의미인데, 캉유웨이는 이것을 『춘추』로 보고 공자의 개제를 설명했다. 그런데 이 편의 앞부분에서 "주나라 왕실이 쇠퇴하고 예의가 붕괴되자 『춘추』가 지어졌다[周室廢, 禮義壞, 而『春秋』作.]"라는 말이 있기 때문에 여기에서의 '춘추'를 '『춘추』'로 해석하는 것도 가능하다고 생각한다.

132_ 『회남자』 「범론훈(泛論訓)」편에 보인다.

133_ 『설원』 「군도(君道)」편에 보인다.

134_ 이 말은 『공자개제고』 제8권〈康8-42〉에서 캉유웨이가 "주나라를 계승한 것은 곧 공자이다. 100세대가 지난 이후에도 알 수 있다는 것은 100세대가 지나 성인을 기다려서 [물어보더라도] 의심하지 않는다는 것이다. '100세대가 지난 이후에 100세대의 왕들[의 수준]을 등급매기더라도 거부할 수 있는 사람이 없을 것이다'라는 말이 바로 그것이다[繼周者, 卽孔子也. 百世可知, 百世以俟聖人而不惑. '由百世之下, 等百世之王, 莫之能違', 是也.]"라고 한 것과 같은 맥락이다.

9-2-3

자로(子路)가 물었다. "위(衛)나라 임금이 선생님을 모시고 정치를 하려고 하는데, 선생님은 장차 무엇을 가장 먼저 하겠습니까?" 공자가 대답했다. "반드시 명분을 바로잡을 것이다." 자로가 말했다. "이것뿐입니까! 선생님은 현실에 어둡군요. 어떻게 바로잡는단 말입니까?" 공자가 말했다. "천박하구나, 자로야! 군자는 자기가 알지 못하는 것에 대해서는 가만히 입을 다물고 있는 것이다. 명분이 바르지 않으면 말이 순리에 맞지 않고, 말이 순리에 맞지 않으면 일이 이루어지지 않으며, 일이 이루어지지 않으면 예악(禮樂)이 일어나지 않고, 예악이 일어나지 않으면 형벌이 알맞게 시행되지 않으며, 형벌이 알맞게 시행되지 않으면 백성들이 수족을 둘 곳이 없게 된다. 따라서 군자가 명분을 두게 되면 반드시 말할 만한 것이며, 말할 만한 것이면 반드시 실행할 만한 것이니, 군자는 자신의 말에 대해 구차스러운 것이 없을 뿐이다."(『논어』「자로」)

子路曰, "衛君待子而爲政, 子將奚先?" 子曰, "必也正名乎." 子路曰, "有是哉! 子之迂也. 奚其正?" 子曰, "野哉, 由也! 君子於其所不知, 蓋闕如也. 名不正, 則言不順, 言不順, 則事不成, 事不成, 則禮樂不興, 禮樂不興, 則刑罰不中, 刑罰不中, 則民無所錯手足. 故君子名之必可言也, 言之必可行也, 君子於其言, 無所苟而已矣."(『論語』「子路」)

康9-9

순자에게는 「정명(正名)」편이 있고, 동중서에게는 「심찰명호(深察名號)」편이 있는데, 모두 공자 학문의 대의이다.[135] 순자는 다음과 같이 말했

135_ 『순자』「정명」편은 공자가 주장한 정명(正名)을 계승하여 명분과 실질을 바로잡기 위한 논리를 전개한 내용이다. 순자는 당시의 사회적 혼란의 원인을 명분과

다. "후왕(後王)[136]이 정한 명칭.[137] 형벌의 명칭은 상(商)나라의 것을 따르고,[138] 관작의 명칭[139]은 주(周)나라의 것을 따르며, 예절의 명칭은 『의례(儀禮)』를 따른다.[140] 만물에 붙여진 여러 가지 일반 명칭[141]은 중국의 기존 풍속에서 자세하게 모아놓은 명칭[142]을 따른다."[143] 이미 상나라의 것을 따르고 주나라의 것을 따른다고 말했으니, 후왕이 상나라와 주나라[의 왕]이 아님을 알 수 있다. 공자가 아니면 누구이겠는가? 형벌의 명칭과 관작의 명칭, 예절의 명칭과 만물에 붙여진 여러 가지 일반 명칭이 제도 개혁이 아니면 무엇이겠는가? 이 조목은 『논어』의

실질의 괴리에서 찾고, 그것을 주도하는 궤변의 논파를 통해 사물에 대한 정확한 인식의 필요성을 역설했다. 『춘추번로』「심찰명호」편은 사회의 질서 확립을 위해서는 명칭과 칭호에 대한 깊은 고찰이 필요하다는 내용이다. 그 내용 중에 주류를 이루는 부분이 바로 정명에 대한 분석이다.

136_ 맹사는 법선왕(法先王)을 주장한 데 비해, 순자는 법후왕(法後王)을 주장했다. 선왕은 요임금과 순임금 등 고대의 제왕을 말하는데, 후왕은 선왕에 대비하여 뒤의 왕이라는 의미로, 주나라의 문왕과 무왕을 대표로 하는 현재의 왕을 말한다.

137_ 양경이 "후왕에는 평소에 정해서 이루어 놓은 명칭이 있으니, 옛날의 명칭이 본반을 만하다는 것을 말한 것이다"라고 했다.

138_ 이운구에 의하면, 은나라 때 이미 탕형(湯刑)이라는 형벌이 정해져 있었다고 한다.

139_ 관작의 명칭은 양경에 의하면, 공(公)·후(侯)·백(伯)·자(子)·남(男)의 다섯 등급의 제후의 작위와 360개의 관직을 말한다.

140_ 양경에 의하면, 문명(文名)은 절문(節文) 또는 위의(威儀)로, 예절을 말하고, 예(禮)는 주나라의 『의례(儀禮)』를 말한다. 학의행(郝懿行)은 옛날에는 『의례』라는 명칭이 없었기 때문에 단지 『예』라고 하거나 혹은 『예경(禮經)』이라고 했다고 부연 설명했다.

141_ 산명(散名)은 이운구가 산(散)을 잡(雜)자의 의미로 보고, "사물에 대한 여러 가지 잡다한 보통 명칭"이라고 풀이했다.

142_ 성속(成俗)은 기존의 풍속을 말하고, 곡기(曲期)는 양경이 "사물의 명칭을 자세하게 모은 것"이라고 풀이했다. 즉 중국의 기존 풍속에서 자세하게 모아놓은 명칭들을 따른다는 것이다. 한편 학의행이나 왕선겸은 곡기(曲期)를 뒷 문장에 붙여서 구두를 끊어야 한다고 주장하기도 하는데, 여기에서는 양경에 따라 그대로 해석했다.

143_ 『순자』「정명」편에 보인다.

은미한 말로, 공자의 제도 개혁의 분명한 의미이다. 대체로 제도 개혁은 반드시 명분을 고쳐야만 제도가 이에 확정된다.

荀子有「正名」篇, 董子有「深察名號」篇, 皆孔學大義. 荀子謂"後王之成名. 刑名從商, 爵名從周, 文名從禮. 散名之加于萬物者, 則從諸夏之成俗曲期." 旣云從商・從周, 則後王非商・周可知. 非孔子而何? 刑名・爵名・文名・散名, 非改制而何? 此條爲『論語』微言, 孔子改制明義也. 蓋改制必改名, 而制乃定.

9-2-4[144]

증자가 경전의 차이점을 가려 뽑아서 물었다. "『효경』은 경전의 문장입니까? 내용이 뒤섞여서 [경전과] 같지 않은 것은 무엇 때문입니까?" 공자가 대답했다. "내가 『효경』을 지은 것은 소왕으로서 관작이나 봉록으로 상을 주거나 형벌로 주살할 수 있는 [권한이] 없기 때문에 현명한 왕자의 도[에 가탁하여] 말한 것이다." 증자가 자리에서 약간 벗어났다가 다시 제자리에 앉았다. 공자가 말했다. "앉거라. 내가 너에게 말해주겠다. [『효경』은] 순종하고 겸손함으로써 재앙을 피하니, 선왕에게 권도를 주어 가탁했다."(『효경위・구명결』)

曾子撰斯, 問曰, "『孝』文乎? 駁不同何?" 子曰, "吾作『孝經』, 以素王無爵祿之賞, 斧鉞之誅. 故稱明王之道." 曾子辟席復坐. 子曰, "居. 吾語女. 順遜以避禍灾, 與先王以託權.(『孝經緯・鉤命訣』)

<이상 공자가 제자와 제도 개혁의 대의를 상의해서 정하다: 右孔子與弟子商定改制大義>

144_ 이하에서 인용한 『효경위・구명결』의 내용은 이 책의 제8권 제3절 〈8-3-8〉에서 이미 인용했다. 자세한 주석은 앞의 내용을 참조 바람.

3. 공자의 제자와 후학이 제도 개혁의 대의를 드러내 밝히다 [孔子弟子後學發明改制大義]

9-3-1

재아(宰我)가 말했다. "나의 입장에서 선생님을 관찰해보면, 요임금과 순임금보다 훨씬 뛰어나다!" 자공이 말했다. "그 [군주의] 예법을 보면 그 정치를 알 수 있고, 음악을 들으면 그 덕을 알 수 있으니, 100세대가 지난 이후에 100세대의 왕들[의 수준]을 등급매기더라도 거부할 수 있는 사람이 없을 것이다.[145] 백성이 있은 이래로 선생님 같은 분은 있지 않았다."(『맹자』「공손추 상」)

宰我曰, "以予觀于夫子, 賢于堯・舜遠矣!" 子貢曰, "見其禮而知其政, 聞其樂而知其德, 由百世之後, 等百世之王, 莫之能違也. 自生民以來, 未有夫子也."(『孟子』「公孫丑 上」)

康9-10

공자와 요임금, 순임금에 대해, 후세에는 [재질과 능력에] 차등이 있을 것이라고 의심했다. 왕양명(王陽明, 1477~1528)은 요임금과 순임금은 1만 일(鎰)이고, 공자는 9천 일(鎰)이라는 주장을 했는데,[146] 크게 잘못된 것

145_ 자공은 한 왕조의 예(禮)를 보면 그 나라의 정치 수준을 알 수 있고, 음악을 보면 그 나라 왕의 덕을 알 수 있기 때문에 이러한 판단 기준을 적용하면 어떤 시대의 어느 왕에 대해서나 정확하게 판단할 수 있다고 했다. 이처럼 그 등급을 매기는 판단 기준이 정확하기 때문에 100세대의 어떤 왕이라도 그 판단에 반대하여 거부하는 왕이 있을 수 없다는 의미이다.

146_ 『전습록(傳習錄)』 상(上)에 다음과 같은 기록이 보인다. "성인의 재질과 능력도

이다. 주자는 공자가 요임금과 순임금보다 뛰어난 것은 사공(事功)에 있는 것 같다고 했다.[147] 그러나 이것은 공자가 제도를 개혁하여 정치가 100세대 동안 안정되었으니, 그 공적이 한이 없다는 것을 모른 것이다. 그렇지 않다면 [공자가] 소소하게 책을 손질하여 기술한 것은 단지 노팽(老彭)에게만 견줄 수 있는 수준인데,[148] 재아가 진실로 좋아하는 사람에게 아첨한 것이 아니겠는가![149]

孔子·堯·舜, 後世疑其差等. 王陽明有堯·舜萬鎰, 孔子九千鎰說, 固爲大謬. 朱子謂孔子賢于堯·舜, 在事功似矣. 然不知孔子改制, 治

크고 작은 차이가 있으니, 마치 금의 무게에 가볍고 무거움의 차이가 있는 것과 같다. 요임금과 순임금은 1만 일(鎰)의 무게와 같고, 문왕과 공자는 9천 일의 무게와 같으며, 우임금과 탕왕, 무왕은 7~8천 일의 무게와 같고, 백이와 이윤은 4~5천 일의 무게와 같다. 재질과 능력은 같지 않지만, 천리에 순수한 것은 같기 때문에 모두 성인이라고 말할 수 있다[聖人之才力, 亦有大小不同, 猶金之分兩有輕重. 堯·舜猶萬鎰, 文王·孔子猶九千鎰, 禹·湯·武王猶七八千鎰, 伯夷·伊尹猶四五千鎰. 才力不同, 而純乎天理則同, 皆可謂之聖人.]" 일(鎰)은 무게의 단위로, 20량(兩)에 해당한다. 1만 일은 20만 냥이고, 9천 일은 18만 냥이다.

147_ 이 말은 주자의 말이 아니라 『맹자집주』에서 인용한 정자(程子)의 말인데, 그 전체 내용은 다음과 같다. "성인이라고 말하면 [요순과 공자가] 다르지 않고, 사공(事功)의 측면에서는 차이가 있다. 공자가 요순보다 뛰어난 것은 사공(事功)을 말한 것이다. 요순은 천하를 다스렸고, 공자는 또 그 도를 미루어 만세에 가르침을 남겼으니, 요순의 도가 공자를 얻지 못했다면 후세에는 또한 무엇을 근거로 삼았겠는가?"

148_ 『논어』 「술이(述而)」편에서 공자가 "손질하여 기술하기만 하고 짓지는 않았으며, 옛것을 믿고 좋아한 것을 우리 노팽(老彭)에게 견준다[述而不作, 信而好古, 竊比於我老彭.]"라고 말했다. 노팽(老彭)은 『논어집주』에 의하면, 옛것을 믿어서 전술(傳述)한 상(商)나라의 어진 대부로, 『대대례기』에 보인다.

149_ 『맹자』 「공손추 상」편에서 재아와 자공의 말을 인용하기 전에, 맹자가 "재아와 자공과 유약은 지혜가 성인을 알기에 충분하니, 지혜가 낮다고 하더라도 좋아하는 사람에게 아첨하는 데에는 이르지 않았을 것이다[宰我·子貢·有若, 智足以知聖人, 汙不至阿其所好.]"라고 했다. 즉 재아는 아첨할 인물이 아니기 때문에 공자가 단지 책을 손질하여 기술할 뿐이었다면 결코 그런 말을 하지 않았을 것이라는 의미이다. 결국 공자가 제도를 개혁하는 이론을 직접 창작했다는 것이 캉유웨이의 주장이다.

定百世, 乃爲功德無量. 不然, 區區刪述, 僅比老彭, 宰我不誠阿好哉!

9-3-2[150]

나라를 해친다는 것은 무엇인가? 다음과 같이 말한다. 소인(小人)을 백성들의 윗자리에 앉혀서 위세를 부리도록 하고, 제때가 아닌데도 백성들에게 노동력과 재물을 취하고서 교묘하게 합리화하는 것이 나라를 해치는 큰 재해이다. 큰 나라의 군주이면서 작은 이득을 얻기를 좋아하는 것이 바로 나라를 해치는 것이며, 음악이나 여색, 큰 누각이나 정자, 식물원과 동물원 등에 대해 만족하면 할수록 새것을 좋아하는 것이 바로 나라를 해치는 것이다. 자신이 소유한 것을 바르게 가꾸기를 좋아하지 않으면서 다른 사람이 가진 것을 탐욕스럽게 항상 욕심내는 것이 바로 나라를 해치는 것이다. 이러한 세 가지 사악함이 마음속에 있으면서, 또 권모술수를 부려 배척과 모함을 일삼는 사람을 등용하여 외교상의 일을 독단적으로 처리하도록 하기를 좋아한다. 만약 이와 같다면 권위가 가벼워지고 명예는 욕되게 되며, 국가는 반드시 위태롭게 될 것이니, 이것이 바로 나라를 해치는 것이다. 큰 나라의 군주가 기본적인 행위 규범을 높이지 않고, 옛 법도를 공경하지 않으면서 사기치는 것을 좋아한다. 만약 이와 같다면 조정의 여러 신하들도 그에 따라서 예의를 높이지 않고, 배척하고 모함하기를 좋아하는 습속이 형성된다. 조정의 여러 신하들의 습속이 이와 같으면 수많은 일반 백성들도 그에 따라서 예의를 높이지 않고, 이익만을 탐내기를 좋아하는 습속이 형성된다. 군주와 신하, 아랫사람과 윗사람의 습속이 이와 같지 않음이 없다면, 소유한 땅이 비록 광대하더라도 권위는 반드시 가벼워지며, 인구가 비록 많더라도 군대는 반드시 약해지며, 형벌이 비

150_ 이하에서 인용한 『순자』 「왕패」편의 내용은 이 책의 제7권 제3절 〈7-3-5〉에서 이미 인용했다. 자세한 주석은 앞의 내용을 참조 바람.

록 번거롭고 가혹하더라도 명령이 아래로 통하지 않을 것이다. 대체로 이것을 위태로운 나라라고 하니, 이것이 바로 나라를 해치는 것이다.

> 傷國者何也? 曰, 以小人尙民而威, 以非所取于民而巧, 是傷國之大災也. 大國之主也, 而好見小利, 是傷國, 其于聲色·臺謝·園囿也, 愈厭而好新, 是傷國. 不好循正其所以有, 啖啖常欲人之有, 是傷國. 三邪者在匈中, 而又好以權謀傾覆之人斷事其外. 若是, 則權輕名辱, 社稷必危, 是傷國者也. 大國之主也, 不隆本行, 不敬舊法, 而好詐故. 若是, 則夫朝廷群臣亦從而成俗于不隆禮義, 而好傾覆也. 朝廷群臣之俗若是, 則夫衆庶百姓亦從而成俗于不隆禮義, 而好貪利矣. 君臣上下之俗莫不若是, 則地雖廣, 權必輕, 人雖衆, 兵必弱, 刑罰雖繁, 令不下通. 夫是之謂危國, 是傷國者也.

유학자가 만든 것은 그렇지 않으니, 반드시 자세하게 살펴서 처리한다. 조정에서는 반드시 예의를 높이고 귀천을 신중하게 구별하니, 이와 같으면 사대부는 절개를 귀중하게 여기고, 직분을 지키기 위해 목숨을 바치지 않는 자가 없을 것이다. 모든 관직은 그 제도를 갖추어 정비하고, 그 봉록을 후하게 주니, 이와 같으면 모든 관리들이 법을 두려워하고 규칙을 준수하지 않는 자가 없을 것이다. 관문이나 시장은 단속하기만 하고 세금을 징수하지 않고, 시장 물가를 정하고 [부정한 매매를] 금지하여 편중되지 않게 하니, 이와 같으면 상인들이 돈독하고 성실하지 않음이 없어서 속이지 않을 것이다. 모든 공인들도 때에 맞추어 벌목하고, 물건의 완성 시기를 늦추어서 자기 솜씨를 발휘하여 이익을 얻게 하니, 이와 같으면 모든 공인들이 충실하고 신의가 있지 않음이 없어서 거칠게 대충 만들지 않을 것이다. 지방이나 시골 지역은 농토의 세금을 경감하고, 현금의 징수를 줄이며, 부역 동원을 드물게 하고, 농사철을 빼앗지 않으니, 이와 같으면 농부들이 순박하게 힘써 농사를 짓지 않음이 없어서 다른 재능을 적게 사용할 것이다. 사대부들이 절개 지키기에 힘쓰고, 직분을 지키기 위해 목숨을 바친 이후에야 군대가 강해지며, 모든 관리들이 법을 두려워하고 규칙을 준수한 이후에야 나라가 항상 혼란스럽지 않게 된다. 상인들이 돈독하고 성실하여 속이지 않으니, 상인들의 거래가 안정되고, 재화가 잘 유통되어 나라의 수요가 충족될 것이다. 모든 공인들이 충실하고 신의가 있어서 물건을 거칠게 대충 만들지 않으니, 기구들이 정교하고 편리하여 재용이 고갈되지 않을 것이다. 농부들이 순박하게 힘써 농사를 짓고 다른 재능을 적게 사용하니, 위로는 천시(天時)를 잃지 않고, 아래로는 지리(地利)를 잃지 않으며, 중간에서는 인화(人和)를 얻어서 모든 일이 중단되지 않는다. 바로 이것을 정치 명령이 시행되고 풍속이 아름다워졌다고 말한다. 이러한 상태에서 지키면 견고해지고, 이러한 상태에서 정벌하면 강해지며, 가만히 있으면 명성을 얻고, 움직이면 공적을 이룬다. 이것이 유학자가 말하는 자세하게 살펴서 처리한다[曲辨]는 것이다.(『순자』「왕패」)

儒者爲之不然, 必將曲辨. 朝廷必將隆禮義而審貴賤, 若是, 則士大夫莫不貴[151]節死制者矣. 百官則將齊其制度, 重其官秩, 若是, 則百吏莫不畏法而遵繩矣. 關市幾而不征, 質律禁止而不偏, 如是, 則商賈莫不敦愨而無詐矣. 百工將時斬伐, 佻其期日而利其巧任, 如是, 則百工莫不忠信而不楛矣. 縣鄙將輕田野之稅, 省刀布之斂, 罕擧力役, 無奪農時, 如是, 則農夫莫不朴力而寡能矣. 士大夫務節死制, 然後兵勁, 百吏畏法修繩, 然後國常不亂. 商賈敦愨無詐, 則商旅安, 貨通財而國求給矣. 百工忠信而不楛, 則器用巧便而財不匱矣. 農夫朴力而寡能, 則上不失天時, 下不失地利, 中得人和, 而百事不廢. 是之謂政令行, 風俗美. 以守則固, 以征則强, 居則有名, 動則有功. 此儒之所謂曲辨也.(『荀子』「王霸」)

151_ 귀(貴)는 경(敬)자로 되어 있는 판본도 있는데, 『순자집해』에는 경(敬)자로 되어 있다.

康9-11

순자가 말한 것은 맹자가 제(齊)나라 선왕(宣王)에게 고한 것, 그리고 『중용』과 구경(九經)의 뜻과는 서로 차이가 있지만,[152] 모두 공자가 정통으로 전수한 것이다.[153] 그런데 가짜 경전이 출현하자 모든 제도가 마침내 주나라의 제도로 귀결되어 버렸으니, 그것이 유학의 제도임을 아는 자가 또한 드물었다. 순자는 그것이 유학자가 만든 것이라고 여겼고, 또 "이것이 유학자가 말하는 자세하게 살펴서 처리한다는 것이다"라고 말했다. 공자는 유교의 종주이니, 제도 개혁의 의리를 분명하게 제시하지 않았겠는가?

荀子所言, 與孟子告齊宣王 · 『中庸』 · 九經之義相出入, 蓋同爲孔子所嫡傳者也. 然僞經一出, 而凡百制度, 遂歸周制, 其知爲儒制者, 蓋亦寡焉. 荀子以爲儒者爲之, 又曰"此儒者之所謂曲辨." 孔子爲儒敎之祖, 改制之義不昭然若揭哉?

9-3-3

예(禮)는 어디에서 기원하는가? 다음과 같이 말했다. 사람은 태어나면서부터 욕망을 가지고 있다. 욕망이 있는데 얻지 못하면 추구하지 않을 수 없다. 추구하면서 일정한 기준과 한계가 없으면 다투지 않을 수 없다. 다투면 혼란스러워지고, 혼란스러우면 해결할 방법이 없다. 선

152_ 『맹자』 「양혜왕 하」편에 제나라 선왕에게 왕도정치의 방법에 대해 말한 부분을 말한다. 재물이나 여색 등을 백성들과 함께 하라고 한 부분은 조금 차이가 있지만, 전반적으로는 『순자』의 이 부분과 비슷한 내용이다. 구경(九經)은 아홉 가지 경서로, 『주례』 · 『예기』 · 『좌씨전』 · 『공양전』 · 『곡량전』 · 『역경』 · 『서경』 · 『시경』을 말한다.

153_ 적전(嫡傳)은 가계를 정통에서 정통으로 전하는 것으로, 공자의 학통이 정통으로 전해진 것을 말한다.

왕은 그러한 혼란을 싫어했기 때문에 예의를 제정하여 [계층을] 구분함으로써[154] 사람이 원하는 것을 길러주고 사람이 추구하는 것을 공급해 주었다. 욕망은 사물[의 부족]에 의해 다 채우지 못하는 일이 없도록 하고, 사물은 욕망[의 무절제]에 의해 다 없어지는 일이 없도록 하여,[155] 두 가지가 서로 균형을 유지하여 오랫동안 지속되도록 하는 것, 이것이 바로 예가 시작된 유래이다. 따라서 예라는 것은 기르는 것이다. 소와 돼지 등의 가축과 벼와 기장 등의 곡식,[156] 다섯 가지 맛[157]의 조화와 향기는 입[의 미각]을 기르기 위한 것이다. 산초와 난초의 향기로운 냄새[158]는 코[의 후각]을 기르기 위한 것이다. 조각을 하거나 장식을 새겨 넣은 것, 무늬를 수놓은 것과 색채 무늬를 그린 것[159]은 눈[의 즐거움]을 기르기 위한 것이다. 종과 북, 관악기와 경쇠, 거문고와 비파, 피리와 생황은 귀[의 즐거움]을 기르기 위한 것이다. 앞이 탁 트이고 환한 방과 아늑한 집, 부드러운 부늘자리와 평상과 탁자[160]는 몸[의

154_ 분(分)은 이운구가 "사회를 여러 계층으로 나누는 것으로, 차별 범위를 설정하는 것이다"라고 했다. 즉 계층을 나누어 각 계층에 맞는 욕망의 수위를 미리 정해 두는 것을 말한다.

155_ 양경이 "선왕은 사람들을 위해 중도(中道)를 세웠다. 따라서 욕망은 원하는 대로 다 사물을 추구할 수 없고, 사물은 욕망 때문에 다 고갈되지 않는다"라고 풀이했다. 굴(屈)은 다하다[竭]는 뜻으로, 사물이 욕망을 다 채우지 못해서 다 없어져 버린다는 것이다. 이 문장은 각 계층마다 욕망에 일정한 한도가 정해져 있기 때문에 욕망은 사물이 부족하지 않을 정도로 채워지고, 사물은 욕망을 다 채울 수 있을 정도로 충분하다는 뜻이다.

156_ 추환(芻豢)은 소, 양, 개, 돼지 등의 가축을 말한다. 추(芻)는 풀을 먹는 가축이고, 환(豢)은 곡식을 먹는 가축이다. 도량(稻粱)은 벼와 기장으로, 곡식을 말한다.

157_ 오미(五味)는 다섯 가지의 맛으로, 매운맛, 신맛, 짠맛, 쓴맛, 단맛을 말한다.

158_ 초란(椒蘭)은 산초와 난초이고, 분필(芬苾)은 냄새가 향기로운 것을 말한다.

159_ 조탁(雕琢)과 각루(刻鏤)는 모두 조각하고 새긴다는 뜻이다. 보불(黼黻)은 예복에 흑색과 백색을 섞어 수를 놓은 것으로, 도끼 모양의 무늬이다. 『서』「익직(益稷)」편에 "黼黻絺繡, 以五采彰施于五色."이라는 말이 보인다. 문장(文章)은 빛깔이나 무늬가 뒤섞여 있는 모양이다.

160_ 소방(疏房)은 앞이 탁 트이고 환한 방이다. 수(檖)는 깊숙하고 아늑하다는 의미이고, 모(額)는 모(貌)와 같은 뜻으로 사당이나 궁실을 말한다. 활석(越席)은 부들

즐거움]을 기르기 위한 것이다. 따라서 예라는 것은 기르는 것이다.(『순자』「예론」)

禮起于何也? 曰, 人生而有欲. 欲而不得, 則不能無求. 求而無度量分界, 則不能不爭. 爭則亂, 亂則窮. 先王惡其亂也, 故制禮義以分之, 以養人之欲, 給人之求. 使欲必不窮乎物, 物必不屈于欲, 兩者相持而長, 是禮之所起也. 故禮者, 養也. 芻豢稻粱, 五味調香, 所以養口也. 椒蘭芬苾, 所以養鼻也. 雕琢刻鏤, 黼黻文章, 所以養目也. 鐘鼓管磬, 琴瑟竽笙, 所以養耳也. 疏房檖貌, 越席牀笫几筵, 所以養體也. 故禮者養也.(『荀子』「禮論」)

군자는 이미 그 기르는 것을 충족했다면 또 그것을 구별하기를 좋아한다. 무엇을 구별이라고 말하는가? 다음과 같이 말했다. 귀천에는 등급이 있고, 장유에는 차별이 있으며, 빈부와 [지위의] 경중에는 모두 각각에 걸맞는 예법이 있다. 따라서 천자의 수레[161]와 부드러운 부들자리는 몸[의 즐거움]을 기르기 위한 것이다. 곁에 향초[162]를 두는 것은 코[의 즐거움]을 기르기 위한 것이다. 수레의 앞에 무늬를 아로새긴 멍에[163]가 있는 것은 눈[의 즐거움]을 기르기 위한 것이다. 수레에 달린 방울[164] 소리를, 걸을 때는 「무악(武樂)」과 「상악(象樂)」에 맞추고, 달릴 때는 「소악(韶樂)」과 「호악(濩樂)」에 맞춘 것은 귀[의 즐거움]을 기르기 위한 것이다. 용을 그린 아홉 가닥의 깃술[165]은 신의를 기르기 위한 것이다. 외뿔소와 호랑이 그림으로 장식한 바퀴,[166] 교룡 그림으로 장식

로 짠 부드러운 자리이고, 상자(牀笫)는 평상, 궤연(几筵)은 탁자이다.

161_ 대로(大路)는 천자가 타는 수레로, 대로(大輅)라고도 한다.

162_ 택지(睪芷)는 향초의 이름이다.

163_ 착형(錯衡)은 무늬를 아로새긴 수레의 멍에이다.

164_ 화란(和鸞)은 수레에 달린 방울로, 수레 앞턱의 횡목에 달린 것을 화(和)라고 하고, 멍에나 재갈에 달린 것을 란(鸞)이라고 한다.

165_ 구류(九斿)는 깃발에 매어서 늘어뜨린 아홉 가닥으로 장식된 깃술을 말한다.

한 말의 뱃대끈, 비단으로 만든 수레의 덮개와 용의 머리를 장식한 수레 가로대[167]는 위엄을 기르기 위한 것이다. 따라서 천자 수레의 말은 반드시 지극히 순하게[168] 길들여진 이후에 타는 것은 몸의 편안함을 기르기 위한 것이다.

君子旣得其養, 又好其別. 曷謂別? 曰, 貴賤有等, 長幼有差, 貧富輕重, 皆有稱者也. 故天子大路越席, 所以養體也. 側載睪芷, 所以養鼻也. 前有錯衡, 所以養目也. 和鸞之聲, 步中「武」·「象」, 趨中「韶」·「濩」,[169] 所以養耳也. 龍旗九斿, 所以養信也. 寢兕·持虎·蛟韅·絲末·彌龍, 所以養威也. 故大路之馬必倍至敎順, 然後乘之, 所以養安也.

저 목숨을 바쳐서 지조를 지키는 것이 [나의] 삶을 기르기 위한 것임을 깊이 알고,[170] 저 비용을 내놓는 것이 [나의] 재산을 기르기 위한 것인을 깊이 알며, 저 공경하고 사양하는 것이 [나의] 편안함을 위한 것임을 깊이 알고, 저 예의(禮義)의 이치를 따르는 것이 [나의] 감정을 기르는 것임을 깊이 알아야 한다. 따라서 사람이 만약 사는 것만 보고 매달리면 이와 같은 자는 반드시 죽게 되고, 만약 이익만을 보고 매달리면 이와 같은 자는 반드시 해를 입게 되며, 만약 게으르고 나태한 것만을 편안함으로 여기면 이와 같은 자는 반드시 위태롭게 되고, 만약 감정에

166_ 노문초에 의하면, 침(寢)은 복(伏)자와 같고, 지(持)는 특(特)자의 오자라고 했다. 즉 침시(寢兕)는 엎드려 있는 외뿔소이고, 특호(特虎)는 호랑이 한 마리를 말하는데, 바퀴에 장식으로 그리는 것이다.

167_ 교현(蛟韅)은 교룡의 그림으로 장식한 말의 뱃대끈이다. 말(末)은 양경이 멱(幦)과 같다고 했다. 사말(絲末)은 비단으로 만든 수레의 덮개이다. 미용(彌龍)은 양경에 의하면 수레 가로대의 끝에 용의 머리를 장식하는 것이다.

168_ 배지(倍至)는 왕선겸에 의하면, 『사기』에는 신지(信至)로 되어 있다. 신지(信至)는 말이 지극히 순한 것을 말한다.

169_ 호(濩)는 『순자』 원문에는 호(護)로 되어 있는데, 같은 의미이다.

170_ 숙지(孰知)는 자세하고 깊이 이해하는 것이다. 출사(出死)는 목숨을 바치는 것이고, 요절(要節)은 지조를 지키는 것이다.

따라 좋아하는 것만을 즐거움으로 여기면 이와 같은 자는 반드시 멸망하게 된다. 따라서 사람이 예의(禮義)에 전일하게 되면 [예의와 성정] 두 가지를 모두 얻게 되며, 성정(性情)에 전일하게 되면 두 가지를 모두 잃게 된다. 그러므로 유학자는 장차 사람으로 하여금 두 가지를 모두 얻도록 하는 자이며, 묵자는 장차 사람으로 하여금 두 가지를 모두 잃도록 하는 자이다. 이것이 바로 유가와 묵가의 구별이다.(『순자』「예론」)

孰知夫出死要節之所以養生也, 孰知夫出費用之所以養財也, 孰知夫恭敬辭讓之所以養安也, 孰知夫禮義文理之所以養情也. 故人苟生之爲見, 若者必死, 苟利之爲見, 若者必害, 苟怠惰偸懦之爲安, 若者必危, 苟情說之爲樂, 若者必滅. 故人一之于禮義, 則兩得之矣, 一之于情性, 則兩喪之矣. 故儒者將使人兩得之者也, 墨者將使人兩喪之者也. 是儒墨之分也.(『荀子』「禮論」)

康9-12

『논어』에서 "예(禮)의 쓰임은 조화가 귀하니, 선왕의 도는 이것을 아름답게 여겼다"[171]라고 했고, 『장자』에서 묵자는 "선왕의 도와는 같지 않았고, 옛날의 예악을 비난했다"[172]라고 했다. 여기에서 선왕은 곧 공자이며, [선왕에] 가탁하여 예를 제정한 자이다. 묵자는 규율로써 스스로를 엄격하게 규제하여,[173] 스스로를 고생시키는 것을 최고라고 여겼으며,[174] 사람이 원하는 것을 길러주지도 않았고, 사람이 추구하는 것을

171_ 『논어』「학이(學而)」편에 보인다.

172_ 『장자』「천하(天下)」편에 보인다.

173_ 『장자』「천하」편에 "규율로써 스스로를 엄격하게 규제하여 세상의 위급한 상황에 대비한다[以繩墨自矯而備世之急.]"라는 말이 보인다. 승묵(繩墨)은 직선을 그을 때 사용하는 먹줄로, 규칙·규율·법도 등을 말한다. 교(矯)는 바로잡거나 규제하는 것으로, 곽상이 스스로에게 엄격하게 한다[厲]는 의미로 풀이했다. 성현영은 "인의(仁義)로 규제하고, 자신의 지행(志行)에 힘써 노력한다"라고 했다.

공급해주지도 않았다. [사회와] 괴리되어 조화하지 못하고, 사람들을 우울하고 슬프게 했다. 따라서 그 도가 너무 각박하고, 그 도의 실천은 실행되기 어려워서, 성인의 도가 될 수 없다.[175] 노자가 말했다. "오색(五色)은 사람의 눈을 멀게 하고, 오음(五音)은 사람의 귀를 멀게 하며, 오미(五味)는 사람의 입을 상하게 한다. 말을 타고 달리면서 사냥하는 것은 사람의 마음을 미치게 하고, 얻기 어려운 재화는 사람의 행동을 어긋나게 한다."[176] 사람의 감정을 막고, 사람의 욕망을 차단하니, 이것은 천하를 혼란스럽게 하는 것이다. 또 "예(禮)라는 것은 충심과 신의가 희박하여 [생긴 것으로], 혼란의 시초이다"[177]라고 하여, 터무니없는 말을 지껄이는 위(魏)나라와 진(晋)나라의 청담(淸談)[178]의 풍조를 열었으니, 이치에 어긋나고 거짓됨이 더욱 심하다. 노자와 묵자는 모두 공자의 예의 제도를 공격한 자이다.

『論語』, "有子曰, 禮之用, 和爲貴, 先王之道, 斯爲美." 『莊子』謂墨子, "不與先王同, 毁古之禮樂." 先王卽孔子, 託以制禮者也. 墨子以繩墨

174_ 『장자』「천하」편에 "후세의 묵가들에게 대부분 거친 옷을 입고, 허름한 신발을 신으며, 밤낮으로 쉬지 않고 노동하여, 스스로를 고생시키는 것이 최고라고 여기도록 했다[使後世之墨者, 多以裘褐爲衣, 以跂蹻爲服, 日夜不休, 以自苦爲極.]"라는 말이 보인다.

175_ 『장자』「천하」편에서 묵자에 대해 다음과 같이 말했다. "살아 있을 때는 힘들게 노동하고, 죽었을 때는 간략하게 장례지내니, 그 도가 너무 각박하다. 사람들을 우울하게 하고 사람들을 슬프게 하니, 그 도의 실천은 실행되기 어려울 것이며, 아마도 성인의 도가 될 수 없을 것이다. 그리고 천하의 인심과 위배되니, 천하의 사람들이 감당하지 못할 것이다[其生也勤, 其死也薄, 其道大觳. 使人憂, 使人悲, 其行難爲也, 恐其不可以爲聖人之道. 反天下之心, 天下不堪.]" 각(觳)은 인정미가 없고 각박한 것을 말한다.

176_ 『노자』 제12장에 보인다.

177_ 『노자』 제38장에 보인다.

178_ 청담(淸談)은 중국의 위(魏)나라와 진(晉)나라, 육조(六朝)시대에 세속을 떠나서 노장철학의 이치를 담론하던 철학 사조이다. 죽림칠현(竹林七賢)이 가장 유명하며, 위나라의 하안(何晏)과 왕필(王弼), 서진(西晉)의 왕연(王衍)과 악광(樂廣) 등이 대표적인 인물이다.

自矯, 以自苦爲極, 無以養人之欲, 無以給人之求. 乖戾不和, 使人憂悲. 故其道大觳, 其行難爲, 不可以爲聖王之道也. 老子謂, "五色令人目盲, 五音令人耳聾, 五味令人口爽. 馳騁畋獵, 令人心發狂, 難得之貨, 令人行妨." 塞人之情, 蔽人之欲, 是亂天下也. 又曰, "禮者, 忠信之薄, 而亂之首." 開魏·晋淸談放誕之風, 乖謬尤甚. 老·墨皆攻孔子之禮制者也.

9-3-4

[고대의] 수많은 왕들의 도가 바로 [현재의] 후왕(後王)의 도이다. 군자가 후왕의 도를 살피면서 이전의 수많은 왕들[과 비교해서] 논의하니, 마치 단정하게 앉아서 힘들이지 않고 의논하는 것과 같다.[179](『순자』「불구」)

百王之道, 後王是也. 君子審後王之道, 而論于百王之前, 若端拜而議.(『荀子』「不苟」)

9-3-5

따라서 "[고대] 성왕의 발자취를 보려면 그것이 밝게 빛난 자에게서 [보아야 한다]"라고 하니, 후왕이 바로 그 사람이다.(『순자』「비상」)

故曰, "欲觀聖王之迹, 則于其粲然者矣." 後王是也.(『荀子』「非相」)

康9-13

순자 이전에는 우임금, 탕임금, 문왕, 무왕을 선왕이라고 했으니, [고

179_ 양경이 "군자가 후왕이 마땅히 시행해야 할 도를 살피면서 이전의 수많은 왕들의 도를 가지고 비교했다"라고 풀이했다. 단배(端拜)는 몸가짐을 단정히 하고 공수를 한 자세로, 조용하게 힘을 들이지 않는다는 뜻이다.

대의] 수많은 왕들의 법으로 삼아서, 이전의 수많은 왕들[과 비교해서] 논의할 수 있다. 후왕의 도도 이와 같으니, 공자를 버려두면 누구를 거기에 해당시킬 수 있겠는가? [후왕이 공자가 아니라고 하는 것은] 세상에서 고문(古文)을 연구하는 자들이 여전히 『춘추』의 '왕정월(王正月)'의 '왕(王)'을 [공자가 아니라] 주(周)나라의 왕으로 여기는 것과 같으니, 그 오류를 알 수 있다.[180]

當荀子之前, 則有禹·湯·文·武, 謂之先王, 可爲百王之法, 論于百王之前. 後王之道如此, 舍孔子其誰當之? 世之治古文者, 若猶以『春秋』'王正月'之'王'爲周王者, 其謬可見

9-3-6

지금은 땅을 개간하고 곡식을 심어서 살아 있는 사람을 봉양하고 죽은 사람을 장례지낸다. 쇠붙이나 돌을 날카롭게 갈아서 사용하고, 풀들을 섞어서 약을 만들어 질병을 치료하며, 각자 집을 지어서 더위와 비를 피하거나 큰 누각이나 정자[181]를 지어서 습기를 피할 줄도 안다. 그리고 들어와서는 자기 부모를 사랑할 줄 알고, 나가서는 자기 군주를 높일 줄 안다. 집안에서는 남녀의 구별이 있고, 밖에서는 친구 사이의

180_『춘추』「은공」 원년의 "원년, 봄, 주나라 역법으로 정월[元年, 春, 王正月.]"에 대해 『공양전』에서 "원년이라는 것은 무엇인가? 군주[노나라 은공]가 즉위한 첫 해이다. 봄[春]이라는 것은 무엇인가? 한 해의 시작이다. 왕(王)이라는 것은 누구를 말하는 것인가? 문왕(文王)을 말한다. 무엇 때문에 먼저 왕을 말하고 뒤에 정월을 말했는가? 주나라 왕[文王]이 제정한 정월이기 때문이다. 무엇 때문에 왕정월(王正月)을 말했는가? 천하를 하나로 통일하는 것을 중시한 것이다[元年者何? 君之始年也. 春者何? 歲之始也. 王者孰謂? 謂文王也. 曷爲先言王而後言正月? 王正月也. 何言乎王正月? 大一統也.]"라고 풀이했다. 캉유웨이는 동진(東晋)의 왕건기(王愆期)의 주장에 따라 여기의 왕(王)은 주나라의 문왕이 아니라 공자라고 했다. 이에 대한 자세한 내용은 『공자개제고』 제8권 제4절 「공자는 문왕이다[孔子爲文王]」 조목 참조.

181_ 대사(臺榭)는 대사(臺謝)와 같은 말로, 높고 큰 누각이나 정각(亭閣)을 말한다.

교제가 있다. 이것은 성인의 덕(德)에 의한 가르침이니, 유학자가 그것을 전수받아서 전해주었고, 그것으로써 후세 사람들을 가르쳤다. 그런데 지금 말세의 악한 사람들이 유학자를 반대하고 비방하면서, "유학을 어디에 쓰겠는가!"라고 말하니, 이와 같은 사람은 근본을 비난하는 자이다.[182](『설원』「건본」)

今夫闢地殖穀, 以養生送死. 銳金石, 雜草藥以攻疾苦,[183] 各知構室屋, 以避暑雨, 累臺榭, 以避潤濕. 入知親其親, 出知尊其君. 內有男女之別, 外有朋友之際. 此聖人之德教, 儒者受之傳之, 以教誨于後世. 今夫晚世之惡人, 反非儒者曰, "何以儒爲!" 如此人者, 是非本也. (『說苑』「建本」)

康9-14

땅을 개간하고 곡식을 심는 것과 의약품, 집과 오륜(五倫)을 유향(劉向)은 유학자로부터 나온 것이라고 여겼는데, 공자가 제도를 개혁했다는 사실을 알지 못했다면 어찌 이러한 말을 할 수 있었겠는가?

耕鑿·醫藥·宮室·五倫, 劉向以爲出于儒者, 非知孔子改制, 豈能爲是言?

<이상 공자의 제자와 후학이 제도 개혁의 대의를 드러내 밝히다: 右孔子弟子後學發明改制大義>

182_ '근본을 비난한다[非本]'는 것은 『설원』에서 이 문장에 뒤이어 예를 들고 있다. 즉 음식을 먹고 옷을 입으면서 농사나 길쌈을 비난하거나, 배나 수레에 물건을 실어 나르고, 그것을 타고 편안하게 다니면서 그것을 만든 장인을 비난하는 것과 같다는 의미이다.

183_ 고(苦)가 『공자개제고』에는 빠져 있는데, 『설원』 원문에 따라 보충했다.

4. 모든 이교(異教)의 유교 공격에서 제도를 핵심 공격한 것은 그 제도가 공자에 의해 개혁된 것을 안 것이다

[擧異教攻儒專攻制度, 知制爲孔子所改]

9-4-1

또한 [유학자들은] 예악(禮樂)을 번잡하게 꾸며서 사람들의 마음을 어지럽히고, 삼년상에 슬픔을 거짓으로 꾸며서 부모를 속인다. 운명론을 세워서 가난에 게으르게 대처하면서도 고상하고 거만하게 군다.[184](『묵자』「비유 하」)

且夫繁飾禮樂[185]以淫人, 久喪僞哀以謾親. 立命緩貧, 而高浩居.(『墨子』「非儒 下」)

9-4-2[186]

대체로 유학자들은 거만하게 굴면서 자기 하고 싶은 대로 행동하니, 아랫사람을 가르칠 수가 없다. 음악을 좋아하여 사람들의 마음을 어지럽히니, 직접 다스리게 할 수가 없다. 운명론을 세워서 일을 게을리하니, 직책을 맡길 수가 없다. 상례를 성대하게 치르고 슬픔을 그치지 않으니, 백성들에게 자애롭게 대하도록 할 수가 없다. 높은 관을 쓰고

184_ 호거(浩居)는 호거(浩倨)와 같은 말로, 거만하고 소홀한 모습이다.

185_ 악(樂)이 『공자개제고』에는 빠져 있는데, 『묵자』 원문에 따라 보충했다.

186_ 이 내용은 공자가 제나라 경공(景公)을 만났을 때의 이야기이다. 경공이 공자에게 이계(尼谿)의 땅을 봉해주려고 하여 안자(晏子)에게 상의했는데, 안자가 그것을 반대하면서 한 말이다. 이하에서 인용한 『묵자』「비유 하」편의 내용은 이 책의 제7권 제4절〈7-4-1〉에서 이미 인용했다. 자세한 주석은 앞의 내용을 참조 바람.

고개를 숙이고 있으니, 대중을 이끌도록 할 수가 없다. 공자는 용모를 성대하게 가꾸고 겉모습을 꾸며서 세상을 미혹시키고, 노래를 부르고 춤을 추어서 무리들을 모으며, 계단을 오르내리는 예법을 성대하게 만들어 모범을 보여주고, 걸음걸이의 절도에 힘써서 대중에게 보여준다.(『묵자』「비유 하」)

> 夫儒浩居而自順者也, 不可以教下. 好樂而淫人, 不可使親治. 立命而怠事, 不可使守職. 宗喪循哀, 不可使慈民. 機服勉容, 不可使導衆. 孔某盛容修飾以蠱世, 弦歌鼓舞以聚徒, 繁登降之禮以示儀, 務趨翔之節以勸[187]衆.(『墨子』「非儒 下」)

9-4-3

공맹자(公孟子)[188]가 말했다. "나라가 혼란스러우면 다스리고, 나라가 다스려지면 예악(禮樂)을 한다. 나라가 다스려지면 각자의 일에 종사하고, 나라가 부유해지면 예악을 한다." 묵자가 말했다. "나라가 다스려지는 것은 잘 다스렸기 때문에 다스려진 것이니, 다스림이 사라지면 나라의 다스림도 사라지게 된다. 또 나라가 부유한 것은 각자의 일에 종사했기 때문에 부유해진 것이니, 각자의 일에 종사하는 것이 사라지면 나라의 부유함도 사라지게 된다. 따라서 비록 나라를 잘 다스리더라도 끊임없이 노력한 이후에야 계속해서 잘 다스릴 수 있다. 지금 당신은 '나라가 다스려지면 예악을 하고, 나라가 혼란스러우면 다스린

187_ 권(勸)은 『묵자』의 일부 다른 판본과 『안자춘추』「외편(外篇)」에는 관(觀)자로 되어 있는데, 여기에서도 관(觀)자로 해석했다.

188_ 공맹자(公孟子)는 혜동(惠棟)이 공자의 제자인 공명자(公明子)라고 했다. 그리고 송상봉(宋翔鳳)도 공명자(公明子)라고 하면서, 『맹자』에 나오는 공명의(公明儀)와 공명고(公明高)는 모두 증자(曾子)의 제자이기 때문에 묵적과 동시대 사람인 이 사람은 아니라고 했다. 한편 손이양은 『설원(說苑)』「수문(修文)」편에 나오는 공자의 70명 제자 중의 한 사람인 공맹자고(公孟子高)라고 했다.

다'라고 했는데, 이것은 비유하자면 목이 마른 뒤에야[189] 우물을 파고, 사람이 죽은 뒤에야 의사를 찾는 것과 같다. 옛날 삼대의 폭군인 걸왕(桀王)·주왕(紂王)·유왕(幽王)·여왕(厲王)은 음악을 지나치게 즐기고[190] 백성들을 돌보지 않았기 때문에 그 몸은 처형을 당하고, 나라는 폐허가 되었으니,[191] 모두가 이러한 [당신이 말한] 길을 따랐기 때문이다."

公孟子曰, "國亂則治之, 治則爲禮樂. 國治則從事, 國富則爲禮樂." 子墨子曰, "國之治, 治之故治也,[192] 治之廢, 則國之治亦廢. 國之富也, 從事故富也, 從事廢, 則國之富亦廢. 故雖治國, 勸之無饜然, 後可也. 今子曰, '國治則爲禮樂, 亂則治之.' 是譬猶噎而穿井也, 死而求醫也. 古者三代暴王桀·紂·幽·厲, 薾爲聲樂, 不顧其民, 是以身爲刑僇, 國爲戾虛者, 皆從此道也."

공맹자가 말했다. "귀신은 없다." 또 말했다. "군자는 반드시 제사지내는 예법을 배워야 한다." 묵자가 말했다. "귀신이 없다고 주장하면서 제사지내는 예법을 배워야 한다고 하니, 이것은 마치 손님이 없는데 손님을 대접하는 예법을 배우는 것과 같으며, 이것은 마치 물고기가 없는데 물고기 그물을 만드는 것과 같다."

公孟子曰, "無鬼神." 又曰, "君子必學祭祀." 子墨子曰, "執無鬼而學祭禮, 是猶無客而學客禮也, 是猶無魚而爲魚罟也."

189_ 일(噎)은 목이 메다는 뜻이다. 필원은 『설문해자』에서 일(噎)을 반질(飯窒)로 풀이한 것에 근거하여, '마실 것을 생각하다[思飮]'라고 해석했다.

190_ 이(薾)는 꽃이 활짝 피어서 성한 모양이다. 필원에 의하면, 성(盛)자의 의미이고, 치(侈)자의 가차자라고 한다. 여기에서는 음악을 지나치게 즐겼다는 의미로 풀이된다.

191_ 려허(戾虛)는 『묵자』「노문(魯問)」편에는 허려(虛戾)로 되어 있고, 『장자』「인간세(人間世)」편에는 허려(虛厲)로 되어 있다. 논밭이 황폐하고 사람이 없는 것을 말한다.

192_ '치지고치아(治之故治也)' 다섯 글자는 『공자개제고』와 『묵자』 원문에는 없는데, 『묵고한고』의 노문초(盧文弨)의 교열에 의하여 보충했다.

공맹자가 묵자에게 말했다. "그대는 삼년상이 잘못된 것이라고 하는데, 그대가 주장하는 3일상〈원주: 삼일(三日)은 삼월(三月)이 되어야 한다.〉[193] 도 잘못된 것이다." 묵자가 대답했다. "그대가 삼년상을 가지고 3일상을 비판한 것은 마치 벌거벗은 사람이 옷을 걷어 올린 사람에게 공손하지 못하다고 말하는 것과 같다."[194]

公孟子謂子墨子曰, "子以三年之喪爲非, 子之三日之喪, 亦非也."〈三日當爲三月.〉 子墨子曰, "子以三年之喪非三日之喪, 是猶果謂撅者不恭也."

공맹자가 묵자에게 말했다. "지식이 다른 사람보다 뛰어난 것이 있으면[195] 지혜롭다고 할 수 있는가?" 묵자가 말했다. "어리석은 사람의 지식 중에는 다른 사람보다 뛰어난 것이 있는데, [그렇다고 해서] 어리석은 사람을 어찌 지혜롭다고 할 수 있겠는가?"

公孟子謂子墨子曰, "知有賢于人, 則可謂知乎?" 子墨子曰, "愚之知有以賢于人, 而愚豈可謂知矣哉?"

공맹자가 말했다. "삼년상은 우리 어린 자식들이 부모에 대한 사모를 배우는 것이다." 묵자가 말했다. "대체로 어린아이들이 아는 것은 오직 부모를 사모하는 것뿐이다. 부모를 볼 수가 없으면 울면서 그치지 않

193_ 필원은 『한비자』 「현학(顯學)」편의 "墨子之葬也, 冬日冬服, 夏日夏服, 桐棺三寸, 服喪三月."이라는 구절과 『회남자』 「제속(齊俗)」편의 "三月之服, 是夏后氏之禮."라는 구절에 근거하여, 여기의 '삼일(三日)'은 '삼월(三月)'이 되어야 하고, 또 『후한서』 「왕부열전(王符列傳)」의 주에서 인용한 『시자(尸子)』의 "禹制喪三日."도 '삼월(三月)'이 되어야 한다고 주장했다. 여기에서는 그대로 '삼일(三日)'로 해석했다.

194_ 라(果)는 판본에 따라서 라(倮) 또는 라(裸)로 되어 있는데, 모두 옷을 벌거벗는다는 뜻이다. 『묵자한고』에서 필원은 '라(裸)'로 바꾸어야 한다고 주장했다. 궤(撅)는 옷을 걷어올리는 것[揭衣]이다.

195_ 손이양이 "우연히 한 가지 일이 다른 사람보다 뛰어난 것을 말한다"라고 풀이했다.

으니, 이것은 무슨 까닭인가? 바로 너무나 어리석기 때문이다. 그렇다면 유학자들의 지식이 어찌 어린아이들보다 나은 것이 있겠는가?"

公孟子曰, "三年之喪, 學吾之慕父母." 子墨子曰, "夫嬰兒子之知, 獨慕父母而已. 父母不可得 也, 然號而不止, 此其故何也? 卽愚之至也. 然則儒者之知, 豈有以賢于嬰兒子哉?"

묵자가 유학자에게 물었다. "무엇 때문에 음악을 하는가?" 유학자가 대답했다. "음악으로 즐거움을 삼는다."[196] 묵자가 말했다. "당신은 아직 나에게 대답하지 않았다. 지금 내가 '무엇 때문에 집을 짓는가?'라고 물었는데, '겨울에는 추위를 피하고, 여름에는 더위를 피하며, 집으로 남녀의 구별을 삼는다'라고 대답하면 당신이 나에게 집을 짓는 이유를 대답한 것이다. 그런데 지금 내가 '무엇 때문에 음악을 하는가?'라고 물었는데, '음악으로 즐거움을 삼는다'라고 대답하니, 이것은 곧 '무엇 때문에 집을 짓는가?'라고 물었는데, '집으로 집을 삼는다'라고 대답한 것과 같다."

子墨子曰,[197] 問于儒者, "何故爲樂?" 曰, "樂以爲樂也." 子墨子曰, "子未我應也. 今我問曰, '何故爲室?' 曰, '冬避寒焉, 夏避暑焉, 室以爲男女之別也.' 則子告我爲室之故矣. 今我問曰, '何故爲樂?' 曰, '樂以爲樂也.' 是猶曰, '何故爲室?' 曰, '室以爲室也.'"

묵자가 정자(程子)[198]에게 말했다. "유가의 도(道)는 천하를 상실할 만한

196_ 『예기』「악기(樂記)」편과 『순자』「악론(樂論)」편 등에 "음악은 즐거움이다[樂, 樂也.]"라는 기록이 보인다.

197_ 왈(曰)은 소시학이 유자(儒者) 다음에 와야 한다고 했다. 여기에서는 소시학의 교열에 따라 번역했다.

198_ 정자(程子)는 『묵자』「삼변(三辯)」편에 보이는 정번(程繁)으로, 전국시대의 학자이다. 필원은 "『태평어람』에는 정번을 정자(程子)라고 표기하고 있다"라고 했다. 손이양은 "『묵자』「공맹(公孟)」편에도 정자(程子)라고 표기된 것을 보면, 아마

것인데, 그것은 네 가지 정치적 이유가 있다. 유가는 하늘은 밝지 않다고 여기고, 귀신은 신묘하지 않다고 여겨서 하늘과 귀신에 대해 이야기하지 않으니, 이것이 곧 천하를 상실할 만한 이유이다. 또한 성대한 장례식과 삼년상을 치르는데, 내관과 외관을 중복해서 만들고, 수의와 홑이불을 많이 만드니,[199] 죽은 사람을 보내는 것이 마치 이사를 가는 것과 같다. 그리고 3년 동안 곡을 하면서 우는데, 부축을 받은 이후에야 일어설 수 있고, 지팡이를 짚은 이후에야 걸어 다닐 수 있으며, 귀는 잘 듣지 못하고, 눈은 잘 보지 못하니, 이것이 곧 천하를 상실할 만한 이유이다. 또한 현악기를 타면서 노래를 부르고 북을 치면서 춤을 추며, 음악 연주가 습관이 되어 있으니, 이것이 곧 천하를 상실할 만한 이유이다. 그리고 또 운명이 있다고 생각하여 빈부와 수명, 치란과 안위에 법칙이 있어서 덜어내거나 더할 수가 없다고 여긴다. 위에 있는 사람이 운명론을 실천하면 반드시 정치를 하지 않을 것이며, 아래에 있는 사람이 운명론을 실천하면 반드시 일을 하지 않을 것이니, 이것이 곧 천하를 상실할 만한 이유이다." 정자가 말했다. "선생이 유가를 헐뜯는 것이 심하군요!" 묵자가 말했다. "유가에게 본래부터 이와 같은 네 가지 정치가 없는데 내가 그것을 말했다면 그것은 헐뜯는 것이 된다. 그러나 지금 유가에는 본래부터 이러한 네 가지 정치가 있어서 내가 그것을 말했으니, 헐뜯는 것이 아니며, 들었던 내용을 말해준 것이다."(『묵자』「공맹」)

子墨子謂程子曰, "儒之道足以喪天下者, 四政焉. 儒以天爲不明, 以鬼爲不神, 天鬼不說, 此足以喪天下. 又厚葬久喪, 重爲棺槨, 多爲衣衾, 送死若徙. 三年哭泣, 扶後起, 杖後行, 耳無聞, 目無見, 此足以喪天下. 又弦歌鼓舞, 習爲聲樂, 此足以喪天下. 又以命爲有, 貧富·壽夭·治亂·安危有極矣, 不可損益也. 爲上者行之, 不必[200]聽治矣, 爲

도 정번은 유가와 묵가의 교리를 함께 배운 학자일 것이다"라고 했다.

199_ 의금(衣衾)은 죽은 사람의 수의와 홑이불을 말한다.

下者行之, 不必從事矣, 此足以喪天下." 程子曰, "甚矣! 先生之毁儒也." 子墨子曰, "儒固無此各四政者, 而我言之, 則是毁也. 今儒固有此四政者, 而我言之, 則非毁也, 告聞也."(『墨子』「公孟」)

康9-15

묵자는 질박함을 숭상하고 효용을 귀하게 여기기 때문에 공자의 예악, 성대한 장례, 삼년상을 가장 심하게 공격했다. 다른 편에서 삼년상을 공격한 것은 모두 명확하지 않은데, 여기에서 [묵자는] "삼년상으로 3일상을 공격하는 것은〈원주: 삼일(三日)은 삼월(三月)의 잘못이다.〉 마치 벌거벗은 사람이 옷을 걷어 올린 사람에게 공손하지 못하다고 말하는 것과 같다"라고 비판했다. 모두가 다 선왕의 제도가 아니라 [공자에 의해] 새로 만들어진 예법이기 때문이다. 만약 이것이 삼대의 옛 가르침이고, 주나라에서 예법으로 정했다면 묵자가 어찌 감히 입을 마음대로 놀려서 비난할 수 있었겠는가? 또한 그것을 거론하여 자기가 제정한 3개월상과 함께 비교할 수 있었겠는가? 대체로 당시에 옛것을 고증하여 박학다식했던 사람들은 누구나가 모두 [공자의 예악, 성대한 장례, 삼년상이] 삼대의 제도가 아님을 알고 있었다. 묵자는 유가가 삼년상을 치르는 것이 어린아이처럼 멍청하다고 했다. 근본을 잊어버리고 지식만을 쫓아가니, 이 때문에 맹자가 [묵자는] 근본이 두 가지라고 말한 것이다.[201] '음악으로 즐거움을 삼는다'는 것은 곧 즐거운 음악으로,

---

200_ 불필(不必)은 손이양이 오(吳)의 필사본에 근거하여 '필불(必不)'로 교정했다. 여기에서는 글자는 고치지 않고, 해석만 손이양의 교정에 따랐다. 바로 뒷문장의 '불필종사(不必從事)'도 마찬가지이다.

201_ 『맹자』「등문공 상」편에 "且天之生物也, 使之一本, 而夷子二本故也."라는 기록이 보인다. 묵자인 이지(夷之)라는 사람이 박장(薄葬)을 도리로 삼으면서 자신의 아버지는 성대하게 장례를 치렀다. 이에 대해 이지는 사랑에는 차등이 없고 베푸는 것은 부모로부터 시작하기 때문이라고 변명했다. 맹자에 의하면, 사람이 태어

공자가 사람의 감정에 근원하여 형식을 만들었으니, 제도가 지극히 정밀한 부분이다. 묵자는 들은 것이 자세하지 못하여, '집으로 집을 삼는다'는 것과 같다고 말하고, 그것을 책에 기록까지 했으니, 방자할 뿐만 아니라 너무 경솔하다. 하늘을 높이거나 귀신의 존재를 밝히는 것[202]은 공자의 학문 중에 본래 있는 뜻인데, 묵자가 단지 훔쳐서 제창했을 뿐이니, 어찌 그것을 근거로 들어서 온전하게 자기 이론으로 둘 수 있겠는가?

墨子尙質, 貴用, 故力攻孔子之禮樂·厚葬·久喪最甚. 他篇攻三年喪皆不明, 此謂"以三年攻三日,〈三日當三月之誤.〉 猶果爲撅者不恭." 以同非先王之制, 幷是創造. 若是三代舊敎, 大周定禮, 墨子豈敢肆口詆訶? 且又擧與自己所制之三月喪同比哉? 蓋當時考據通博之人, 彼此皆知非三代之制矣. 墨子以儒喪三年, 愚若嬰兒. 忘本逐識, 此孟子所以謂二本也. '樂以爲樂', 乃歡樂之樂, 孔子因人之情而文之, 乃制度至精處. 墨子聽聞未審, 乃謂猶'室以爲室', 以此垂之著書, 非惟誕肆, 亦太粗心. 若夫尊天·明鬼, 孔學中固有之義, 墨子不過竊而提倡, 何得據而全有之.

9-4-4

밭에서 일하던 사람이 말했다. "당신은 무슨 일을 하는 사람인가?" [자공이] 대답했다. "공자의 제자입니다." 밭에서 일하던 사람이 말했다.

나는 것이 부모에 근본하고, 그 근본은 두 가지가 없다. 그런데 이지의 말대로라면 자신의 부모를 마치 길거리의 사람과 동일하게 보면서, 단지 베푸는 순서를 먼저 했을 뿐이다. 결국 이지는 근본이 두 가지이기 때문에 그러한 행동을 한 것이라고 맹자가 비판했다. 한편 이지는 처음에는 "옛사람이 갓난아이를 보호하듯이 한다"는 유가의 논리를 묵가로 끌어들여 맹자의 비난을 피하려고 했고, 다시 "사랑에는 차등이 없고, 베푸는 것은 부모로부터 시작한다"라고 하여, 묵가를 밀어내고 유가의 입장에서 자신이 부모를 성대하게 장례치른 것을 변명했다.

202_ 『묵자』의 「천지(天志)」편과 「명귀(明鬼)」편을 말한다.

"당신은 박학함으로 성인을 흉내내고, 과장하고 허풍을 떨어서 대중을 어지럽게 만들어 놓은 채,[203] 혼자서는 거문고를 타면서 슬프게 노래를 불러서 천하에 명성을 파는 자가 아닌가? 당신은 장차 당신의 정신의 기운을 잊어버리고, 당신의 육체를 내버려야만 거의 도에 가까워질 것이다![204] 당신의 몸을 다스릴 수 없는데, 어느 겨를에 천하를 다스리겠는가!"(『장자』「천지」)

爲圃者曰, "子奚爲者邪?" 曰, "孔丘之徒也." 爲圃者曰, "子非夫博學以擬聖, 於于以蓋衆, 獨弦哀歌以賣名聲于天下者乎? 汝方將忘汝神氣, 墮[205]汝形骸, 而庶幾乎! 而身之不能治, 何暇治天下乎!"(『莊子』「天地」)

康9-16

공자는 유교를 만든 사람으로, 유학자의 복장을 입고 천하를 두루 돌아다녔으니, 사람들이 모두 분명하게 그를 알아볼 수 있었다. 여기의 밭에서 일하는 사람은 노자의 학문을 한 자이기 때문에 공자를 비난한 것이다.

孔子爲創敎之人, 儒服周游, 人皆得別識之. 此爲圃是老學者, 故譏孔子.

9-4-5

옛날에도 계단을 오르내리거나 나아가고 물러나면서 동작할 때의 예법[206]을 다양하게 만들고, 「채제(采齊)」와 「사하(肆夏)」 음악의 예법 모양

203_ 어우(於于)는 뽐내면서 함부로 행동하는 모양이다. 『장자금주금역』에서 인용한 사마표는 과장하고 허풍떠는 모습이라고 했고, 이면(李勉)은 우우(于喁)와 같은 말로, 세속에 맞추어 영합하는 것이라고 했다. 여기에서는 사마표의 주장에 따랐다. 개(蓋)는 안동림이 인용한 마서륜(馬敍倫)의 『장자의증(莊子義證)』에서는 고(蠱)의 오자라고 했다. 고(蠱)는 마음을 어지럽게 하는 것이다.

204_ 기(幾)는 성현영이 '도에 가깝다[近於道]'는 의미로 풀이했다.

205_ 타(墮)가 『공자개제고』에는 수(隨)로 되어 있는데, 『장자』 원문에 따라 고쳤다.

에 맞추어 발을 구를 줄 몰랐던 것이 아니라,[207] 시간만 헛되이 소비하고[208] 백성을 괴롭히면서도 아무런 쓸모가 없는 것이라고 여겼다. 따라서 예법의 제정은 단지 실질적으로 도움이 되고 뜻을 깨달을 수 있으면 충분할 뿐이었다. 옛날에는 종과 북을 진열하고, 피리와 퉁소를 아름답게 불며, 방패와 도끼를 휘두르며 무무(武舞)를 추고, 꿩의 깃과 소의 꼬리를 휘저으며 문무(文舞)를 출 줄 몰랐던 것이 아니라,[209] 재물을 낭비하고 정치를 혼란스럽게 한다고 여겼으니, 음악의 제정은 단지 즐거움을 함께하고 뜻에 적합하면 충분했을 뿐이며, 즐거움이 음악[을 통한 즐거움의 한도]를 넘어서지 않았다.[210] 국력을 다하고 백성들을 다 동원하며, 창고를 텅 비우고 재산을 다 사용하며, 죽은 사람의 입에 옥을 넣고, 옥조각으로 꿰맨 옷을 입히며,[211] 풀솜으로 시체를 싸고 다시 명주로 묶어서,[212] 죽은 사람을 장례지낼 줄 몰랐던 것이 아니라, 백

206_ 승강(升降)은 계단을 오르내리는 예법으로, 『묵자』「비유 하(非儒 下)」편에서 "계단을 오르내리는 예법을 번잡하게 만들어 모범을 보여주었다[繁登降之禮以示儀]"라는 말과 같은 의미이다. 반환(槃還)은 주선(周旋)과 같은 말로, 나아가고 물러나며 읍하고 사양하는 등의 기거동작에서의 예법을 말한다.

207_ 접(蹀)은 발을 굴러서 박자를 맞추는 것이다. 채제(采齊)와 사하(肆夏)는 『회남자집석』에서 음악의 이름이라고 했다.

208_ 광일(曠日)은 시간을 헛되이 소비하면서 허송세월을 보내는 것이다.

209_ 관소(筦簫)는 피리와 퉁소 등의 관악기를 말한다. 간척(干戚)은 무무(武舞)를 출 때 사용하는 방패와 도끼이고, 우모(羽旄)는 문무(文舞)를 출 때 사용하는 꿩의 깃과 소의 꼬리이다.

210_ '희불선어음(喜不羨於音)' 다섯 글자는 『회남자집해』의 여러 주석에서는 앞뒤의 문장 체례와는 맞지 않는다는 이유로, 다른 곳의 문장이 잘못 들어갔거나 주석의 문장이 본문으로 잘못 들어갔다고 주장했다. 그러나 문장의 의미상으로는 크게 문제가 없기 때문에 그대로 해석했다. 하녕(何寧)도 여러 가지 근거를 들어 이 문장에는 잘못된 부분이 없다고 주장했다. 선(羨)은 정도가 지나치다는 의미로, 음악을 통해서 얻을 수 있는 즐거움의 한도를 넘어서 지나치게 즐거워한다는 뜻이다. 이 문장은 '락이불음(樂而不淫)'과 같은 맥락에서 이해할 수 있다.

211_ 함주(含珠)는 함주옥(含珠玉) 또는 함옥(含玉)이라고도 하는데, 상례를 치를 때 죽은 사람의 입에 옥을 넣는 것을 말한다. 인시(鱗施)는 죽은 사람에게 입히는 옷으로, 옥조각을 꿰어서 만들어서 비늘처럼 보이기 때문에 이렇게 부른다.

성들을 곤궁하게 만들고 생업을 포기하게 하며, 죽은 사람의 썩은 시체에는 아무런 보탬이 되지 않는다고 여겼다.(『회남자』「제속훈」)

古者, 非不知繁升降槃還之禮也, 蹀「采齊」·「肆夏」之容也, 以爲曠日煩民而無所用. 故制禮足以佐實喩意而已矣. 古者, 非不能陳鐘鼓, 盛筦簫, 揚干戚, 奮羽旄, 以爲費財亂政, 制樂足以合歡宣意而已, 喜不羨於音. 非不能竭國麛[213]民, 虛府殫財, 含珠鱗施, 綸組節束, 追送死也, 以爲窮民絶業, 而無益于槁骨腐肉也.(『淮南子』「齊俗訓」)

康9-17

이것은 도가가 유가를 공격한 주장인데, 「채제(采齊)」와 「사하(肆夏)」의 음악, 꿩의 깃과 소의 꼬리, 방채와 도끼[와 같은 춤 도구], 풀솜으로 시체를 싸고 다시 명주로 묶는 형식 등이 공자가 제정한 예법이라는 것을 더욱더 알 수 있다.

此道家攻儒之說, 而益知「采齊」「肆夏」·羽旄·干戚·綸組節束, 爲孔子所定之禮矣.

9-4-6

악기를 타면서 노래를 부르거나 북을 치면서 춤을 추는 것으로써 음악을 삼고, 규칙에 따라 나아가고 물러나거나 읍을 하고 겸양하는 것[214]으로써 예법을 닦고, 장례를 성대하게 치르고 상례를 오랫동안 치르는

212_ 윤조절속(綸組節束)은 윤조절약(綸組節約)이라고도 하며, 풀솜으로 시체를 싸고 다시 명주로 묶는 것을 말한다.

213_ 미(麛)가 『공자개제고』에는 미(麋)로 되어 있는데, 『회남자』 원문에 따라 고쳤다.

214_ 반선(盤旋)은 의식을 거행할 때 일정한 방식으로 빙빙 돌며 나아갔다 물러났다 하는 행동이다. 읍양(揖讓)은 손님과 주인이 서로 만나는 예의로, 공수의 예법을 행하고 겸양하는 태도이다. 모두 예법과 관련된 행동이다.

것으로써 죽은 자를 보내는 것은 공자가 세운 주장인데, 묵자는 그것을 비난했다.(『회남자』「범론훈」)

夫弦歌鼓舞以爲樂, 盤旋揖讓以修禮, 厚葬久喪以送死, 孔子之所立也, 而墨子非之.(『淮南子』「氾論訓」)

康9-18

묵자가 비난한 것은 악기를 타면서 노래하는 것, 읍하고 겸양하는 예법, 삼년상의 예법인데, 그것은 모두 공자가 고친 것이지 선왕의 옛날 제도가 결코 아니다.

墨子之所非, 則弦歌·揖讓·久喪之禮, 皆爲孔子所改, 必非先王之舊矣.

<이상 모든 이교(異敎)의 유교 공격에서 제도를 핵심 공격한 것은 제도가 공자에 의해 개혁된 것을 안 것이다: 擧異敎攻儒專攻制度, 知制爲孔子所改>

5. 유복(儒服)은 공자가 만든 제도이다 [儒服爲孔子創制]

9-5-1[215]

자로(子路)는 성격이 거칠고, 용감함을 좋아하며, 의지가 굳고 곧았다. 수탉[의 깃털]로 만든 관을 쓰고, 수퇘지[의 가죽으로 만든 주머니]를 허리에 차고 다녔는데, 공자를 업신여기면서 함부로 대했다. 공자가

215_ 이하에서 인용한 『사기』「중니제자열전」의 내용은 이 책의 제7권 제5절〈7-5-4〉에서 이미 인용했다. 자세한 주석은 앞의 내용을 참조 바람.

예법으로 대우하여 조금씩 자로를 인도하자, 자로가 뒤에는 유학자의 복장을 하고 예물을 바치고, 문인들을 통해서 제자가 되기를 청했다. (『사기』「중니제자열전」)

子路性鄙, 好勇力, 志伉直. 冠雄鷄, 佩豭豚, 陵暴孔子. 孔子設禮, 稍誘子路, 子路後儒服委質, 因門人請爲弟子.(『史記』「仲尼弟子列傳」)

康9-19

수탉[의 깃털]로 만든 관을 쓰고, 수퇘지[의 가죽으로 만든 주머니]를 허리에 차고 다녔다고 했으니, 춘추시대의 의복이 매우 괴이하며, 다른 사람이 하는 대로 따라했다는 것을 알 수 있다. 아마도 수탉의 깃털로 만든 관이 당시 용사(勇士)의 복장이었던 것 같다.

冠雄鷄, 佩豭豚, 可見春秋衣服甚詭, 聽人所爲. 或雄鷄之冠爲當時勇士之服乎.

9-5-2

공자가 제자들의 복장을 외형적으로 바꾸었다.[216](『염철론』「수로」)

孔子外變二三子之服.(『鹽鐵論』「殊路」)

216_ 이 내용은 본래 사람의 심성은 변하지 않는다는 주장을 하기 위해서 나온 구절이다. 즉 『염철론』「수로(殊路)」편에서 "본성은 강한 사람과 약한 사람이 있고, 외형은 잘 생긴 사람과 못 생긴 사람이 있다. 성인은 그것을 그대로 따라서 교육할 수는 있지만 고칠 수는 없다. 공자는 외형적으로는 제자들의 복장을 바꿀 수는 있었지만, 그들의 심성을 바꾸지는 못했다[性有剛柔, 形有好惡. 聖人能因而不能改. 孔子外變二三子之服, 而不能革其心.]"라고 했다. 그리고 이 내용의 뒷부분에서 자로(子路)가 비록 공자의 문하에 들어갔지만 그의 강건하고 조야한 심성은 바뀌지 않았고, 공자도 그가 제명에 죽지 못할 것을 예언한 내용과 재여(宰予)가 낮잠을 자고 삼년상을 줄이려고 주장하다가 공자에게 야단을 맞는 사례 등을 통하여, 아무리 공자의 교육을 받더라도 본래의 심성은 변하지 않는다고 주장했다.

康9-20

당시에 유교를 배우러 들어간 자들은 반드시 그 복장을 바꾸고 나서야 유학자라고 불렀다. 척 보면 알 수 있듯이, 지금 승려의 의복이 특수한 것과 대략 비슷하다.

當時凡入儒教者必易其服, 乃號爲儒. 可望而識, 略如今僧道衣服之殊異矣.

9-5-3[217]

노(魯)나라 애공(哀公)이 공자에게 "선생님의 복장이 유학자의 복장입니까?"라고 물었다. 공자가 대답했다. "저는 어려서는 노나라에 살면서 넓은 소매의 옷을 입었고, 자라서는 송(宋)나라에 살면서 장보관(章甫冠)을 썼습니다. 제가 듣건대, 군자의 학문은 박학해야 하고, 군자의 복장은 자기 고향의 복장을 입는다고 하는데, 저는 [이러한 복장이] 유학자의 옷인지는 잘 모르겠습니다."(『예기』「유행」)

魯哀公問于孔子曰, "夫子之服, 其儒服與?" 孔子對曰, "丘少居魯, 衣縫掖之衣, 長居宋, 冠章甫之冠. 丘聞之也, 君子之學也博, 其服也鄕, 丘不知儒服."(『禮記』「儒行」)

康9-21

유학자의 복장 중에 옷은 노나라의 제도를 따랐고, 관은 송나라의 제도를 따랐으니, 유학자의 복장이 유래한 것도 은(殷)나라의 수레와 주(周)나라의 면류관[을 함께 사용하는 것]과 같이, [두 나라의 복장 제도

217_ 이하에서 인용한 『예기』「유행」편의 내용은 이 책의 제7권 제5절〈7-2-1〉에서 이미 인용했다. 자세한 주석은 앞의 내용을 참조 바람.

를] 한데 모아서 이루어진 것임을 알 수 있다.[218] 애공이 누군가에게 유학자의 복장이라는 명칭이 있다는 소리를 듣고 질문했는데, 공자는 고향의 복장에 가탁하여 대답했다. 그런데 조선(朝鮮)의 옷을 입고, 청나라의 관을 쓰면서, 비록 태어나고 자란 곳이 달라서 옷차림이나 복장의 형식이 뒤섞여 있더라도,[219] 진실로 새롭게 만든 것이 아니라면 이도저도 아니라고 느낄 것이다.

儒服, 衣因魯制, 冠因宋制, 可考見儒服所自來, 亦如殷輅·周冕, 合集而成. 哀公蓋聞人有儒服之名而問之, 孔子託于鄉服而答之. 然衣朝鮮之衣, 冠本朝之冠, 雖生長異地, 而裝束雜遝, 苟非創制, 亦覺不倫矣.

9-5-4[220]

노나라 애공이 공자에게 물었다. "큰 띠를 차고, 위모(委貌)나 장보(章甫)와 같은 관을 쓰면 인(仁)에 보탬이 됩니까?" 공자가 깜짝 놀라서 말했다. "임금께서는 어째서 그러십니까? 상복을 입고 지팡이를 짚은 사람이 음악을 듣지 않는 것은 귀가 소리를 잘 듣지 못해서가 아니라, 복장이 그렇게 하도록 만든 것입니다. 예복을 입은 사람이 파나 마늘과 같은 냄새나는 채소를 먹지 않는 것은 입이 맛을 잘 보지 못해서가 아니

218_『논어』「위령공(衛靈公)」편에 다음과 같은 내용이 보인다. "안연이 나라를 다스리는 방법에 대해 물었다. 공자가 대답했다. '하나라의 역법을 시행하고, 은나라의 수레를 타며, 주나라의 면류관을 착용하고, 음악은 [순임금의] 소무(韶舞)를 사용한다'[顔淵問爲邦. 子曰, '行夏之時, 乘殷之輅, 服周之冕, 樂則韶舞.']" 정치를 하면서 각 나라의 좋은 것을 합쳐서 사용한 것과 같이, 유학자의 복장도 여러 나라의 복장 제도를 합쳐서 만들어진 것이라는 의미이다.

219_ 장속(裝束)은 몸을 치장하는 것으로, 옷차림이나 복장의 형식을 말한다. 잡답(雜遝)은 어지럽게 뒤섞인 모양으로, 복장의 형식이나 제도가 여러 가지로 뒤섞인 것을 말한다.

220_ 이하에서 인용한『순자』「애공」편의 내용은 이 책의 제7권 제5절〈7-5-3〉에서 이미 인용했다. 자세한 주석은 앞의 내용을 참조 바람.

라, 복장이 그렇게 하도록 만든 것입니다. 또한 제가 듣기에, '시장에서 장사를 잘하는 사람은 값을 깎지 않고, 덕망이 있는 사람은 시장에서 장사를 하지 않는다'고 합니다. 그것이 유익한지 무익한지를 잘 살펴본다면 임금께서도 알 수 있을 것입니다."(『순자』「애공」[221])

魯哀公問于孔子曰, "紳·委·章甫, 有益于仁乎?" 孔子蹴然曰, "君號然也? 資衰·苴杖者, 不聽樂, 非耳不能聞也, 服使然也. 黼衣黻裳者, 不茹葷, 非口不能味也, 服使然也. 且丘聞之, '好肆不守折, 長者不爲市.' 竊其有益與其無益, 君其知之矣.(『荀子』「哀公」)

康9-22

유학자들이 유학자의 복장을 새롭게 만들었는데, 당시 사람들 중에 비판하는 자가 많았다. 그 이유는 또한 도를 실천하는 것은 그 자체로 도를 실천하는 것이지, 복장을 괴이하게 바꿀 필요는 없다고 생각했기 때문이다. 그런데 그 복장은 바꾸어놓고 그 예악과 상복을 따르지 않는다면 사람들이 공격할 수도 있고, 만약 그 복장을 바꾸지 않으면 사람들이 예악과 상복의 제도를 회피할 수 있기 때문에 비난하지 않을 수도 있다. 이 중 무엇이 사실인지는 알 수가 없는 노릇이다. 이것이 바로 성인의 어쩔 수 없는 고심이었다. 따라서 달력을 고치고 복색을 바꾸는 제도를 세운 것이다. 불교에서도 또한 반드시 삭발을 하고, 가사(袈裟)를 입고 난 이후에 귀의하도록 한다.

儒者創爲儒服, 時人多有議之者. 亦以爲行道自行道, 無須變服之詭異. 豈知易其衣服, 而不從其禮樂喪服, 人得攻之, 若不易其服, 人得遁于禮樂喪服之外, 人不得議之? 此聖人不得已之苦心. 故立改正朔易服色之制. 佛亦必令去發, 衣袈裟, 而後皈依也.

221_ 『공자개제고』에는 편명이 「애공문(哀公問)」으로 되어 있다. 『예기』의 편명과 혼동이 된 것 같은데, 『순자』의 편명에 따라 고쳤다.

9-5-5[222]

장자가 노나라 애공(哀公)을 만났는데, 애공이 말했다. "노나라에는 유학자가 많은데, 선생의 도술을 공부하는 자는 적습니다." 장자가 "노나라에는 유학자가 적습니다"라고 말하자, 애공이 "노나라 전체가 유학자의 복장을 입은 사람들인데, 어째서 적다고 말합니까?"라고 물었다. 장자가 대답했다. "제가 들으니, 유학자가 둥근 모양의 관을 쓰는 것은 [둥근] 하늘의 때를 안다는 의미이고, 네모난 신발을 신는 것은 [네모난] 땅의 형태를 안다는 의미이자 지형을 잘 아는 것을 상징하며, 패옥을 끈으로 매어 허리에 차는 것은 일이 생겼을 때 결단하는 것을 의미한다고 합니다. 군자가 그 도를 소유했다고 해서 반드시 그 복장을 입는 것은 아니며, 그 복장을 입은 자라고 해서 반드시 그 도를 아는 것은 아닙니다. 임금께서 진실로 그렇지 않다고 여기신다면 어찌 나라 안에 '이러한 유학자의 도를 소유하지 않으면서도 이러한 유학자의 복장을 입는 자는 그 죄가 사형에 해당된다'고 명령을 내려보지 않습니까?" 이에 애공이 명령을 내린 지 5일이 지나자, 노나라 안에 감히 유학자의 복장을 입은 자가 없었다. 그런데 유독 한 사람의 장부가 유학자의 복장을 입고 궁궐 문 앞에 서 있었다. 애공이 곧바로 불러서 국사에 대해 물어보니, 그의 답변이 변화무쌍하여 막힘이 없었다. 장자가 말했다. "노나라 전체에 유학자는 한 사람뿐이니, 많다고 말할 수 있겠습니까?"(『장자』「전자방」)

莊子見魯哀公, 哀公曰, "魯多儒士, 少爲先生方者." 莊子曰, "魯少儒." 哀公曰, "擧魯國而儒服, 何謂少乎?" 莊子曰, "周聞之, 儒者冠圜冠者, 知天時, 履句屨者, 知地形, 緩佩玦者, 事至而斷. 君子有其道者, 未必爲其服也, 爲其服者, 未必知其道也. 公固以爲不然, 何不號

222_ 이하에서 인용한 『장자』「전자방」편의 내용은 이 책의 제7권 제5절〈7-5-7〉에서 이미 인용했다. 자세한 주석은 앞의 내용을 참조 바람.

于國中曰, '無此道而爲此服者, 其罪死.'" 于是, 哀公號之五日, 而魯國無敢儒服者. 獨有一丈夫儒服而立乎公門. 公卽召而問以國事, 千轉萬變而不窮. 莊子曰, "以魯國而儒者一人耳, 可謂多乎?"(『莊子』「田子方」)

康9-23

『장자』에는 본래 우언(寓言)이 많지만, 노나라 사람들이 공자의 교설에 교화되어 노나라 전체가 모두 유학자의 복장을 입었으니, 당시에 실제 있었던 사실이다.

『莊子』固多寓言, 而魯人化孔子之敎, 擧魯國皆儒服, 則當時實事矣.

9-5-6[223]

진현관(進賢冠)은 옛날의 치포관(緇布冠)이며, 학문하는 유학자들의 복장이다.(『후한서』「여복지」)

進賢冠, 古緇布冠也, 文儒者之服也.(『後漢書』「輿服志」)

康9-24

한나라 시대에는 공자의 제도를 채용했다. '치포관'은 바로 현관(玄冠),[224] 또는 장보관(章甫冠)이다. 공자가 처음으로 만든 유학자의 관이 이 시대에 이르러 천하에 유행한 것이다.

漢世用孔子之制. 緇布冠, 卽玄, 卽章甫. 孔子所創之儒冠, 至是行于

223_ 이하에서 인용한 『후한서』「여복지」의 내용은 이 책의 제7권 제5절〈7-5-20〉에서 이미 인용했다. 자세한 주석은 앞의 내용을 참조 바람.

224_ 현관(玄冠)은 관복을 입을 때 쓰는 검은 관이다.

天下.

<이상 유복(儒服)은 공자가 만든 제도임을 밝히다: 右明儒服爲孔子創制>

6. 공자의 친영(親迎) 제도 [孔子親迎之制]

9-6-1

9월, 기(紀)나라의 대부인 이수(履緰)가 노나라에 와서 노나라 공주를 맞이해 갔다.[225] 『공양전』에서 말했다. 외국에서 노나라 공주를 맞이해 갈 경우에는 맞이해 가는 사람을 기록하지 않는데, 여기에서는 무엇 때문에 기록했는가?[226] 비난한 것이다. 무엇 때문에 비난했는가? 처음으로 신랑이 직접 와서 부인을 맞이해 가지 않은 것을 비난한 것이다.[227] 처음으로 신랑이 직접 와서 부인을 맞이해 가지 않은 것은 여기에서 시작된 것인가? 이 이전에도 있었다.[228] 이 이전에도 있었다면 무엇 때문에 여기에서 시작되었다고 했는가? 여기에서 시작을 가탁했을

225_ '기이수(紀履緰)'가 『좌씨전』에는 '기열수(紀裂繻)'로 되어 있다. 여(女)는 노나라의 백희(伯姬)로, 혜공(惠公)의 장녀이자 은공(隱公)의 누이동생이다.

226_ 하휴의 주에 의하면, 성공(成公) 9년에 노나라 백희가 송나라로 시집갈 때에는 단지 "伯姬歸于宋."이라고만 하여, 맞이해가는 사람을 기록하지 않았다.

227_ 하휴의 주에서 "예법에서 반드시 친영(親迎)을 하는 것은 남자가 여자를 앞세운다는 것을 보여주는 것이다. 사당에서 맞이하는 것은 근본인 조상에게 고하는 것이다. 하후씨(夏后氏)는 사당의 정원에서 맞이했고, 은(殷)나라 사람은 사당의 마루에서 맞이했으며, 주(周)나라 사람은 사당의 문에서 맞이했다"라고 했다.

228_ 하휴의 주에서는 혜공(惠公)이 배필을 정할 때 바르게 하지 않았기 때문에 이런 일이 반드시 있었을 것이라고 했다. 그리고 서언(徐彦)의 소에서 "배필을 정할 때 바르게 하지 않은 것은 혼인의 예를 중시하지 않았기 때문이다. 따라서 이전에 마땅히 친영하지 않았던 일이 있었음을 알 수 있다"라고 풀이했다.

뿐이다. 무엇 때문에 여기에서 시작을 가탁했는가? [친영(親迎)하지 않은 기록이] 『춘추』의 이 부분에서 시작되었기 때문이다.[229](『공양전』「은공」 2년)

九月, 紀履緰來逆女. 『傳』曰, 外逆女不書, 此何以書? 譏. 何譏爾? 譏始不親迎也. 始不親迎, 昉於此乎? 前此矣. 前此, 則曷爲始乎此? 託始焉爾. 曷爲託始焉爾? 『春秋』之始也.(『公羊傳』「隱公」 二年)

9-6-2

부인 강씨(姜氏)가 제(齊)나라로부터 이르렀다. 공자(公子) 휘(翬)가 부인을 데리고 왔다고 말하지 않은 것은 무엇 때문인가? 환공(桓公)이 직접 제나라 군주에게 부인을 넘겨받은 것이다.[230] 자공(子貢)이 말했다. "면류관을 쓰고 직접 부인을 맞이하는 것은 너무 심하지 않습니까?" 공자가 말했다. "두 성(姓)의 우호를 맺음으로써 만세의 뒤를 잇는 것인데, 어찌 너무 심하다고 말하겠는가?"(『곡량전』「환공」 3년)

夫人姜氏至自齊. 其不言翬之以來何也? 公親受之于齊侯也. 子貢曰, "冕而親迎, 不已重乎?" 孔子曰, "合二姓之好, 以繼萬世之後, 何謂已重乎?"(『穀梁傳』「桓公」 三年)

229_ 하휴의 주에서 다음과 같이 풀이했다. "『춘추』에서 부부 관계를 바로잡으려는 시작이다. 부부가 바르면 부자(夫子)가 친하고, 부자가 친하면 군신이 화합하고, 군신이 화합하면 천하가 다스려진다. 따라서 부부는 인도(人道)의 시작이요, 왕교(王教)의 단서이다. 국내에서 여자를 맞이할 경우에는 항상 기록하고, 외국에서 노나라 공주를 맞이해 갈 경우에는 단지 처음 친영하지 않은 것만 미워하고 항상 기록하지는 않는 것은 마땅히 먼저 스스로 공평하고 바르게 해서, 자기 자신은 심하게 꾸짖고 남에게는 가볍게 책망해야 함을 밝힌 것이다. 따라서 외국의 일에 대해서는 간략하게 처리하는 것이다."

230_ 당시에 노나라의 공자(公子) 휘(翬)가 환공(桓公)의 부인인 제(齊)나라 공주를 맞이하기 위해서 제나라로 갔는데, 환공이 제나라 임금과 환(讙) 땅에서 회합을 하면서 그 부인을 만났다. 따라서 환공이 직접 부인을 맞이해서 노나라로 돌아온 것이다.

康9-25

옛날에는 친영(親迎)의 예법이 없었으니, 남자를 존귀하게 여기고 여자를 비천하게 여기는 것은 옛날부터 이미 그러했다. 공자가 처음으로 군주가 신하를 초빙하는 예와 남자가 먼저 여자에게 자세를 낮추는 예를 드러내어, 친영의 의리를 처음으로 만들었다. 따라서 당시에 애공에게 이야기했을 때, 애공은 그것이 너무 심하지 않는지 의아해한 것이다. 이것은 당세에는 사용될 수 없는 공자의 말로,[231] 기(紀)나라의 대부인 이수(履緰)가 노나라 공주를 맞이해 간 일에 가탁하여, 그것이 예법이 아님을 비난함으로써 한 명의 왕자에 해당되는『춘추』의 의리를 드러내 밝힌 것이다.[232] 후세에 친영의 예법을 시행한 것은 바로 [공자의] 이 제도를 사용한 것이다. 이 제도를 완전히 이해한 이후에야 부인을 마치 손님처럼 공경하여, 부부의 도가 이에 지나치지 않게 된다.『곡량전』도 의미가 마찬가지이다. 위서(僞書)『좌씨전』에서는 경(卿)이 임금을 위해 맞이해 갔다고 했는데,[233] 이것은 성(省)의 책임자인 순무(巡撫)가 하급 관원인 도원(道員)에게 직할 구역에 가서 자기 부인을 맞이해 오도록 맡긴 것이니,[234] 어찌 수고롭게 공자의 필삭(筆削)을 가해서

231_ 공언(空言)은 공문(空文)과 같은 말로, 당세에는 사용될 수 없는 말이나 문장인데, 후세를 위해 지어진 문장을 뜻한다.『사기』「태사공자서」에서 "공자도 '나는 당세에는 사용될 수 없는 말로 기재하려고 했지만, 그보다는 실제 사건에서 드러내는 것이 훨씬 더 깊이가 있고 절실하며 분명하게 드러난다'고 말했다[子曰, '我欲載之空言, 不如見之於行事之深切著明也.']"라는 기록이 보인다.

232_ 일왕(一王)은『춘추』를 한 명의 왕자에 해당시킨 것이다.『사기』「태사공자서」에서 "공자의 시대에는 위로는 밝은 군주가 없었고, 아래로는 [공자 자신이] 임용되지 못했다. 따라서『춘추』를 지어 당세에는 사용될 수 없는 문장으로 기록하여 예의(禮義)를 결단하고, 한 왕자의 법도에 해당시켰다[孔子之時, 上無明君, 下不得任用. 故作『春秋』, 垂空文以斷禮義, 當一王之法.]"라고 했다.

233_『좌씨전』「은공」 2년에서 "기(紀)나라의 대부인 열수(裂繻)가 노나라에 와서 노나라 공주를 맞이해 갔으니, 경(卿)이 임금을 위해 맞이해 간 것이다[紀裂繻來逆女, 卿爲君逆也.]"라고 했다.

비판할 가치가 있겠는가?

古未嘗有親迎之禮, 尊男卑女, 從古已然. 孔子始發君聘于臣, 男先下女, 創爲親迎之義. 故當時陳于哀公, 公訝其重. 蓋爲孔子空言也, 託于紀履緰逆女之事, 譏其非禮, 以著『春秋』一王之大義. 後世行親迎之禮, 是用此制. 通于此制, 而後敬之如賓, 夫婦之道乃不苦. 『穀梁』同義. 僞『左』以卿爲君逆女, 則是巡撫委道員往直隸迎婦, 何足勞孔子之筆削哉?

9-6-3

애공(哀公)이 말했다. "과인은 하고 싶은 말이 있는데, 예복을 입고 직접 부인을 맞이하는 것은 너무 지나치지 않습니까?" 공자는 걱정스럽게 낯빛을 바꾸면서 대답했다. "두 성(姓)의 우호를 맺음으로써 앞선 성인의 뒤를 잇고, 천지와 종묘, 사직의 주인이 되는 것인데, 임금께서는 어찌 너무 지나치다고 하십니까?"(『대대례기』「애공문어공자」[235])

公曰, "寡人願有言, 然冕而親迎, 不已重乎?" 孔子愀然作色而對曰, "合二姓之好, 以繼先聖之後, 以爲天地·宗廟·社稷之主, 君何謂已重乎?"(『大戴禮記』「哀公問於孔子」)

康9-26

공자는 부자(父子) 관계를 가장 중시했다. 그러나 부부(夫婦) 관계를 중

234_ 순무(巡撫)는 청나라 때 최고행정구역인 성(省)의 책임자로, 1~3개의 성을 관할하는 총독(總督)과 함께 황제에게 직속되어 있었다. 이들은 중앙정부의 지휘를 받지 않고 성을 직접 관할할 수 있는 권한을 가지고 있었다. 도원(道員)은 각 성(省) 내의 특정 지역의 행정사무를 관할하는 관명으로, 도대(道臺) 또는 관찰(觀察)이라고도 한다.

235_ 『공자개제고』에는 편명이 「애공문(哀公問)」으로 되어 있는데, 『대대례기』 원문에 따라 고쳐서 기록했다.

시하지 않으면 부자 관계가 친하지 않기 때문에 특별히 친영(親迎)의 예법을 제정함으로써 그 일을 중시했고, 예복을 입는 상황에까지 이른 것이다. 그 일이 선왕[의 제도]가 아니기 때문에 애공이 의심한 것이다.

孔子最重父子. 然夫婦不重, 則父子不親, 故特製親迎之禮, 以重其事, 至于服冕. 以事非先王, 故哀公疑之.

9-6-4[236]

공자가 말했다. "『역』은 음양을 근본으로 하여 사물에 비유한 것이다. 제을(帝乙)과 기자(箕子)와 고종(高宗)[의 일]을 차례대로 가려 뽑아서 『역』을 체득한 사람들을 드러낸 것은, 그로써 하늘의 도를 밝히고 왕의 일을 정한 것이다. 최상의 술법을 가진 천성(天聖)을 가까운 시대에서 살펴서, 아름답고 착한 언행을 뽑아서 왕의 일을 드러내었으니, 제을과 기자와 고종을 말한 것은 법도가 있음을 밝힌 것이다. 제을이 누이동생을 시집보낸 일을 찬미한 것은 천지의 도에 순응하여 결혼하는 의리를 세운 것이니, 의리가 세워지면 남녀의 배필이 바르게 되고, 남녀의 배필이 바르게 되면 왕의 교화가 완전해진다."(『역위』 권상)

孔子曰, "『易』本陰陽以譬于物也. 掇序帝乙·箕子·高宗, 著德『易』者, 所以昭天道, 定王業也. 上術天聖, 考諸近世, 采美善以見王事. 言帝乙·箕子·高宗, 明有法也. 美帝乙之嫁妹, 順天地之道以立嫁娶之義, 義立則妃匹正, 妃匹正則王化全."(『易緯』 卷上)

9-6-5

장가를 들 때 [신랑이] 직접 신부를 맞이하는데, 검은색의 예복을 입

236_ 이하에서 인용한 『역위』 「권상」의 내용은 이 책의 제8권 제10절〈8-10-13〉에서 이미 인용했다. 자세한 주석은 앞의 내용을 참조 바람.

고[237] 마부가 된다. 말고삐를 잡고서 수레의 손잡이 끈을 [신부에게] 주니,[238] 마치 부모를 태우는 것[239]과 같다. 그리고 혼례의 엄격한 의식은 마치 제사를 받드는 것과 같다.(『묵자』「비유 하」)

取妻身迎, 祗褍爲僕. 秉轡授綏, 如仰嚴親. 昏禮威儀, 如承祭祀.(『墨子』「非儒 下」)

9-6-6

유학자가 부인을 직접 맞이하러 가는 것은 부인이 제사를 받들고, [그녀의] 자식이 장차 종묘를 지키기 때문이다. 따라서 그 [예법을] 중시한다.(『묵자』「비유 하」)

儒者迎妻, 妻之奉祭祀, 子將守宗廟. 故重之.(『墨子』「非儒 下」)

9-6-7

옛날에 부부 사이의 우호는 일부일처로 가정의 도를 이루었다. 그 이후에도 선비는 한 명의 첩을 두었고, 대부는 두 명의 첩을 두었으며, 제후는 부인의 조카딸과 신부의 여동생을 포함한 아홉 명의 처첩을 두었을 뿐이다.[240](『염철론』「산부족」)

237_ 지(祗)는 왕염손의 교정에서는 현(袨)자의 잘못이며, 현단(袨褍)은 곧 현단(玄端)이라고 했다. 현단(玄端)은 검은색의 예복을 말한다. 한편 필원은 지(祗)를 공경[敬]의 의미로, 단(褍)을 단정[端]의 의미로 보아, "공손하고 단정하게 마부가 된다"라고 해석하기도 했다.

238_ 수수(授綏)는 수레의 손잡이 끈을 신부에게 주는 것이다. 수(綏)는 수레에 오를 때나 수레 안에서 몸을 가누기 위해 잡는 끈이다.

239_ 앙(仰)은 유월이 어(御)자의 잘못이라고 했다.

240_ 『공양전』「장공」 19년에 "제후가 한 나라에 장가를 들면 두 나라 사이에는 잉첩(媵妾)을 보내는데, 조카딸과 부인의 여동생을 함께 딸려 보낸다. 제후는 한 번에 아홉 명을 맞아들인다"라는 기록이 보인다.

古者夫婦之好, 一男一女而成家室之道. 及後, 士一妾, 大夫二, 諸侯有姪娣九女而已.(『鹽鐵論』「散不足」)

康9-27

이 조목에서는 그나마 옛날 제도에서의 남녀 평등을 살펴볼 수 있는데, 후세에 양(陽)을 높이고 음(陰)을 억누른 이후로는 널리 첩잉(妾媵)[241]을 갖춤으로써 자손을 번창시켰다. 서양의 일부일처는 중국의 옛날 예법과 같다.

此條猶可考舊制男女平等, 自後世尊陽抑陰, 乃廣備妾媵以繁子姓. 泰西一男一女, 猶中國古法也.

<이상 공자의 친영 제도를 밝히다: 右明孔子親迎之制>

7. 공자의 후계자 옹립 제도 [孔子立嗣之制]

9-7-1

공의중자(公儀仲子)[242]의 상(喪)에 단궁(檀弓)[243]이 흰 천으로 머리를 묶는

241_ 첩잉(妾媵)은 잉첩(媵妾)이라고도 하며, 제후의 딸이 시집갈 때, 함께 따라 가서 한 남편의 첩이 되는 사람이다. 신부의 여동생이나 조카딸 등이 여기에 포함되었다.

242_ 공의중자(公儀仲子)는 『예기주소』의 공영달의 소에 의하면, 공의(公儀)는 씨(氏)이고, 중자(仲子)는 자(字)이며, 노나라와 동성이다. 그의 이름은 알 수 없다고 했다.

243_ 단궁(檀弓)은 『예기주소』의 육덕명에 의하면, 노(魯)나라 사람으로, 성이 단(檀)

형식의 상복[免][244]을 입고 조문했다. 공의중자가 그의 적손을 놓아두고 아들을 세우니, 단궁이 "어찌된 것인가?[245] 나는 이전에 들어보지 못했다"라고 말하고, 빠른 걸음으로 문 오른쪽에 있는 자복백자(子服伯子)[246]에게 가서 물었다. "공의중자가 그의 적손을 놓아두고 아들을 세운 것은 무슨 까닭입니까?" 자복백자가 말했다. "공의중자도 여전히 옛날의 도를 실행한 것이다. 옛날에 문왕(文王)은 [아들인] 백읍고(伯邑考)를 놓아두고 [동생인] 무왕(武王)을 세웠으며, 미자(微子)는 그의 손자인 돈(腯)을 놓아두고 동생인 연(衍)을 세웠다.[247] 공의중자도 여전히 옛날의 도를 실행한 것이다." 자유(子游)가 그것에 대해 공자에게 물으니, 공자가 "아니다. 적손을 세워야 한다"라고 대답했다.(『예기』「단궁 상」)

公儀仲子之喪, 檀弓免焉. 仲子舍其孫而立其子, 檀弓曰, "何居? 我未之前聞也." 趨而就子服伯子于門右曰, "仲子舍其孫而立其子, 何也?" 伯子曰, "仲子亦猶行古之道也. 昔者, 文王舍伯邑考而立武王, 微子舍其孫腯而立衍也. 夫仲子亦猶行古之道也." 子游問諸孔子, 孔子曰, "否. 立孫."(『禮記』「檀弓 上」)

이고 이름이 궁(弓)이다. 예에 밝았다고 한다.

244_ 문(免)은 단문(袒免)이라고도 하며, 윗통을 벗어 왼쪽 어깨를 드러내고, 관을 벗고 머리를 흰 천으로 묶는 것을 말한다. 오친복(五親服) 이외의 친족의 상사에 애도의 뜻을 표하는 방법이다. 『예기주소』의 정현 주에 의하면, 친구가 외국에서 죽어서 상주가 없는 경우에는 이 복장을 한다고 한다. 그리고 정현의 주에서 "고의로 예법이 아닌 복장을 함으로써 공의중자를 비난한 것이다[故爲非禮, 以非仲子也.]"라고 했다. 즉 공의중자의 상에는 단문(袒免)을 입을 상황이 아닌데, 적손이 아닌 적자의 자식을 후계자로 세워서 예법에 어긋나기 때문에 고의로 이렇게 입고 와서 비난의 뜻을 보였다는 의미이다.

245_ 하거(何居)는 하고(何故)와 같은 말이다. 거(居)는 어조사인데, 『예기주소』의 정현 주에 의하면, 제(齊)나라와 노(魯)나라 사이에서 사용하던 어조사라고 한다.

246_ 자복백자(子服伯子)는 정현의 주에 의하면, 노나라의 대부인 중손멸(仲孫蔑)의 현손이라고 한다. 단궁이 손님의 자리에서 떠나서 주인의 형제 중에서 현명한 사람에게 가서 물어본 것이다.

247_ 정현의 주에 의하면, 미자의 적자가 죽었기 때문에 동생인 연을 세웠는데, 그것이 당시 은나라의 예법이라고 한다.

康9-28

공자의 삼통(三統)은 비록 대대로 왕조가 이어지는 절차가 있지만, 『춘추』의 제도는 존귀한 이를 높이면서 의리와 절도를 많이 실행하며, 하(夏)를 본받고 문(文)을 본받아서, 세자를 독실하게 사랑하고, 후계자를 세울 때는 손자에게 자리를 준다.[248] 『공양전』에서는 대거정(大居正)의 의리를 밝혔고,[249] 『의례(儀禮)』에는 적손이 복상하는 제도[承重][250]가 있

248_ 『춘추번로』「삼대개제질문」편의 사법설(四法說)은 개제의 원칙을 크게 네 가지로 제시하고 있다. 첫째, '하늘을 위주로 하고 상(商)을 본받는 것[主天法商]', 둘째, '땅을 위주로 하고 하(夏)를 본받는 것[主地法夏]', 셋째, '하늘을 위주로 하고 질(質)을 본받는 것[主天法質]', 넷째, '땅을 위주로 하고 문(文)을 본받는 것[主地法文]'이다. 이 중에서 『춘추』의 제도는 '땅을 위주로 하고 하(夏)를 본받는 것[主地法夏]'과 '땅을 위주로 하고 문(文)을 본받는 것[主地法文]'을 원칙으로 한다. 이에 대해 『춘추번로』에서는 다음과 같이 말했다. "땅을 위주로 하고 하(夏)를 본받아서 왕자가 되면, 그 도는 음기(陰氣)로 나아가는 데 있으므로 존귀한 이를 높이면서 의리와 절도를 많이 실행한다. 따라서 후계자를 세울 때는 손자에게 자리를 주고, 세자를 독실하게 사랑한다. … 땅을 위주로 하고 문(文)을 본받아서 왕자가 되면, 그 도는 음기(陰氣)로 나아가는 데 있으므로 존귀한 이를 높이면서 예법과 형식을 많이 실행한다. 따라서 후계자를 세울 때는 손자에게 자리를 주고, 세자를 독실하게 사랑한다[主地法夏而王, 其道進陰, 尊尊而多義節. 故立嗣與孫, 篤世子. … 主地法文而王, 其道進陰, 尊尊而多禮文. 故立嗣予孫, 篤世子.]"

249_ 대거정(大居正)은 '올바른 도리를 지키는 것이 중요하다'는 의미로, 봉건종법제의 핵심인 적장자 상속의 원칙을 말한다. 『춘추』「은공」 3년 "송나라 목공을 장례 지냈다[葬宋繆公.]"는 사건에 대해, 『공양전』에서 그 원칙을 분명하게 말했다. 즉 송(宋)나라 선공(宣公)이 처음에 자신의 아들인 여이(與夷)를 제쳐두고, 동생인 목공(繆公)에게 왕위를 물려주었다. 그 후 목공도 자신의 두 아들을 제쳐두고, 선공의 아들인 여이에게 다시 왕위를 물려주었다. 그러나 결국 목공의 아들인 장공(莊公) 풍(馮)이 여이를 시해하여, 송나라는 환란에 빠지게 되었다. 이에 대해 『공양전』에서는 "군자는 임금 자리를 자식에게 물려주는 올바름을 지키는 것을 중요하게 여기니[大居正], 송나라의 환란은 선공이 조성한 것이다[君子大居正, 宋之禍, 宣公爲之也.]"라고 하여, 적장자 상속의 원칙을 어긴 선공을 비판했다. 즉 송나라는 예법에 맞는 왕위 계승의 절차를 따르지 않았기 때문에 결국 환란이 발생했다는 것이다. 이와 같이 『공양전』에서는 봉건종법제도에 기초하여 올바른 절차에 따라서 왕위를 계승하는 것, 즉 대거정(大居正)의 원칙을 중시했으며, 이것은 대

으니, 「단궁」의 이 조목과 함께 모두 적자가 대를 잇는 것[251]을 밝혔다. 지금에 이르기까지 작위를 세습하는 제도가 여전히 시행되고 있어서, 명분이 이미 정해졌기 때문에 백성들은 [후계자 문제로] 다투려는 마음이 없다. 자식을 세우는 것은 옛날의 제도이고, 적손을 세우는 것은 공자가 개정한 제도이다.

孔子三統, 雖有世有及, 而『春秋』之制, 尊尊多義節, 法夏法文, 篤世子, 立嗣予孫. 『公羊』明大居正之義, 『儀禮』有承重之服, 與「檀弓」此條, 皆明世嫡. 至今制襲爵猶行之, 名分旣定, 民無爭心. 立子, 舊制也, 立孫, 孔子所改之制也.

9-7-2

하늘을 위주로 하고 상(商)을 본받아서 왕자가 되면,[252] 그 도는 양기(陽氣)가 왕성하게 하는 데 있으므로 친한 이를 사랑하면서 인자하고 후덕함을 많이 실행한다. 따라서 후계자를 세울 때는 자식에게 자리를 주고, 같은 어머니에게서 난 동생을 독실하게 사랑하며,[253] 첩은 자식

일통(大一統)의 원칙과 함께 봉건종법적 질서 유지를 위한 『공양전』의 핵심적인 주장이다.

250_ 승중(承重)은 제사를 받드는 중한 책임을 이어받는다는 뜻으로, 아버지가 먼저 돌아가신 뒤 조부모의 상을 당했을 때 적손이 아버지를 대신해서 상주 노릇을 하는데, 이것을 승중손(承重孫)이라고 한다. 만약 아버지와 할아버지가 다 먼저 돌아가신 후, 증손자가 증조부모의 상에 상주 노릇을 할 경우에는 승중증손(承重曾孫)이라고 한다. 『의례』 「상복(喪服)」편에 "此謂適子死, 其適孫承重者, 祖爲之期."라는 기록이 보인다.

251_ 세적(世嫡)은 적자가 대를 잇는 것으로, 적사(嫡嗣)라고도 한다.

252_ '하늘을 위주로 하고 상(商)을 본받는다[主天法商]'는 것은 동중서의 개제의 원리인 사법설(四法說) 중의 하나인데, 이에 대한 자세한 내용은 이 책의 제9권 제1절 「공자의 제도 개혁에 대한 종합적 의미[孔子改制總義]」 참조.

253_ 『공양전』 「은공」 7년에 "동생[弟]이라고 부른 것은 무엇 때문인가? 같은 어머니에게서 난 동생은 동생[弟]이라고 부르고, 같은 어머니에게서 난 형은 형(兄)이라

때문에 귀해진다.[254](『춘추번로』「삼대개제질문」)

主天法商而王, 其道佚陽, 親親而多仁樸. 故立嗣予子, 篤母弟, 妾以子貴.(『春秋繁露』「三代改制質文」)

<이상 공자의 후계자 옹립 제도를 밝히다: 右明孔子立嗣之制>

8. 상례와 장례 제도는 공자가 개정한 것이다 [喪葬之制爲孔子改定者]

9-8-1

재아(宰我)가 물었다. "삼년상은 기한이 너무 깁니다. 군자가 3년 동안 예법을 실행하지 않으면 예법이 반드시 붕괴되고, 3년 동안 음악을 하지 않으면 음악이 반드시 무너질 것입니다. [1년이 지나면] 묵은 곡식이 이미 다 없어지고 새로운 곡식이 벌써 나오며, 계절에 맞는 나무를 뚫어서 불씨를 얻으니,[255] 1년이면 복상을 그만두어도 괜찮을 것입니

고 부른다[母弟稱弟, 母兄稱兄]"라는 기록이 보인다. 그리고 하휴의 주에서 "같은 어머니를 구별하는 것은 『춘추』가 주나라의 형식[文]을 바꾸어서 은나라의 바탕[質]을 따르기 때문이다. 바탕을 중시하는 왕조는 친한 이를 사랑하니, 사랑하고 후덕하게 대하는 것이 다른 공자(公子)와는 당연히 달라야 함을 밝힌 것이다"라고 풀이했다.

254_ 첩은 자식의 신분이 높으면 거기에 따라서 신분이 함께 높아진다는 것이다. 『공양전』「은공」 원년에 "어머니는 자식 때문에 귀해진다[母以子貴.]"라는 말이 있고, 하휴의 주에서 "예법에 첩의 자식이 즉위하면 그 어머니는 부인의 신분이 될 수 있다. 부인 성풍(成風)이 그 사례이다"라고 풀이했다.

255_ 찬수개화(鑽燧改火)는 각 계절마다 정해놓은 나무에 구멍을 뚫고, 그것을 비벼서 불씨를 얻는 것을 말한다. 각 계절마다 사용하는 나무가 다르며, 1년이면 한 바퀴를 돈다. 『논어집주』에 의하면, 봄에는 푸른색의 느릅나무와 버드나무, 여름에

다.” 공자가 “쌀밥을 먹고 비단옷을 입는 것이 너에게 편안하냐?”라고 물으니, [재아가] “편안합니다”라고 대답했다. 공자가 말했다. “네가 편안하면 그렇게 해라. 군자가 거상할 때에는 맛있는 음식을 먹어도 달콤하지 않고, 음악을 들어도 즐겁지 않으며, 거처가 편안하지 않기 때문에 그렇게 하지 않는 것이다. 지금 네가 편안하다면 그렇게 해라.” 재아가 나가자, 공자가 말했다. “재아의 어질지 못함이여! 자식이 태어나서 3년이 지난 이후에야 부모의 품을 벗어난다. 삼년상은 천하의 공통된 상례이니,[256] 재아는 자기 부모에게 3년의 사랑을 받은 일이 있는가!”(『논어』「양화」)

宰我問, “三年之喪, 期已久矣. 君子三年不爲禮, 禮必壞, 三年不爲樂, 樂必崩. 舊穀既沒, 新穀既升, 鑽燧改火, 期可已矣.” 子曰, “食夫稻, 衣夫錦, 于女安乎?” 曰, “安.” “女安, 則爲之. 夫君子之居喪, 食旨不甘, 聞樂不樂, 居處不安, 故不爲也. 今女安, 則爲之.” 宰我出, 子曰, “予之不仁也! 子生三年, 然後免于父母之懷. 夫三年之喪, 天下之通喪也, 予也, 有三年之愛于其父母乎!”(『論語』「陽貨」)

康9-29

재아는 공자 문하의 뛰어난 제자로, 큰 덕을 지닌 대현(大賢)이다. 후세의 불초한 사람도 여전히 힘써서 삼년상을 실행하는데, 어찌 재아가 도리어 상례의 기간을 줄이려고 한단 말인가? 등(滕)나라의 부형(父兄)

는 붉은색의 대추나무와 살구나무, 늦여름에는 노란색의 뽕나무와 산뽕나무, 가을에는 흰색의 갈참나무와 섭나무, 겨울에는 검은색의 느티나무와 박달나무에서 불씨를 얻어서 사용했다고 한다.

256_ 『예기』「삼년문(三年問)」편에 “孔子曰, ‘子生三年, 然後免於父母之懷.’ 夫三年之喪, 天下之達喪也.”라는 기록과 『설원(說苑)』「수문(修文)」편에 “子生三年, 然後免于父母之懷. 故制喪三年, 所以報父母之恩也. 期年之喪, 通乎諸侯, 三年之喪, 通乎天子, 禮之經也.”라는 기록이 보인다.

과 백관(百官)들이 [삼년상을] 원하지 않으면서, 등나라와 노(魯)나라의 선군들이 그것을 행하지 않았다[고 말한 것][257]을 증거로 삼는다면, 주나라에서 통용되던 예법은 본래 이 [삼년상의] 제도가 아니었음을 알 수 있다. 공자는 부자(父子) 관계를 중요하게 여겼기 때문에 특별히 존숭을 더해서 3년으로 했다. 『예기』「삼년문(三年問)」편에서 "지친(至親)[의 복상 기간]은 1년으로 끊는다"라고 했고, 『맹자』「공손추(公孫丑)」편에서 "1년상이 [복상을] 그만두는 것보다는 낫다"라고 하여,[258] 재아가 "[1년이면 복상을] 그만두어도 괜찮을 것이다"라고 말한 것과 같으니, 옛날 제도에서는 부모에게 1년상을 지냈다는 것을 알 수 있다. 『묵자』에는 다음과 같이 기록되어 있다. "공맹자가 묵자에게 말했다. '그대는 삼년상이 잘못된 것이라고 하는데, 그대가 주장하는 3개월상도 잘못된 것이다.' 묵자가 대답했다. '그대가 삼년상을 가지고 3개월상을 비판한 것은 마치 벌거벗은 사람이 옷을 걷어 올린 사람[259]에게 공손하지 못하다고 말하는 것과 같다.'" 3개월상은 묵자가 제도를 고친 것이며, 묵자는 유가를 비난했기 때문에 삼년상을 공격했다. 모두가 당시의 제도가 아니라 새로운 뜻이 있기 때문에 모두 공손하지 못하다고 말한 것이다.

宰我爲孔門高弟, 盛德大賢. 後世不肖之人猶能勉而行三年之喪, 豈

257_ 『맹자』「등문공 상(滕文公 上)」편에 다음과 같은 기록이 보인다. 등(滕)나라 정공(定公)이 죽었을 때, 맹자의 의견에 따라서 삼년상을 치르려고 했는데, 그 부형(父兄)과 백관(百官)들이 모두 하고자 하지 않으면서, "우리의 종주국인 노(魯)나라 선군도 이것을 행하지 않았고, 우리 선군도 이것을 행하지 않았으니, 그대의 몸에 이르러서 그것을 뒤집는 것은 안 됩니다"라고 말했다[父兄百官, 皆不欲曰, "吾宗國魯先君, 莫之行, 吾先君, 亦莫之行也. 至於子之身而反之, 不可."]

258_ 이 내용은 제(齊)나라 선왕(宣王)이 복상 기간을 단축하려고 하자 공손추가 한 말로, 「공손추」편이 아니라 「진심 상(盡心 上)」편에 나온다.

259_ 라(果)는 판본에 따라서 라(倮) 또는 라(裸)로 되어 있는데, 모두 옷을 벌거벗는다는 뜻이다. 필원은 '라(裸)'로 바꾸어야 한다고 주장했다. 궤(撅)는 옷을 걷어올리는 것[揭衣]이다.

有宰我反欲短喪者? 證以滕國父兄百官之不欲, 滕·魯先君莫之行, 可知大周通禮, 本無此制. 孔子厚於父子, 故特加隆爲三年. 『禮記』「三年問」云, "至親以期斷." 『孟子』「公孫丑」曰, "爲朞之喪, 猶愈於已." 與宰我所稱"可已矣." 可見古制父母期年. 『墨子』, "公孟子謂墨子,[260] '子以三年之喪爲非, 子之三月[261]之喪, 亦非也.' 墨子謂,[262] '子以三年之喪非三月之喪, 是猶果謂撅者不恭也.'" 三月之喪, 墨子改制, 墨子非儒, 故攻三年之喪. 以均非時制, 皆是創義, 故謂同爲不恭也.

9-8-2[263]

유학자가 말했다. "친한 이를 친하게 대하는 것에도 강등이 있고, 현명한 이를 높이는 것에도 차등이 있다." 이것은 친함과 소원함, 존귀함과 비천함의 차이를 말한 것이다. 그 예법에서 말했다. "부모의 거상 기간은 3년, 부인과 맏아들도 3년, 백부와 숙부, 동생과 형, 서자(庶子)는 1년, 친척과 족인(族人)은 다섯 달이다."(『묵자』「비유 하」)

儒者曰, "親親有術, 尊賢有等." 言親疏尊卑之異也. 其禮曰, "喪父母三年, 其妻·後子三年, 伯父·叔父·弟·兄·庶子期, 戚·族人五月."(『墨子』「非儒 下」)

260_ 위묵자(謂墨子)가 『묵자』 원문에는 '위자묵자왈(謂子墨子曰)'로 되어 있다.

261_ 삼월(三月)은 『묵자』 원문에는 '삼일(三日)'로 되어 있는데, 캉유웨이는 앞에서 이 문장을 인용하면서 '삼월(三月)'이 되어야 한다고 주장했다. 그 근거는 『묵자한고』의 필원의 주장이다. 필원은 『한비자』 「현학(顯學)」편의 "墨子之葬也, 冬日冬服, 夏日夏服, 桐棺三寸, 服喪三月."이라는 구절과 『회남자』 「제속(齊俗)」편의 "三月之服, 是夏后氏之禮."라는 구절에 근거하여, 여기의 '삼일(三日)'은 '삼월(三月)'이 되어야 하고, 또 『후한서』 「왕부열전(王符列傳)」의 주에서 인용한 『시자(尸子)』의 "禹制喪三日."도 '삼월(三月)'이 되어야 한다고 주장했다. 바로 뒤의 삼월(三月)도 마찬가지이다.

262_ 묵자위(墨子謂)가 『묵자』 원문에는 '자묵자왈(子墨子曰)'로 되어 있다.

263_ 이하에서 인용한 『묵자』 「비유 하」편의 내용은 이 책의 제7권 제4절 〈7-4-1〉에서 이미 인용했다. 자세한 주석은 앞의 내용을 참조 바람.

康9-30

이 몇 조목은 비록 유가를 공격한 말이지만, 원수 집안의 말을 통해서 다시 [공자의] 제도 개혁의 실체를 증명할 수 있다. 삼년상이나 친영(親迎), 음악을 좋아하는 것과 운명론을 세우는 것과 같은 것이 과연 삼왕(三王)의 제도였다면, 묵자는 삼대를 찬양한 자인데 어찌 그것을 비난할 수 있겠는가?

此數條雖攻儒之言, 然從仇家之辭, 更可證改制之實. 若三年喪・親迎・好樂・立命果是三王之制, 墨子稱述三代者, 豈能非之?

9-8-3

묵자가 공맹자(公孟子)에게 말했다. "상례(喪禮)에서 임금과 부모, 부인과 맏아들이 죽으면 3년의 상복을 입고, 백부와 숙부, 형제는 1년, 족인(族人)은 다섯 달, 고모와 누이, 외삼촌과 생질은 모두 몇 개월의 상복을 입는다. 혹 상복을 입지 않는 기간을 이용하여, 『시(詩)』 3백편을 외우고, 『시』 3백편을 연주하며, 『시』 3백편을 노래하고, 『시』 3백편을 춤춘다. 만일 그대의 말대로라면 군자는 어느 겨를에 정치를 하며, 일반 백성들은 어느 겨를에 일을 하는가?"(『묵자』「공맹」)

子墨子謂公孟子曰, "喪禮, 君與父母・妻・後子死, 三年喪服, 伯父・叔父・兄弟期, 族人五月, 姑・姊・舅・甥皆有數月之喪. 或以不喪之間, 誦『詩』三百, 弦『詩』三百, 歌『詩』三百, 舞『詩』三百. 若用子之言, 則君子何日以聽治, 庶人何日以從事?"(『墨子』「公孟」)

康9-31

9개월의 상복[大功]을 입으면 업무를 하지 않지만, 5개월의 상복[小功]은 업무를 계속한다.[264] 묵자는 이러한 의미를 알지 못하고, 그의 핵심 요지가 실용을 귀중하게 여기기 때문에 이러한 것으로 비난한 것이다. 그런데 그가 공격한 상례는 바로 지금의 『예경(禮經)』이고, 그가 말한 300편의 『시』는 바로 지금의 『시경(詩經)』이니, 『시』와 『예』가 모두 공자가 지은 것임을 알 수 있다.

大功廢業, 則小功不廢. 墨子不知此義, 其宗旨貴用, 故以此相難. 然所攻喪禮, 卽今『禮經』, 所稱三百之『詩』, 卽今『詩經』, 可見『詩』·『禮』皆孔子之作.

9-8-4

[제(齊)나라] 경공(景公)이 노침(路寢)[265]에서 제사를 지내고 있었는데, 곡소리가 들려 양구거(梁丘據)[266]에게 물었다. [양구거가] 대답했다. "노나라 공자의 무리입니다. 그 어머니가 죽어서 삼년상을 치르고 있기 때문에 곡하면서 우는 것이 매우 슬픈 것입니다." 경공이 "[삼년상이] 어찌 옳지 않겠는가?"라고 말하자, 안자(晏子)가 대답했다. "옛날 성인이 [삼년상을] 할 수 없는 것이 아닌데도 하지 않은 것은 그것이 죽은 자에게는 보탬이 없고, 산 사람의 일에 깊이 해를 끼친다는 것을 알았기 때문입니다."[267](『묵자』「일문」)

264_ 대공(大功)과 소공(小功)은 모두 오복(五服)의 하나로, 대공은 9개월의 상복이고, 소공은 5개월의 상복이다. 『예기』「단궁 상(檀弓 上)」편에서 "9개월의 상복을 입으면 업무를 하지 않는다. 혹은 9개월의 상복을 입으면 외우는 것은 괜찮다고 했다[大功廢業. 或曰, 大功誦可也.]"라고 했다. 즉 9개월의 상복을 입는 기간에는 앞에서 말한 송시(誦詩)·현시(弦詩)·가시(歌詩)·무시(舞詩) 등의 학업을 모두 하지 않는다. 그중에서 송시(誦詩)만은 괜찮다고 말하는 경우도 있다.

265_ 노침(路寢)은 천자나 제후의 정실(正室)을 말한다.

266_ 양구거(梁丘據)는 춘추시대 제나라 사람으로, 경공의 총애를 받았던 대부이다. 『좌씨전』「소공」 20년의 기록에 의하면, 노나라 정공(定公) 10년에 제나라와 노나라가 협곡(夾谷)에서 회합할 때, 양구거도 경공을 따라서 참여했다.

景公祭路寢, 聞哭聲, 問梁丘據. 對曰, "魯孔子之徒也. 其母死, 服喪三年, 哭泣甚哀." 公曰, "豈不可哉?" 晏子曰, "古聖人非不能也, 而不爲者, 知其無補于死者, 而深害生事故也."(『墨子』「佚文」)

康9-32

"죽은 자에게는 보탬이 없고, 산 사람의 일에 깊이 해를 끼친다"는 것이 바로 묵자가 장례식을 간소화하고 상례의 기간을 단축한 이유이다. [장례용] 수레에는 왼쪽 자리를 비워두는 것[268]과 수레를 끄는 말의 나이를 세면 벌을 받는 것[269]이 널리 공경하는 방법임을 어찌 알겠는가? 하물며 부모가 한없는 은혜를 베풀었는데, 부모의 상을 당하여 너무나 애통한 경우[270]는 어떻겠는가? 3년의 사랑을 삼년상으로 보답하는 것이니, 사람마다 모두 부모를 사랑하면 천하가 평화로워진다. [살아 있는 사람은] 발을 딛고 서 있는 땅이 매우 작은 땅이지만, 이리저리 돌아다닐 때는 넓고 큰 공간을 사용할 수 있다. 그런데 만약 죽어서 황천으로 간다면 아주 작은 땅이라도 [죽은 사람이] 누가 감히 거기에

267_ 이 내용은 『안자춘추(晏子春秋)』「외편(外篇)」에도 보인다.

268_ 『예기』「곡례 상(曲禮 上)」편에 "장사지낼 때 사용하는 수레는 왼쪽 자리를 비워둔다[祥車曠左.]"라는 기록이 보인다. 상거(祥車)는 장사지낼 때 사용하는 혼거(魂車)로, 죽은 사람이 생전에 타던 수레이다. 수레에서는 왼쪽이 귀한 자리이므로 혼거로 사용할 때는 왼쪽을 영혼이 탄 것으로 여겨서 비워둔다.

269_ 『예기』「곡례 상」편에 "수레를 끄는 말이 먹는 풀을 발로 차면 벌을 받고, 말의 나이를 세면 벌을 받는다[以足蹙路馬芻有誅, 齒路馬有誅.]"라는 기록이 보인다. 임금의 수레를 끄는 말의 이를 세어서 나이를 알려고 하는 것은 임금의 물건을 무시하는 것이기 때문에 벌을 받는다.

270_ 창심통거(創深痛巨)는 상처가 깊고 고통이 심하다는 의미로, 창거통심(創鉅痛甚)과 같은 말이다. 『예기』「삼년문(三年問)」편에 "상처가 큰 자는 그 시일이 오래 걸리고, 고통이 심한 자는 낫는 것이 더디다. 3년이면 감정에 걸맞게 예의 형식을 세운 것이니, 지극한 고통이 극심한 것이다[創鉅者其日久, 痛甚者其愈遲. 三年者, 稱情而立文, 所以爲至痛極也.]"라는 기록이 보인다.

서 있을 수 있겠는가? 따라서 장자가 [묵자는] 천하 사람들로부터 이반되어 있으니, 왕도(王道)와는 거리가 멀다고 여긴 것이다.[271]

"無補死者, 深害生事." 是墨子薄葬·短喪之所由. 豈知乘車曠左, 齒馬有誅, 所以廣敬? 況罔極之恩, 創深痛巨? 三年之愛, 報以三年, 人人親親而天下平. 足立者, 數寸之土, 而翔步須廣庭大原. 若掘足而黃泉, 則數寸之土, 誰敢立之? 故莊子以爲離天下之心, 去王遠也.

9-8-5

제(齊)나라 선왕(宣王)이 상례의 기간을 단축하려고 했는데, 공손추(公孫丑)가 "1년의 복상을 하는 것이 그만두는 것보다는 낫지 않겠습니까?"라고 말했다. 맹자가 말했다. "이것은 어떤 사람이 자기 형의 팔을 비트는데, 자네가 그에게 '우선 천천히 비틀어라'라고 말하는 것과 같다. 또한 그에게 효도와 공경을 가르칠 뿐이다."[272] 왕자 중에 자기 어머니가 죽은 자가 있었는데, 왕자의 사부가 그를 위하여 수개월의 복상을 요청했다. 공손추가 "이와 같이 하는 것은 어떻습니까?"라고 물었다. [맹자가] 말했다. "이것은 상례의 기간을 마치고자 하여도 [예의 규정상] 그렇게 할 수 없는 상황이니, 비록 하루의 기간을 더하더라도 그만

271_『장자』「천하(天下)」편에서 묵자에 대해 평가하면서 다음과 같이 말했다. "살아 있을 때는 힘들게 노동하고, 죽었을 때는 간략하게 장례지내니, 그 도가 너무 각박하다. 사람들을 우울하게 하고 사람들을 슬프게 하니, 그 도의 실천은 실행되기 어려울 것이며, 아마도 성인의 도가 될 수 없을 것이다. 그리고 천하의 인심과 위배되니, 천하의 사람들이 감당하지 못할 것이다. 묵자가 비록 혼자서는 감당할 수 있다고 하더라도 천하 사람들을 [강제로 실천하도록] 할 수 있겠는가? 천하 사람들로부터 이반되어 있으니, 왕도와는 거리가 멀다[其生也勤, 其死也薄, 其道大觳. 使人憂, 使人悲, 其行難爲也, 恐其不可以爲聖人之道. 反天下之心, 天下不堪. 墨子雖獨能任, 柰天下何? 離於天下, 其去王也遠矣.]"

272_『맹자집주』에서 "효도와 공경의 도리를 가르치면 그 사람은 나의 형의 팔을 비틀어서는 안 되고, 상례의 기간을 단축해서는 안 된다는 것을 스스로 알게 될 것이다"라고 했다.

두는 것보다는 낫다. [앞에서 말한 상황은] 금지하는 규정이 없는데도 하지 않는 경우를 말한 것이다.”(『맹자』「진심 상」)

齊宣王欲短喪, 公孫丑曰, “爲朞之喪, 猶愈于已乎?” 孟子曰, “是猶或紾其兄之臂, 子謂之‘姑徐徐’云爾. 亦敎之孝弟而已矣.” 王子有其母死者, 其傅爲之請數月之喪. 公孫丑曰, “若此者, 何如也?” 曰, “是欲終之而不可得也, 雖加一日, 愈于已. 謂夫莫之禁而弗爲者也.”(『孟子』「盡心 上」)

康9-33

재아(宰我)는 “[1년이 지나면] 묵은 곡식이 이미 다 없어지고 새로운 곡식이 벌써 나오며, 계절에 맞는 나무를 뚫어서 불씨를 얻으니, 1년이면 복상을 그만두어도 괜찮을 것이다”라고 말했다. 『예기』「삼년문(三年問)」편에서 “지친(至親)[의 복상 기간]은 1년으로 끊는다”라고 말했다. 이 조목에서 공손추는 “1년의 복상을 한다”라고 말했는데, 그것을 상례 기간의 단축이라고 서술했으니, 공자가 개정한 3년의 제도로 잣대를 적용했기 때문에 상례 기간의 단축으로 여긴 것이다. 재아의 질문과 “지친(至親)[의 복상 기간]은 1년으로 끊는다”는 말로 고찰해보면, 당시에는 부모에 대해 1년을 복상했다. 지금 일본이나 서양의 각 나라들도 모두 1년을 복상하니, 또한 [1년이 지나면] 묵은 곡식이 다 없어지고 계절에 맞는 나무를 뚫어서 불씨를 얻는다는 뜻을 사용한 것이다. 로마(Roma)의 옛 제도는 3년으로, 공자와 마찬가지이다. 공자는 효도를 가장 근본으로 삼았기 때문에 『효경(孝經)』을 증자(曾子)에게 전수하여 절대불변의 도리로 삼았으며,[273] 특별히 존숭을 더해서 3년으로 한 것이다.

273_ 천경지의(天經地義)는 절대불변의 당연한 도리를 말한다. 『좌씨전』「소공(昭公)」 25년에 “夫禮, 天之經也, 地之義也.”라는 기록이 보인다.

宰我稱, "舊穀旣沒, 新穀旣升, 鑽燧改火, 期已可矣." 『禮記』「三年問」稱, "至親以期斷." 此條公孫丑稱"爲期之喪", 而敍爲短喪, 蓋以孔子所改三年之制律之, 故以爲短喪. 以宰我之問及至親以期斷之說考之, 當時蓋父母服期也. 今日本及歐洲各國皆服期, 亦用穀沒火改之義. 羅馬舊制則三年, 與孔子同. 孔子最本孝, 故以『孝經』傳曾子, 以爲天經地義, 獨加隆爲三年也.

9-8-6

안자(晏子)가 대답했다.[274] "서쪽 성곽에는 다만 벼슬이 없는 선비인 분성괄(盆成括)[275]만 살고 있습니다. 아버지에게는 효성스러운 아들이고, 형에게는 공손한 아우이며, 또 일찍이 공자의 문인이었습니다. 지금 그 어머니가 불행하게도 죽었는데, 아직 아버지와 합장하지 못하고 있습니다.[276] 집이 가난하며, 자신은 늙었고 자식은 어려서, 아마도 자기의 힘으로는 합장을 할 수 없기 때문에 슬퍼서 운 듯합니다."(『안자춘추』「외편」)

晏子對曰, "西郭徒居布衣之士盆成括也. 父之孝子, 兄之順弟也, 又嘗爲孔子門人. 今其母不幸而死, 祔柩未葬. 家貧, 身老, 子孺,[277] 恐

274_ 경공(景公)이 밤에 잠을 자고 있는데, 서쪽에서 어떤 남자의 우는 소리가 들렸다. 경공이 그것을 슬프게 여겨, 다음날 조회 때 안자에게 그 소리가 매우 애처롭고 분위기도 또한 슬퍼서 참으로 안타깝게 여긴다고 말하고, 그 사람이 어떤 사람인지를 물었다. 이 내용은 그 물음에 대한 안자의 대답이다.

275_ 분성괄(盆成括)은 제(齊)나라에서 벼슬한 사람으로, 성이 분성(盆成)이고, 이름이 괄(括)이다. 『맹자』「진심 하」편의 기록에 의하면, 재주만 믿고 군자의 대도를 듣지 못한 채 함부로 행동하여 죽임을 당한 인물이다. 『안자춘추』 원문에는 분성괄(盆成适)로 되어 있다.

276_ 부(祔)는 조상의 무덤 옆에 함께 장례를 지내는 것을 말한다. 『안자춘추집석(晏子春秋集釋)』의 손성연(孫星衍)은 "아버지에게 합장하지 못한 것을 말한다"라고 했다.

277_ 유(孺)가 『공자개제고』에는 유(孺)로 되어 있는데, 『안자춘추』 원문에 따라 고

力不能合祔, 是以悲也."(『晏子春秋』「外篇」)

康9-34

공자의 문인으로, 공자의 예법을 따르기 때문에 합장하는 것이 당연하니, 『시』나 「단궁」편과 서로 증거가 된다.

爲孔子門人, 從孔子之禮, 故當合葬. 與『詩』·「檀弓」互證.

9-8-7

경공(景公)이 노침(路寢)에 갔다가 곡소리를 듣고서 물었다. "내가 곡소리를 들은 것 같은데, 무엇을 하는 자인가?" 양구거(梁丘據)가 대답했다. "노나라의 공자의 무리인 국어(鞠語)[278]라는 자입니다. 예악에 밝고, 복상에 대해 깊이 압니다. 자신의 어머니가 죽자 장례식을 매우 성대하게 하고, 삼년상을 치르고 있기 때문에 곡하면서 우는 것이 매우 슬픈 것입니다."[279](『안자춘추』「외편」)

景公上路寢, 聞哭聲曰, "吾若聞哭聲, 何爲者也?" 梁丘據對曰, "魯孔丘之徒鞠語者也. 明于禮樂, 審于服喪. 其母死, 葬埋甚厚, 服喪三年, 哭泣甚疾."(『晏子春秋』「外篇」)

쳤다.

278_ 국어(鞠語)는 손성연이 국(鞠)은 성이고, 어(語)는 이름이며, 고어(皐魚)인 것 같다고 했다. 고어(皐魚)는 『설원(說苑)』「경신(敬愼)」편에 나오는 구오자(丘吾子)를 말한다. 공자가 길을 가다가 매우 슬픈 울음소리를 듣고 가보니, 구오자라는 사람이 낫을 껴안고 새끼줄로 자신의 몸을 묶은 채 울고 있었다. 그는 "나무는 고요하게 있고자 하지만 바람이 멈추지 않고, 자식이 부모를 봉양하고자 하지만 기다려주지 않는다"라고 말하고, 스스로 목을 베어 자살했다고 한다.

279_ 이 내용은 『묵자』「일문(佚文)」편에도 보인다.

康9-35

유교를 따라서 유교의 규율을 지키는 자는 상복이 가장 크게 구분되었기 때문에 당시 사람들이 그것을 구별할 수 있었다.

從儒敎, 守儒律者, 喪服最其大別, 時人得而辨之.

9-8-8

죽은 자의 것을 덜어내어 산 자에게 보태는 것[280]을 박절함[墨][281]이라고 하고, 산 자의 것을 덜어내어 죽은 자에게 보태는 것을 미혹됨[惑]이라고 하며, 산 자를 죽여서 죽은 자를 장례지내는 것[282]을 해침[賊]이라고 한다. 그가 살아 있을 때를 크게 본떠서 죽었을 때 장례를 지내고, 죽음과 삶, 끝과 시작이 적절함에 걸맞아서 좋게 잘 처리되지 않음이 없도록 하니, 이것이 바로 예의의 법식이며, 유학자가 바로 이들이다.(『순자』「예론」)

刻死而附生, 謂之墨, 刻生而附死, 謂之惑, 殺生而送死, 謂之賊. 大象其生以送其死, 使死生·終始莫不稱宜而好善, 是禮義之法式也, 儒者是矣.(『荀子』「禮論」)

康9-36

장례를 간소하게 치르는 것과 장례를 성대하게 치르는 것, 그리고 산

280_ 양경이 각(刻)은 덜어내는 것이고, 부(附)는 더하여 보태는 것이라고 했다.

281_ 묵(墨)은 양경이 묵자의 법이라고 했는데, 왕염손이 「악론(樂論)」편의 묵자를 의미하는 것이 아니라, "其送死瘠墨."에서의 척묵(瘠墨)과 같다고 했다. 척묵(瘠墨)은 줄여서 검소하게 하는 것으로, 박절하다는 뜻이다. 여기에서는 왕염손의 주장에 따랐다.

282_ 양경이 순장하여 사람을 죽이는 것이라고 했다.

사람을 함께 장례지내는 것은 모두 옛날의 제도이다. 묵자는 장례를 간소하게 치르는 뜻을 정리하여, 상례 기간을 단축하는 제도를 세우고, 살아서는 노래를 부르지 않고 죽어서는 복상을 하지 않으며, 세 치 두께의 오동나무로 된 내관만 있고 외관은 없는 것을 법식으로 삼았는데, 이것을 "죽은 자의 것을 덜어내어 산 자에게 보태는 것"이라고 한다. 환퇴(桓魋)가 돌로 만든 관을 만들면서 3년 동안 완성하지 못하자 공자가 그것을 비난했는데,[283] 이것을 "산 자의 것을 덜어내어 죽은 자에게 보태는 것"이라고 한다. 진(秦)나라 목공(穆公)이 죽었을 때 세 명의 선량한 사람을 순장하자 시인(詩人)이 그것을 슬퍼했는데,[284] 이것을 "산 자를 죽여서 죽은 자를 장례지내는 것"이라고 한다. 이것은 모두 유학자의 예의의 법식이 아니다. 이로써 상례(喪禮)의 제도는 공자에

283_『공자가어(孔子家語)』「곡례자공문(曲禮子貢問)」편에 "孔子在宋, 見桓魋, 自爲石槨, 三年而不成, 工匠皆病. 夫子愀然曰, '若是其靡也, 死不如速朽之愈.'"라는 기록이 보인다. 『사기』「공자세가(孔子世家)」에 의하면, 당시 공자는 조(曹)나라를 떠나서 송(宋)나라로 가면서, 큰 나무 아래에서 제자들과 예에 대해 강론하고 있었다. 그때 송나라의 사마(司馬) 환퇴(桓魋)가 자신의 관을 돌로 만드는 것을 공자가 비판하자, 환퇴가 그것을 듣고 나무를 뽑아서 공자를 죽이려고 했다.

284_『좌씨전』「문공」 6년에 "秦伯任好卒, 以子車氏之三子奄息 · 仲行 · 鍼虎爲殉, 皆秦之良也. 國人哀之, 爲之賦黃鳥."라는 기록이 보인다. 진(秦)나라 목공(穆公)이 죽었을 때, 진나라 자거씨(子車氏)의 세 아들 엄식(奄息) · 중행(仲行) · 침호(鍼虎) 세 명의 어진 신하를 함께 순장했다. 백성들이 그들의 죽음을 슬퍼하여 「황조(黃鳥)」라는 시를 지었다고 한다. 『좌씨전』에서는 이에 대해, 옛날의 선왕들은 죽으면서 후인들에게 법도를 남겼는데, 진나라 목공은 오히려 백성들로부터 선인(善人)을 빼앗아갔기 때문에 맹주가 되지 못한 것이 당연하다고 논평했다. 「황조」시는 현재 『시』「진풍(秦風)」에 보이는데, 「소서(小序)」에서 "「황조」시는 세 명의 어진 신하를 애도한 것이다. 나라 사람들이 목공이 산 사람을 따라서 죽게 한 것을 비난하여 이 시를 지었다[黃鳥哀三良也. 國人刺穆公以人從死而作是詩也.]"라고 했다. 그리고 『시경집전』에서는 "『사기』를 살펴보건대, 진나라 무공(武公)이 죽었을 때에 처음으로 사람을 따라서 죽게 하여, 죽은 사람이 66명이었다. 목공(穆公)에 이르러서는 마침내 177명을 사용하여, 세 명의 선량한 사람도 거기에 참여하게 되었다. 대개 그 시초는 특히 오랑캐의 풍속에서 나왔는데, 밝은 왕자와 어진 패자가 그 죄를 토벌하지 못하여 습관으로 일상화되었다. 비록 목공처럼 어진 사람도 그러한 습관에서 벗어나지 못했다"라고 했다.

의해 개정된 것이 틀림이 없다는 것이 증명된다.

薄葬·厚葬·殉葬, 皆舊制也. 墨子修薄葬之義, 立短喪之制, 生不歌, 死不服, 桐棺三寸而無椁, 以爲法式, 是之謂"刻死而附生." 桓魋石椁, 三年不成, 孔子譏之, 是之謂"刻生而附死." 秦穆之薨, 三良殉葬, 詩人哀之, 是之謂"殺生而送死." 皆非儒者禮義之法式也. 以此證喪禮之制, 爲孔子所改定無疑矣.

9-8-9[285]

따라서 선왕이나 성인이 이를 위하여 중용의 도를 세우고 절도를 제정하여 하나같이 모두 형식과 이치에 맞추어서 상복을 벗을 수 있도록 했다. 그렇다면 무엇 때문에 상복의 기간을 [1년으로] 나누었는가? 대답했다. 지친(至親)은 1년으로 [복상 기간을] 끊는다. 이것은 무엇 때문인가? 대답했다. [1년 만에] 천지가 이미 바뀌고, 사계절도 이미 한 바퀴 도니, 우주 안에 있는 만물 중에 다시 시작하지 않는 것이 없다. 따라서 선왕이 이것을 본떠서 정한 것이다. 그렇다면 삼년상이란 무엇인가? 대답했다. [부모에 대해서는] 융성한 예를 더하여 두 배의 기간이 되도록 했기 때문에 기년(期年)의 두 배가 되도록 했다. 9개월 이하[의 복상 기간]은 무엇인가? 대답했다. [삼년상에는] 미치지 못하도록 한 것이다. 따라서 3년을 가장 융성한 기간으로 삼고, 3개월[緦麻]과 5개월[小功]을 예법을 가장 줄인 기간으로 삼으며, 1년과 9개월을 중간으로 삼는다. 위로는 하늘에서 상징을 취하고, 아래로는 땅에서 상징을 취하며, 가운데에서 [상징을] 취하는 것은 사람에게서 하니, 사람이 함께 모여 살면서 조화롭게 하나가 되는 이치가 여기에서 다하게 된다. 따라서 삼년상은 인간 도리의 지극한 문식(文飾)이다. 이것을 지극하게

285_ 이하에서 인용한 『순자』「예론」편의 내용은 이 책의 제8권 제6절〈8-6-5〉에서 이미 인용했다. 자세한 주석은 앞의 내용을 참조 바람.

융성한 예법이라고 말하는데, 모든 왕들이 함께 따르는 것이며, 옛날과 지금이 한결같이 변치 않는 것이다.(『순자』「예론」)

故先王聖人安爲之立中制節, 一使足以成文理則舍之矣. 然則何以分之? 曰, 至親以期斷. 是何也? 曰, 天地則已易矣, 四時則已遍矣, 其在宇中者莫不更始矣. 故先王案以此象之也. 然則三年何也? 曰, 加隆焉, 案使倍之, 故再期也. 由九月以下, 何也? 曰, 案使不及也. 故三年以爲隆, 緦·小功以爲殺, 期·九月以爲間. 上取象于天, 下取象于地, 中取則于人, 人所以群居和一之理盡矣. 故三年之喪, 人道之至文者也. 夫是之謂至隆, 是百王之所同, 古今之所一也.(『荀子』「禮論」)

9-8-10

유가는 집안을 파산시키면서 장례를 지내고, 3년 동안의 복상에 몸이 크게 훼손되어 지팡이에 의지해야 할 정도인데, 세상의 군주들은 효성스럽다고 여겨서 그들을 예우한다.(『한비자』「현학」)

儒者破家而葬, 服喪三年, 大毁扶杖, 世主以爲孝而禮之.(『韓非子』「顯學」)

康9-37

공자가 전한 교설은 대체로 삼년상을 첫 번째 의리로 삼았다. 부모와 자식의 천성은 사람의 마음속에 모두 갖추고 있기 때문에 마음을 움직이기가 쉽다. 세상의 군주들은 효성스럽다고 여겨서 유가를 예우했으니, 공자의 교설이 널리 행해진 실정[을 보여준다].

孔子傳敎, 蓋以三年喪爲第一義. 父子天性, 人心同具, 故易于感動. 世主以爲孝而禮之, 蓋孔敎流行之實情也.

9-8-11

계무자(季武子)[286]가 침전(寢殿)을 완성했는데, 두씨(杜氏)의 장례지낸 무덤이 [침전의] 서쪽 계단 아래에 있었기 때문에 [두씨가] 무덤을 다른 곳으로 옮겨서 합장할 수 있도록 요청하니, 그것을 허락했다. [두씨는] 계무자의 집에 들어와서 [무덤을 옮기는 동안] 감히 곡을 하지 못하니, 계무자가 말했다. "무덤을 옮겨서 합장하는 것은 옛날[의 제도]가 아니다. 주공(周公) 이후로 그 제도를 고친 적이 없다.(『예기』「단궁 상」)

季武子成寢, 杜氏之葬在西階之下, 請合葬焉, 許之. 入宮而不敢哭, 武子曰, "合葬, 非古也. 自周公以來, 未之有改也."(『禮記』「檀弓 上」)

康9-38

『춘추번로』「삼대개제질문(三代改制質文)」에 비록 부부를 구분하여 매장하는 것[別葬]과 부부를 합장하는 것[合葬]이 있지만, 바탕을 중시하는 왕조[質家]에서는 부부를 따로 구분하여 매장하고, 형식을 중시하는 왕조[文家]에서는 부부를 합장한다.[287] 『백호통의(白虎通義)』에서는 "부부를 합장하는 것은 부부의 도를 견고하게 하는 것이다"라고 했다.[288] 『춘추』에서 정한 제도는 대체로 합장이었기 때문에 『시』에서 "죽어서는 무덤구덩이를 함께하리라"라고 했다.[289] 공자가 방(防) 땅에 부모를 합장한

286_ 계무자(季武子)는 노(魯)나라의 대부로, 노나라의 공자 계우(季友)의 증손인 계손숙(季孫夙)이다.

287_ 『춘추번로』「삼대개제질문」편의 개제 이론인 사법설(四法說)에서 '하늘을 위주로 하고 상(商)을 본받는 것[主天法商]'과 '하늘을 위주로 하고 질(質)을 본받는 것[主天法質]'의 두 가지 법칙에서는 "상례에서 부부를 구분하여 매장한다[喪禮別葬]"라고 했고, '땅을 위주로 하고 하(夏)를 본받는 것[主地法夏]'과 '땅을 위주로 하고 문(文)을 본받는 것[主地法文]'의 두 가지 법칙에서는 "상례에서 부부를 합장한다[喪禮合葬.]"라고 했다.

288_ 『백호통의』「붕홍(崩薨)」편에 보인다.

것도 이것과 함께 서로 증거가 된다. 옛날 제도는 부부를 따로 구분하여 매장했기 때문에 「단궁」편에서 옛날[의 제도]가 아니라고 여긴 것이 아닌가?

『繁露』「三代改制質文」雖有別葬·合葬, 而質家別葬, 文家合葬. 『白虎通』曰, "合葬,[290] 所以固夫婦之道." 『春秋』定制, 蓋以合葬, 故『詩』云, "死則同穴." 孔子合葬于防, 與此互證. 舊制蓋別葬, 故「檀弓」以爲非古歟?

9-8-12

공자가 방(防) 땅에 [어머니를] 합장할 수 있게 되자,[291] "내가 들으니, 옛날에는 묘지만 만들었을 뿐, 봉분을 만들지 않았다. 지금 나는 사방으로 돌아다니는 사람이기 때문에 표시해 두지 않을 수 없다"라고 했다. 이에 봉분을 만들었는데, 높이가 4척(尺)이었다.[292](『예기』「단궁 상」)

孔子旣得合葬于防, 曰, "吾聞之, 古也墓而不墳. 今丘也, 東西南北之

289_ 『시』「왕풍(王風)·대거(大車)」편에서 "살아서는 방을 달리하더라도 죽어서는 무덤 구덩이를 함께하리라[穀則異室, 死則同穴.]"라는 말이 보인다. 『시경집전』에서 "살아서는 달려가서 방을 함께 쓸 수는 없지만, 죽어서는 합장하여 구덩이를 함께하기를 바란다"라고 풀이했다.

290_ 『백호통의』 원문에는 '합장자(合葬者)'로 되어 있다.

291_ 『예기정의』의 공영달에 의하면, 합장할 수 있게 되었다고 한 것은 공자가 어렸을 때는 아버지의 묘를 몰랐기 때문이다.

292_ 『한서』「초원왕전(楚元王傳)」에도 이와 관련된 내용이 보인다. 공자는 묘지를 만들되 봉분을 높이 쌓지 않는 것이 예법이고, 또 시신이 썩어서 흙으로 돌아가는 것이 순리라고 여겼기 때문에 간소하게 장례식을 치렀다. 그런데 오왕(吳王) 합려(闔閭) 때부터 이러한 예법을 어기고 장례식을 성대하게 치렀다고 한다. 그 내용은 다음과 같다. "夫周公, 武王弟也, 葬兄甚微. 孔子葬母於防, 稱古墓而不墳曰, '丘, 東西南北之人也, 不可不識也.' 爲四尺墳, 遇雨而崩. 弟子修之, 以告孔子, 孔子流涕曰, '吾聞之, 古者不修墓.' 蓋非之也. … 故仲尼孝子, 而延陵慈父, 舜禹忠臣, 周公弟弟, 其葬君親骨肉, 皆微薄矣. 非苟爲儉, 誠便於體也. 宋桓司馬爲石槨, 仲尼曰, '不如速朽.' 逮至吳王闔閭, 違禮厚葬. …."

人也, 不可以弗識也." 於是封之, 崇四尺.(『禮記』「檀弓 上」)

康9-39

공자는 영혼을 숭상하고 넋을 귀하게 여겨서, 육체를 전송해 보내고, 넋을 맞이하여 되돌아오게 했다. 따라서 사당을 숭상하고 묘지를 숭상하지 않았다. 사방을 두루 돌아다녔기 때문에 4척 높이의 봉분으로 표시했으니, 그렇지 않으면 봉분을 만들지 않았을 것이다. 봉분은 임시방편의 제도이고, 묘지는 일정한 제도이니, 합장은 바로 공자가 제정한 것이다.

孔子尙魂貴精, 送形而往, 迎精而返. 故尙廟而不尙墓. 以周游, 故識以四尺之墳, 否則不墳矣. 墳是權制, 墓是經制, 合葬是孔子定制.

9-8-13

장례용 희생 수레[의 수]는 수레에 싣는 희생[의 수]에 동일하게 한다.[293] 거친 베로 만든 수레 덮개를 만들고, 사방에는 칸막이가 있으며, [무덤 속에는] 널의 사방 구석에 넣어두며,[294] 곡식을 싣는다. 유자(有子)

293_ 견거(遣車)는 장례를 지낼 때 희생(犧牲)을 싣는 수레이다. 『예기』「단궁 하」편에 의하면, 견거의 수는 일정하게 정해져 있는데, 천자는 9승(乘), 제후는 7승, 대부는 5승, 천자의 사(士)는 3승이고, 제후의 사는 사용하지 않는다. 그리고 희생의 내용은 대부 이상은 태뢰(太牢), 즉 소를 사용하고, 사는 소뢰(小牢), 즉 돼지를 사용한다. 희생은 한 마리를 잡으면 세 등분하여 세 개의 포장으로 만드는데, 각각의 포장을 견거에 싣는다. 『예기정의』의 공영달에 의하면, 희생을 싣는 숫자는 견거의 숫자와 동일하다. 즉 천자는 태뢰 9개의 포장을 사용하고, 제후는 태뢰 7개, 대부는 태뢰 5개, 사는 소뢰 3개를 사용한다. 뢰구(牢具)는 포장된 희생을 말한다.

294_ 소포(疏布)는 거친 베이고, 천(輤)은 장례용 수레의 덮개이다. 대부는 베를 사용하고, 사는 갈대를 사용한다. 장(章)은 칸막이로, 사방에 칸막이가 있어서 희생을 가린다. 사우(四隅)는 널의 사방 구석으로, 희생을 무덤 속에 넣을 때는 널의 사방 구석에 둔다.

가 "예법이 아니다. 상례에 바치는 것은 말린 고기와 육장[295]뿐이다"라고 말했다.(『예기』「잡기」)

遣車視牢具. 疏布輤, 四面有章, 置于四隅, 載粻. 有子曰, "非禮也. 喪奠, 脯醢而已."(『禮記』「雜記」)

康9-40

상례에 말린 고기와 육장을 바치는 것은 공자가 개정한 제도인데, 유자(有子)가 그것을 진술했다. "장례용 희생 수레[의 수]는 수레에 싣는 희생[의 수]에 동일하게 한다"라는 것은 옛날의 제도이다.

喪奠脯醢, 蓋孔子所改之制, 而有子述之. "遣車視牢具", 蓋舊制也.

9-8-14

삼년상은 억지로 실행하는 것이 아니니,[296] 음악을 들어도 즐겁지 않고 맛있는 음식을 먹어도 달지 않으며, [부모를] 사모하는 마음을 끊어버릴 수가 없을 때 실행한다. 말세에는 풍속이 퇴폐하여 무너지고 욕심이 많아졌으며, 예의가 없어지고 임금과 신하가 서로 속이며, 부모와 자식이 서로 의심하여, 원망이 가슴에 더욱더 가득차고, 사모하는 마음이 완전히 없어졌으니, 상복을 입고 질대(絰帶)[297]를 한 채로 상례기간 중에 농담하면서 웃는다. 비록 삼년상을 실행하더라도 상례의

295_ 포해(脯醢)는 말린 고기와 육장이다. 『예기정의』의 공영달에 의하면, 죽은 사람은 곡식을 먹지 않기 때문에 본래 서직(黍稷)을 올리지 않는다고 한다.

296_ 『회남자집석』에서 고유가 "억지로 효도를 다하려는 감정을 행하는 것이 아니라, 감정이 마음 속에서 저절로 드러나는 것이다"라고 풀이했다. 그런데 치(致)를 실행한다는 의미로 해석해도 무리가 없을 것이다.

297_ 질(絰)은 질대(絰帶)로, 상복을 입을 때 머리에 두르는 수질(首絰)과 허리에 두르는 요질(腰絰)을 말한다.

근본을 상실한 것이다.(『회남자』「본경훈」)

夫三年之喪, 非强而致之, 聽樂不樂, 食旨不甘, 思慕之心未能絶也. 晩世風流俗敗, 嗜欲多, 禮義廢, 君臣相欺, 父子相疑, 怨尤充胸, 思心盡亡, 被衰戴絰, 戲笑其中. 雖致之三年, 失喪之本也.(『淮南子』「本經訓」)

9-8-15

자식이 태어나서 3년이 지난 이후에야 부모의 품을 벗어난다. 따라서 삼년상을 제정한 것은 부모의 은혜에 보답하기 위한 방법이다.[298] 1년상은 제후에게까지 통용되고, 삼년상은 천자에게까지 통용되니, 예의 법칙이다.[299](『설원』「수문」)[300]

子生三年, 然後免于父母之懷. 故制喪三年, 所以報父母之恩也. 期年之喪, 通乎諸侯, 三年之喪, 通乎天子, 禮之經也.(『說苑』「修文」)

9-8-16

자하(子夏)가 삼년상을 끝마치고 공자를 만나보았다. 공자가 그에게 거문고를 주어 연주하도록 했는데, 거문고를 끌어당겨서 연주하면서 화기애애하게 즐거워했다. [연주를 마치고] 일어나서 "선왕이 제정한 예법을 감히 따르지 않을 수 없었습니다"라고 말하니,[301] 공자가 "군자로

298_ 『논어』「양화(陽貨)」편에 "子生三年, 然後免于父母之懷. 夫三年之喪, 天下之通喪也."라는 기록과 『예기』「삼년문(三年問)」편에 "孔子曰, '子生三年, 然後免於父母之懷.' 夫三年之喪, 天下之達喪也."라는 기록이 보인다.

299_ 『중용』 제18장에 "期之喪達乎大夫, 三年之喪達乎天子, 父母之喪無貴賤一也."라는 기록이 보인다.

300_ 『공자개제고』에는 출전이 『회남자』「본경훈」으로 잘못 기록되어 있어서 바로잡았다.

301_ 간간(衎衎)은 화기애애한 모양이다. 즐거운 마음으로 거문고를 타는 것을 말한다. 자하는 삼년상이 끝나기 전에 이미 슬픔이 다했지만, 선왕이 제정한 예법을

다"라고 말했다. 민자건(閔子騫)이 삼년상을 끝마치고 공자를 만나보았다. 공자가 그에게 거문고를 주어 연주하도록 했는데, 거문고를 끌어당겨서 연주하면서 애절하게 슬퍼했다. [연주를 마치고] 일어나서 "선왕이 제정한 예법을 감히 기간을 초과할 수가 없었습니다"라고 말하니,[302] 공자가 "군자로다"라고 말했다. 자공(子貢)이 물었다. "슬픔이 다하지 않은 민자건에 대해서도 선생님은 군자라고 말하고, 슬픔이 이미 다한 자하에 대해서도 군자라고 말하니, 저는 의심이 들어서 감히 무슨 말씀인지 묻겠습니다." 공자가 대답했다. "민자건은 슬픔이 다하지 않았지만, 예법에 따라 그것을 [3년의 기간으로] 끊을 수 있었기 때문에 군자라고 말했다. 자하는 슬픔이 이미 다했지만, [3년의 기간까지] 늘여서 실행할 수 있었기 때문에 군자라고 말했다. 삼년상은 본래 [효도가] 넘치는 자는 조절해서 끊어야만 실행할 수 있고, [효도가] 모자라는 자는 노력해서 채워야만 실행할 수 있다."[303]

子夏三年之喪畢, 見于孔子. 孔子與之琴, 使之弦, 援琴而弦, 衎衎而樂. 作而曰, "先王制禮, 不敢不及也." 子曰, "君子也." 閔子騫三年之喪畢, 見于孔子. 孔子與之琴, 使之弦, 援琴而弦, 切切而悲. 作而曰, "先王制禮, 不敢過也." 孔子曰, "君子也." 子貢問曰, "閔子哀不盡, 子曰, '君子也', 子夏哀已盡, 子曰, '君子也', 賜也惑, 敢問何謂?" 孔子曰, "閔子哀[304]未盡, 能斷之以禮, 故曰, '君子也'. 子夏哀已盡, 能引而致之, 故曰, '君子也'. 夫三年之喪, 固優者之所屈, 劣者之所勉."

따르기 위해 3년 동안 복상했다고 했다.

302_ 절절(切切)은 깊이 근심하면서 애절하게 거문고를 연주하는 모습이다. 민자건은 3년이 지났는데도 슬픔이 아직 남아 있었지만, 선왕이 제정한 예법에 따라서 3년을 초과할 수 없었다고 했다.

303_ 『공자가어(孔子家語)』「육본(六本)」편과 『예기』「단궁 상」편에도 이와 유사한 내용이 보이는데, 서로 조금씩 차이가 있다. 예를 들어 「단궁 상」편에서는 이곳의 자하의 모습이 자장(子張)으로, 민자건의 모습이 자하로 기록되어 있다.

304_ 애(哀)가 『공자개제고』에는 빠져 있는데, 『설원』 원문에 따라 보충했다.

제(齊)나라 선왕(宣王)이 전과(田過)[305]에게 물었다. "내가 들으니, 유학자들은 부모에게도 삼년상을 하고, 임금에게도 삼년상을 한다고 하는데, 임금과 부모 중에 누가 더 중요한가?" 전과가 대답했다. "아마 [임금은] 부모처럼 중요하지는 않을 것입니다." 선왕이 크게 화를 내면서 "그렇다면 무엇 때문에 부모를 떠나서 임금을 섬기는가?"라고 말했다. 전과가 대답했다. "임금의 땅이 아니면 나의 부모가 거처할 방법이 없고, 임금의 봉록이 아니면 나의 부모를 봉양할 방법이 없으며, 임금의 작위가 아니면 나의 부모를 존귀하게 하고 현달시킬 방법이 없기 때문입니다. 임금에게 받아서 부모에게 드리는 것이니, 임금을 섬기는 것은 부모를 위한 것입니다." 선왕이 말문이 막혀서[306] 아무런 대꾸를 하지 못했다.[307](『설원』「수문」)

齊宣王謂田過曰, "吾聞儒者喪親三年, 喪君三年, 君與父孰重?" 田過對曰, "殆不如父重." 王忿然怒曰, "然則何爲去親而事君?" 田過對曰, "非君之土地, 無以處吾親, 非君之祿, 無以養吾親, 非君之爵位, 無以尊顯吾親. 受之君, 致之親, 凡事君所以爲親也." 宣王邑邑而無以應. (『說苑』「修文」)

康9-41

오직 유학자만이 부모의 상례에 3년 동안 복상을 하니, 그렇다면 유학자가 아니면 삼년상을 하지 않는다는 것을 알 수 있는 것은 이 자료가 가장 분명하다.

305_ 전과(田過)는 전국시대 제나라 사람이다. 이 기록 이외에 구체적인 사적이 보이지 않는다.

306_ 읍읍(邑邑)은 근심하여 우울한 모양인데, 여기에서는 응답할 말이 없어서 말문이 막히는 모습이다.

307_『한시외전(韓詩外傳)』 권7에도 동일한 내용이 보인다.

惟儒者喪親乃服三年, 然則非儒者不爲三年喪可知, 此最明矣.

<이상 상례와 장례 제도는 공자가 개정한 것임을 밝히다: 右明喪葬之制爲孔子改定者>

9. 공자가 봉지 삭감과 대일통 건립의 제도를 규정하다 [孔子定削封建大一統之制]

9-9-1

무엇 때문에 왕정월(王正月)을 말했는가? 천하를 하나로 통일하는 것을 중시한 것이다.[308] 【하휴(何休) 주】 왕자는 처음 천명을 받아서 제도를 개혁하고, 천하에 정치를 펼치고 교화를 베푼다. 공후(公侯)로부터 일반 백성에 이르기까지, 산천(山川)으로부터 초목과 곤충에 이르기까지 하나하나가 정월(正月)과 연계되지 않은 것이 없다. 따라서 정치와 교화의 시작이라고 말한다.(『공양전』「은공」 원년)

何言乎王正月? 大一統也. 【何注】 夫[309]王者始受命改制, 布政施敎于天下. 自公侯至于庶人, 自山川至于草木昆蟲, 莫不一一系于正月. 故云正敎之始.(『公羊傳』「隱公」 元年)

308_ 서언(徐彦)의 소(疏)에서는 다음과 같이 풀이했다. "정월(正月)을 기록한 것은 왕자가 천명을 받아서 정월을 제정하여 천하를 통일한 것이니, 만물로 하여금 하나하나 모두 그것을 받들어 시작으로 삼지 않음이 없도록 한 것이다. 그러므로 대일통(大一統)이라고 말했다."

309_ 『공양전주소』의 교감에 의하면, 부(夫)자는 원래 천(天)자로 잘못 되어 있는 것을 바로잡은 것이다.

9-9-2

주(周)나라는 1,800개의 제후국을 소유했다고 하는데, 주나라 서울의 땅을 다하더라도 수용할 수가 없으니, 이치에 맞지 않는다.(『효경위』 부록)[310]

周有千八國諸侯, 盡京師之地不足以容, 不合事理.(『孝經緯』附錄)

康9-42

[『예기』] 「왕제(王制)」편에 1,800개의 나라라는 말이 있는데,[311] 여기에서는 이치에 맞지 않는다고 했으니, 주나라 때에는 이러한 제도가 결코 없었으며, 공자에 의해서 개정된 것이 분명하다. 100리도 공자의 제도이니,[312] 이것은 공자가 나라를 건설하는 뜻을 드러내 밝힌 것이다.

「王制」有一千八百國之說, 此云不合事理, 則周時必無此制, 而爲孔子所改者明矣, 百里亦孔子之制, 此發明孔子建國之義.

9-9-3

[정위(廷尉)] 이사(李斯)가 이의를 제기했다. "주나라의 문왕(文王)과 무왕

310_ 『곡량전』 「은공」 8년의 범영(范甯)의 주(注)에 나오는 말인데, 양사훈(楊士勛)의 소(疏)에서 『효경설(孝經說)』의 문장이라고 했다.

311_ 『예기』 「왕제(王制)」편에 "凡九州千七百七十三國, 天子之元士·諸侯之附庸不與."라는 기록이 보인다.

312_ 캉유웨이는 제후의 땅을 사방 100리로 규정한 것이 공자가 『춘추』에서 개정한 것이라고 했다. 『공양전』 「은공」 5년에 "천자의 삼공(三公)을 공(公)이라고 일컫고, 왕자의 후손을 공작[公]이라고 일컬으며, 그 나머지 대국을 후작[侯]이라고 일컫고, 소국을 백작[伯]·자작[子]·남작[男]이라고 일컫는다[天子三公稱公, 王者之後稱公, 其餘大國稱侯, 小國稱伯子男.]"라고 했다. 하휴의 주에 의하면, 대국은 사방 100리의 땅을 소유한 나라이고, 소국 중에서 백작은 70리, 자작과 남작은 50리를 소유한다.

(武王)이 봉해준 자제(子弟)와 동성(同姓)의 나라가 매우 많았습니다. 그러나 후손들의 관계가 소원해지자 서로 원수처럼 공격했고, 제후들은 서로 주살하거나 정벌했는데도 주나라의 천자는 막을 수가 없었습니다. 지금 천하가 폐하의 신령스러움에 힘입어 하나로 통일되었고, 모두 군현(郡縣)으로 삼았으니, 모든 황실의 자제들이나 공신들에게 국가의 세금으로 후한 상을 하사한다면 매우 쉽게 통제할 수 있습니다. [이렇게 하면] 천하에 딴 마음을 품는 사람이 없게 되니, 천하를 평화롭게 하는 술책입니다. 제후를 두는 것은 적절하지 않습니다."(『사기』「진시황본기」)

李斯議曰, "周文·武所封子弟·同姓甚衆. 然後屬疏遠, 相攻擊如仇讐, 諸侯相誅伐, 周天子弗能禁止. 今海內賴陛下神靈一統, 皆爲郡縣, 諸子弟·功臣以公賦稅重賞賜之, 甚足易制. 天下無異意, 則安寧之術也. 置諸侯不便.(『史記』「秦始皇本紀」)

康9-43

『춘추』의 책의 첫머리에서 대일통(大一統)의 뜻을 드러내었고, 맹자와 순자도 그것을 전수했다. 이사는 이러한 뜻을 미리 들었기 때문에 진시황에게 제후를 없애고 군현을 만들도록 요청했으니, 진실로 『춘추』의 뜻이다. 제후들이 있으면 서로 다툼이 있기 때문에 봉건제도는 진실로 성인의 의도가 아니다.

『春秋』開端發大一統之義, 孟·荀幷傳之. 李斯預聞斯義, 故請始皇罷侯爲郡縣, 固『春秋』義也. 有列侯則有相爭, 故封建誠非聖人意也.

<이상 공자가 봉지 삭감과 대일통 건립의 제도를 규정하다: 右孔子定削封建大一統之制>

10. 역법의 시행은 공자의 제도이다 [授時乃孔子之制]

9-10-1[313]

하양(河陽)의 사건은 겨울인데 수(狩)라고 말하고,[314] 기린을 잡은 사건은 봄인데 수(狩)라고 말한 것은 노(魯)나라가 주나라의 봄을 겨울로 바꾸어 겨울로 삼은 것에 근거하여, 주나라의 역법을 없애고 하나라의 역법을 시행한 것이다.[315](『공양전』「애공」 14년 하휴 주)

河陽冬言狩, 獲麟春言狩者, 蓋據魯變周之春以爲冬, 去周之正而行夏之時.(『公羊傳』「哀公」 十四年 何休 注)

313_『춘추』「애공」 14년의 "봄, 서쪽에서 사냥하다가 기린을 잡았다[西狩獲麟]"라는 기사에 대해서, 『공양전』에서 "그렇다면 누가 그것을 잡았는가? 땔나무꾼이다. 땔나무꾼은 미천한 자인데, 무엇 때문에 사냥했다[狩]는 것으로 그것을 말했는가? 중요하게 여긴 것이다[然則孰狩之? 薪采者也. 薪采者, 則微者也, 曷爲以狩言之? 大之也.]"라고 했다. 이 부분은 『공양전』에 대한 하휴의 주이다.

314_『춘추』「희공」 28년의 "冬, … 天王狩于河陽."이라는 기사를 말한다. 일반적으로 봄 사냥은 수(蒐), 여름 사냥은 묘(苗), 가을 사냥은 선(獮), 겨울 사냥은 수(狩)라고 한다. 『좌씨전』「은공」 5년에 "春蒐, 夏苗, 秋獮, 冬狩. 皆於農隙以講事也."라는 기록이 보인다. 한편 『공양전』「환공」 4년에는 "春曰苗. 秋曰蒐. 冬曰狩."라고 기록되어 있다. 여기에서는 봄인데도 수(狩)라고 말했기 때문에 그 속에는 공자의 필법이 있다고 파악하는 것이다.

315_『공양전』「애공」 14년의 서언의 소에 의하면, 공자는 『춘추』를 지어서 주공(周公)의 옛날 예법을 고치고, 역법도 하나라의 역법을 시행하고자 했다. 하양의 사건은 주나라의 역법으로 계동(季冬)이고, 하나라의 10월에 해당되기 때문에 겨울 사냥을 의미하는 수(狩)라는 말을 사용할 수 있다. 그러나 지금 기린을 잡은 사건이 봄인데도 수(狩)라는 말을 사용한 것은 노나라를 왕으로 삼아서 역법을 개정한 것에 근거하여, 주나라의 봄을 바꾸어 겨울로 삼음으로써 주나라의 정월을 제거하고 하나라의 역법을 시행하고자 한 것이다. 이러한 이유로 봄인데도 수(狩)라고 말한 것이다.

康9-44

하휴(何休)가 "봄인데 수(狩)라고 말한 것은 노(魯)나라가 주나라의 봄을 바꾸어 겨울로 삼은 것에 근거하여, 주나라의 역법을 없애고 하나라의 역법을 시행한 것이다"라고 말했다. 이 말은 『논어』에서 안연(顔淵)이 나라를 다스리는 방법을 물은 이야기[316]와 같다. 만약 제도를 개혁하여 수많은 왕들의 법칙으로 삼은 것이 아니라면 거의 이치를 어긴 성인의 허물이 되지 않겠는가? 그렇다면 역학(曆學)도 공자가 고쳐서 정한 것이다.

何氏言, "春言狩者, 變周之春以爲冬, 去周之正而行夏之時." 此說與『論語』顔淵問爲邦之說同. 苟非改制以爲百王法, 不幾聖人爲悖理之尤哉? 然則曆學亦孔子所改定者.

9-10-2

공자는 주나라의 폐단을 이어받아서 하나라의 역법을 시행했으니, 11월을 역법의 기준으로 삼는 [주나라를] 계승한 자는 마땅히 13월을 사용해야 한다는 것을 안 것이다.[317] 천도(天道)는 왼쪽으로 순환하고, 역법의 개정은 오른쪽으로 진행하는 것[318]은 무엇 때문인가? 역법을 바

316_ 『논어』「위령공(衛靈公)」편에 "顔淵問爲邦, 子曰, '行夏之時, 乘殷之輅, 服周之冕, 樂則韶舞.'"라는 기록이 보인다.

317_ 13월은 1월을 말한다. 하·은·주 삼대의 역법을 삼정(三正)이라고 하는데, 하나라는 1월을 세수로 하는 건인(建寅)을 기준으로, 은나라는 12월을 세수로 하는 건축(建丑)을 기준으로, 주나라는 11월을 세수로 하는 건자(建子)를 기준으로 역법을 시행한다. 따라서 삼정의 순환 구조 속에서, 주나라의 11월을 계승한 왕조는 다시 하나라의 1월을 정월의 기준으로 삼는다.

318_ 『춘추번로』「삼대개제질문」편에서 "왕자가 제도를 개혁할 때, … 세 종류의 역법을 역으로 계산하여 반복 순환한다[王者改制, … 逆數三而復.]"라고 했다. 즉 삼통(三統)의 순환은 십이지(十二支)에서 북두(北斗)가 가리키는 방향인 자(子) - 축

꾸는 것은 천도를 바꾸는 것이 아니라, 다만 해와 달[日月]을 바꿀 뿐이다. 해와 달이 오른쪽으로 운행하기 때문에[319] 역법의 개정도 오른쪽으로 진행한다.(『백호통의』「삼정」)

孔子承周之弊, 行夏之時, 知繼十一月正者, 當用十三月也. 天道左旋, 改正者右行, 何也? 改正者, 非改天道也, 但改日月耳. 日月右行, 故改正亦右行也.(『白虎通義』「三正」)

<이상 역법의 시행은 공자의 제도임을 밝히다: 右明授時乃孔子之制>

11. 공자가 토지의 세금 제도를 제정하다 [孔子制土籍田之制]

9-11-1[320]

성인이 정전법(井田法)을 제정하여 가구마다 농지를 나누어주니, 한 명

(丑) - 인(寅)인데, 이것을 역으로 계산하여 인(寅) - 축(丑) -자(子)의 순서에 따라서 진행한다. 즉 하(夏)나라는 13월 맹춘(孟春)을, 은(殷)나라는 12월 계동(季冬)을, 주(周)나라는 11월 중동(仲冬)을 정월로 삼는데, 주나라를 계승한 나라는 다시 하나라의 13월 맹춘을 정월로 삼으니, 역수(逆數)에 합치한다.

319_ 『백호통의』「일월(日月)」편에서 "하늘은 왼쪽으로 도는데, 해와 달, 오성은 오른쪽으로 도는 것은 무엇 때문인가? 해와 달, 오성은 하늘에 대비하면 음이기 때문에 오른쪽으로 운행한다[天左旋, 日月五星右行, 何? 日月五星, 比天爲陰, 故右行.]"라고 했다.

320_ 이 부분은 『공양전』에서 "10분의 1의 조세법은 천하의 치우치지 않고 올바른 방법이다. 10분의 1의 조세법이 시행되면 임금을 칭송하는 소리가 일어날 것이다[什一者, 天下之中正也, 什一行而頌聲作矣.]"라는 내용에 대한 하휴의 주이다. 10분의 1의 조세법은 정전법(井田法)을 말한다. 『맹자』「고자 하(告子 下)」편에 의하면, 맹자도 요순이 시행했던 10분의 1의 조세법을 주장하면서 그것보다 세금을 경감하거나 무겁게 하는 것은 오랑캐나 걸왕(桀王)과 같다고 했다.

의 지아비와 한 명의 부인이 농지 100무(畝)를 받아서 부모와 처자를 부양하는데, 다섯 가구가 1가(家)가 된다. 공동 경작 농지[公田]는 10무이니, 바로 10분의 1이라는 조세법이다. 농막[321]의 넓이는 2무 반이고, 모든 농지의 넓이는 한 농지당 12무 반이다. 여덟 가구가 9개의 농지[를 경작하고], 1개의 농지를 공동으로 경작하기 때문에 '정전(井田)'이라고 한다. 농막이 가장 안에 있으니, 사람을 귀하게 여긴 것이다. 공동 경작 농지가 농막의 밖에 있으니, 공적인 것을 중요하게 여긴 것이다. 개인 경작 농지가 가장 밖에 있으니, 개인적인 것을 가볍게 여긴 것이다.(『공양전』「선공」 15년 하휴 주)

聖人制井田之法而口分之, 一夫一婦受田百畝, 以養父母妻子, 五口爲一家. 公田十畝, 卽所謂什一而稅也. 廬舍二畝半, 凡爲田一頃十二畝半. 八家而九頃, 共爲一井, 故曰'井田'. 廬舍在內, 貴人也. 公田次之, 重公也. 私田在外, 賤私也.(『公羊傳』「宣公」 十五年 何休 注)

9-11-2

계강자(季康子)가 농지세를 부과하려고 하여, 염유(冉有)를 시켜서 공자에게 의견을 물었는데, 공자가 대답하지 않고 염유에게 개인적으로 다음과 같이 말했다. "염유야, 이리 오너라, 너는 들어보지 못했느냐? 선왕이 토지의 등급을 매길 때,[322] 농지의 세금은 노동력을 기준으로 매기되,[323] [수도에서] 그 지역의 원근에 따라서 고르게 차등 부과했다.[324]

321_ 여사(廬舍)는 농지 가운데 식사와 휴식용으로 간단하게 지은 농막을 말하는데, 전사(田舍)라고도 한다. 정전법의 구조에서 보면, 가장 안쪽에 위치하고 있다. 여사의 바깥쪽에 공동 경작 농지가 위치해 있고, 가장 외부에 개인 경작 농지가 위치해 있다.

322_ 제토(制土)는 일정한 세금을 부과하기 위해서 농지의 등급을 매기는 것이다. 『국어』 위소(韋昭)의 주에 의하면, 농지의 비옥함과 척박함을 제정하여 차등을 매기는 것이다.

점포의 세금은 수입에 따라서 부과하되, 그 재산의 유무를 헤아려서 하고,[325] 요역은 남자의 숫자에 따라서 맡기되, 늙은이와 어린아이는 잘 따져서 면제해주었다.[326] 이에 홀아비와 과부, 고아와 고질병자의 경우에는 군대가 출병할 때는 세금을 징수하고, 아무 일이 없을 때는 징수하지 않았다. 군대가 출병하는 해에는 농지 1정(井)마다 세금을 거두되, 640곡(斛)의 벼와 240두(斗)의 말 먹이, 16두(斗)의 쌀을 내게 하고,[327] 이것을 초과하지 않았지만 선왕들은 충분하게 여겼다. 만약 그대 계손씨(季孫氏)가 그 법을 [시행]하고자 한다면 주공(周公)의 조세법이 존재하고, 만약 그 법을 위반하고자 한다면 구차스럽게 세금을 부과해야 하니, 또한 무엇을 물어보겠다는 것인가?"(『국어』「노어 하」)[328]

季康子欲以田賦, 使冉有訪諸仲尼, 仲尼不對, 私于冉有曰, "求來, 汝

323_ 이력(以力)은 위소의 주에 의하면, 나이 30세인 자는 100무의 농지를 받고, 20세인 자는 50무, 60세인 자는 농지를 반환한다.

324_ 지(砥)는 고르게 한다는 뜻으로, 지기원이(砥其遠邇)는 서울로부터 떨어진 거리의 차이에 따라서 고르게 세금을 부과한다는 말이다. 위소의 주에서 인용한 『주례(周禮)』「지관·사도(地官·司徒)」에서 "가까운 교외는 10분의 1, 먼 교외는 20분의 3, 전(甸)·초(稍)·현(縣)·도(都) 지역은 모두 20분의 2의 세금을 넘지 않는다[近郊十一, 遠郊二十而三, 甸·稍·縣·都皆無過十二也.]"라고 했다.

325_ 리(里)는 위소 주에 의하면, 장사꾼들이 거처하는 구역으로 마을의 가게를 말한다. 그들의 수입의 다소를 따지고, 그들의 재산의 유무를 헤아려서 차등적으로 세금을 부과하는 것이다. 『주례』「지관·사도」편에서 "수도 안의 택지에는 세금이 없고, 정원과 점포에는 20분의 1, 옻나무 숲은 20분의 5의 세금을 부과한다[國宅無征, 園廛二十而一, 漆林之征二十而五.]"라고 했다.

326_ 위소의 주에 의하면, 력(力)은 요역(繇役)을 말하고, 이부(以夫)는 남자의 숫자에 따라서 부과하는 것이다. 늙은이와 어린아이는 잘 따져서 요역을 면제해준다.

327_ 위소의 주에 의하면, 세(歲)는 군대가 출병하는 해이다. 부(缶)는 유(庾)와 같은데, 『의례(儀禮)』「빙례(聘禮)」편에서 "16두(斗)가 유(庾), 10유(庾)가 병(秉)이니, 병(秉)은 240두(斗)이다. 4병(秉)이 거(筥), 10거(筥)가 종(稯)이니, 종(稯)은 640곡(斛)이다[十六斗曰庾, 十庾曰秉, 秉, 二百四十斗也. 四秉曰筥, 十筥曰稯, 稯, 六百四十斛也.]"라고 했다. 현행본 『의례』에는 유(庾)자가 수(籔)자로 되어 있다.

328_ 『공자개제고』에는 단지 '국어(國語)'로만 되어 있는데, '「노어 하(魯語 下)」'를 보충해서 기록했다.

不聞乎? 先王制土, 籍田以力而砥其遠邇. 賦里以入而量其有無, 任力以夫, 而議其老幼. 于是乎有鰥寡孤疾, 有軍旅之出則征之, 無則已. 其歲收田, 一井出稯禾·秉芻·缶米, 不是過也, 先王以爲足. 若子季孫欲其法也, 則有周公之籍矣, 若欲犯法, 則苟而賦, 又何訪焉."(『國語』「魯語 下」)

康9-45

노(魯)나라는 예법을 지키는 나라이고, 계손씨는 대대로 나라에서 봉록을 받는 대부 집안이다. 선조인 주공(周公)의 조세법을 그대로 지키지는 못했지만, 계손씨가 비록 무도하더라도 이와 같지는 않았을 것이니, 이것은 결코 없었던 일일 것이다. 토지의 등급을 매기고 농지에 세금을 부과하는 것은 사실 공자가 제정한 것이다. 다만 세상에서는 대부분 옛것을 옳다고 하고 현재의 것을 그르다고 하기 때문에 어쩔 수 없이 선왕에 가탁하여 권도를 드러내 밝혔고, 또한 이로써 재앙을 멀리 피한 것이다.[329] 정전법은 공자의 제도이다.

魯爲秉禮之國, 季爲世祿之家. 先祖周公之籍尙不能守, 季雖不道, 當不如是此, 必無之事也. 蓋制土籍田, 實爲孔子定制. 但世多是古而非今, 故不得不託先王以明權, 且以遠禍矣. 井田, 孔子之制也.

<이상 공자가 토지의 세금 제도를 제정한 것을 밝히다: 右明孔子制土籍田之制>

329_『효경위·구명결(孝經緯·鉤命訣)』에 "[『효경』은] 순종하고 겸손함으로써 재앙을 피하니, 선왕에게 권도를 주어 가탁했다[順遜以避災禍, 與先王以託權.]"라는 말이 보인다. 『고미서(古微書)』의 주에서 "선왕에게 가탁하여 자기 권도의 세력으로 삼는다[託先王以爲己權勢力.]"라고 풀이했다. 즉 선왕에게 권도를 주어 가탁함으로써 선왕을 통해서 권도를 실행한다는 의미이다.

12. 선거는 공자의 제도이다 [選擧爲孔子之制]

9-12-1[330]

춘추시대에 인재를 선발하여 등용하는 일[選擧]을 폐지하고, 불초한 사람을 자리에 두었으며, 갑자기 신하를 쫓아내어 끊어버릴 때에는 [세록(世祿)은 따지지 않고] 산 자의 과실을 가지고 하여, 군신 사이에 분쟁이 일어나서 신하가 출국하여 망명하는 일까지 벌어지니, 이 때문에 국가가 혼란해지고 사직이 위험해지거나 망했다. 따라서 모두 기록했다. 망명한 자가 의로운 평가를 받는 것으로 기록한 것은 현명한 사람에게 벼슬을 주어야지 악한 사람에게 벼슬을 주어서는 안 됨을 밝힌 것이다.(『공양전』「은공」 원년 하휴 주)

當春秋時, 廢選擧之務, 置不肖于位, 輒退絶之以生過失, 至于君臣忿爭出奔, 國家之所以昏亂, 社稷之所以危亡. 故皆錄之. 錄所奔者爲受義者, 明當受賢者, 不當受惡人也.(『公羊傳』「隱公」 元年 何休 注)

9-12-2

여름, 4월, 신묘일, 윤씨(尹氏)가 죽었다. 『공양전』에서 말했다. 윤씨(尹氏)[331]라고 말한 것은 무엇 때문인가? 비판한 것이다. 무엇 때문에 비판

330_ 『춘추』「은공」 원년에 "채백이 노나라에 왔다[祭伯來.]"라는 기사에 대해서, 『공양전』에서 다음과 같이 말했다. "채백은 어떤 사람인가? 천자의 대부이다. 무엇 때문에 사신[使]이라고 말하지 않았는가? 망명했기 때문이다. 망명했다면 무엇 때문에 망명했다[奔]고 말하지 않았는가? 주나라 천자에게는 [영토의] 바깥이 없는데, 망명했다고 말하면 바깥이 있다는 말이 되기 때문이다[祭伯者何? 天子之大夫也. 何以不稱使? 奔也. 奔則曷爲不言奔? 王者無外, 言奔, 則有外之辭也.]" 만약 다른 나라 제후의 신하가 노나라로 망명하면 『춘추』에서는 '래분(來奔)'이라고 기록한다. 여기에서 인용한 자료는 이상의 『공양전』에 대한 하휴의 주이다.

했는가? 대대로 경대부를 세습한 것[世卿]을 비난한 것이다. 대대로 경대부를 세습하는 것은 예법이 아니다.(『공양전』「은공」 3년)

夏, 四月, 辛卯, 尹氏[332]卒. 『傳』曰, 其稱尹氏何? 貶. 曷爲貶? 譏世卿. 世卿, 非禮也.(『公羊傳』「隱公」 三年)

康9-46

대대로 경대부를 세습하는 제도[世卿]는 옛날부터 그렇게 시행했으니, 봉건제도로부터 온 것이다. 공자는 제후들의 다툼을 걱정하여 봉건[의 토지]도 삭감할 수 있다[고 주장했는데], 세경(世卿)을 어찌 비난하지 않을 수 있겠는가? [『예기』] 「왕제(王制)」편을 읽어보면, 선사(選士)·조사(造士)·준사(俊士)의 법[333][이 보이는데], 세경(世卿)의 제도가 공자에 의해서 축소된 것이며, 선거의 제도는 공자가 만든 것이 매우 분명하다. 선거라는 것은 공자의 제도이다.

世卿之制, 自古爲然, 蓋由封建來者也. 孔子患列侯之爭, 封建可削, 世卿安得不譏? 讀「王制」選士·造士·俊士之法, 則世卿之制爲孔子所削, 而選擧之制爲孔子所創, 昭昭然矣. 選擧者, 孔子之制也.

<이상 선거는 공자의 제도임을 밝히다: 右明選擧爲孔子之制>

331_ 윤씨(尹氏)는 천자의 대부인데, 천자의 경대부를 기록할 때는 관직이나 이름을 기록한다.

332_ 윤씨(尹氏)가 『좌씨전』에는 군씨(君氏)로 되어 있다.

333_ 선사(選士)·조사(造士)·준사(俊士)는 뛰어난 인재를 선발하여 추천하는 제도이다. 『예기』「왕제」편에 다음과 같은 기록이 보인다. "향(鄕)에 명하여 뛰어난 인재를 논정하여 사도(司徒)에게 천거하도록 하는데, 그 사람을 선사(選士)라고 한다. 사도가 선사 중에서 뛰어난 자를 논정하여 학(學)에 천거하는데, 그 사람을 준사(俊士)라고 한다. 사도에게 추천된 사람은 향(鄕)에서 부역이 면제되고, 학에서 추천된 자는 사도에 의한 부역이 면제되는데, 그 사람을 조사(造士)라고 한다[命鄕論秀士, 升之司徒, 曰選士. 司徒論選士之秀者而升之學曰俊士. 升於司徒者不征於鄕, 升於學者不征於司徒, 曰造士.]"

13. 공자가 형벌 제도를 규정하다 [孔子定刑罰之制]

9-13-1

사람을 죽인 자는 사형에 처하고, 사람에게 상해를 입힌 자는 형벌을 주는 것은 모든 왕들의 공통적인 형벌인데,[334] 그것의 유래를 아는 자가 없다.(『순자』「정론」)

殺人者死, 傷人者刑, 是百王之所同, 未有知其所由來者也.(『荀子』「正論」)

康9-47

순(舜)임금이 고요(皐陶)에게 명하여 오형(五刑)을 밝혔고, [고요는] 과오로 저지른 죄는 아무리 크더라도 용서하고, 고의로 지은 죄는 아무리 작더라도 형벌을 내렸으니, 이것은 [『서』]「우서(虞書)」편에서 상세하게 말했다.[335] 성왕(成王)이 강숙(康叔)에게 명하여 "너의 형벌을 공경스럽게

334_『여씨춘추』「거사(去私)」편에도 다음과 같은 기록이 보인다. "묵자의 법에서는 '사람을 죽인 자는 사형에 처하고, 사람에게 상해를 입힌 자는 형벌을 준다'라고 했으니, 이것은 사람을 죽이거나 상해를 입히는 것을 금지하기 위해서이다. 대체로 사람을 죽이거나 상해를 입히는 것을 금지하는 것은 천하의 큰 의리이다[墨者之法曰, '殺人者死, 傷人者刑.' 此所以禁殺傷人也. 夫禁殺傷人者, 天下之大義也.]"

335_『서』「대우모(大禹謨)」편에 다음과 같은 기록이 보인다. "순임금이 말했다. '고요야! 이 신하와 백성들이 혹시라도 나의 정치를 어기는 자가 없는 것은 네가 사사(士師)가 되어 오형(五刑)을 밝혀 오교(五教)를 도와서 내가 잘 다스릴 수 있도록 기약했기 때문이다.' … 고요가 말했다. '황제의 덕이 잘못됨이 없어서, … 과오로 저지른 죄는 아무리 크더라도 용서하고, 고의로 지은 죄는 아무리 작더라도 형벌을 내립니다[帝曰, '皐陶, 惟兹臣庶, 罔或于予正, 汝作士, 明于五刑, 以弼五教, 期于予治,' … 皐陶曰, '帝德罔愆, … 宥過無大, 刑故無小.']"

밝혀라. 재물 때문에 사람을 죽이거나 쓰러뜨리며, 사나워서 죽음을 두려워하지 않는 자를 원망하지 않는 사람이 없다"라고 했으니, [『서』] 「강고(康誥)」편에서 상세하게 말했다.[336] 그리고 [『순자』] 「의병(議兵)」편에서는 요임금이 천하를 다스릴 때, 한 사람을 죽이고 두 사람을 처벌하여 천하가 잘 다스려진 것을 인용했고,[337] 「정론(正論)」편에서는 "형벌은 세상에 따라서 가볍기도 하고 무겁기도 하다"는 『서』의 말을 인용했으니,[338] 어찌 그것의 유래를 아는 자가 없다고 말할 수 있겠는가? 하물며 [세속의] 논자가 옛날의 잘 다스려지던 시대에는 육형(肉刑)은 없었고 상형(象刑)이 있었다고 말하고, 옛날의 잘 다스려지던 시대는 이와 같았다고 여겼는데,[339] 또한 어찌 모든 왕들의 공통적인 형벌이

336_『서』「강고(康誥)」편에 다음과 같은 기록이 보인다. "성왕이 말했다. '아! 강숙아, 너의 형벌을 공경스럽게 밝혀라. … 재물 때문에 사람을 죽이거나 쓰러뜨리며, 사나워서 죽음을 두려워하지 않는 자를 원망하지 않는 사람이 없다[王曰, 嗚呼, 封, 敬明乃罰. … 殺越人于貨, 暋不畏死, 罔弗憝.]" 민(暋)은 사나워서 거칠고 억세다는 뜻이고, 대(憝)는 원망한다는 뜻이다.

337_『순자』「의병(議兵)」: 古者, 帝堯之治天下也, 蓋殺一人, 刑二人而天下治. 한 사람을 죽인 것은 치수사업을 실패한 곤(鯀)을 우산(羽山)에서 죽인 일을 말하고, 두 사람을 처벌한 것은 공공(共工)을 유배보내고 환두(驩兜)를 추방한 일을 말한다.

338_『순자』「정론(正論)」: 『書』曰, 刑罰世輕世重. "잘 다스려지면 형벌이 무겁고, 어지러우면 형벌이 가볍다[治則刑重, 亂則刑輕.]"라는 것을 말하면서 『서』의 이 문장을 인용했다. 『서』「여형(呂刑)」편에 나오는 말이다.

339_『순자』「정론」편에서 다음과 같이 말했다. "세속의 논자가 다음과 같이 말한다. '옛날의 잘 다스려지던 시대에는 육형(肉刑)은 없었고 상형(象刑)이 있었다. … 옛날의 잘 다스려지던 시대는 이와 같았다'[世俗之爲說者曰, '治古, 無肉刑而有象刑. … 治古如是.']" 치고(治古)는 양경이 "옛날의 잘 다스려지던 시대[古之治世]"라고 했다. 육형(肉刑)은 신체상에 직접 가해지는 형벌이다. 얼굴에 글씨를 새기는 묵형(墨刑), 코를 베는 의형(劓刑), 발뒤꿈치를 자르는 비형(剕刑), 거세하는 궁형(宮刑), 사형을 뜻하는 대벽(大辟) 등의 오형(五刑)이 대표적이다. 『한서』「형법지(刑法志)」에 "秦用商鞅, 連相坐之法, 造參夷之誅, 增加肉刑大辟."이라는 기록이 보인다. 그리고 상형(象刑)은 양경에 의하면, 범인에게 다른 복장을 입혀서 그 모습에 치욕을 주는 형벌을 말한다. 『서』「익직(益稷)」편에 "皐陶方祗厥敍, 方施象刑惟明."이라고 했는데, 공안국은 "상(象)은 본뜨는 것[法]"이라고 했다. 즉 실제의 형벌을 본떠서 복장을 다르게 하여 구별한다는 뜻이다.

라고 말할 수 있겠는가? 이것은 사실 공자가 선왕에게 가탁하여 제도 개혁을 밝혔다는 증거가 된다.

舜命皐陶, 明于五刑, 宥過無大, 刑故無小, 「虞書」詳言之. 成王命康叔, "敬明乃罰. 殺越人于貨, 暋[340]不畏死, 罔不憝." 「康誥」詳言之. 而「議兵」篇引帝堯之治天下也, 蓋殺一人刑二人而天下治, 「正論」篇引『書』曰, "刑罰, 世輕世重." 惡得謂未有知其所由來者哉? 況說者謂治古者, 無肉刑有象刑, 以爲治古如是, 又惡得謂是百王之所同哉? 此實爲孔子託先王以明改制之證也.

<이상 공자가 형벌 제도를 규정한 것을 밝히다: 右明孔子定刑罰之制>

14. 공자가 성(姓)의 의미를 규정하다 [孔子定姓之義]

9-14-1

공자가 말했다. "나는 율관(律管)을 불어서 성(姓)을 정했다.[341] 한 마디의 말로 된 음률은 토(土)를 얻어서 궁(宮)이라고 하고, 세 마디의 말로 된 음률은 화(火)를 얻어서 치(徵)라고 하며, 다섯 마디의 말로 된 음률은 수(水)를 얻어서 우(羽)라고 하고, 일곱 마디의 말로 된 음률은 금(金)을 얻어서 상(商)이라고 하며, 아홉 마디의 말로 된 음률은 목(木)을 얻

340_ 민(暋)이 『공자개제고』에 민(愍)으로 되어 있는데, 『서』 원문에 따라 고쳤다.

341_ 율관(律管)은 대통이나 금속관으로 만들어서 음을 정하는 기구이다. 참위에서 성씨(姓氏)의 음을 5성(聲) 12율(律)에 견강부회시켜서, 음악 연주의 소리를 통해서 사람의 성씨를 측정했다고 한다. 『백호통의』 「성명(姓名)」편에도 "옛날에 성인은 율관을 불어서 성을 정하여 자신의 종족을 기록했다[古者, 聖人吹律定姓, 以記其族.]"라고 했다.

어서 각(角)이라고 한다."(『악위편』)

孔子曰, "丘吹律定姓. 一言得土曰宮, 三言得火曰徵, 五言得水曰羽, 七言得金曰商, 九言得木曰角."(『樂緯篇』)

9-14-2

공자는 율관(律管)을 불어서 자신이 은(殷)나라의 후손임을 알았다.[342] (『논형』「기괴」)

孔子吹律, 自知殷後.(『論衡』「奇怪」)

康9-48

『춘추번로』「삼대개제질문」편에서 "은(殷)나라의 덕이 양(陽)의 덕이라는 것을 알았기 때문에 자(子)로 성을 삼았고, 주(周)나라의 덕이 음(陰)의 덕이라는 것을 알았기 때문에 희(姬)로 성을 삼았다"라고 했다 또 "성인이 아니면 누가 그것을 밝게 알 수 있겠는가?"라고 했다.[343] 그렇

342_『사기』「공자세가(孔子世家)」에 의하면, 공자가 자기 부친의 묘소를 알고 싶어 했는데, 모친이 숨기고 알려주지 않았다고 기록되어 있다. 그런데 자기 스스로 음악을 연주하여 자신이 은(殷)나라의 후예인 송(宋)나라의 대부 자씨(子氏)의 후손임을 알았다는 것이다.

343_『춘추번로』「삼대개제질문」편에서 다음과 같이 말했다. "따라서 순임금이 우임금과 고요(皐陶)에게 성씨(姓氏)에 대해 논의하도록 하여, 은나라의 덕이 양(陽)의 덕이라는 것을 알았기 때문에 자(子)로 성을 삼았고, 주나라의 덕이 음(陰)의 덕이라는 것을 알았기 때문에 희(姬)로 성을 삼았던 것이다. 그러므로 은나라의 왕은 제도를 바꿀 때, 남자를 의미하는 자(子)자로 [성을] 기록했고, 주나라의 왕은 여자를 의미하는 희(姬)자로 [성을] 기록했다. 따라서 하늘의 도는 각각 같은 종류별로 반응하니, 성인이 아니면 누가 그것을 밝게 알 수 있겠는가?[故帝使禹·皐論姓, 知殷之德陽德也, 故以子爲姓, 知周之德陰德也, 故以姬爲姓. 故殷王改文, 以男書子, 周王以女書姬. 故天道各以其類動, 非聖人庸能明之.]" 『춘추번로교석』에서 "은나라를 양의 덕으로 여겼는데, 양의 성질은 남자이기 때문에 남자를 의미하는

다면 성(姓)은 공자가 정한 것이다. 그렇지 않고 율관을 불어서 정했다면 비록 사광(師曠)과 같은 밝은 귀로도 할 수 없는 것이니, 성인이 그것에 가탁하여 말한 것일 뿐이다. 성(姓)은 공자의 제도이다.

『繁露』「三代改制質文」篇"知殷德爲陽德, 以子爲姓, 周德爲陰德, 以姬爲姓." 又曰, "非聖人其誰知之?" 然則姓者, 孔子所定也. 不然, 吹律而定, 雖師曠之聰所不能, 蓋聖人託言之耳. 姓者, 孔子之制也.

9-14-3

공자는 태어나서 부친이 누구인지 알지 못했고, 그의 모친도 그 사실을 숨겼는데, 율관을 불어서 자신이 은(殷)나라[의 후예인] 송(宋)나라 대부 자씨(子氏)의 가문이라는 것을 알았다. 도서(圖書)를 살펴보지도 않았고, 다른 사람의 말을 듣지도 않았는데, 율관을 불면서 자세하게 생각하여 스스로 자신의 가문을 알았으니, 성인은 천 년의 징험을 미리 아는 것이다.(『논형』「실지」)

孔子生不知其父, 若母匿之, 吹律自知殷宋大夫子氏之世也. 不按圖書, 不聞人言, 吹律精思, 自知其世, 聖人前知千歲之驗也.(『論衡』「實知」)

康9-49

공자가 성(姓)을 만들었기 때문에 율관을 분 것에 가탁했을 뿐이다. 어찌 율관을 불어서 가문을 정할 수 있겠는가?

孔子創姓. 故託于吹律耳. 豈有吹律能定世乎?

<이상 공자가 성(姓)의 의미를 규정한 것을 밝히다: 右明孔子定姓之義>

자(子)라는 성을 취했다. 그리고 주나라를 음의 덕으로 여겼는데, 음의 성질은 여자이기 때문에 여자를 의미하는 희(姬)라는 성을 취했다"라고 풀이했다.

15. 공자가 예악의 의미를 규정하다 [孔子定禮樂之義]

9-15-1

공자가 말했다. "내가 위(衛)나라에서 노(魯)나라로 돌아온 이후에 음악이 바르게 되고, 아(雅)와 송(頌)이 각각 제자리를 찾았다."[344](『논어』「자한」)

子曰, "吾自衛反魯然後樂正, 雅·頌各得其所."(『論語』「子罕」)

康9-50

『시(詩)』와 『악(樂)』은 모두 노나라로 돌아온 이후에 지어졌으니, 이때 공자는 62세였다.

『詩』·『樂』皆作于歸魯之後, 時孔子六十二歲矣.

9-15-2

공자가 말했다. "앞선 선인들은 예악의 측면에서 촌스러운 사람이라고 하고, 뒤의 후배들은 예악의 측면에서 군자라고 한다.[345] 만약 예악을 사용한다면, 나는 앞선 선인들을 따르겠다."(『논어』「선진」)

344_ 이 기록은 『사기』「공자세가」에도 보인다.

345_ 『논어집주』에서 인용한 정자(程子)가 다음과 같이 풀이했다. "선진은 예악의 측면에서 형식과 바탕이 마땅함을 얻었는데, 지금 도리어 질박하다고 하여 촌스러운 사람으로 여기고, 후진은 예악의 측면에서 형식이 바탕보다 지나친데도 지금 도리어 잘 조화되었다고 하여 군자라고 한다. 이것은 주나라 말기에 형식에 치우쳤기 때문에 당시 사람들의 말이 이와 같았으니, 형식에 지나쳤음을 스스로 알지 못한 것이다."

子曰, "先進于禮樂, 野人也, 後進于禮樂, 君子也. 如用之, 則吾從先進."(『論語』「先進」)

康9-51

촌스러운 사람은 바탕을 중시하는 왕조[質家]이다. 군자는 형식을 중시하는 왕조[文家]이다. 공자는 『춘추』를 지어서, 주나라의 형식[文]을 고쳐서 은나라의 바탕[質]을 따랐기 때문에 앞선 선인들을 따른 것이다.

野人, 質家也. 君子, 文家也. 孔子作『春秋』, 改周之文, 從殷之質, 故從先進.

9-15-3

공자가 말했다. "나는 율관(律管)을 끌어당겨 불었는데, 음(陰)이라는 명을 받고 우(羽)에서 궁(宮)으로 변하는 음률을 얻었다."(『춘추위 · 연공도』)[346]

孔子曰, "丘援律而吹, 命陰, 得羽之宮.(『春秋緯 · 演孔圖』)

9-15-4

공자가 자하(子夏)에게 말했다. "예(禮)로써 외형을 꾸미고, 악(樂)으로써 마음을 제어하니,[347] 나는 끝이 났구나."[348](『예위』)

346_ 『공자개제고』에는 출전이 『악위(樂緯)』로 잘못 기록되어 있어서 바로잡았다. 이 내용은 『태평어람』 권16에 보이는데, 현재 『옥함산방집일서』 권3 「경편위서류(經編緯書類)」 『춘추위(春秋緯) · 연공도(演孔圖)』에 수록되어 있다.

347_ 『후한서』 「장순전(張純傳)」에 인용된 송균(宋均)의 주(注)에서 "수외(脩外)는 용모를 꾸미는 것이고, 수내(修內)는 심성을 깨끗하게 씻어내는 것이다"라고 풀이했다.

348_ 이 내용은 『후한서』 「장순전(張純傳)」에 보이는데, 현재 『옥함산방집일서』 권3 「경편위서류(經編緯書類)」의 『예위(禮緯) · 계명징(稽命徵)』에 수록되어 있다.

孔子謂子夏曰, "禮以修外, 樂以制內, 丘已矣夫."(『禮緯』)

康9-52

예(禮)는 사람의 백(魄)을 다스리는 것이고, 악(樂)은 사람의 혼(魂)을 다스리는 것이다. 혼백이 다스려지면 몸의 안과 밖이 수양되어 성인이 할 수 있는 일이 다 끝이 난다. 『예』와 『악』은 공자가 제작한 것이기 때문에 "나는 할 일이 끝이 났구나!"[349]라고 말한 것이다.

禮者, 所以治人之魄也, 樂者, 所以治人之魂也. 魂魄治, 則內外修, 而聖人之能事畢矣. 禮樂爲孔子之製作, 故曰, "丘已矣夫!"

<이상 공자가 예악의 의미를 규정한 것을 밝히다: 右明孔子定禮樂之義>

16. 공자가 경전을 지어 제도를 개혁하다 [孔子作經以改制]

9-16-1

육경(六經)은 군부(君父)의 존귀함과 천지(天地)의 개벽을 밝힌 것이니, 모

349_ 캉유웨이는 이의부(已矣夫)를 "나는 할 일이 끝이 났구나"라고 해석하여, 공자가 예악의 제작을 완성했기 때문에 자신이 할 일은 이제 다 끝냈다는 의미로 해석했다. 그런데 일반적으로는 캉유웨이의 해석과 달리, 이 표현은 자신이 하고자 하는 것을 이루지 못하여 한탄할 때 이러한 표현을 사용한다. 『논어』「자한(子罕)」편의 "子曰, 鳳鳥不至, 河不出圖, 吾已矣夫."와 같은 형식이다. 또한 『후한서』「장순전(張純傳)」에 인용된 송균(宋均)의 주(注)에서도 이 부분을 "예악을 제작하지 못한 것을 한스러워한 것이다"라고 풀이했다. 따라서 여기에서는 캉유웨이의 해석이 다소 무리가 있다고 판단하여, 『예위(禮緯)』의 문장을 캉유웨이의 의도와는 달리 일반적인 의미로 해석했다.

두 가르침이 있다.[350](『춘추위 · 설제사』)

六經所以明君父之尊, 天地之開闢, 皆有敎也.(『春秋緯 · 說題辭』)

9-16-2

공자가 경(經)을 논하고 있을 때 어떤 새가 글로 변했는데, 공자가 그것을 받들어 하늘에 고했다. 붉은 참새가 그 글 위에 앉아 있다가 황옥(黃玉)으로 변했다. 그 옥에는 '공자가 하늘의 명을 쥐고, 하늘의 법에 부응하여 적통(赤統)의 제도를 만들었다'라고 새겨져 있었다.[351](『춘추위 · 연공도』)

孔子論經, 有鳥化爲書, 孔子奉以告天. 赤雀集書上, 化爲黃玉. 刻曰, '孔提命, 作應法, 爲赤制.'[352](『春秋緯 · 演孔圖』)

350_ 이 내용은 『예문류취』 권55에 보이는데, 현재 『옥함산방집일서』 권3 「경편위서류」의 『춘추위(春秋緯) · 설제사(說題辭)』에 수록되어 있다.

351_ 이 내용은 『예문류취』 권99에 보이는데, 현재 『옥함산방집일서』 권3 「경편위서류」의 『춘추위 · 연공도』에 수록되어 있다. 한편 『공양전』 「애공」 14년의 하휴의 주에도 다음과 같은 기록이 보인다. "기린이 잡힌 이후 하늘은 혈서를 내려 노나라 단문(端門)에 내걸기를 '서둘러 법제를 만들라. 성인 공자가 돌아가시기 전에. 주나라 희씨(姬氏) 왕조는 망하여 혜성은 동쪽으로 떠오른다. 앞으로 진시황의 폭정으로 학술이 마구 파괴되어 모든 기록이 흩어질지라도 공자의 사상은 끊어지지 않는다'라고 했다. 자하가 그 다음날 가서 그 글을 보았을 때 혈서는 붉은 새로 변하여 날았고, 다시 흰 글로 변했는데, 그 글의 제목이 「연공도(演孔圖)」였다. 그 내용 중에는 도식을 만들고 법을 제정하는 형상이 있었다. 공자가 경을 논하고 있을 때 어떤 새가 글자로 변했는데, 공자가 그것을 받들어 하늘에 고하자, 그 글 위에 앉아 있던 붉은 새가 황옥(黃玉)으로 변했다. 그 옥에는 '공자가 하늘의 명을 쥐고 하늘의 법에 부응하여 제도를 만들자, 붉은 참새들이 내려와 앉았다'라고 새겨져 있었다[得麟之後, 天下血書魯端門曰, '趨作法. 孔聖沒. 周姬亡, 彗東出. 秦政起, 胡破術, 書紀散, 孔不絶.' 子夏明日往視之, 血書飛爲赤鳥, 化爲白書, 書曰「演孔圖」. 中有作圖制法之狀. 孔子論經, 有鳥化爲書, 孔子奉以告天, 赤爵書上, 化爲黃玉. 刻曰, '孔提命作, 應法爲制, 赤雀集.']" 단문(端門)은 노나라 수도의 정문인데, 하늘이 공자에게 천명을 내린 장소라고 한다.

352_ 위적제(爲赤制)가 『옥함산방집일서』에는 '위제적작집(爲制赤雀集)'으로 되어

9-16-3

오경이 흥기한 것은 창작이라고 할 수 있다.(『논형』「대작」)

五經之興, 可謂作矣.(『論衡』「對作」)

9-16-4

공자가 오경을 지어서 법도로 삼았는데, 천지 사이에서 운행해보고 도상(圖象)에서 살펴보았으며, 삼왕(三王)에게 질정해보고 천하에 시행했다.[353](『춘추위 · 연공도』)[354]

孔子作法五經, 運之天地, 稽之圖像, 質于三王, 施于四海.(『春秋緯 · 演孔圖』)

康9-53

이것은 공자가 육경(六經)을 지었다는 명확한 증거이다.

此爲孔子作六經之明證.

9-16-5

『효경』은 편의 제목이 곧 [책의] 명칭이니, 이로써 핵심을 드러내고 의미를 포괄하니, 서술 중에 이름을 기록하고 의미를 드러내는 것은 도가 날마다 드러남을 보여주는 것이다.[355](『효경위 · 구명결』)[356]

있다.

353_ 이 내용은 『초학기(初學記)』 권16과 『태평어람』 권608에 보이는데, 현재 『옥함산방집일서』 권3 「경편위서류」의 『춘추위 · 연공도』에 수록되어 있다.

354_ 『공자개제고』에는 출전 『논형』 「대작」으로 잘못 기록되어 있어서 바로잡았다.

『孝經』者, 篇題就號也, 所以表恉括意, 敍中書名出義, 見道日箸.(『孝經緯 · 鉤命訣』)

9-16-6

공자가 일반인으로 있을 때, 덕은 베풀어지는 것이 없었고, 공적은 성취되는 것이 없었다. 그의 뜻은 『춘추』에 있고, 그의 행동은 『효경』에 있다.(『효경위 · 구명결』)

孔子在庶, 德無所施, 功無所就. 志在『春秋』, 行在『孝經』.(『孝經緯 · 鉤命訣』)

9-16-7

공자가 『효경』을 제작한 다음, 72명의 제자들에게는 북극성(北極星)을 향해서 허리를 굽혀 절을 하도록 하고,[357] 증자(曾子)에게는 『하도』와 『낙서』를 가슴에 품고[358] 북쪽을 향하도록 했으며, 공자는 관에 엷은 청색의 붓을 꽂고 진홍색의 조복을 입고서[359] 북극성을 향해서 절을 했다.

355_ 이 내용은 『태평어람』 권610에 보이는데, 현재 『옥함산방집일서』 권3 「경편위서류」의 『효경위(孝經緯) · 구명결(鉤命訣)』에 수록되어 있다.

356_ 『공자개제고』에는 출전이 『효경 · 구명결(孝經 · 鉤命訣)』로 잘못 기록되어 있어서 바로잡았다.

357_ 경절(磬折)은 경쇠 모양처럼 'ㄱ'자형으로 허리를 굽혀서 절하는 것으로, 삼가고 공경함을 표시하는 것이다.

358_ 이 자료의 뒷부분에 "告備於天曰, 『孝經』四卷, 『春秋』 · 『河』 · 『洛』凡八十一卷, 謹已備."라는 내용이 있는 것으로 판단하면, 『효경』과 함께 『춘추』와 『하도』, 『낙서』도 함께 저술하여 하늘에 고했다는 것을 알 수 있다.

359_ 잠표필(簪縹筆)은 관의 뒤쪽에 엷은 청색의 붓을 꽂아두고, 즉시 기록할 수 있도록 대비하는 것이다. 이후에는 예법을 시행하기 위한 준비 자세로, 공경의 의미를 표시하게 되었다. 잠백필(簪白筆)이라고도 하여 관원들의 관 장식의 하나였다. 강단의(絳單衣)는 관리들이 입던 진홍색의 조복으로, 예식을 치르기 위해 복

(『효경원신계』)[360]

孔子製作『孝經』,[361] 使七十二弟子向北辰而磬折,[362] 使曾子抱『河』·『洛』事北向, 孔子簪縹筆, 絳單衣, 向北辰[363]而拜.(『孝經援神契』)

9-16-8

공자가 말했다. "내가 제후들을 칭찬하거나 비판한 뜻을 보고자 한다면 [그것은] 『춘추』 속에 있고, 인륜의 행실을 숭상하는 [뜻을 보고자 한다면 그것은] 『효경』 속에 있다."(『효경위』)[364]

孔子曰, "欲觀我褒貶諸侯之志, 在『春秋』, 崇人倫之行, 在『孝經』."(『孝經緯』)

9-16-9

서자(徐子)가 [맹자의 말을] 이자(夷子)에게 전하자,[365] 이자가 "유학자의

장을 갖추어 입는 것을 말한다.

360_ 이 글의 출전이 『고미서(古微書)』 권29에는 『효경·원신계(孝經·援神契)』로 되어 있는데, 『옥함산방집일서』에는 『효경우계(孝經右契)』 속에 포함되어 있다.

361_ 제작효경(製作孝經)이 『옥함산방집일서』에는 '작춘추제효경기성(作春秋制孝經旣成)'으로 되어 있다.

362_ 『옥함산방집일서』에는 경절(磬折) 뒤에 '이립(而立)' 두 글자가 더 있다.

363_ 『옥함산방집일서』에는 공자(孔子) 뒤에 '재계(齋戒)' 두 글자가 더 있고, 강단의(絳單衣) 앞에 '의(衣)' 한 글자가 더 있다.

364_ 이 내용은 현재 『옥함산방집일서』 권3 「경편위서류」의 『효경위·구명결』에 수록되어 있다.

365_ 이자(夷子)는 묵가 학파의 이지(夷之)를 말하는데, 그가 서자(徐子) 즉 서벽(徐闢)을 통해서 맹자(孟子)를 만나보기를 요구했다. 이지(夷之)는 묵자의 제자로 알려져 있지만, 자세한 기록은 남아 있지 않다. 『맹자주소(孟子注疏)』의 조기(趙岐) 주에서는 이지가 묵가 학문을 연마한 사람이라고 했고, 손석(孫奭)의 소(疏)에서는 성은 이(夷)이고, 이름은 지(之)라고 했다. 서벽(徐闢)은 맹자의 제자로 알려져 있지만, 자세한 기록은 남아 있지 않다. 맹자는 이자(夷子)가 묵자의 논리인 박장

도에 '옛날 사람이 [백성을] 마치 갓난아이를 보호하듯이 한다'[366]라고 했는데, 이 말은 무슨 말인가?"(『맹자』「등문공 상」)

徐子以告夷子, 夷子曰, "儒者之道, '古之人若保赤子.' 此言何謂也?"(『孟子』「滕文公 上」)

康9-54

옛날 사람이 마치 갓난아이를 보호하듯이 한다는 것은 『서』「강고(康誥)」편의 문장인데, 이것은 문왕(文王)과 무왕(武王)의 도이다.[367] 『묵자』의 모든 편에서 문왕과 무왕을 말하지 않은 편이 없는데, 어찌 [문왕과 무왕의 말을] 전부 다 떼어내어 유학으로 귀착시킬 수 있겠는가? 『묵자』 책을 가져다가 일독해보면 알 수 있다. 그런데도 이자(夷子)가 유학자[의 주장]으로 귀착시킨 것[을 보면] 「강고」편은 공자의 책이며, 28편의 『서』도 모두 공자에게서 나왔다는 것을 알 수 있다. 『묵자』에서 인용한 『서』의 경우는 묵자가 정한 경전으로, 공자의 경전과는 각각 구별된다. 어떤 것은 말이 또한 대략 같기는 하지만, 의미는 반드시 서로 상반되니, 기타 편명의 같고 다름이나 많고 적음도 결코 같지 않다는 것을 알 수 있다. 『서』에서 [묵자와 공자가 인용한 내용이] 같은 것은 당연히 선왕에게서 그것을 채록하여 자기의 의견을 부가하고, 각각 자신의 『서』를 정하여 자신의 교설을 행했기 때문이다. 지금 『묵자』 속에서 인용한 『서』의 편, 예를 들어 「상년(相年)」편[368]은 모두 28편 속에

(薄葬)을 주장하면서 자기의 어버이는 성대하게 장례지낸 것을 비판했는데, 서자(徐子)가 맹자의 이 말을 이자(夷子)에게 전한 것이다.

366_ 『서』「강고(康誥)」편에 "마치 갓난아이를 보호하듯이 하면 백성들이 편안하게 다스려질 것이다[若保赤子, 惟民其康乂.]"라는 말이 보인다.

367_ 「강고」편은 무왕이 문왕의 아들이자 무왕의 아우인 강숙(康叔)을 위후(衛侯)로 삼으면서 훈계한 말이기 때문에 캉유웨이는 그 내용이 문왕과 무왕의 도라고 했다.

는 없는 것이다. 묵자가 읊은 『묵경(墨經)』에서 『서』를 가리킬 경우에 우리 공자의 경전과는 서로 상관이 없다. 기타 경전도 이와 마찬가지이다. 따라서 육경(六經)은 모두 공자가 지은 것이라고 말한 것이다. 이로써 유추해보면, 왕명성(王鳴盛, 1720~1797)[369]이나 손성연(孫星衍, 1753~1818)[370]의 무리가 『묵자』 책을 인용하여 수많은 일서(逸書)와 위서(僞書)를 해명한 것은 그들이 학술의 근원을 알지 못한 것이기 때문에 본래 따질 가치가 없다. 이 내용이 다행히 맹자에게서 나왔기 때문에 더욱더 믿고서 근거로 삼을 수 있다.

古之人如保赤子, 爲『書』「康誥」文, 此爲文 · 武之道. 『墨子』諸篇莫不稱說, 文 · 武安肯盡割以歸儒者? 取『墨子』一讀可見. 而夷子乃歸之于儒, 可知「康誥」爲孔子之書, 而二十八篇之『書』亦皆出孔子矣. 若墨子所引之『書』, 乃墨子所定, 與孔子之經各別. 其或辭亦略同, 而義必相反, 可知其他篇名之同異多寡, 亦必不同. 其『書』之同者, 當亦采之先王, 而附以己意, 各定其『書』, 以行其教. 今墨子中所引『書』篇如「相年」, 皆二十八篇之所無. 蓋墨子之誦『墨經』指此, 與吾孔子之經不相關. 其他經亦類此. 故謂六經皆孔子所作. 以此推之, 若王鳴盛 · 孫星衍之徒, 引墨子之書以解百篇之逸僞, 彼未知學術之源, 固不足責. 此幸出孟子, 尤可信據也.

368_ 『묵자』 「상동 중(尙同 中)」편에 "是以先王之書, 「相年」之道曰, …."이라는 기록이 보인다.

369_ 왕명성(王鳴盛)은 청나라의 고증학자로, 강소성(江蘇省) 가정현(嘉定縣) 사람이다. 그의 학문은 청나라의 '고증사학(考證史學)'이라 일컬어질 정도로 역사학자로 유명했다. 저서로는 『상서후안(尙書後案)』 · 『십칠사상각(十七史商榷)』 · 『아술편(蛾術編)』 등이 있다.

370_ 손성연(孫星衍)은 청나라의 고증학자로, 강소성(江蘇省) 양호(陽湖) 사람이다. 서지(書誌)에 밝아서 많은 책을 교정(校定)했고, 금석학에도 뛰어났다. 『상서금고문주소(尙書今古文注疏)』 · 『창힐편(蒼頡篇)』 · 『시자(尸子)』 등을 집대성했다.

9-16-10

휼유(恤由)의 초상에 애공(哀公)이 유비(孺悲)로 하여금 공자에게 가서 사(士)의 상례를 배우도록 하니, 『사상례(士喪禮)』가 이에 기록되었다.[371](『예기』「잡기 하」)

恤由之喪, 哀公使孺悲之孔子, 學士喪禮, 『士喪禮』于是乎書.(『禮記』「雜記 下)」)

康9-55

유흠(劉歆, B.C.53?~A.D.25)의 변란 이후에 『예(禮)』를 모두 주공(周公)의 제도로 여겼다.[372] 그런데 휼유의 초상 전에는 『사상례(士喪禮)』가 없었고, 『사상례』는 이 일을 통해서 나왔으니, 『예』는 공자에 의해 제작되었다는 것은 이 조목이 증거가 될 수 있다.

劉歆變亂後, 咸以『禮』爲周公之制. 然恤由喪之前未有『士喪禮』, 『士喪禮』由此出, 則『禮』爲孔子之所制作, 此條可爲證據.

371_ 『예기정의』에서 정현이 "당시 사람들이 윗사람의 예법을 제멋대로 시행했기 때문에 사(士)의 상례가 이미 없어져 버렸는데, 공자가 그것을 유비에게 가르침으로써 나라 사람들이 다시 기록하여 보존했다"라고 했다. 휼유(恤由)의 사적은 기록이 보이지 않는다. 유비(孺悲)는 『논어』「양화(陽貨)」편에 "孺悲欲見孔子, 孔子辭以疾, 將命者出戶, 取瑟而歌, 使之聞之."라는 기록이 보이는데, 『논어집해』에서 하안(何晏)은 노(魯)나라 사람이라고 했고, 『논어집주』에서는 "일찍이 공자에게 사상례(士喪禮)를 배웠다"라고 했다.

372_ 캉유웨이는 유흠이 거짓 고문경전을 만들었다고 주장하기 때문에 그것을 '변란(變亂)'이라고 표현했다. 왕망이 도참(圖讖)을 이용하여 황제의 지위에까지 올랐고, 자기 왕조의 정통성 확보를 위해서 수명개제(受命改制)를 단행했는데, 유흠은 당시 국사(國師)의 지위에 있으면서 왕망의 개혁 이론과 그 논리적 근거를 고문경전에서 제공했다. 그중에서도 수명의 근거를 확보하기 위해 『좌씨전』을, 개제의 방법을 차용하기 위해 『주례(周禮)』를 적극적으로 동원했다.

9-16-11

왕도(王道)가 사라지자 『시(詩)』가 지어졌고, 주나라 왕실이 쇠퇴하고 예의가 붕괴되자 『춘추』가 지어졌다. 『시』와 『춘추』는 학문 중에서 아름다운 것이지만, 모두 쇠퇴한 시대에 만들어진 것이다. 유학자가 이 책들에 따라서 세상을 가르치고 인도했지만, 어찌 융성한 삼대와 같을 수 있겠는가?(『회남자』「범론훈」)

王道缺而『詩』作, 周室廢, 禮義壞, 而『春秋』作. 『詩』·『春秋』, 學之美者也, 皆衰世之造也. 儒者循之以敎導于世, 豈若三代之盛哉?(『淮南子』「汜論訓」)

康9-56

『시』와 『춘추』는 '쇠퇴한 시대에 만들어진 것'이며, 유학자가 가르친 것이 융성한 삼대만 못하다고 했으니, 『시』는 또한 삼대의 글이 아님을 알 수 있다. 모두 공자에 의해 지어진 것을 한대 사람들은 모두 알고 있었다.

以『詩』·『春秋』爲'衰世之造', 儒者所敎, 不若三代之盛, 則『詩』亦非三代之文可知. 蓋皆爲孔子所作, 漢人皆知之.

9-16-12

[『예기』] 「왕제(王制)」편은 공자의 제자 중의 대현(大賢)이 기록한 선왕의 일이다.(『박오경이의』)[373]

373_ 『공자개제고』에는 출전이 『오경이의(五經異義)』로 잘못 기록되어 있어서 바로잡았다. 『오경이의』는 한나라의 허신(許愼)이 지은 것이고, 『박오경이의』는 정현(鄭玄)이 이 책을 반박하여 지은 책이다. 『박오경이의』「육십오복정(六十五復征)」

「王制」是孔子之後大賢所記先王之事.(『駁五經異義』)

康9-57

여기에서 「왕제」가 공자 문하의 대현(大賢)이 기록한 것임을 알 수 있으니, [한나라] 문제(文帝) 때의 박사가 [육경에서] 발췌하여 지은 것이라는 주장과는 다르다.[374]

此尙知「王制」爲孔門大賢之記, 異于以爲文帝博士剌取者矣.

9-16-13

공자가 오경(五經)을 바로잡은 것은 무엇 때문인가? 다음과 같이 생각할 수 있다. 공자는 주나라 말기에 살았는데, 왕도가 쇠퇴하고 예악이 붕괴되었으며, 힘이 강한 자가 약한 자를 능멸하고, 숫자가 많은 무리가 적은 무리를 억압했다. 그런데도 천자는 감히 주살하지 못하고, 제후의 우두머리도 감히 정벌하지 못하니, [공자는] 도덕이 실행되지 않는 것을 근심했다. 따라서 천하를 두루 돌아다니면서 초빙에 응하고, 도덕이 실행되기를 기대했다. 그러나 위(衛)나라에서 노(魯)나라로 돌아온 이후에 자신이 등용되지 못할 것을 알았기 때문에 오경(五經)을 규명하여 바로잡아서 그 도를 실행하고자 했다. 따라서 공자는 "『서』

조목에 "駁云, 『周禮』是周公之制, 「王制」是孔子之後大賢所記先王之事."라는 기록이 보인다.

374_ 정현이 「왕제」편을 공자 후학의 기록이라고 주장한 반면, 후한 말기의 학자 노식(盧植, ?~192)은 한나라 때의 박사들이 기록한 것이라고 주장했다. 그 근거는 『사기』 「봉선서(封禪書)」의 "[문제(文帝)가] 박사 제생으로 하여금 육경(六經) 속에서 발췌하여 「왕제(王制)」를 지어서, 순수(巡狩)와 봉선(封禪)의 일을 모의하도록 했다[使博士諸生剌六經中作「王制」, 謀議巡狩 · 封禪事.]"라는 기록이다. 이 내용은 『한서』 「교사지(郊祀志)」에도 보이는데, 문제 16년 4월의 일이다.

에서 '효성스럽구나! 효도하고 형제 사이에 우애로워, 정치에 베푼다'고 하니, 이것도 또한 정치이다"라고 말했다.[375] 공자가 오경을 바로잡지 않았을 때는 어떠했는가? 주나라가 쇠퇴하고 도가 미약해졌으며, 기강이 파괴되어 혼란스러웠으며, 오교(五教)[376]가 사라져버렸다. 따라서 오상(五常)의 경전이 모두 제 역할을 상실했고, 『역(易)』을 풀이한 상사(象辭)[377]도 이치를 잃어버리니, 음양과 만물이 모두 자기의 본성을 상실한 채 어그러지게 되었고, [『서』에는] 비방하는 말이 법도로 설치되어 있었고, [『시』에서는] 원망과 비방을 노래 불렀는데, [공자가] 『서』 3,000편을 짓고, 『시』 300편을 지었다.[378](『백호통의』「오경」)

375_ 『논어』「위정(爲政)」편에 보이는 문장으로, 혹자가 공자에게 정치하려는 이유에 대해 물었을 때 대답한 말이다. 『서』「군진(君陳)」편에 "王若曰, 君陳. 惟爾令德孝恭. 惟孝, 友于兄弟, 克施有政."이라는 내용이 보인다. 『논어집주』에서 주희는 '효호(孝乎)' 두 글자가 『서경』의 문장이 아니기 때문에 "『서』에서 효도에 대해 말했다"라고 풀이하여, 인용문 속에 포함시키지 않았다. 여기에서는 '서경운(書經云)' 이하를 모두 인용문으로 처리했다.

376_ 오교(五教)는 오상(五常)의 가르침으로, 『서』「요전(堯典)」편에 순임금이 설(契)에게 "너를 사도로 삼으니, 공경스럽게 다섯 가지 가르침을 펴되 너그럽게 하라[汝作司徒, 敬敷五教在寬.]"라고 한 말이 보인다. 『서경집전』에서는 오교(五教)를 부자유친(父子有親) · 군신유의(君臣有義) · 부부유별(夫婦有別) · 장유유서(長幼有序) · 붕우유신(朋友有信)의 다섯 가지 당연한 도리로 풀이했다.

377_ 상(象)은 『역』의 괘(卦)를 풀이한 것이다. 『역』「계사 하(繫辭 下)」편에서 "是故易者, 象也, 象也者, 像也."라고 했다. 『좌씨전』「소공」 2년의 "觀書於大史氏, 見易象與魯春秋."에 나오는 '역상(易象)'과 같은 의미이다. 두예(杜預)의 주에서 역상(易象)은 지금의 『역』 상하 경(經)의 상사(象辭)라고 풀이했다. 그런데 신정근의 『백호통의』 번역본에서는 '역상(易象)'에 대한 양보쥔의 풀이에 근거하여, 『역』은 『주역』을, 『상』은 정부에서 위궐(魏闕)에 게시하여 반포하는 행정 명령으로 해석했다.

378_ '설법(設法)' 이하의 문장은 번역이 명확하지 않다. 『백호통의소증』에서 노문초는 문장에 오탈자가 있을 것이라고 하고, 그 의미를 다음과 같이 풀이했다. "공자가 오경을 바로잡지 않았을 때는 『서』에는 비방하는 말이 설치되어 있었고, 『시』에는 원망과 비방의 말을 노래 불렀으니, 예악이 제 역할을 잃은 말이 당연히 더욱더 많이 있었다." 여기에서는 노문초의 주장에 따라서 이 문장을 "設法謗之言, 歌謠怨誹也, 幷作書三千篇, 作詩三百篇."으로 배열하여 해석했다.

孔子所以定五經者何? 以爲孔子居周之末世, 王道淩遲, 禮樂廢壞, 强陵弱, 衆暴寡. 天子不敢誅, 方伯不敢伐, 閔道德之不行. 故周流應聘, 冀行其道德. 自衛反魯, 自知不用, 故追定五經, 以行其道. 故孔子曰, "『書』曰, '孝乎! 惟孝, 友于兄弟, 施于有政.' 是亦爲政也." 孔子未定五經如何? 周衰道失, 綱散紀亂, 五教廢壞. 故五常之經咸失其所, 象『易』失理, 則陰陽萬物失其性而乖, 設法謗之言, 幷作『書』三千篇, 作『詩』三百篇, 而歌謠怨誹也.(『白虎通義』「五經」)

康9-58

오경이 모두 공자에게서 나왔는데, '[공자가] 지었다[作]'라고 말하지 않은 까닭은 [『서』의] 「반경(盤庚)」과 「주고(周誥)」 등의 여러 편들 속에 사실 옛 문장이 있기 때문에 '바로잡았다[定]'라고 말한 것이다.

五經皆出于孔子, 所以不云'作'者, 以「盤庚」·「周誥」諸篇之類實有舊文. 故云'定'也.

9-16-14

공자는 뜻을 얻지 못했기 때문에 육경(六經)을 서술하여 후세의 왕을 기다렸다.(『후한서』「장형전」)

仲尼不遇, 故論六經, 以俟來辟.(『後漢書』「張衡傳」)

康9-59

장형(張衡, 78~139)은 고문학자이지만, 그래도 육경은 공자가 서술하여 바로잡은 것임을 알고 있었다.

張衡是古學, 尙知六經爲孔子所論定.

9-16-15

공자는 부귀를 얻지 못하자,[379] 천하를 두루 돌아다니면서 초빙에 응하여 제후들에게 유세했는데, 지식이 다하고 책략이 궁해지자, 돌아와서 『시』와 『서』를 바로잡았다.(『논형』「문공」)

孔子不得富貴矣, 周流應聘, 行說諸侯, 智窮策困, 還定『詩』·『書』.(『論衡』「問孔」)

9-16-16

육경의 문장은 성인의 말인데, 종종 하늘에 대해 말한 것은 무도한 자를 변화시키고 우둔한 자를 두렵게 하고자 했기 때문이다. 그것이 단지 나의 마음인 것만 아니라, 또한 하늘의 뜻이라는 것을 말하고자 했다.(『논형』「견고」)

六經之文, 聖人之語, 動言天者, 欲化無道, 懼愚者. 之[380]言非獨吾心, 亦天意也.(『論衡』「譴告」)

9-16-17

공자의 문하에서는 오경을 강습했는데, 오경을 모두 익히는 것은 거의 성인의 도에 가까운 재능이다.[381](『논형』「별통」)

379_ 『논형교석』에서는 이 문장의 의미를 공자가 귀하게 될 운명을 받지 못해서 귀하게 되지 못했다고 풀이하고, 부(富)자가 옮겨 적으면서 잘못 들어갔다고 했다. 여기에서는 그대로 해석했다.

380_ 지(之)자는 『논형교석』의 교감에 의하면, 욕(欲)자로 되어 있는 판본이 있는데, 여기에서도 욕(欲)자로 해석했다.

381_ 서기(庶幾)는 『논형교석』에서 "거의 성인의 도에 가깝다[庶幾聖道]"고 풀이했다.

孔子之門, 講習五經, 五經皆習, 庶幾之才也.(『論衡』「別通」)

康9-60

진(秦)나라와 한(漢)나라 시대의 학자들 중에서 육경(六經)을 공자의 저작으로 여기지 않는 사람이 없었다. 『서』에서 '옛날을 상고하건대[稽古]'[382]라고 말했으니, 만약 [『서』가] 당시 사관의 글이라면 상고할 만한 옛날[의 기록]은 없을 것이다. 중국은 대우(大禹)[383]에서 개시되었는데, 하(夏)나라 때에는 반드시 정벌의 위엄이 외부의 이적에게까지 가해졌을 것이다. 따라서 세상에서는 중국을 중하(中夏)라고 했다. 그리고 또 진나라와 한나라, 그리고 당나라 때와 같은 경우에도 외국과의 교섭이 많았기 때문에 중국을 대진(大秦)・한인(漢人)・당인(唐人) 등으로 불렀다. 순임금 때에는 우임금이 아직 국가를 세우지 않았는데, 어찌 하나라가 있을 수 있겠는가? 그런데 「순전(舜典)」에는 '변방 오랑캐들이 하(夏)를 어지럽힌다[蠻夷猾夏]'라는 말이 있다.[384] 이 두 조목을 합쳐서 살펴보면, 『서』가 공자의 저작이 아니면 어떤 사람이 지은 것이겠는가! 그렇다면 여러 경전도 그렇지 않는 것이 없다.

秦・漢諸子, 無不以六經爲孔子所作者. 『書』言'稽古', 使爲當時之史筆, 則無古可稽. 中國開于大禹, 當夏時, 必有征伐之威加于外夷者. 故世以中國爲中夏. 亦如秦・漢・唐之世交涉于外國者多, 故號稱中

382_ 『서』의 각 편의 첫 부분에서 이러한 표현으로 시작한다. 예를 들어 「요전(堯典)」에서는 "옛날 제요를 상고하건대[曰若稽古帝堯]"라고 했는데, 『서경집전』에서 "사관이 장차 요임금의 일을 서술하려고 했기 때문에 먼저 '옛날 제요를 상고하건대 그 덕이 아래 문장에서 말한 것과 같다'라고 한 것이다"라고 했다. 「순전(舜典)」에서도 "옛날 제순을 상고하건대[曰若稽古帝舜]"라는 문장으로 시작한다.

383_ 대우(大禹)는 우(禹)임금을 지칭한다. 『서』 「대우모(大禹謨)」편에 대우(大禹)라는 용어가 나오는데, 이에 대해 공안국의 전(傳)에서는 "우임금 앞에 대(大)자를 붙여 부르는 것은 그가 이룬 공적을 높이 평가해서이다"라고 풀이했다.

384_ 『서』 「순전(舜典)」편에 "帝曰, 皐陶, 蠻夷猾夏, 寇賊姦宄."라는 말이 보인다.

國爲大秦·爲漢人·爲唐人也. 當舜之時, 禹未立國, 安得有夏? 而「舜典」有'蠻夷猾夏'之語. 合此二條觀之, 『書』非聖人所作, 何人所作哉! 然則諸經亦莫不然矣.

<이상 공자가 경전을 지어 제도를 개혁한 것을 밝히다: 右明孔子作經以改制>

제10권 | 육경은 모두 공자가 제도를 개혁하면서 지은 것이다

六經皆孔子改制所作考

An Annotated Translation of "Confucius as a Reformer"

제10권 머리글

공자는 교주(敎主)이자 신령스럽고 밝은 성왕(聖王)으로, 천지와 짝이 되어 만물을 기르며, 어떤 사람이나 어떤 일이나 어떤 의리도 모두 공자의 큰 도 속에 포섭되지 않는 것이 없다. 따라서 인류의 출현 이래로 아직까지 존재한 적이 없는 대성지성(大成至聖)이다.[1] 그런데 공자의 큰 도를 찾아보아도 한 글자도 없고, 단지 제자들이 기록한 [공자의] 어록인 『논어』와 외교문서 · 사령장 · 사건 발췌문[2] 등에 근거하여 기록된 조정의 조각난 문서[斷爛朝報][3]인 『춘추』가 있을 뿐이다. 만약 『시』 · 『서』 · 『예』 · 『악』 · 『역』이 모두 복희씨(伏羲氏), 하(夏)나라, 상(商)나라, 문왕(文王), 주공(周公)의 옛 전적이며 공자와는 무관하다면, 공자는 겨우 후세의 어진 사대부일 뿐이기 때문에 정현(鄭玄)이나 주자에 비교해도 오히려 미치지 못할 것이니, 어찌 인류의 출현 이래로 인류의 전 역

1_ 『맹자』 「공손추 상(公孫丑 上)」편에 다음과 같은 말이 보인다. "자공이 말했다. 그 [군주의] 예법을 보면 그 정치를 알 수 있고, 음악을 들으면 그 덕을 알 수 있으니, 100세대가 지난 이후에 100세대의 왕들[의 수준]을 등급매기더라도 거부할 수 있는 사람이 없을 것이다. 백성이 있은 이래로 선생님 같은 분은 있지 않았다[子貢曰, 見其禮而知其政, 聞其樂而知其德, 由百世之後, 等百世之王, 莫之能違也. 自生民以來, 未有夫子也.]"

2_ 부고(赴告)는 국가에 큰일이 있을 때 다른 나라에 보내는 외교문서로, 죽음을 알리는 것을 부(赴)라고 하고, 화복과 관련된 큰일을 알리는 것을 고(告)라고 한다. 책서(策書)는 군주가 벼슬아치를 임면(任免)하거나 작위를 봉할 때 그 명령을 기록하는 사령장이다. 초등(鈔謄)은 필요한 부분만을 가려서 기록한 초록으로, 사건 발췌문이라고 할 수 있다.

3_ 단란조보(斷爛朝報)는 여기저기 끊어지고 해어져서 조각난 조정의 기록이나 문서를 말한다. 송(宋)나라의 왕안석(王安石)이 『춘추』를 새롭게 해석하여 천하에 보이고자 했는데, 손신로(孫莘老)의 『춘추경해(春秋經解)』가 먼저 나와 버리자, 자신의 해석이 손신로보다 못한 것을 알고, 『춘추』를 이와 같이 비난하고 학관에도 넣지 않았다고 한다. 따라서 『춘추』를 단란서(斷爛書)라고 부르기도 한다. 『송사』 「왕안석전(王安石傳)」에 "黜『春秋』之書, 不使列於學官, 至戲目爲斷爛朝報."라는 기록이 보인다.

사를 통틀어서 존재하지 않았던 지성(至聖)이 될 수 있겠는가?

孔子爲教主, 爲神明聖王, 配天地, 育萬物, 無人無事無義, 不圍範于孔子大道中. 乃所以爲生民未有之大成至聖也. 而求孔子之大道, 乃無一字, 僅有弟子所記之語錄曰『論語』, 據赴告・策書・鈔謄之斷爛朝報曰『春秋』耳. 若『詩』・『書』・『禮』・『樂』・『易』, 皆伏羲・夏・商・文王・周公之舊傳, 于孔子無與, 則孔子僅爲後世之賢士大夫, 比之康成・朱子尙未及也, 豈足爲生民未有範圍萬世之至聖哉?

장학성(章學誠, 1738~1801)이 [예악 제도를] 집대성한 사람은 주공이지 공자가 아니라고 말했는데, 그 주장은 너무나도 이치에 어긋나고 잘못된 것이라고 말할 수 있다! 그런데 만약 옛날의 이야기와 같다면, 『시』・『서』・『예』・『악』・『역』은 모두 주공의 저작이고, 공자는 단지 밝은 사람으로서 그것을 이어받아서 전수한 대열에 속할 뿐이니,[4] 그 주장이 어찌 사실 그대로의 기록이 아니겠는가? 한나라 이래로 모두가 공자를 선성(先聖)으로 제사지냈는데, 당나라 정관(貞觀) 연간(627~649)에 주공을 선성(先聖)으로 삼고, 공자를 선사(先師)로 강등시켰다.[5] 성인으로

4_『예기』「악기(樂記)」편에 "예악의 실정을 잘 아는 자는 새롭게 만들 수 있고, 예악의 형식을 잘 아는 자는 이어받아서 전수할 수 있다. 예악을 새롭게 만드는 자를 성스러운 사람[聖]이라고 하고, 이어받아서 전수하는 자를 밝은 사람[明]이라고 한다[知禮樂之情者能作, 識禮樂之文者能述. 作者之謂聖, 述者之謂明.]"라는 기록이 보인다.

5_ 주공을 선성(先聖)으로, 공자를 선사(先師)로 부른 것은 당나라 태종(太宗) 정관(貞觀) 2년(628) 전까지의 일이다. 정관 2년에 태종은 칙령을 내려 주공의 선성 지위를 중단하고, 공자의 묘당을 국학에 세워 공자를 선성으로 삼고, 안연을 선사로 삼았다. 『정관정요(貞觀政要)』 권7 「숭유학(崇儒學)」편에 "貞觀二年, 詔停周公爲先聖, 始立孔子廟堂於國學, 稽式舊典, 以仲尼爲先聖, 顔子爲先師."라는 기록이 보인다. 그리고 정관 4년(630)에는 각 주(州)의 현(縣)마다 공부자묘(孔夫子廟)를 세웠고, 당 현종(玄宗)이 개원(開元) 27년(739)에 문선왕(文宣王)으로 추봉했다. 이 외에 공자에게 추봉된 시호를 살펴보면, 전한 평제(平帝) 때 포성선니공(褒成宣尼公)이라는 시호가 처음으로 추봉되었다. 그리고 후한 명제(明帝) 때에는 주공을

서의 공자가 [선사로] 강등을 당했다면 너무나 이치에 어긋나고 잘못 되었다고 말할 수 있다. 그러나 옛날의 이야기와 같다면, 『시』·『서』·『예』·『악』·『역』은 모두 주공의 저작이고, 공자는 단지 문장을 손질한 대열에 속할 뿐이니, 공자는 단지 선사가 될 뿐 선성은 되지 못하므로 복생(伏生)이나 신공(申公)에 비교하는 것이 어찌 마땅하지 않겠는가?[6] 그러나 『시』·『서』·『예』·『악』·『역』을 선왕과 주공의 옛날 전적으로 여기고, 『춘추』를 외교문서나 사령장을 모은 것으로 여긴 것은 유흠(劉歆)이 위고문(僞古文) 경전을 날조한 이후의 주장이다. 유흠은 공자의 성인 자격을 박탈하고 공자의 성인 법도를 고치려고 했다. 따라서 주공으로 공자를 대체하려고 했는데, 한나라 이전에는 이러한 학설이 없었다.

> 章實齊謂, 集大成者周公也, 非孔子也, 其說可謂背謬極矣! 然如舊說, 『詩』·『書』·『禮』·『樂』·『易』, 皆周公作, 孔子僅在明者述之之列, 則是說豈非實錄哉? 漢以來皆祀孔子爲先聖也, 唐貞觀乃以周公爲先聖, 而黜孔子爲先師. 孔子以聖被黜, 可謂極背謬矣. 然如舊說, 『詩』·『書』·『禮』·『樂』·『易』, 皆周公作, 孔子僅在删贊之列, 孔子之僅爲先師而不爲先聖, 比于伏生·申公, 豈不宜哉? 然以『詩』·『書』·

선성(先聖), 공자를 선사(先師)로 삼아서 공자의 고택(古宅)에서 석전을 올리기도 했다. 북위(北魏) 효문제(孝文帝) 때에는 문성니부(文聖尼父)라고 했고, 당나라 현종(玄宗) 때 문선왕(文宣王)이라고 했으며, 송나라 진종(眞宗) 때는 현성문선왕(玄聖文宣王), 지성문선왕(至聖文宣王)이라고 했다. 원나라 무종(武宗) 때에는 대성지성문선왕(大成至聖文宣王), 명나라 세종(世宗) 때에는 지성선사(至聖先師), 청나라 세조(世祖) 때에는 대성지성문선선사(大成至聖文宣先師)라고 했다.

6_ 복생(伏生)은 전한시대 제남(濟南) 사람으로, 이름은 승(勝)이다. 『사기』「유림열전」에서 진(秦)나라 때의 박사라고 기록되어 있다. 『상서대전(尙書大傳)』이라는 저술이 있으며, 『상서』를 한나라 시대에 전수한 인물로 일컬어진다. 신공(申公)도 전한시대 사람으로, 『시』를 전수한 사람으로 일컬어지며, 그가 전수한 『시』를 『노시(魯詩)』라고 한다. 만약 공자가 경전을 손질하여 전수한 인물이라면 『상서』나 『시』를 전수한 두 사람과 비교하는 것이 마땅할 것이라고 캉유웨이는 역설적으로 묻고 있다.

『禮』·『樂』·『易』爲先王周公舊典, 『春秋』爲赴告策書, 乃劉歆創僞古文後之說也. 歆欲奪孔子之聖而改其聖法. 故以周公易孔子也, 漢以前無是說也.

한나라 이전에는 모두 공자를 제도 개혁의 교주로 알았고, 공자를 신명한 성왕으로 알았다. 장자(莊子)가 "『춘추』는 세상을 다스리는 선왕의 기록이다"[7]라고 했고, 순자(荀子)가 "공자는 밝고 지혜로운데다가 또한 가려지지도 않았다. 따라서 [천하를] 다스리는 도술은 선왕이 될 수 있었던 사람이다"[8]라고 했다. 따라서 재아(宰我)는 [공자가] 요임금이나 순임금보다 훨씬 뛰어나다고 여겼고, 자공(子貢)은 인류의 출현 이래로 아직까지 [공자와 같은 사람은] 있지 않았다고 여겼다.[9] 공자가 교주이고 신명한 성왕이라는 사실은 어디에 있는가? 육경(六經)에 있다. 육경은 모두 공자가 지은 것이며, 한나라 이전의 학설 중에서 그렇게 여기지 않는 것이 없었다. 육경이 공자의 저작이라는 것을 학자들이 알고 난 이후에, 공자가 위대한 성인이자 교주로서 인류의 전 역사를 통틀어서 유일하게 존귀한 자로 불렸다는 것이 분명해질 수 있었다. 공자가 교주이고 육경이 공자의 저작이라는 것을 알고 난 이후에, 공자가 어지러운 세상을 바로잡아 태평을 이룬 공적이 있어서, 혈기가 있는

7_『장자』「제물론(齊物論)」편에 보인다.

8_『순자』「해폐(解蔽)」편에 나오는 말인데, 『순자』 원문에는 "공자는 어질고 지혜로운데다가 또한 가려지지도 않았다. 따라서 [천하를] 다스리는 도술을 배워 선왕이 될 수 있었던 사람이다[孔子仁知且不蔽. 故學亂術, 足以爲先王者也.]"라고 되어 있다.

9_『맹자』「공손추 상(公孫丑 上)」편에 다음과 같은 기록이 보인다. "재아(宰我)가 말했다. '나의 입장에서 선생님을 관찰해보면, 요임금과 순임금보다 훨씬 뛰어나다!' 자공이 말했다. '그 [군주의] 예법을 보면 그 정치를 알 수 있고, 음악을 들으면 그 덕을 알 수 있으니, 100세대가 지난 이후에 100세대의 왕들[의 수준]을 등급매기더라도 거부할 수 있는 사람이 없을 것이다. 백성이 있은 이래로 선생님 같은 분은 있지 않았다.'[宰我曰, '以予觀于夫子, 賢于堯·舜遠矣!' 子貢曰, '見其禮而知其政, 聞其樂而知其德, 由百世之後, 等百世之王, 莫之能違也. 自生民以來, 未有夫子也.']"

모든 생명체가 날마다 그 특별한 공적과 위대한 덕의 은혜를 입는 것을 잊어버릴 수 없다는 것을 알게 되었다. 한나라 이전의 옛날 학설에 여전히 남아 있는 것을 찾아서 기록하여 드러내 밝혀서, 우연(虞淵)으로 떨어지는 해를 건져내어 오랜 세월 동안 끼어 있던 자욱한 안개를 걷어낸다면[10] [공자의] 큰 도가 다시 밝혀지고, 성인의 전적(典籍)[11]이 더욱더 밝게 빛나게 될 것이다.

漢以前咸知孔子爲改制敎主, 知孔子爲神明聖王. 莊生曰, "『春秋』經世先王之志." 荀子曰, "孔子明智且不蔽. 故其術足以爲先王也." 故宰我以爲賢于堯舜, 子貢以爲生民未有也. 孔子之爲敎主, 爲神明聖王, 何在? 曰, 在六經. 六經皆孔子所作也, 漢以前之說莫不然也. 學者知六經爲孔子所作, 然後孔子之爲大聖, 爲敎主, 範圍萬世而獨稱尊者, 乃可明也. 知孔子爲敎主, 六經爲孔子所作, 然後知孔子撥亂世, 致太平之功, 凡有血氣者, 皆日被其殊功大德, 而不可忘也. 漢前舊說猶有存者, 披錄而發明之, 拯墜日于虞淵, 洗雺霧于千載, 庶幾大道復明, 聖文益昭焉.

공자가 지은 책을 경(經)이라고 하고, 제자들이 전수받아 기록한 것을 전(傳)이라고 하거나 또는 기(記)라고 하며, 제자와 후학들 사이에서 이리저리 구전된 것을 설(說)이라고 한다. 한나라 이전에는 경(經)과 전(傳)에 대해 이론(異論)이 없었다. 따라서 『시』·『서』·『예』·『악』·『역』·『춘추』의 육경(六經)만 공자에 의해 직접 지어졌기 때문에 경(經)이라 말할 수 있었다. 예를 들어 석가모니가 말한 것이 경(經)이고, 선사(禪師)들이 말한 것이 논(論)인 것과 마찬가지이다. 제자들이 지은 책을 감히 걸맞

10_ 우연(虞淵)은 고대 신화에서 해가 지는 곳을 말하는데, 우천(虞泉)이라고도 한다. 『회남자』 「천문(天文)」편에 "日至于虞淵, 是謂黃昏."이라는 기록이 보인다. 몽무(雺霧)은 자욱하게 낀 안개를 말한다.

11_ 성문(聖文)은 성인의 전적(典籍)을 말한다. 『후한서』 「정현전(鄭玄傳)」에 "自秦焚六經, 聖文埃滅."이라는 말이 보인다.

지 않게 [경(經)이라고] 부르는 경우는 없었다.

孔子所作謂之經, 弟子所述謂之傳, 又謂之記, 弟子後學展轉所口傳謂之說. 凡漢前傳經者無異論. 故惟『詩』·『書』·『禮』·『樂』·『易』·『春秋』六經, 爲孔子所手作, 故得謂之經. 如釋家佛所說爲經, 禪師所說爲論也. 弟子所作, 無敢僭稱者.

후세에 위고문(僞古文) 경(經)이 혼란스럽게 [출현했고], 전(傳)과 기(記)가 증가했다. 『악(樂)』은 본래 글이 없었기 때문에 남조(南朝) 시대에는 『주례(周禮)』와 『예기(禮記)』를 추가하여 7경(七經)이라고 했다. 당나라 때에는 또 『춘추』를 [경이라고] 부르지 않고, [『춘추』의] 삼전(三傳)을 추가해서 9경(九經)이라고 했다. 송나라 명도(明道) 연간(1022~1063)에 『맹자』를 추가하고, 위훈고(僞訓詁) 책인 『이아(爾雅)』도 경(經)이라는 이름을 덮어씌워 13경(十三經)이 되었다.[12] 또 『대대례기(大戴禮記)』를 추가해서 14경(十四經)이 되었다. 걸맞지 않고 거짓된 책이 어지럽게 올라타서 경(經)이라는 명칭이 너무 심하게 잘못되어 버렸다. 주자는 또 『예기』「대학」의 첫 장을 경(經)으로 삼고, [「대학」의] 나머지 장을 전(傳)으로 삼았으니,[13] 하나의 기(記)의 문장을 경(經)과 전(傳)으로 나눔으로써 더욱더 이상하게 되어 버렸다. 이것은 모두 공자가 지은 책이라야만 경(經)이 될 수 있다는 의미를 몰랐기 때문이다.

後世亂以僞古, 增以傳·記. 『樂』本無文, 于是南朝增『周禮』·『禮記』, 謂之七經. 唐又不稱『春秋』, 增三傳, 謂之九經. 宋明道時, 增『孟子』, 甚至增僞訓詁之『爾雅』亦冒經名, 爲十三經. 又增『大戴記』爲十四經. 僭僞紛乘, 經名謬甚. 朱子又分『禮記』「大學」首章爲經, 餘章爲傳, 則又以一記文分經傳, 益更異矣. 皆由不知孔子所作乃得爲經之義.

12_ 『맹자』가 포함된 십삼경주소(十三經注疏) 합간본(合刊本)이 국가에 의해서 공식적으로 발행된 것은 남송시대 광종(光宗) 소희(紹熙) 연간(1189~1194)이다.

13_ 주자가 『대학』을 경(經) 1장과 전(傳) 10장으로 나눈 것을 말한다.

이제 옛날의 명칭을 바로잡아서 오직 『시』·『서』·『예』·『악』·『역』·『춘추』만을 6경으로 삼고, 경(經) 중에서 비록 [『역』의] 「계사(繫辭)」처럼 훌륭한 글이나 [『예』의] 「상복(喪服)」처럼 진실한 글이라고 하더라도 모두 전(傳)으로 복구시켰으며, 『논어』·『맹자』·『대대례기』·『소대례기』와 같은 뛰어난 작품도 어쩔 수 없이 전(傳)으로 복구시켜 경(經)의 보조로 삼았다. 그리고 『이아』와 위고문 『좌씨전』은 모두 축출시켰으니, 지금 바로 여기에서 분명하게 밝혀둔다. 육경의 문장은 비록 공자가 새롭게 지은 것이지만, 책의 이름은 실제로 옛날부터 부르던 명칭을 그대로 따랐다. 증거가 없으면 믿지 않고, 믿지 않으면 백성들이 따르지 않을 것이니, 나라 사람들이 모두 [경(經)을] 존중하면서 쉽게 믿고 따르기를 바란다.

今正定舊名, 惟『詩』·『書』·『禮』·『樂』·『易』·『春秋』爲六經, 而于經中雖「繫辭」之粹懿, 「喪服」之敦慤, 亦皆復其爲傳, 如『論語』·『孟子』·『大·小戴記』之精粹, 亦不得不復其爲傳, 以爲經佐. 而『爾雅』·僞『左』咸黜落矣, 今正明于此. 六經文辭雖孔子新作, 而書名實沿舊俗之名. 蓋無徵不信, 不信民弗從, 欲國人所共尊而易信從也.

1. 『시(詩)』

康10-1

『시』는 옛날의 명칭이다. 3천여 편이 있었는데, 지금의 305편은 공자가 지었으며, 제(齊)나라[의 원고(轅固)], 노(魯)나라 [신배(申培)], [연(燕)나라의] 한영(韓嬰)이 전한 것이 이것이다.[14]

『詩』舊名. 有三千餘篇, 今三百五篇, 爲孔子作, 齊·魯·韓三家所傳是也.

『시』는 모두 공자가 지은 것이다. 옛날의 시는 3천 편이었는데, 공자가 간간히 거기에서 발췌한 시도 있다. 그러나 「청묘(淸廟)」편과 「생민(生民)」편은 모두 [공자의] 수정을 거친 [공자의 작품이니], [『서』의] 「요전(堯典)」과 「순전(舜典)」이 단지 [공자의] 수정을 거쳤을 뿐인데도 이미 공자 학문의 손질 과정을 거쳤기 때문에 또한 공자의 작품인 것[과 같다]. 하물며 육경은 조리가 서로 같고, 『시』와 『춘추』는 불가분의 관계로, 글자와 뜻 하나하나에 모두 큰 도가 가탁되어 있는 경우는 어떻겠는가? 묵자가 [『시』를] 공격한 것과 유학자가 [『시』를] 따른 것을 보면 [『시』가] 공자의 말임을 알 수 있다.

『詩』皆孔子作也. 古詩三千, 孔子間有采取之者. 然「淸廟」·「生民」皆經塗改,「堯典」·「舜典」僅備點竄, 旣經聖學陶鑄, 亦爲聖作. 況六經同條,『詩』·『春秋』表裏, 一字一義, 皆大道所託? 觀墨氏所攻及儒者所循, 可知爲孔子之辭矣.

10-1-1[15]

묵자가 공맹자(公孟子)에게 말했다. "상례(喪禮)에서 임금과 부모, 부인과 맏아들이 죽으면 3년의 상복을 입고, 백부와 숙부, 형제는 1년, 족인(族

14_ 『시』를 전수한 사람은 본래 4명인데, 현재는 모시(毛詩)만이 전해지고 있다. 노(魯)나라 신배(申培)의 『노시(魯詩)』, 제(齊)나라 원고(轅固)의 『제시(齊詩)』, 연(燕)나라 한영(韓嬰)의 『한시(韓詩)』, 그리고 전한 초기 모장(毛萇)의 『모시(毛詩)』이다. 『제시』는 위(魏)나라 때 없어졌고, 『노시』는 서진(西晉) 시대에 사라졌다. 그리고 『한시』는 전하는 사람이 없었다. 『모시』는 한나라 때의 정중(鄭衆)·가규(賈逵)·마융(馬融)이 지은 『모시전(毛詩傳)』과 정현(鄭玄)이 지은 『모시전(毛詩箋)』을 통해 현재까지 전해지고 있다.

15_ 이하에서 인용한 『묵자』「공맹」편의 내용은 이 책의 제9권 제8절〈9-8-3〉에서 이미 인용했다. 자세한 주석은 앞의 내용을 참조 바람.

人)은 다섯 달, 고모와 누이, 외삼촌과 생질은 모두 몇 개월의 상복을 입는다. 혹 상복을 입지 않는 기간을 이용하여, 『시(詩)』 3백편을 외우고, 『시』 3백편을 연주하며, 『시』 3백편을 노래하고, 『시』 3백편을 춤춘다. 만일 그대의 말대로라면 군자는 어느 겨를에 정치를 하며, 일반 백성들은 어느 겨를에 일을 하는가?"(『묵자』 「공맹」)

子墨子謂公孟子曰, "喪禮, 君與父母·妻·後子死, 三年喪服, 伯父·叔父·兄弟期, 族人五月, 姑·姊·舅·甥皆有數月之喪. 或以不喪之間, 誦『詩』三百, 弦『詩』三百, 歌『詩』三百, 舞『詩』三百. 若用子之言, 則君子何日以聽治, 庶人何日以從事?"(『墨子』 「公孟」)

康10-2

묵자는 입만 열면 곧 우임금과 탕임금, 문왕과 무왕을 말하는데, 상례에서의 3년복과 1년복을 강력하게 공격했다. 「비유(非儒)」편에서는 그 예법을 말하면서 이러한 [3년복과 1년복의] 예법을 오로지 유학자[의 예법으로] 배속시켰고,[16] 유학은 당시 양주(楊朱)·묵자와 대립하면서[17] 그것을 공자교의 구호로 삼았으니,〈원주: 「유교는 공자가 창립한 교설[儒爲孔子創敎]」과 「유가와 묵가의 대립[儒·墨對擧]」편에 보인다.〉[18] 여기의 『예』와

16_ 『묵자』 「비유 하」편에 다음과 같은 기록이 보인다. "유학자가 말했다. '친한 이를 친하게 대하는 것에도 강등이 있고, 현명한 이를 높이는 것에도 차등이 있다.' 이것은 친함과 소원함, 존귀함과 비천함의 차이를 말한 것이다. 그 예법에서 말했다. '부모의 거상 기간은 3년, 부인과 맏아들도 3년, 백부와 숙부, 동생과 형, 서자(庶子)는 1년, 친척과 족인(族人)은 다섯 달이다.'[儒者曰, '親親有術, 尊賢有等.' 言親疏尊卑之異也. 其禮曰, '喪父母三年, 其妻·後子三年, 伯父·叔父·弟·兄·庶子期, 戚·族人五月.']"

17_ 『맹자』 「등문공 하(滕文公 下)」편에 "양주와 묵적의 말이 천하에 가득하니, 천하의 말이 양주[의 주장으로] 귀결되지 않으면 묵자[의 주장으로] 귀결된다. … 양주와 묵적의 도가 사라지지 않으면 공자의 도가 드러나지 않을 것이다[楊朱·墨翟之言盈天下. 天下之言不歸楊, 則歸墨. … 楊·墨之道不息, 孔子之道不著.]"라는 말이 보인다.

『시』가 공자가 지은 것이 아니면 무엇이겠는가? 3백이라는 숫자도 현악기를 타면서 『시』를 읊고 노래를 부르면서 춤을 추기에 적절하며, 『예기』「왕제(王制)」편과 「문왕세자(文王世子)」편의 내용과도 일치한다.[19] 예를 배우고 시를 배워야 감정을 불러일으킬 수 있고 자립할 수 있다는 것[20]은 바로 공자 문하에서 평소에 늘 하던 말인데,[21] 묵자가 그것을 공격하여, 군자는 정치를 할 겨를이 없고, 일반 백성들은 일을 할 겨를이 없다고 여겼다. 뒤집어서 보면, [묵자의 말은] 『시』 3백편이 공자의 저작이라는 것의 매우 명백한 증거이다!

墨子開口便稱禹·湯·文·武, 而力攻喪禮三年期月之服. 「非儒」篇稱爲其禮, 以此禮專屬之儒者,而儒在當時與楊·墨對擧, 爲孔子教號,〈見「儒爲孔子創教」及「儒墨對擧」篇.〉 則此『禮』及『詩』非孔子所作而何? 三百之數, 亦符弦誦歌舞, 與『禮記』「王制」·「世子」. 學禮學詩, 可興可立, 乃孔門雅言, 而墨子攻之, 以爲君子無暇聽治, 庶人無暇從事. 反而觀之, 則詩三百爲孔子所作, 至明據矣!

10-1-2

『시』와 『춘추』는 학문 중에서 아름다운 것이지만, 모두 쇠퇴한 시대에

18_ 「유교는 공자가 창립한 교설이다[儒爲孔子創教]」는 『공자개제고』 제7편인데, 원문에는 「유교위공자소창고(儒教爲孔子所創考)」로 되어 있다. 「유학과 묵자의 대립[儒墨對擧]」이라는 편명은 보이지 않는데, 제16권의 「유가와 묵가가 교설을 다투면서 서로 공격하다[儒·墨爭教交攻考]」를 가리키는 것으로 보인다.

19_ 『예기』「왕제」편에 "봄과 가을에는 예와 악을 가르치고, 겨울과 여름에는 시와 서를 가르친다[春秋教以禮樂, 冬夏教以詩書.]"라는 기록이 보이고, 「문왕세자」편에 "봄에는 시를 암송하고, 여름에는 현악기를 배우며, … 가을에는 예를 배우고, … 겨울에는 책을 읽는다[春誦, 夏弦, … 秋學禮, … 冬讀書.]"라는 기록이 보인다.

20_ 『논어』「태백(泰伯)」편에 "子曰, 興於詩, 立於禮, 成於樂."이라는 말이 보인다.

21_ 아언(雅言)은 평소에 늘 하는 말이다. 『논어』「술이(述而)」편에 "子所雅言, 詩書執禮, 皆雅言也."라는 말이 보인다.

만들어진 것이다. 유학자가 이 책들에 따라서 세상을 가르치고 인도했지만, 어찌 융성한 삼대와 같을 수 있겠는가?『시』와『춘추』는 옛날의 도이기 때문에 귀하게 여겼으니, 또한『시』와『춘추』가 지어지지 않았을 때가 있었다.(『회남자』「범론훈」)

『詩』·『春秋』, 學之美者也, 皆衰世之造也. 儒者循之以敎導于世, 豈若三代之盛哉?『詩』·『春秋』爲古之道而貴之, 又有未作『詩』·『春秋』之時.(『淮南子』「泛論訓」)

康10-3

『춘추』가 공자의 저작이라는 것은 사람들이 모두 알고 있는데,『시』또한 공자의 저작이라는 것은 사람들이 알지 못한다. 유학자들은 대부분 이 두 가지 학문을 교설로 삼았으니,『시』와『춘추』는 특히나 불가분의 관계이기 때문이다. 유학자들은 그 책들을 따라서 세상을 가르치고 인도했으니, 노자와 묵자 등의 제자백가들은 그 책들을 따라서 가르치지 않았다는 것을 알 수 있다.『시』[의 내용]이 문왕과 무왕, 주공과 성왕(成王), 강왕(康王)의 융성한 시대로 되어 있고, 또 상(商)나라의 탕임금과 이윤(伊尹), 고종(高宗)[과 관련된 내용]이 있는데도, 쇠퇴한 시대에 만들어진 것으로 융성한 삼대와는 같지 않다고 여겼다. 따라서 옛날의 것이 아니라고 여겼으니, 공자가 지은 것이 아니면 무엇이겠는가?

『春秋』之爲孔子作, 人皆知之,『詩』亦爲孔子作, 人不知也. 儒者多以二學爲敎, 蓋『詩』與『春秋』尤爲表裏也. 儒者乃循之, 以敎導于世, 則老·墨諸子不循之以敎可知也.『詩』作于文·武·周公·成·康之盛, 又有商湯·伊尹·高宗, 而以爲衰世之造, 非三代之盛. 故以爲非古, 非孔子所作而何?

<이상『시』는 공자가 지은 것이다: 右『詩』爲孔子所作>

2. 『서(書)』

康10-4

『서』는 옛날의 명칭이다. 옛날에는 3천여 편, 120개국이 있었다. 지금의 28편은 공자가 지었으며, 복생(伏生)이 전한 것이 이것이다.[22]

『書』舊名. 舊有三千餘篇, 百二十國. 今二十八篇, 孔子作, 伏生所傳本是也.

[『서』의] 「요전(堯典)」·「고요모(皐陶謨)」·「기직모(棄稷謨)」[23]·「우공(禹貢)」·「홍범(洪範)」편은 모두 공자의 대경대법(大經大法)이 보존된 글들이다. 그 말 중에서 「요전」편의 "[요임금의] 빛이 온 천하에 입혀져서 상하에 이르렀다"는 말, "구족(九族)[24]이 이미 화목하자, 백성들을 고르게 밝혔다"는 말, "온 천하를 합하여 조화롭게 했다"는 말, "양곡(暘谷)"·"유도(幽都)"·"남와(南訛)"·"삭이(朔易)"[25] 등의 말로부터 「우공」편의 "이미 태원

22_ 복생(伏生)은 전한시대 제남(濟南) 사람으로, 이름은 승(勝)이다. 『사기』「유림열전」에 진(秦)나라 때의 박사라고 기록되어 있다. 복생이 전한 책은 『상서대전(尙書大傳)』이다.

23_ 「기직모(棄稷謨)」는 현재 『서』의 편명에는 보이지 않는데, 「익직(益稷)」편을 말한다.

24_ 구족(九族)은 고조(高祖)로부터 현손(玄孫)까지의 친족을 말한다.

25_ 양곡(暘谷)은 요임금이 희중(羲仲)을 머물게 한 장소로, 해가 나온다는 의미이다. 유도(幽都)는 화숙(和叔)을 머물게 한 장소로, 해가 땅 속으로 빠져서 세상의 만물이 어둡다는 의미이다. 남와(南訛)는 여름에 만물이 변화한다는 뜻으로, 『서경집전』에서 "여름철에는 시물(時物)이 장성하니, 마땅히 변화해야 되는 일을 말한다"라고 했다. 삭역(朔易)은 만물이 다시 소생한다는 뜻으로, 『서경집전』에서 "겨울철은 한 해의 농사일이 다 끝나서 옛것을 버리고 새것을 바꾸니, 마땅히 개혁해야 되는 일이다"라고 했다.

(太原)을 닦아서, 악양(岳陽)에 이르게 하며, 담회(覃懷)에서 공적을 이루어 횡장(衡漳)에 이르게 했다"[26]는 말, "구주(九州)의 산을 깎아서 길제사를 지내며, 구주의 하천에 근원을 깊이 파며, 구주의 연못에 이미 제방이 있으니, 사해(四海)의 물이 모여서 함께 흐른다"는 말, "육부(六府)[27]가 크게 다스려지고, 여러 땅들이 서로 바르게 되었다"는 등의 말[에 이르기까지] 모두 정교하고 수려하며, 조화롭고 아름답다. 이 말들은 『역』「건괘(乾卦)」와 「곤괘(坤卦)」의 말 중에서 "구름이 지나가고 비가 내려서 만물이 형체를 갖춘다. 시작과 끝을 크게 밝히면 육위(六位)가 때에 맞게 이루어진다"[28]는 말, "구름은 용을 따르고, 바람은 호랑이를 따른다. 성인이 일어나자 만물이 우러러보니, 하늘에 근본을 둔 것은 위와 친근하고, 땅에 근본을 둔 것은 아래와 친근하다"[29]는 말과 대략 같으니, 모두 순수하게 공자의 글이다. 하물며 「순전(舜典)」편에서 순수(巡狩)를 제도화한 말은 [『예기』] 「왕제」편과 완전히 같으며,[30] 「홍범」편의 오행(五行)과 『춘추』의 재이(災異)가 완전히 같다. 따라서 [『서』는] 공자의 저작이다. 그리고 그중에 은나라 [「상서(商書)」]의 「반경(盤庚)」과 주나라

26_ 『서경집전』에 의하면, 태원(太原)은 넓고 평평한 곳을 의미하는데, 지금의 하동로(河東路) 태원부(太原府)이다. 악(岳)은 태악산(太岳山)이며, 악양(岳陽)은 태악산의 남쪽이다. 지금의 악양현(岳陽縣)으로, 요임금이 도읍한 곳이다. 담회(覃懷)는 지금의 회주(懷州)이며, 저적(底績)은 홍수가 산을 싸고 언덕까지 올라올 때는 평지에서는 공적을 이루기 어렵기 때문에 이와 같이 말한 것이다. 횡장(衡漳)은 물의 이름이다.

27_ 육부(六府)는 백성들의 생활의 기본 토대인 수(水)·화(火)·금(金)·목(木)·토(土)·곡(穀)을 말한다.

28_ 이 내용은 『역』「건괘(乾卦)」의 「단전(彖傳)」에 보인다. 육위(六位)는 역(易)의 육효(六爻)의 여섯 위치를 말하는데, 천도(天道)인 음양(陰陽)과 지도(地道)인 강유(剛柔), 인도(人道)인 인의(仁義)의 상징이다.

29_ 이 말은 『역』「건괘」의 「문언전(文言傳)」에 보인다.

30_ 『서』「순전(舜典)」편에 의하면, 순임금은 5년에 한 번 사방으로 순수(巡狩)를 나갔는데, 2월에는 동쪽의 동악(東岳)인 태산(泰山), 5월에는 남쪽의 남악(南岳)인 형산(衡山), 8월에는 서쪽의 서악(西岳)인 화산(華山), 11월에는 북쪽의 북악(北岳)인 항산(恒山)으로 갔다. 『예기』「왕제」편에도 비슷한 내용이 기록되어 있다.

[「주서(周書)」]의 「대고(大誥)」·「강고(康誥)」·「주고(酒誥)」·「소고(召誥)」·「낙고(洛誥)」[31]와 「여형(呂刑)」편의 읽기 어려운 글자나 구절[32]도 분명히 옛 문장에 근거하여 초고를 만들었는데, 큰 도가 모두 같고 공자의 수정을 완전하게 거쳤기 때문에 또한 공자의 작품이다.

「堯典」·「皐陶謨」·「棄稷謨」·「禹貢」·「洪範」, 皆孔子大經大法所存. 其文辭自「堯典」"光被四表, 格于上下", "九族既睦, 平章百姓", "協和萬邦", "暘谷"·"幽都"·"南訛"·"朔易", 「禹貢」之"既修太原, 至于岳陽, 覃懷底績, 至于衡漳.", "九山刊旅, 九川滌源, 九澤既陂, 四海會同", "六府孔修, 庶土[33]交正", 皆整麗諧雅. 與『易』「乾」·「坤卦」辭"雲行雨施, 品物流形. 大明終始, 六位時乘", "雲從龍, 風從虎. 聖人作, 萬物睹, 本乎天者, 親上, 本乎地者, 親下"略同, 皆純乎孔子之文也. 況「舜典」[34]制度巡狩語辭與「王制」全同, 「洪範」五行與『春秋』灾異全同. 故爲孔子作也. 其殷「盤」·周「誥」·「呂刑」聱牙之字句, 容

31_ 은반(殷盤)은 은나라 「상서(商書)」의 「반경(盤庚)」을 말하고, 주고(周誥)는 주나라 「주서(周書)」 중 5개의 고(誥), 즉 「대고(大誥)」·「강고(康誥)」·「주고(酒誥)」·「소고(召誥)」·「낙고(洛誥)」를 말한다.

32_ 오아(聱牙)는 어구나 글이 까다로워서 읽기 어려운 것을 말한다. 한유(韓愈)의 『한유문집(韓愈文集)』「진학해(進學解)」에서 "[『상서』의] 「주서(周書)」 가운데 5개의 '고(誥)', 즉 「대고」·「강고」·「주고」·「소고」·「낙고」와 「상서(商書)」 중의 「반경」은 문장이 까다롭고 읽기 어렵다[周誥殷盤, 佶屈聱牙.]"라고 한 말에서 유래한다. 송나라 임지기(林之奇)의 『상서전해(尙書全解)』「자서(自序)」에 의하면, 복생(伏生)의 『상서대전(尙書大傳)』은 대부분 읽기가 매우 어려워서 쉽게 이해할 수 없었는데, 그 이유는 복생이 제(齊)나라 사람이고, 제나라 사람의 말은 대부분 이해하기가 매우 어렵기 때문이라고 했다. 그리고 위굉(衛宏)의 『고문상서』「서문」에서는 복생이 나이가 들어서 말을 올바르게 못했기 때문에 자신의 딸을 시켜서 말을 전하여 조조(晁錯)를 가르쳤다고 한다[伏生之書, 多艱深聱牙, 不可易通, 伏生之書所以艱深不可通者. 伏生, 齊人也, 齊人之語, 多艱深難曉. … 衛宏序『古文尙書』言伏生老, 不能正言, 使其女傳言, 敎晁錯.]

33_ 서토(庶土)가 『공자개제고』에는 사사(四事)로 되어 있는데, 『서』 원문에 따라 고쳤다.

34_ 「순전(舜典)」이 『공자개제고』에는 「요전(堯典)」으로 되어 있는데, 고쳐서 기록했다.

據舊文爲底草, 而大道皆同, 全經孔子點竄, 故亦爲孔子之作.

10-2-1

『서』를 해석한 사람에 대해 묻기를, '공경하고 밝으며 문채가 나고 사려가 깊다[欽明文思]'[35] 이하의 글은 누가 말한 것인가? 대답하기를, 저술가이다. 저술가는 누구인가? 공자이다. 그렇다면 공자는 글쓰기에 뛰어난 재주를 지닌 사람이다.[36] 위(衛)나라에서 노(魯)나라로 돌아온 이후에 음악이 바르게 되고, 아(雅)와 송(頌)이 각각 제자리를 찾았다.[37] 뛰어난 글재주를 발휘한 것은 대체로 이 시기이다.(『논형』「수송」)

問說『書』者, '欽明文思'以下, 誰所言也? 曰, 篇家也. 篇家誰也? 孔子也. 然則孔子鴻筆之人也. 自衛反魯, 然後樂正, 雅·頌各得其所也. 鴻筆之奮, 蓋斯時也.(『論衡』「須頌」)

康10-5

『서』에 대한 해석에서 '공경하고 밝으며 문채가 나고 깊이 생각한다[欽明文思]' 이하의 글이라는 것은 「요전(堯典)」편부터 「태서(泰誓)」편까지이니, 책 전체를 말한다. 곧바로 공자를 가리켜서, 글쓰기에 뛰어난 재주를 지닌 사람으로 위나라에서 노나라로 돌아왔을 때 저작했다고 말하니, 말이 이와 같이 확실하고 분명하다.[38] 왕충(王充)은 고문경학에 상당히 물들어 있었는데, 어떻게 이것을 알 수 있었는가? [이 말은] 금문

35_ 『서』「요전(堯典)」편의 첫 머리에 나오는 내용이다.

36_ 홍필(鴻筆)은 글을 쓰는 데 뛰어난 재능을 지닌 것을 말한다.

37_ 『논어』「자한(子罕)」편에 "子曰, 吾自衛反魯然後樂正, 雅·頌各得其所."라는 기록이 보인다. 『사기』「공자세가」에도 같은 내용이 보인다.

38_ 언지착착(言之鑿鑿)은 말이 확실하고 분명하다는 뜻이다.

경학가들이 전수한 것이기 때문에 [금문경학가들의] 은미한 말이 때때로 노출된 것이다. 지금 『서』 전체가 모두 공자의 저작이라는 것을 고찰하여 알 수 있는 것은 이 조목 덕분이니, 왕충도 매우 큰 공로가 있다고 말할 수 있다. 이 조목을 보존해두면, 『상서』가 공자의 저작이라는 확실한 증거[39]라고 할 수 있다.

說書自‘欽明文思’以下, 則自「堯典」直至「秦誓」, 言全書也. 直指爲孔子, 稱爲鴻筆, 著作于自衛反魯之時, 言之鑿鑿如此. 仲任頗雜古學, 何以得此? 蓋今學家所傳授, 故微言時露. 今得以考知書全爲孔子所作, 賴有此條, 仲任亦可謂有非常之大功也. 存此, 可謂『尙書』爲孔子所作之鐵案.

10-2-2

이자(夷子)가 “유학자의 도에 ‘옛날 사람이 [백성을] 마치 갓난아이를 보호하듯이 한다’라고 했는데, 이 말은 무슨 말인가?”(『맹자』「등문공 상」)

夷子曰, “儒者之道, ‘古之人若保赤子.’ 此言何謂也?”(『孟子』「滕文公 上」)

康10-6

옛날 사람이 [백성을] 마치 갓난아이를 보호하듯이 한다는 말은 지금의 『서』「강고(康誥)」편 속에 있다. 고찰하건대, 묵자는 종종 삼대의 성왕이나 문왕과 무왕을 말하고, 종종 『서』를 인용하니, 「강고」도 묵자가 공유하던 것이므로 결코 그것을 전부 떼어내어 유학[의 학문]으로 귀결시킬 수는 없다. 이자(夷子)는 유학을 끌어다가 묵가에 집어넣고, 그 도를 가지고 자신을 다스리려고 했는데, 저들 [묵가가] 가르치는

39_ 철안(鐵案)은 증거가 확실하여 번복할 수 없는 안건을 말한다.

『서』를 가지고 사람들에게 유세하면 결코 듣지 않고, 유학의 책을 끌어다가 유학을 꺾어야만 굴복시킬 수 있었기 때문이다. 그렇다면 28편 중의 「강고」편을 이자가 '유학자의 도'라고 말했으니, 저들 묵가의 교설과는 무관하며, 비록 문왕과 무왕의 도이지만 실제로는 유학자의 도이다. 이로써 추론해보면, 28편은 모두 유학자의 책이며, 모두 공자가 지은 것이 지극히 분명하다. 묵자가 인용한 『서』의 경우는 곧 묵자가 정리하여 정한 것으로, 공자[의 『서』와] 비록 명칭은 같지만 선택한 책이 각각 다르다. 곧 편장(篇章), 말이나 구절, 자료 선택이 우연히 같았지만, 각각 자신들의 도를 밝혔으니, 또한 크게 서로 상반된다.

古之人若保赤子, 在今『書』「康誥」中. 考墨子動稱三代聖王・文・武, 動引『書』, 則「康誥」亦墨者公有之物, 斷不肯割歸之于儒. 夷子欲援儒入墨, 以其道治其身, 以彼教之書說人, 必不見聽, 引儒書以折儒, 乃能相服. 然則二十八篇之中「康誥」, 夷子稱爲'儒者之道', 與彼墨教無關, 雖爲文・武之道, 實是儒者之道. 以此推之, 二十八篇皆儒書, 皆孔子所作至明. 若夫墨子所引之『書』, 乃墨子所刪定, 與孔子雖同名而選本各殊, 卽有篇章・辭句・取材偶同, 而各明其道, 亦自大相反.

예를 들어 『묵자』 「겸애(兼愛)」편에 다음과 같은 내용이 보인다. "주(周)나라의 시(詩)에서 '왕의 도가 넓고 커서 치우치지도 편당을 짓지도 않으며, 왕의 도가 공평하고 공평하여 편당을 짓지도 치우치지도 않는다. 그 곧기가 화살과 같고, 그 평평하기가 숫돌과 같다.[40] 군자가 실천해야 할 것이고, 소인이 본받아야 할 것이다'라고 했다." 공자는 '왕도(王道)'와 관련된 네 구절의 말을 뽑아서 「홍범」을 만들었고,[41] '그 곧기

40_ 지(厎)는 지(砥)와 같은 말로, 평평한 숫돌을 말한다.

41_ 『서』 「홍범(洪範)」편의 "無偏無黨, 王道蕩蕩, 無黨無偏, 王道平平, 無反無側, 王道正直."을 말한다.

가 화살과 같다' 이하의 네 구절의 말을 뽑아서 「대아(大雅)」를 만들었는데,[42] 묵자는 그것을 『시』라고 여겼다. 지금은 그것이 『시』인지 『서』인지 고찰할 방법이 없지만, 결국 공자와 묵자가 각각 옛 문장을 토대로 손질하여 『서』를 만들었다는 것을 알 수 있다. 「칠환(七患)」편에서 인용한 "우임금 때는 7년 동안 홍수가 있었고, 탕임금 때는 5년 동안 가뭄이 있었다"는 경우[43]는 모두 지금 『서』에는 없다. 그리고 공자의 『서』「감서(甘誓)」편이 『묵자』「명귀(明鬼)」편에는 「우서(禹誓)」로 되어 있는데,[44] 그중에서 다음과 같은 내용이 있다. "해가 중천에 떠 있을 때, 지금 나는 유호씨(有扈氏)와 하루의 운명을 다툴 것이다. 또한 너희들 경대부와 서인들아, 내가 너희들의 땅과 재산[45]을 욕심내서가 아니라, 나는 하늘의 벌을 공손하게 실행하는 것이다." 이 다섯 구절의 말은 모두 공자의 『서』에는 없으며,[46] 묵자가 정한 것이다. 「탕서(湯誓)」편의 경우에는 「탕설(湯說)」로 되어 있으니,[47] 또한 편명이 서로 다른 것이다.

42_ 이 내용은 『시』「대아(大雅)」가 아니라, 「소아(小雅)」의 「대동(大東)」편에 "周道如砥, 其直如矢. 君子所履, 小人所視."라는 형태로 되어 있다.

43_ 현재의 『묵자』「칠환(七患)」편에는 "故夏書曰, '禹七年水', 殷書曰, '湯五年旱.'"이라고 되어 있다. 이외에도 『관자(管子)』「권수(權數)」편에는 "管子曰, 湯七年旱, 禹五年水.", 『장자』「추수(秋水)」편에는 "湯之時八年七旱.", 『순자』「왕패(王霸)」편에는 "禹十年水, 湯七年旱."으로 되어 있다.

44_ 『묵자』「명귀」편에는 "大戰于甘, 王乃命左右六人, 下聽誓于中軍, 曰, 有扈氏威侮五行, 怠棄三正, 天用勦絶其命."이라고 기록되어 있고, 『서』「감서」편에는 "大戰于甘, 乃召六卿, 王曰, 嗟, 六事之人. 予誓告汝. 有扈氏威侮五行, 怠棄三正, 天用勦絶其命. 今予惟恭行天之罰."로 기록되어 있다.

45_ 보토(葆士)는 유월이 "아무런 의미도 없으며, 토(士)는 옥(玉)자의 잘못인 것 같다. 보토(葆士)는 곧 보옥(寶玉)이다. 『사기』「주본기(周本紀)」의 '展九鼎葆玉'에 대해 서광(徐廣)이 '보(葆)는 보(寶)로 된 판본도 있다'고 했으니, 바로 이것과 같은 예이다"라고 했다. 여기에서는 재산으로 해석했다.

46_ '予共行天之罰也'는 현재 『서』「감서」편에 '今予惟恭行天之罰'이라는 형태로 보인다. 현재 「감서」편에 보이지 않는 내용은 '日中 … 予非爾田野葆士之欲也' 32글자이다.

47_ 『묵자』「겸애 하」편에 "且不唯「禹誓」爲然, 雖「湯說」卽亦猶是也."라는 기록이 보인다.

如『墨子』「兼愛」篇"周詩曰, '王道蕩蕩, 不偏不黨, 王道平平, 不黨不偏. 其直如矢, 其易若底.[48] 君子之所履, 小人之所視.'" 孔子于'王道'四語, 乃采之爲「洪範」, '其直如矢'四語, 采之爲「大雅」, 而墨子則以爲『詩』. 今無從考其是『詩』是『書』, 要孔·墨之各因舊文剪裁爲『書』可見矣. 若「七患」篇所引"禹七年水, 湯五年[49]旱.", 皆今『書』所無. 若孔『書』「甘誓」, 『墨子』「明鬼」則作「禹誓」, 其中有曰, "日中, 今予與有扈氏爭一日之命. 且爾卿大夫庶人, 予非爾田野葆士之欲也, 予共行天之罰也." 五語皆孔『書』所無, 蓋墨子所定也. 若「湯誓」則作「湯說」, 是又篇名互歧.

「비악(非樂)」편[50]에서 인용한 『무관(武觀)』[51]에는 다음과 같은 말이 있다. "계(啓)[52]는 방탕하게 즐기고 편안하게 놀았는데, 야외에서 술과 음식을 먹으면서[53] 삐릭삐릭 딸랑딸랑 피리소리와 경쇠소리가 함께 어울

48_ 지(厎)가 『공자개제고』에는 저(底)로 되어 있는데, 『묵자』 원문에 따라 고쳤다.

49_ 오년(五年)이 『공자개제고』에는 칠년(七年)으로 되어 있는데, 『묵자』 원문에 따라 고쳤다.

50_ 이 내용은 「비악 상」편에 보인다. 『공자개제고』 제3권 제1절〈3-1-9〉에서 이미 「비악 상」편을 인용하고 있으므로 참조 바람.

51_ 무관(武觀)은 『묵자한고』에서 혜동(惠棟)이 무관(武觀)의 일을 기록한 일서(逸書)라고 했다. 무관은 하(夏)나라 임금 계(啓)의 아들인 오관(五觀)을 말한다.

52_『묵자한고』에서 혜동(惠棟)은 계내(啓乃)는 계자(啓子)의 잘못이라고 했고, 강성(江聲)은 "계의 아들은 오관(五觀)이다. 계는 어진 왕이었는데, 어찌 방탕하게 노는 데 이를 수 있겠는가? 『국어』「초어(楚語)」에서 사미(士亹)가 오관(五觀)을 단주(丹朱), 상균(商均), 관숙(管叔), 채숙(蔡叔)과 비교했으니, 오관은 음란한 사람이다. 따라서 이 문장은 당연히 계자(啓子)가 되어야 하고, 내(乃)는 잘못이다"라고 했다. 그런데 손이양은 "이것은 계(啓)의 만년에 덕을 상실했을 때의 일을 가리키는 것으로, 내(乃)는 자(子)의 잘못된 글자가 아니다"라고 하고, 계가 방탕하게 노는 일을 기록한 고서들을 인용했다. 여기에서는 손이양의 주장에 따라서 글자 그대로 해석했다.

53_ 야우(野于)는 필원이 우야(于野)가 되어야 한다고 했다. 즉 야외에서 술과 음식을 먹으면서 방탕하게 놀았다는 의미이다.

려 울려 퍼지는 가운데[54] 술독에 빠져 있었으며,[55] 야외에서 구차하게 먹고 마시면서[56] 온갖 춤들이 다 차례대로 공연되니,[57] 하늘에까지 분명하게 들렸다.[58] 하늘은 그것을 법도로 여기지 아니했다." 그리고 「비명(非命)」편[59]에서 인용한 우(禹)임금의 『총덕(總德)』[60]이라는 책에 다음과 같은 말이 있다. "진실로 이치를 따르지 않으면[61] 하늘과 백성이 [너를] 보존할 수가 없다.[62] 흉악한 마음을 제멋대로 방종하면[63] 하늘이 재

54_ '장장명(將將銘) 현경이력(莧磬以力)'은 『묵자한고』에 의하면 오탈자가 있어서 그 의미가 불명확하다. 『묵자한고』에서 여러 가지 주장들을 거론하고 있는데, 여기에서는 손이양의 주장에 따라 해석했다. 손이양은 『시』「주송(周頌)·집경(執競)」편의 "종소리와 북소리가 쿵쾅쿵쾅 어우러지고, 경쇠소리와 피리소리가 한데 모여 어우러진다[鐘鼓喤喤, 磬筦將將.]"라는 구절을 근거로, 이 문장은 "將將鍠鍠, 筦磬以方."이 되어야 한다고 주장했다. 굉굉(鍠鍠)은 황황(喤喤)과 같은 말로, 『시경집전』에 의하면, 소리가 조화를 이루는 것[和]이고, 장장(將將)은 여러 악기가 서로 어울려서 나는 소리[集]를 형용한 것이다. 력(力)자는 앞 문장과 운은 맞는데 의미가 통하지 않고, 뒷 문장과는 운이 맞지 않는다. 방(方)은 굉(鍠)과 운이 맞고 또 력(力)과 방(方)은 글자 형태가 서로 비슷하기 때문에 글자가 잘못 기록되었다는 것이다. 방(方)은 『의례(儀禮)』「향사례(鄉射禮)」의 정현 주에서 병(併)과 같다고 했으니, 피리소리와 경쇠소리가 함께 어울려서 소리가 난다[管磬併作]는 뜻이라고 했다.

55_ 침탁(湛濁)은 무언가에 빠지는 것으로, 여기서는 술에 지나치게 빠진 것을 말한다.

56_ 유(渝)는 손이양에 의하면, 투(偷)와 같은데, 구차하다[苟且]는 뜻이다. 즉 야외의 연회하면서 노는 장소에서 구차하게 먹고 마신다는 뜻이다.

57_ 익익(翼翼)은 행렬이 잘 정돈되고 질서정연한 모습으로, 손이양은 『시』「상송(商頌)·나(那)」편의 "온갖 춤이 질서 정연하다[萬舞有奕.]"에서의 혁(奕)과 같은 의미라고 했다.

58_ '장문우천(章聞于天)'이 『묵자』 원문에는 '장문우대(章聞于大)'로 되어 있는데, 『묵자한고』에서 혜동(惠棟)과 필원 등이 '천(天)'자가 되어야 한다고 말했다. 『공자개제고』에는 천(天)자로 되어 있어서 그대로 해석했다.

59_ 이 내용은 「비명 하」편에 보인다.

60_ 『총덕(總德)』은 현재 전하지 않는 책이다. 소시학은 일서(逸書)의 편명이라고 했다.

61_ 저(著)는 손이양이 약(若)자가 되어야 하며, 약(若)은 순(順)자의 의미라고 했다.

62_ 필원이 이(而)는 능(能)과 같고, 보(葆)는 보(保)와 같다고 했다.

앙을 내릴 것이니, 그 덕을 신중하게 [닦지 않으면] 천명을 어떻게 보존할 수 있겠는가?" 이것은 편명과 말이 모두 지금의 『서』에는 없는 것이다. 또 「비악(非樂)」편[64]에서 인용한 탕(湯)임금의 『관형(官刑)』[65]이라는 책에 다음과 같은 말이 있다. "궁중에서 항상 춤을 추면서 노래하는 것을 무당의 풍속이라고 한다.[66] 그에 대한 형벌은, 군자는 160올짜리 실뭉치 2개를 내게 했고,[67] 소인은 형벌이 없었다."[68] 그리고 「대서(大誓)」에서 다음과 같이 말했다.[69] "오호라! 춤이 너울너울하고,[70] 그 음악 소

63_ 방(防)은 『묵자전역(墨子全譯)』에서 오육강(吳毓江)의 주장을 인용하여 방(放)으로 풀이했다. 방(放)은 제멋대로 방종한다는 뜻이다.

64_ 이 내용은 「비악 상」편에 보인다.

65_ 『관형(官刑)』은 상(商)나라 탕임금이 제정한 형법을 말한다. 『묵자한고』에 의하면, 『좌씨전』 「소공(昭公)」 6년에 "叔向曰, 商有亂政, 而作湯刑."이라는 내용과 『죽서기년(竹書紀年)』에 "祖甲二十四年重作湯刑."이라는 기록이 있다. 그리고 『여씨춘추』 「효행람(孝行覽)」편에서 "商書曰, 刑三百, 罪莫重於不孝."라고 했는데, 고유가 "상나라 탕왕이 제정한 법[商湯所制法也.]"이라고 했다.

66_ 항무(恒舞)는 항상 춤을 추면서 노래하는 것이다. 『서』 「이훈(伊訓)」편에 "관부(官府)의 형벌을 만들어 지위에 있는 자들을 경계하기를, '감히 궁중에서 항상 춤을 추고, 집에서 술에 취하여 노래함이 있으면 이것은 무풍(巫風)이라고 하며, 감히 재화와 여색에 빠지고 유람과 사냥을 일상적으로 함이 있으면 이것을 음풍(淫風)이라고 한다[制官刑, 儆于有位曰, 敢有恒舞于宮, 酣歌于室, 時謂巫風. 敢有殉于貨色, 恒于遊畋, 時謂淫風.]"라는 기록이 있는데, 『서경집전』에서 "무풍은 항상 노래하고 항상 춤을 추어 무당과 같은 것이다"라고 했다.

67_ 위(衛)는 필원이 위(緯)의 음을 빌려 온 것이라고 했다. 위(緯)는 실묶음을 말한다. 한편 손이양은 위(衛)자를 술(術)로 보고, 술(術)은 옛날에 수(遂)와 통했으며, 수(遂)는 수(繸)의 뜻이라고 했다. 실을 세는 단위는 기본적으로 실 다섯 올을 녑(緉)이라고 하는데, 수(繸)는 160올의 실뭉치를 말한다. 여기에서는 손이양의 주장을 따라 해석했다.

68_ 부(否)는 『묵자한고』에서 손이양이 "소인은 형벌이 없었다는 말인 것 같다. 이것은 관직에 있는 사람에 대한 형벌[官刑]이기 때문에 벼슬아치인 군자에게는 엄하지만, 소인에게는 관대했다"라고 해석했다. 그리고 "이것은 린(吝)자가 되어야 하고, 린(吝)은 배(倍)를 줄여서 쓴 것이니, 소인의 형벌은 군자보다 두 배이다"라는 해석도 가능하다고 했다. 여기에서는 전자의 입장을 따랐다.

69_ '사이백황경(似二伯黃徑)'은 오탈자가 있다는 손이양의 말에 따라 해석하지 않고 그대로 둔다. 송정희의 『묵자』 번역본에는 '누런 피륙의 날실 이백'이라고 해석했

리가 크게 울려 퍼지는구나.[71] 상제(上帝)가 가상하게 여기지 않아서[72] 중국[73]이 이 때문에 멸망했고, 상제가 편안하지 않아서 온갖 재앙을 내리니, 그 집이 반드시 무너질 수밖에 없었다." 또 「상동(尙同)」편에서 선왕의 책 『술령지도(術令之道)』[74]의 "입은 우호관계를 만들어 내기도 하고, 전쟁을 만들어 내기도 한다"라는 말을 인용했고, 또 선왕의 책 『상년지도(相年之道)』의 "[하늘이] 나라를 세우고 도읍을 건설한 다음, 천자와 제후들을 만든 것은 태만하게 지내도록 하기 위해서가 아니며, 경대부와 대표들을 만든 것은 안일하게 지내도록 하기 위해서가 아니니, 직책을 나누어주어 그들로 하여금 천하를 고르게 다스리도록 한 것이다"[75]라는 말을 인용했는데,[76] 모두 지금 『서』에는 없다.[77] 오직 왕숙(王

는데, 그 근거를 밝히지 않고 있다. 그리고 내언왈(乃言曰)은 손이양이 대서왈(大誓曰)이 되어야 한다고 했다. '대서'는 『서』의 「태서(泰誓)」편을 말하는데, 이 내용은 현행본 『서』에는 보이지 않는다.

70_ 양양(佯佯)은 『묵자한고』에 의하면, 양양(洋洋)과 같은 말로, 매우 많고 성대한 모양이다. 『시』 「노송(魯頌) · 비궁(閟宮)」편에서 "온갖 춤들이 너울너울하니, 효성스러운 자손에게 경사가 있도다[萬舞洋洋, 孝孫有慶.]"라고 한 내용과 같은 의미이다.

71_ 황(黃)은 『묵자한고』에서 기(其)자가 되어야 한다고 했다. 고문에서는 두 글자의 형태가 비슷하다고 한다. 이것은 「비명 하(非命 下)」편에서 「대서」편을 인용한 '기행심장(其行甚章)'이라는 말과 대체로 같은 의미라고 한다. 공(孔)은 매우 크다는 뜻이고, 장(章)은 그 소리가 드러나서 크게 울려 퍼진다는 의미이다.

72_ 불상(弗常)은 가상하게 여기지 않는 것이다. 왕인지가 옛날에는 상(尙)이 상(常)과 통했으며, 돕는다[右]는 뜻이라고 했다. 『시』 「대아(大雅) · 억(抑)」편에 "그러므로 황천이 가상히 여기지 않는다[肆皇天弗尙.]"는 말이 있는데, 『시경집전』에서는 "불상(弗尙)은 싫어해서 버리는 것, 즉 가상하게 여기지 않는 것이다[弗尙, 厭棄之也.]"라고 풀이했다.

73_ 구유(九有)는 중국을 말한다. 『시』 「상송(商頌) · 현조(玄鳥)」편에는 "사방으로 그 제후들에게 명령하여, 문득 구유(九有)를 소유했다[方命厥后, 奄有九有.]"라는 구절이 있는데, 『시경집전』에서는 구유(九有)는 구주(九州)라고 했다. 구주는 곧 중국 전체를 말한다.

74_ 손이양은 술령(術令)이 당연히 열명(說命)이 되어야 한다고 했다. 이 내용은 원래 「열명」편의 문장인데, 진(晉)나라 사람이 위고문상서(僞古文尙書)를 만들면서 「대우모」에 제멋대로 집어넣었다고 주장했다.

肅, 195~256)[78]의 위고문상서(僞古文尙書)에서 그 말을 수록했지만, 감히 그 편명은 사용하지 못했다. 그 외에 「진서(秦誓)」와 「중훼지고(仲虺之告)」도 모두 그러하다.

若「非樂」所引『武觀』曰, "啓乃淫溢康樂, 野于飮食, 將將銘, 莧磬以力, 湛濁于酒, 渝食于野, 萬舞翼翼, 章聞于天. 天用弗式." 故上者天鬼弗戒, 下者萬民弗利. 「非命」篇所引禹之『總德』有之曰, "允不著, 惟天民不而葆. 旣防凶心, 天加之咎, 不愼厥德, 天命焉葆?" 此皆篇名與辭皆今『書』所無者. 又「非樂」所引湯之『官刑』有之曰, "其恒舞于宮, 是謂巫風. 其刑君子出絲二衛, 小人否. 似二伯黃徑." 乃言曰, "嗚呼! 舞佯佯, 黃言孔章. 上帝弗常, 九有以亡, 上帝不順, 降之百殃, 其家必壞喪." 「尙同」引先王之書『術令之道』曰, "惟口出好興戎." 又引先王之書『相年之道』曰, "夫建國設都, 乃作後王君公, 否用泰也, 輕大夫師長, 否用佚也, 維辯使治天均." 皆今『書』所無. 惟王肅僞古文采其辭, 而亦不敢用其篇名. 其他「秦誓」·「仲虺之告」皆然.

공자와 묵자가 『서』를 인용한 것은 비록 같지만, 각자가 자료를 선택

75_ 필원이 경대부사장(輕大夫師長)의 경(輕)은 경(卿)자가 되어야 한다고 했다. 그리고 변(辯)은 변(辨)자와 통용되어, 분(分)자의 의미이며, 직책을 나누어주어 천하를 고르게 다스리도록 한다는 뜻이라고 했다.

76_ 이 인용문에 이어서 묵자는 "이 말은 옛날에 하늘과 귀신이 나라와 도읍을 건설하고 우두머리를 세울 때, 높은 관직을 주고 많은 봉록을 주어서 부귀하고 편안하게 지내도록 내버려둔 것이 아니다[則此語古者上帝鬼神之建設國都, 立正長也, 非高其爵, 厚其祿, 富貴佚而錯之也.]"라고 풀이했다. 이상의 내용들은 『묵자』「상동중」편에 보인다.

77_ 현행본 『서』에는 「술령지도(術令之道)」라는 편명은 보이지 않고, 그 내용은 「대우모(大禹謨)」편에 보인다.

78_ 왕숙(王肅)은 삼국시대 위(魏)나라 동해(東海) 사람이며, 자는 자옹(子雍)이다. 그의 학설은 위나라의 관학으로 공인을 받았으며, 사적은 『삼국지(三國志)』의 본전에 수록되어 있다. 많은 책에 주석을 달았는데, 대표적인 것이 『공자가어(孔子家語)』와 『고문상서』이다.

하여 책을 만들었기 때문에 결코 서로 같지 않다는 것을 알 수 있다. 묵자 스스로 하나의 『서』를 지었다는 것을 안다면 공자 스스로도 하나의 『서』를 지었다는 것을 알 수 있으니, 서로 대조하여 교감해보면 분명해질 것이다.

可知孔 · 墨之引『書』雖同, 其各自選材成篇, 絶不相同. 知墨子之自作定一『書』, 則知孔子之自作定一『書』矣, 對勘可明.

<이상 『서』는 공자가 지은 것이다: 右『書』爲孔子所作>

3. 『예(禮)』

康10-7

『예』는 옛날의 명칭이다. 그것은 삼대 제후국들의 옛날 제도로, 나의 저서인 『구제고(舊制考)』에 보인다. 지금의 17편은 공자가 지었으며, 고당생(高堂生)이 전한 것이 이것인데, 바로 지금의 『의례(儀禮)』이다.[79]

『禮』舊名. 三代列國舊制, 見予所著『舊制考』. 今十七篇, 孔子作, 高堂生傳本是也, 卽今『儀禮』.

금문(今文) [『의례』] 17편은 모두 상태가 완전하며, 전부 공자의 글이다. 한나라 이전에는 모두 『예(禮)』라고 불렀으며, 『의례』라는 명칭이 없었

79_『의례(儀禮)』의 경문에는 금문과 고문 두 가지 판본이 있는데, 고당생(高堂生)이 전한 것을 금문이라고 하고, 노(魯)의 공왕(恭王)이 공자의 집에서 발견한 『의례』 56편을 고문이라고 한다. 정현은 주석을 달면서 두 판본을 모두 참고하여 사용했다.

고, 또한 『사례(士禮)』라는 명칭도 없었다. 유흠(劉歆)이 거짓으로 『주관(周官)』[80]을 지어서, 스스로 그것을 경례(經禮)[81]로 삼은 이후부터, 오히려 공자의 17편을 『의례』로 삼았다. 또한 거짓으로 「천자순수례(天子巡狩禮)」 등의 39편을 만들었는데,[82] 지금 그것을 『일례(逸禮)』라고 부르고, 오히려 『의례』를 『사례(士禮)』로 삼았다.[83] 『신학위경고(新學僞經考)』에서 상세하게 변론했다.

今文十七篇皆完好, 爲孔子完文. 漢前皆名爲『禮』, 無名『儀禮』, 亦無名『士禮』者. 自劉歆僞作『周官』, 自以爲經禮, 而抑孔子十七篇爲『儀禮』. 又僞「天子巡狩」等禮三十九篇, 今目爲『逸禮』, 而抑『儀禮』爲『士禮』. 辨詳『僞經考』.

10-3-1

문왕은 예악(禮樂)이 파괴되고 무너져서 도가 의지할 주체가 없음을 보았기 때문에 『예경(禮經)』 3백과 『위의(威儀)』 3천[을 만들었다].[84](『예위·

80_ 『주관(周官)』은 현재 전해지고 있는 『주례(周禮)』를 말한다.

81_ 경례(經禮)는 예의 핵심이라는 의미로, 『주례』를 삼례(三禮), 즉 『주례』·『예기』·『의례』 중에서 으뜸으로 삼았다는 말이다. 『예기』 「예기(禮器)」편에 "經禮三百, 曲禮三千, 其致一也."라는 기록이 보인다.

82_ 「천자순수례(天子巡狩禮)」는 『일례』의 편명인데, 정현의 삼례(三禮) 주석에 모두 8개의 『일례』의 편명이 인용되어 있다. 「천자순수례(天子巡狩禮)」, 「중류례(中霤禮)」, 「증상례(烝嘗禮)」, 「군례(軍禮)」, 「주공례(朝貢禮)」, 「체우태묘례(禘于太廟禮)」, 「왕거명당례(王居明堂禮)」, 「분상례(奔喪禮)」 등이다. 캉유웨이는 이것이 모두 유흠이 만든 위작이라고 주장했다.

83_ 염약거(閻若璩)의 『상서고문소증(尙書古文疏證)』 제21편에 "한나라가 흥성할 때, 고당생(高堂生)이 『예』 17편을 전했다. 공벽(孔壁)에서 나온 것은 39편으로, 그것을 『일례(逸禮)』라고 했다"라고 기록되어 있다. 캉유웨이의 주장에 따르면, 유흠은 『주례』를 거짓으로 만들고, 공벽에서 나온 39편을 『일례』라고 했다. 그리고 공자가 지은 19편을 『의례』, 즉 『사례』라고 여겼다.

84_ 『중용』 제28장에 "大哉. 聖人之道. … 優優大哉. 禮儀三百, 威儀三千."이라는 기록이 보인다. 예의(禮儀)는 예경(禮經) 또는 경례(經禮)라고도 한다. 위의(威儀)는

계명징』)

文王見禮壞樂崩, 道孤無主, 故『禮經』三百·『威儀』三千.(『禮緯·稽[85] 命徵』)

康10-8

왕건기(王愆期)가 문왕은 곧 공자라고 말했다.

王愆期謂文王卽孔子.

10-3-2[86]

휼유(恤由)의 초상에 애공(哀公)이 유비(孺悲)로 하여금 공자에게 가서 사(士)의 상례를 배우도록 하니, 『사상례(士喪禮)』가 이에 기록되었다.(『예기』「잡기 하」)

恤由之喪, 哀公使孺悲之孔子, 學士喪禮, 『士喪禮』于是乎書.(『禮記』「雜記 下)」)

康10-9

「사상례」는 『의례』 속에 있는데, 후세에는 모두 주공(周公)의 옛날 예(禮)로 여겼다. 그런데 [당시 『사상례』가] 이미 주나라의 통용 예법이었다면 노나라는 그 예법을 지키는 나라였고, 애공(哀公)은 주나라의 제후였으므로 '휼유의 초상'에 애공이 예관(禮官)에게 명령하여 초상의 예

곡례(曲禮)를 말한다.

85_ 계(稽)자가 『공자개제고』에는 빠져 있는데, 보충하여 기록했다.

86_ 이하에서 인용한 『예기』「잡기 하」편의 내용은 이 책의 제9권 제16절〈9-16-10〉에서 이미 인용했다. 자세한 주석은 앞의 내용을 참조 바람.

식을 거행하면 되지,[87] 어찌 그것을 공자에게 물어볼 필요가 있겠는가? 그리고 어찌 전문가가 공자에게 가서 배울 필요가 있겠는가? 또한 「사상례」가 이미 주나라의 통용 예법이었다면 천하에서 실행되고 제후국에 반포되며, 집집마다 그 책이 있기 때문에 앞 사람의 학문을 답습한 선비[88]는 모두 그것을 알고 있었을 것인데, 어찌 공자[의 교설]을 기다릴 필요가 있겠는가? 또한 어찌 이때에 이르러서야 기록되었겠는가? 「사상례」는 공자로부터 나왔는데, 유비에 이른 이후에야 [공자로부터] 배웠고, '휼유의 초상' 이후에야 기록되었으니, 공자의 저작이 아니면 무엇이겠는가? 공자가 지은 지 이미 오래되었는데, 애공이 유비로 하여금 와서 배우게 하도록 함에 이르러서야 기록되어 전수되었으니, 이것을 나라의 예법으로 삼은 것은 이때부터 시작된다. 「사상례」에서는 한 번 손을 씻을 때마다[89] 집사가 4명이라고 했기 때문에 안영(晏嬰)과 묵자는 공자가 용모를 성대하게 가꾸고 겉모습을 꾸미고, 계단을 오르내리는 예법을 번잡하게 만들었다고 비판했고, 또한 천수를 누리거나 재물을 쌓더라도 그 예법을 다 실천할 수 없다고 말했다.[90]

87_ 개구(開具)는 의식이나 행사를 연다는 의미이고, 전례(典禮)와 의주(儀注)는 예절이나 예의 등의 예식을 말한다.

88_ 철학지사(綴學之士)는 앞 사람의 학문을 답습하는 선비를 말한다.

89_ 관(盥)은 제사 때 제관이나 집사 등이 손을 씻는 의식을 말한다. 소렴(小斂)이나 대렴(大斂) 등의 의식은 관수(盥手)를 먼저 하고 진행한다.

90_『묵자』「비유 하(非儒 下)」편에 공자가 제(齊)나라 경공(景公)을 만났을 때의 이야기가 실려 있다. 그때 경공이 공자에게 이계(尼谿)의 땅을 봉해주려고 생각하여 안영(晏嬰)에게 상의했는데, 안영이 그것을 반대하면서 다음과 같이 말했다. "대체로 유학자들은 거만하게 굴면서 자기 하고 싶은 대로 행동하니, 아랫사람을 가르칠 수가 없다. … 공자는 용모를 성대하게 가꾸고 겉모습을 꾸며서 세상을 미혹시키고, 노래를 부르고 춤을 추어서 무리들을 모으며, 계단을 오르내리는 예법을 번잡하게 만들어 모범을 보여주고, 걸음걸이의 절도에 힘써서 사람들에게 보여준다. … 수명을 연장시키더라도 그 학문을 다 배울 수 없고, 장년들도 그 예법을 실행할 수 없으며, 재물을 쌓더라도 그 음악을 다 연주할 수 없다[夫儒浩居而自順者也, 不可以教下. … 孔某盛容修飾以蠱世, 弦歌鼓舞以聚徒, 繁登降之禮以示儀, 務趨翔之節以勸衆. … 絫壽不能盡其學, 當年不能行其禮, 積財不能贍其樂.]" 등강지

묵자는 성대한 장례식과 긴 상례 기간을 비판했는데, 모두가 지금의 「사상례」와 합치한다. 묵자가 언제나 우임금과 탕임금, 문왕과 무왕을 말하면서도 제멋대로 감히 공격한 것[을 보면] 상례는 공자가 만든 것이지 우임금과 탕임금, 문왕과 무왕이 만든 것이 아님을 알 수 있다.

「士喪禮」在『儀禮』中, 後世皆以爲周公舊禮. 然旣是大周通禮, 魯爲秉禮之邦, 哀公爲周藩侯, '恤由之喪', 哀公命禮官開具典禮儀注可矣, 何待問之孔子? 何待專人詣孔子受學? 且「士喪禮」旣爲大周通禮, 則行之天下, 頒之邦國, 家有其書, 綴學之士皆能知之, 何待孔子? 又何爲至此于是乎書也? 「士喪禮」出于孔子, 至孺悲而後學, 恤由之喪而後書, 非孔子所作而何? 孔子製作已久, 至哀公使孺悲來學, 乃寫授之, 以爲國禮, 自此始也. 「士喪禮」一盥執事者四人, 故晏嬰·墨翟譏孔子盛容飾, 繁登降, 又謂窮年積財不能殫其禮. 墨翟譏厚葬·久喪, 皆與今「士喪禮」合. 墨子日稱禹·湯·文·武, 而敢肆意攻擊, 故知喪禮爲孔子所制作, 而非禹·湯·文·武之制作也.

10-3-3[91]

재아(宰我)가 물었다. "삼년상은 기한이 너무 깁니다. 군자가 3년 동안 예법을 실행하지 않으면 예법이 반드시 붕괴되고, 3년 동안 음악을 하지 않으면 음악이 반드시 무너질 것입니다. [1년이 지나면] 묵은 곡식이 이미 다 없어지고 새로운 곡식이 벌써 나오며, 계절에 맞는 나무를 뚫어서 불씨를 얻으니, 1년이면 복상을 그만두어도 괜찮을 것입니다." 공자가 "쌀밥을 먹고 비단옷을 입는 것이 너에게 편안하냐?"라고 물으

례(登降之禮)는 계단을 오르내리고, 나아가고 물러나며 읍하고 사양하는 예를 말한다. 궁년(窮年)은 천수를 다하여 수명대로 사는 것이다.

91_ 이하에서 인용한 『논어』 「양화」편의 내용은 이 책의 제9권 제8절〈9-8-1〉에서 이미 인용했다. 자세한 주석은 앞의 내용을 참조 바람.

니, [재아가] "편안합니다"라고 대답했다. 공자가 말했다. "네가 편안하면 그렇게 해라. 군자가 거상할 때에는 맛있는 음식을 먹어도 달콤하지 않고, 음악을 들어도 즐겁지 않으며, 거처가 편안하지 않기 때문에 그렇게 하지 않는 것이다. 지금 네가 편안하다면 그렇게 해라." 재아가 나가자, 공자가 말했다. "재아의 어질지 못함이여! 자식이 태어나서 3년이 지난 이후에야 부모의 품을 벗어난다. 삼년상은 천하의 공통된 상례이니, 재아는 자기 부모에게 3년의 사랑을 받은 일이 있는가!"(『논어』「양화」)

宰我問, "三年之喪, 期已久矣. 君子三年不爲禮, 禮必壞, 三年不爲樂, 樂必崩. 舊穀旣沒, 新穀旣升, 鑽燧改火, 期可已矣." 子曰, "食夫稻, 衣夫錦, 于女安乎?" 曰, "安." "女安, 則爲之. 夫君子之居喪, 食旨不甘, 聞樂不樂, 居處不安, 故不爲也. 今女安, 則爲之." 宰我出, 子曰, "予之不仁也! 子生三年, 然後免于父母之懷. 夫三年之喪, 天下之通喪也, 予也, 有三年之愛于其父母乎!"(『論語』「陽貨」)

康10-10

재아는 공자 문하의 뛰어난 제자이자 대현(大賢)이다. 만약 삼년상이 당시의 국가 제도였고, 천하의 사람들이 모두 이미 따르고 있었다면 지금 비록 지극히 불초한 사람이 예법을 지키지는 못하더라도 반드시 상복을 입으려고[92] 노력할 것이며, 이의를 제기하여 1년상으로 고쳐서 단축해야 한다고 주장하는 자가 있다는 말은 결코 들어본 적이 없으니, 어찌 공자 문하의 뛰어난 제자이자 대현이면서 이와 같이 이치에 어긋나고 인정이 각박하단 말인가? 설령 이치에 어긋나고 인정이 각박하다고 하더라도 개인적으로 예법을 어기면 그만이지, 어찌 공공연

92_ 소복(素服)은 흰 옷감으로 만든 상중에 입는 상복을 말한다.

히 스승이나 사형들과 당시 왕자의 제도를 변론하고 공격하여, 단지 1년상이면 되지 길게 삼년상을 할 필요가 없다고 했겠는가? 또한 이 일이 이미 당시 왕자의 제도였다면 공자와 변론하는 것도 무의미하니, 즉 공자가 재아를 따르더라도 마땅히 당시의 왕자에게 상주문을 올려서 말해야 한다. 그런데 2천년 이래로 난리를 일으켜 왕위를 찬탈하거나 군주를 시해하고 해친 사람이 수없이 많지만,[93] 감히 상례 기간을 고쳐서 단축한 사람이 있다는 말은 들어보지 못했으니, 단지 고치지 못했을 뿐만 아니라, 또한 상기 단축을 감히 말한 사람도 없었다. 오히려 날이 갈수록 예법이 더욱더 강화되어, 예를 들어 장인과 장모에게 삼년상, 첩의 신분인 어머니에게 1년상, 형수와 시동생에게 9개월의 대공복(大功服)으로 강화되었을 뿐이다. 그런데 뛰어난 제자이자 대현이 감히 크게 바르지 못한 짓을 저지르고, 결코 해서는 안 될 행동으로 당시 왕자의 제도를 공격했으니, 그럴 리가 있겠는가? 대체로 삼년상은 공자가 고친 것이기 때문에 재아가 1년복을 입는 옛날의 풍속에 근거하여 공자와 상의하면서, 공자가 어찌 기어코 3년으로 늘리려고 하는지를 물은 것이다. 제도를 새롭게 고친 때였기 때문에 제자가 질문하여 의문을 제기할 수 있었던 것이다. 『논어』의 이 조목은 옛날이나 지금이나 모두 그 의미를 의심하면서 분명하게 밝히지 못했는데, 당시에 제도를 바꾼 것을 이해하지 못했기 때문에 그 의미를 분명하게 밝히지 못한 것이 당연하다.

宰我爲聖門高弟大賢. 若三年之喪是當時國制, 天下人人皆已服從, 今日雖極不肖之人, 不能守禮, 亦必勉强素服, 從未聞有發言吐論以爲應改短爲期喪者, 豈有聖門高弟大賢而背謬惡薄若此? 卽使背謬惡薄, 亦不過私居失禮而已, 奚有公然與師長辨攻時王之制, 以爲只可服期不應三年之久者? 且此事旣是時王之制, 與孔子辨亦無益, 卽孔

93_ 종접견망(踵接肩望)은 발꿈치가 서로 잇닿아 있으면서 앞 사람의 어깨를 바라본다는 말로, 사람이 끊임없이 이어져서 많다는 의미이다.

子從之, 亦當上書時王言之. 而二千年來亂簒弑賊之人, 踵接肩望, 亦未聞有人敢改短喪者, 匪特不敢改, 亦未有人敢言短喪者. 但日益加隆, 如舅姑加三年, 妾母加期, 嫂叔加大功而已. 而高弟大賢, 乃敢犯大不韙, 爲必不可之擧以攻時王之制, 有是理乎? 蓋三年喪, 爲孔子所改, 故宰我據舊俗服期以與孔子商略, 謂孔子何必增多爲三年. 蓋當創改之時. 故弟子得以質疑問難也. 『論語』此條, 古今皆疑不能明, 非通當時改制之故, 宜其不能明也.

10-3-4

자장(子張)이 물었다. "『서』에서 '고종(高宗)[94]이 양암(諒闇)에서 3년 동안 말하지 않았다'[95]라고 하는데, 무슨 말입니까?" 공자가 말했다. "어찌 반드시 고종뿐이겠는가? 옛날 사람들은 모두 그러했다."(『논어』「헌문」)

子張問曰, "『書』云, '高宗諒闇, 三年不言.' 何謂也?" 子曰, "何必高宗? 古之人皆然."(『論語』「憲問」)

康10-11

'고종양암(高宗諒闇)'은 이미 『서』에 보이는데, 자장이 그런데도 그런 일이 있었는지의 여부를 의심했으니, 당시에는 [삼년상이] 결코 없었기 때문에 자장이 믿지 못하고 의문을 제기한 것이다. 만약 [삼년상이 이미 시행된] 후세의 경우라면 누가 삼년상을 시행하지 않는다고 해서 어찌 의문을 제기할 만한 것이겠는가? 공자가 [『서』에서] 인용한 것은

94_ 고종(高宗)은 은나라의 왕인 무정(武丁)으로, 반경(盤庚)의 조카이다.

95_ 양암(諒闇)은 『논어집주』에서 천자가 거상한 곳의 명칭인데, 그 의미가 분명하지 않다고 했다. 『논어』와 『서』에는 모두 양음(諒陰)으로 되어 있다. 이 내용은 『서』「무일(無逸)」편에 "其在高宗時, … 作其卽位, 乃或亮陰, 三年不言."이라는 형태로 보인다.

단지 고종 한 사람뿐인데도 자장에게는 "옛날 사람들은 모두 그러했다"라고 말했다. 만약 모두가 그러했다면 어째서 고종만이 유독 거론되었고, 자장은 기어코 의문을 제기했겠는가? 공자가 제도를 고쳤기 때문에 자장이 의문을 제기한 것이다.

'高宗諒闇', 旣見于『書』, 而子張尙疑問其有否, 則當時絶無, 故子張不信而疑問之也. 若如後世, 誰不行三年之喪, 豈足疑問? 孔子援引, 只得一高宗, 乃告子張曰, "古之人皆然." 若皆然, 則高宗何獨稱, 而子張何必疑問? 蓋孔子所改制, 故子張疑而問之.

10-3-5[96]

유학자가 말했다. "친한 이를 친하게 대하는 것에도 강등이 있고, 현명한 이를 높이는 것에도 차등이 있다." 이것은 친함과 소원함, 존귀함과 비천함의 차이를 말한 것이다. 그 예법에서 말했다. "부모의 거상 기간은 3년, 부인과 맏아들도 3년, 백부와 숙부, 동생과 형, 서자(庶子)는 1년, 친척과 족인(族人)은 다섯 달이다." 그런데 만약 친소(親疎)를 기준으로 상례의 기간을 정한다면, 가까운 자는 기간을 많이 하고 소원한 자는 기간을 적게 하니, 이것은 아내와 적장자를 부모와 동등하게 대우하는 것이다. 또 만약 존비(尊卑)를 기준으로 상례의 기간을 정한다면, 이것은 그 처자(妻子)를 높여서 부모와 동등하게 대우하고, 큰아버지와 종형(宗兄)을 서자와 동일시하는 것이니, 무엇이 이보다 더 이치에 어긋날 수 있겠는가? 유학자들은 부모가 죽으면 시신을 그대로 펼쳐놓고 염(殮)을 하지 않으며, 지붕 위로 올라가고 우물을 들여다보며, 쥐구멍을 뒤져서 찾고 씻을 기물들을 살펴보면서 죽은 이를 찾는다. 그런데 실제로 살아 있다고 생각하는 것이라면 어리석음이 매우 심한 것이

96_ 이하에서 인용한 『묵자』「비유 하」편의 내용은 이 책의 제7권 제4절〈7-4-1〉에서 이미 인용했다. 자세한 주석은 앞의 내용을 참조 바람.

며, 만약 이미 돌아가신 것을 알면서도 기어코 그를 찾으려고 하는 것이라면 허위가 또한 큰 것이다. 유학자들은 장가를 들 때 [신랑이] 직접 신부를 맞이하는데, 검은색의 예복을 입고 마부가 된다. 말고삐를 잡고서 수레의 손잡이 끈을 [신부에게] 주니, 마치 부모를 태우는 것과 같다. 그리고 혼례의 엄격한 의식은 마치 제사를 받드는 것과 같으니, 위아래의 지위를 뒤집어서 부모를 거역하는 것이다. 부모[의 상례]는 낮추어 처자식과 같게 하고, 처자식은 올려서 부모를 업신여기게 하니, 부모를 섬기는 것이 이와 같다면 효도라고 말할 수 있겠는가? 유학자가 부인을 직접 맞이하러 가는 것은 부인이 제사를 받들고, [그녀의] 자식이 장차 종묘를 지키기 때문이다. 따라서 그 [예법을] 중시한다. 이 말에 응수하여 다음과 같이 말한다. "이것은 거짓된 말이다. 그의 종형(宗兄)들은 선조들의 종묘를 수십 년이나 지켰는데도, 그가 죽으면 1년 복상을 하고, 형제의 아내들은 선조들의 종묘를 받들지만, [그녀들이 죽으면] 상복을 입지 않는다. 그렇다면 처자식을 위해 3년 동안 복상하는 것은 결코 그들이 종묘를 지키고 제사를 받들기 때문이 아니나. 처자식을 아끼는 것이 이미 큰 잘못인데도, 또 '[그들이] 부모를 소중히 여기기 때문이다'라고 말한다. 이것은 지극히 사사로운 대상을 후하게 대우하고, 지극히 소중한 대상을 가볍게 대우하는 것이니, 어찌 크게 간사한 짓이 아니겠는가?"

儒者曰, "親親有術, 尊賢有等", 言親·疏尊卑之異也. 其禮曰, "喪父母三年, 其妻·後子三年, 伯父·叔父·弟兄·庶子其, 戚族人五月." 若以親疏爲歲月數, 則親者多而疏者少矣, 是妻·後子與父同也. 若以尊卑爲歲月數, 則是尊其妻子與父母同, 而親·伯父·宗兄而卑子也, 逆孰大焉? 其親死, 列尸弗, 登屋窺井, 挑鼠穴, 探滌器, 而求其人焉. 以爲實在, 則戇愚甚矣, 如其亡也, 必求焉, 僞亦大矣. 取妻身迎, 祇褍爲僕. 秉轡授綏, 如仰嚴親. 昏禮威儀, 如承祭祀, 顚覆上下, 悖逆父母. 下則妻子, 妻子上侵, 事親若此, 可謂孝乎? 儒者迎妻, 妻之奉祭祀, 子將守宗廟. 故重之. 應之曰, "此誣言也. 其宗兄守其先宗廟, 數十年, 死, 喪之其, 兄弟之妻, 奉其先之祭祀, 弗散. 則喪妻子三年, 必非以守奉祭祀也. 夫憂妻子以大負累, 有曰'所以重親也'. 爲欲厚所至私, 輕所至重, 豈非大奸也哉?"

康10-12

제자백가의 여러 책에서는 유가와 묵가를 대립적으로 다루었으며, 비록 맹자라고 하더라도 "묵자로부터 도피하면 반드시 양주(楊朱)로 돌아오고, 양주로부터 도피하면 반드시 유학으로 돌아올 것이다"라고 말했다.[97] 또한 묵가인 이지(夷之)의 이름을 드러내면서, 그 아래에 '유학자의 도가 이와 같다'와 같이 말한 종류[98]는 이루 다 거론할 수가 없으니, 「유가와 묵가가 대립하면서 서로 공격하다[儒·墨對擧相攻]」편[99] 등에 이미 보인다. 묵자는 입만 열면 곧 우임금과 탕임금, 문왕과 무왕을 말했는데, 만약 유학이 우임금과 탕임금, 문왕과 무왕이 만든 옛날 학문이었다면, 묵자는 감히 입을 제멋대로 놀려서 함부로 욕하지 못했을 것이다. 한비자는 유가의 최고 시조는 공자라고 말했다.[100] 따라서 유학은 공자가 교설을 만든 명칭이기 때문에 묵자가 그 명칭을 거론하고 그 이론을 기술하면서 공격했다. 부모와 처와 후자(後子)는 삼년상, 백

97_ 『맹자』 「진심 하(盡心 下)」편에 보인다.

98_ 『맹자』 「등문공 상(滕文公 上)」편에 "이자가 '유학자의 도에 『옛날 사람이 [백성을] 마치 갓난아이를 보호하듯이 한다』고 했는데, 이 말은 무슨 말인가?'[夷子曰, '儒者之道, 『古之人若保赤子.』 此言何謂也?']"라는 말이 보인다. 이자(夷子)는 묵가 학파의 이지(夷之)를 말한다.

99_ 이 편명은 보이지 않는데, 제16권의 「유가와 묵가가 교설을 다투면서 서로 공격하다[儒·墨爭敎交攻考]」편을 가리키는 것으로 보인다.

100_ 『한비자』 「현학」편에서 "세상에 현저하게 드러난 학파는 유가와 묵가이다. 유가의 최고 시조는 공자이고, 묵가의 최고 시조는 묵적이다[世之顯學, 儒·墨也. 儒之所至, 孔丘也, 墨之所至, 墨翟也.]"라고 했다.

부와 숙부와 제자는 1년상, 방에 올라가서 울부짖고, 첩과 처를 친영(親迎)하는 것은 모두 지금의 『의례』이다. 그런데 묵자는 유학자를 공격하면서 그것이 유학자의 예(禮)라고 말했으니, 이는 묵자와는 무관한 것이다. 그리고 그것이 크게 어긋난다거나 크게 거짓되다거나 어리석다거나 속이는 말이라거나 크게 간사하다고 비난했으니, 예는 공자의 제도이지 우임금과 탕임금, 문왕과 무왕의 제도가 아니다. 『의례』라는 책은 공자가 지은 것이지 주공이 지은 것이 아니라는 명확한 증거가 될 수 있다.

諸子群書, 皆以儒·墨對擧, 雖孟子亦云, "逃墨必歸于楊, 逃楊必歸于儒." 又標名墨者夷之, 下云'儒者之道若是'之類, 不勝枚擧, 已見「儒·墨對擧相攻」等篇. 墨子開口, 便稱禹·湯·文武, 若儒爲禹·湯·文·武之舊, 墨子不敢肆口慢罵. 韓非謂儒之所至, 孔子也. 故知儒爲孔子創敎之名, 故墨子指其名, 述其說而攻之. 喪父·母·妻·後子三年, 伯父·叔父·弟子期, 升屋而號, 娶妻親迎, 皆今之『儀禮』. 而墨子攻儒者謂爲其禮, 是于墨氏無預者. 詈爲大逆·大僞·戇愚·誣言·大奸, 則禮爲孔子之制, 而非禹·湯·文·武之制. 『儀禮』一書爲孔子所作, 而非周公所作, 可爲明據.

10-3-6[101]

공맹자가 묵자에게 말했다. "그대는 삼년상이 잘못된 것이라고 하는데, 그대가 주장하는 3일상도 잘못된 것이다." 묵자가 대답했다. "그대가 삼년상을 가지고 3일상을 비판한 것은 마치 벌거벗은 사람이 옷을 걷어 올린 사람에게 공손하지 못하다고 말하는 것과 같다." 공맹자가 묵자에게 말했다. "지식이 다른 사람보다 뛰어난 것이 있으면 지혜롭

101_ 이하에서 인용한 『묵자』「공맹」편의 내용은 이 책의 제9권 제4절 〈9-4-3〉에서 이미 인용했다. 자세한 주석은 앞의 내용을 참조 바람.

다고 할 수 있는가?" 묵자가 말했다. "어리석은 사람의 지식 중에는 다른 사람보다 뛰어난 것이 있는데, [그렇다고 해서] 어리석은 사람을 어찌 지혜롭다고 할 수 있겠는가?" 공맹자가 말했다. "삼년상은 우리 어린 자식들이 부모에 대한 사모를 배우는 것이다." 묵자가 말했다. "대체로 어린아이들이 아는 것은 오직 부모를 사모하는 것뿐이다. 부모를 볼 수가 없으면 울면서 그치지 않으니, 이것은 무슨 까닭인가? 바로 너무나 어리석기 때문이다. 그렇다면 유학자들의 지식이 어찌 어린아이들보다 나은 것이 있겠는가?"(『묵자』「공맹」)

公孟子謂子墨子曰, "子以三年之喪爲非, 子之三日之喪, 亦非也." 子墨子曰, "子以三年之喪非三日之喪, 是猶果謂撅者不恭也." 公孟子謂子墨子曰, "知有賢于人, 則可謂知乎?" 子墨子曰, "愚之知有以賢于人, 而愚豈可謂知矣哉?" 公孟子曰, "三年之喪, 學吾之慕父母." 子墨子曰, "夫嬰兒子之知, 獨慕父母而已. 父母不可得也, 然號而不止, 此其故何也? 卽愚之至也. 然則儒者之知, 豈有以賢于嬰兒子哉?"(『墨子』「公孟」)

康10-13

공자는 삼년상을 만들었고, 묵자는 3개월상을 만들었으니, 당시의 상례에는 정해진 제도가 없었기 때문에 교주의 주장에 따라서 편의대로 고친 것이다. 한나라 때에도 여전히 상례 제도가 없었기 때문에 적방진(翟方進)은 36일 동안 복상했고,[102] 왕순(王恂)은 6년 동안 복상했다.[103] 진(晋)나라 무제(武帝)에 이르러서야 비로소 상례가 정해져서, 공자의

102_ 『후한서』「순숙열전(荀淑列傳)」에 "昔翟方進以自備宰相, 而不敢踰制, 至遭母憂, 三十六日而除."라는 기록이 보인다.

103_ 왕순(王恂)은 이순(李恂)의 오자인 듯하다. 『동관한기(東觀漢記)』「이순열전(李恂列傳)」에 "李恂遭父母喪, 六年躬自負土樹柏, 常在冢下."라는 기록이 보인다.

제도를 따라서 3년 동안 복상했다.[104] 공자가 "재아(宰我)는 자기 부모에게 3년의 사랑을 받은 일이 있는가!"[105]라고 말했기 때문에 공맹자도 "삼년상은 우리 어린 자식들이 부모에 대한 사모를 배우는 것이다"라고 말했다.

孔子創三年之喪, 墨子創三月之喪, 蓋當時喪禮無定制, 故聽教主隨意改作. 漢時尚無喪制, 故翟方進服喪三十六日, 王恂服喪六年. 至晋武帝乃始定, 從孔子之制, 服喪三年. 孔子謂"予也, 有三年之愛于其父母." 故公孟子亦謂"三年之喪, 學吾之慕父母."

10-3-7

등정공(滕定公)이 죽자, 세자(世子)가 연우(然友)[106]에게 말했다. "예전에 맹자가 송(宋)나라에서 나에게 말한 적이 있는데, 내 마음에서 끝내 잊을 수가 없다. 지금 불행하게도 큰일을 당했으니, 내가 그대를 시켜 맹자에게 물어본 뒤에 장례식을 거행하고자 한다." 연우가 추(鄒) 땅으로 가서 맹자에게 물었는데, 맹자가 말했다. "또한 좋지 않겠는가! 부모의 상은 진실로 최선을 다해야 한다. 증자(曾子)가 '살아 계실 때 예로써 섬기고, 돌아가셨을 때 예로써 장례를 지내며, 예로써 제사를 지내면 효도라고 할 수 있다'라고 했으니,[107] 제후의 예법은 내가 아직 배우지 않았지만, 비록 그렇다고 하더라도 내가 들어본 적은 있다. 삼년상에 거친 삼베로 만든 상복을 입고,[108] 죽[109]을 먹는 것은 천자로부터 일반 백

104_ 『진서(晉書)』「예지 중(禮志 中)」에 "武帝以來, 國有大喪, 輒廢樂終三年."이라는 기록이 보인다.

105_ 『논어』「양화(陽貨)」편에 보인다.

106_ 연우(然友)는 『맹자집주』에 의하면, 당시 세자의 사부(師傅)이다.

107_ 이 내용은 『논어』「위정(爲政)」편에 보이는 공자의 말이다. 「위정」편에는 "子曰, 生事之以禮, 死葬之以禮, 祭之以禮."까지만 기록되어 있다. 『맹자집주』에서는 증자가 공자의 말을 외어서 문인들에게 말해준 것이라고 했다.

성에 이르기까지 삼대가 공통으로 시행했다." 연우가 되돌아와서 보고하여 삼년상으로 결정하자, 부형(父兄)과 백관(百官)이 모두 하고자 하지 않으면서, "우리의 종주국인 노(魯)나라 선군도 이것을 행하지 않았고, 우리 선군도 이것을 행하지 않았으니, 그대의 몸에 이르러서 그것을 뒤집는 것은 안 됩니다. 또 전해지는 기록에 '장례와 제사는 선조를 따른다'라고 했으니, 우리에게도 전수받은 예법이 있습니다"라고 했다.(『맹자』「등문공 상」)

滕定公薨, 世子謂然友曰, "昔者, 孟子嘗與我言于宋, 于心終不忘. 今也不幸至于大故, 吾欲使子問于孟子, 然後行事." 然友之鄒問于孟子, 孟子曰, "不亦善乎! 親喪, 固所自盡也. 曾子曰, '生事之以禮, 死葬之以禮, 祭之以禮, 可謂孝矣.' 諸侯之禮, 吾未之學也, 雖然, 吾嘗聞之矣. 三年之喪, 齊疏之服, 飦粥之食, 自天子達于庶人, 三代共之." 然友反命, 定爲三年之喪, 父兄百官皆不欲曰, "吾宗國魯先君莫之行, 吾先君亦莫之行也, 至于子之身而反之, 不可. 且志曰, '喪祭從先祖.' 曰吾有所受之也."(『孟子』「滕文公 上」)

康10-14

맹자가 말한 예(禮)는 삼년상에 거친 삼베로 만든 상복을 입고, 죽을 먹는 것이니, 곧『의례(儀禮)』「사상례(士喪禮)」속의 제도이며, 옛날이나 지금이나 통용되는 것이다. 그런데 등나라의 부형과 백관이 모두 하고자 하지 않았으니, 예를 들어 지금의 친왕(親王)과 군왕(郡王), 패륵(貝勒)과 패자(貝子)[110]로부터 4품의 종실 관리까지, 그리고 대학사(大學士)로부

108_ 자(齊)는 상복을 말하고, 소(疏)는 거친 삼베를 말한다.

109_ 전죽(飦粥)은 된죽을 말한다.

110_ 친왕(親王)은 청대의 최상급의 작위로, 황제의 백부와 숙부, 형제와 아들이 여기에 속한다. 군왕(郡王)은 친왕 다음의 작위로, 종실의 봉작 제3급인 다라군왕

터 한림학사(翰林學士), 첨사(詹事), 과도관(科道官)[111] 이하의 회의에서 모두가 승낙하지 않은 것이다.[112] 만약 대주통례(大周通禮)·대주회전(大周會典)·대주율례(大周律例)에 이러한 정해진 제도가 있었다면 등나라의 신하들이 비록 이치에 어긋나고 잘못되더라도 어찌 온 나라가 마치 미친 것 같은 상태에 이르렀겠는가? 노나라는 예를 지키는 나라로 일컬어지는데, 어찌 주공(周公)과 백금(伯禽)으로부터 평공(平公)에 이르기까지 주나라의 제도에 복종하는 사람이 한 사람도 없었단 말인가? 등나라는 숙수(叔綉)로부터 문공(文公)에 이르기까지 수십 명의 군주인데, 또한 모두가 천왕의 조정에서 정한 제도를 분명하게 어긴 것이 된다. [주나라의] 성왕(成王)과 강왕(康王)으로부터 선왕(宣王)에 이르기까지는 천왕의 위세가 밝고 성대했는데, [등나라가] 유독 예를 고쳐서 상복[의 기간]을 바꾸었으니, 제후의 부류가 맞단 말인가? 또한 분명하게 드러낸 기록도 없으니, 당시의 대주회전이나 대주통례에도 삼년상의 제도가 없었던 것은 매우 분명하다. 그렇다면 이 제도는 공자가 지은 것이 아니라면 무엇이겠는가? 재아가 상례의 단축에 대해 물은 것과 합쳐서 보면, 그 의미가 저절로 분명해진다.

孟子所謂禮者, 三年之喪, 齊疏之服, 飦粥之食, 乃今『儀禮』「士喪禮」中之制, 古今所通. 而滕之父兄百官皆不欲, 則如今之親·郡王·貝勒·貝子至四品宗室, 大學士至翰·詹·科道以下會議, 皆不畫諾矣. 如果大周通禮·大周會典·大周律例有此定制, 滕之人臣雖背謬, 何

(多羅郡王)의 약칭이다. 패륵(貝勒)은 만주어의 음역으로, 본래의 뜻은 부락의 장(長)이다. 청대에 만주와 몽고의 귀족에게 내린 작호이다. 패자(貝子)는 종실과 몽고의 귀족에게 내린 작위로, 패륵의 바로 아래의 작호이다.

111_ 첨사(詹事)는 명나라와 청나라 때 황후와 태자의 가사(家事)를 맡았던 3품의 벼슬이다. 과도관(科道官)은 명나라와 청나라 때 이(吏)·호(戶)·예(禮)·병(兵)·형(刑)·공(工) 육과(六科)의 급사중(給事中)과 각 도의 감찰어사(監察御史)의 통칭이다.

112_ 화락(畫諾)은 수결(手決)과 같은 말로, 자신의 성명이나 직함 아래에 일정한 글자 형태로 자필하여 승낙을 표시하는 것이다.

至擧國若狂? 魯號秉禮之邦, 何以自周公·伯禽至平公, 無一服從周制者? 滕則自叔綉至文公數十君, 亦皆顯悖王朝定制. 自成·康至宣王, 王靈赫濯, 獨不畏變禮易服, 則君流乎? 又著明志亦無之, 則當時會典·通禮無三年之制至明. 然則此禮非孔子所作而何? 與宰我問短喪合觀之, 其義自明.

10-3-8

상례를 치르는 방법은 어떻게 해야 하는가? 다음과 같다. 곡을 하고 울면서 평상시와는 다른 곡소리에 목이 메며,[113] 거친 삼베로 만든 상복을 입고 눈물을 흘리며,[114] 여막에 거처하면서[115] 거적자리 위에 누워서 흙덩이를 베고 잔다.[116] 또한 서로를 이끌어서 억지로 음식을 먹지 않아서 굶주리게 하며,[117] 얇은 옷을 입어서 춥게 하며, 얼굴 표정은 낙담한 표정을 짓게 하고,[118] 얼굴빛은 검어지게 하며, 귀와 눈은 제대로 듣거나 보지 못하게 하고, 손과 발은 튼튼하지 못하게 하여, 사용할 수가 없게 된다. 또한 '훌륭한 선비가 상례를 거행할 때는 반드시 부축해야 일어설 수 있고, 지팡이를 짚어야 걸어 다닐 수 있으니, 이러한 행동을 모두 3년 동안 해야 한다'[119]라고 말한다. 만약 이러한 말을 본받

113_ 질(秩)은 『묵자한고』에서 인용한 『이아(爾雅)』「석고(釋詁)」편에서 일상이나 평상시[常]라고 했다. 성옹(聲翁)은 『묵자한고』에서 홍이훤(洪頤煊)이 성익(聲嗌)의 잘못이라고 했다. 성익(聲嗌)은 곡소리에 목이 메는 것을 말한다.

114_ 최질(縗絰)은 거친 삼베로 만든 상복을 말한다.

115_ 의려(倚廬)는 나무에 기대어 만든 여막으로, 무덤 옆에 만들어 상주가 거처하는 곳이다.

116_ 점(苫)은 상례에 바닥에 까는 거적자리이고, 괴(凷)는 흙덩이를 말한다.

117_ 『예기』「간전(閒傳)」편에 "斬衰三日不食, 齊衰二日不食, 大功三不食, 小功緦麻再不食, 士與斂焉則壹不食."이라는 기록이 보인다.

118_ 함추(陷陬)는 필원이 얼굴이 마르고 초췌한 모습이라고 했는데, 손이양이 낙담한 모습을 형용한 것이라고 했다.

고 이러한 도리를 실행한다면, 가령 천자나 제후들이 이것을 실행한다면 결코 일찍 조회하지 못할 것이며,[120] [만약 경대부들이 이것을 실행한다면] 결코 모든 관직과 관청을 다스려서[121] 초목을 개간하고 창고를 가득 채우지 못할 것이다. 그리고 만약 농부가 이것을 실행한다면 결코 일찍 일하러 나가서 밤에 집에 돌아오면서 농사를 지어 곡식을 재배하지 못할 것이며, 만약 모든 기술자들이 이것을 실행한다면 결코 선박이나 수레를 수리하거나 그릇을 만들지 못할 것이다. 또 만약 부인들이 이것을 실행한다면 결코 일찍 일어나고 밤늦게 자면서 방직을 하거나 옷감을 짜지 못할 것이다. 성대한 장례식에 대해 따져서 생각해보면 모아두었던 재산을 대부분 땅에 묻어버리는 것이며,[122] 삼년상에 대해 따져서 생각해보면 일에 종사하는 것을 오랫동안 금지하는 것이다. 이미 이루어놓은 재산을 가져다가 땅에 묻어버리고,[123] 뒤에 살아남은 사람들에게 오랫동안 일하는 것을 금지시키는 것이다. 이로써 부유함을 추구한다면 그것은 비유하면 마치 농사를 금지하면서 수확을 구하는 것과 같으니, 부유함을 이야기하는 것이 가능하지가 않다. 이 때문에 집안의 부유함을 추구하는 것이 이미 불가능한 것이다.[124]

119_ 공(共)은 김학주의 번역본에서는 공(恭)자와 같은 의미로 해석했는데, 여기에서는 글자 그대로 해석했다.

120_ 유월이 '조조(蚤朝)' 뒤에 대구가 되는 '안퇴(晏退)' 두 글자가 빠져 있다고 했는데, 여기에서는 글자 그대로 해석했다.

121_ 손이양이 '오관육부(五官六府)'는 '使士大夫行此, 則必不能治五官六府.'가 되어야 한다고 했다. 즉 앞에서 말한 '왕공대인(王公大人)'은 천자와 제후를 가리켜서 한 말이고, 여기에서 오관육부를 다스리는 것은 경대부를 가리켜서 한 말이라고 했다.

122_ 『묵자한고』에서 세(細)자와 지(之)자는 모두 연문이라고 한 것에 따라서 생략하고 해석했다. 부재(賦財)는 평소에 모아두었던 재산을 말한다.

123_ 부(扶)는 왕인지가 협(挾)자가 되어야 한다고 했다. 즉 이미 이루어놓은 재산을 가져다가 땅에 묻어버리는 것이다.

124_ 구이(求以)는 필원이 뒷 문장에 근거하여 '이구(以求)' 두 글자가 뒤바뀐 것이라고 했다.

處喪之法, 將奈何哉? 曰, 哭泣不秩聲翁, 縗絰垂涕, 處倚廬, 寢苫枕凷. 又相率强不食而爲饑, 薄衣而爲寒, 使面目陷陬, 顔色黧黑, 耳目不聰明, 手足不勁强, 不可用也. 又曰, '上士之操喪也, 必扶而能起, 杖而能行, 以此共三年.' 若法若言, 行若道, 使王公大人行此, 則必不能蚤朝, 五官六府, 辟草木, 實倉廩. 使農夫行此, 則必不能蚤出夜入, 耕稼樹藝, 使百工行此, 則必不能修舟車爲器皿矣. 使婦人行此, 則必不能夙興夜寐, 紡績織紝. 細計厚葬爲多埋賦之財者也, 計久喪爲久禁從事者也. 財以成者, 扶而埋之, 後得生者, 而久禁之. 以此求富, 此譬猶禁耕而求獲也, 富之說無可得焉. 是故求以富家, 而旣已不可矣.

이로써 백성들이 많아지기를 원한다면 생각건대 가능하겠는가? 그 말조차도 불가능하다. 지금 성대한 장례식과 삼년상을 치르는 자로써 정치를 하게 하면,[125] 임금이 죽으면 3년 동안 상례를 치르고, 부모가 죽으면 3년 동안 상례를 치르며, 처와 적장자[126]가 죽으면 [3년 동안 상례를 치르니], 이 다섯 사람은 모두 3년 동안 상례를 치른다.[127] 그런 이후에 백부와 숙부, 형제와 자식들에 대해서는 1년상,[128] 친족들에 대해서는 5개월상, 고모와 누이, 생질과 외삼촌에 대해서는 모두 수개월의 상례를 치른다.[129] 몸을 훼손하고 수척하게 하는 것에도 반드시 정해진 제도가 있다. 얼굴 표정은 낙담한 표정을 짓게 하고, 얼굴빛은 검어

125_ 유무(惟毋)의 무(毋)자는 어조사이다.

126_ 후자(後子)는 아버지의 뒤를 잇는 적장자를 말한다.

127_ 자오(者五)는 왕염손이 '오자(五者)' 두 글자가 뒤집어진 것이라고 하고, 유월은 오(五)가 '이(二)'자의 잘못이라고 했는데, 여기에서는 그대로 해석했다.

128_ 얼자(孼子)는 적장자 이외는 모든 아들을 말한다. 기(其)는 필원이 기(期)자와 같다고 했는데, 1년상을 말한다.

129_ 월수(月數)는 왕염손이 수월(數月)이 뒤바뀐 것이라고 했다. 『예기』「상복(喪服)」편에 의하면, 고모와 자매는 미혼일 경우에는 1년상, 시집을 갔을 경우에는 9개월상을 치르고, 생질과 외삼촌은 3개월상이다.

지게 하며, 귀와 눈은 제대로 듣거나 보지 못하게 하고, 손과 발은 튼튼하지 못하게 하여, 사용할 수가 없게 된다. 또한 '훌륭한 선비가 상례를 거행할 때는 반드시 부축해야 일어설 수 있고, 지팡이를 짚어야 걸어 다닐 수 있으니, 이러한 행동을 모두 3년 동안 해야 한다'라고 말한다. 만약 이러한 말을 본받고 이러한 도리를 실행한다면, 진실로 그들이 굶주리고 곤궁한 것이 또한 이와 같을 것이다. 이 때문에 백성들이 겨울에는 추위를 견디지 못하고, 여름에는 더위를 견디지 못하여 병들어 죽는 자들이 이루 다 헤아릴 수 없을 정도로 많을 것이다.(『묵자』「절장 하」)

欲以衆人民, 意者可邪? 其說又不可矣. 今惟毋以厚葬久喪者爲政, 君死, 喪之三年, 父母死, 喪之三年, 妻與後子死者, 五皆喪之三年. 然後伯父·叔父·兄弟·孽子其, 族人五月, 姑·姊·甥·舅皆有月數. 則毁瘠必有制矣. 使面目陷陬, 顔色黧黑, 耳目不聰明, 手足不勁强, 不可用也. 又曰, '上士操喪也, 必扶而能起, 杖而能行, 以此共三年.' 若法若言, 行若道, 苟其饑約又若此矣. 是故百姓冬不仞寒, 夏不仞暑, 作疾病死者不可勝計也.(『墨子』「節葬 下」)

康10-15

곡을 하면서 우는 것이 그 소리가 끊어지지 않으며, 거친 삼베로 만든 상복을 입고 여막에 거처하며, 거적자리 위에 누워서 흙덩이를 베고 자며, 3년과 1년, 수개월의 상복을 입는 것은 모두 지금의 『의례』「상복(喪服)」편의 제도인데, 묵자가 그것을 공격했다. 묵자는 날마다 우임금과 탕임금, 문왕과 무왕을 말했는데, 만약 이것이 삼대 선왕의 옛날 제도였다면 묵자가 감히 제멋대로 공격하지 못했을 것이다. 그것이 공자가 만든 것임을 알 수 있다.

哭泣不絶聲, 縗絰倚廬, 寢苫枕凷, 三年期月喪服, 皆今『儀禮』「喪服」

之制, 而墨子攻之. 墨子日稱禹·湯·文·武, 若是三代先王舊制, 墨子不敢肆攻. 其爲孔子所作可見.

10-3-9

경공(景公)이 노침(路寢)에 갔다가 곡소리를 듣고서 물었다. "내가 곡소리를 들은 것 같은데, 무엇을 하는 자인가?" 양구거(梁丘據)가 대답했다. "노나라의 공자의 무리인 국어(鞠語)라는 자입니다. 예악에 밝고, 복상에 대해 깊이 압니다. 자신의 어머니가 죽자 장례식을 매우 성대하게 하고, 삼년상을 치르고 있기 때문에 곡하면서 우는 것이 매우 슬픈 것입니다."[130] 경공이 "[삼년상이] 어찌 옳지 않겠는가?"라고 말하면서 기뻐하는 얼굴 표정을 짓자, 안자(晏子)가 대답했다. "옛날 성인이 계단을 오르내리는 예법[131]을 성대하게 만들거나, 법도에 맞는 절도를 제정하거나, 표준이 되는 도리를 실행함으로써[132] 백성들을 교화할 줄 모른 것이 아니라, 사람들을 번거롭게 만들고 시간만 헛되이 소비한다고 여겼기 때문에[133] 예법을 제정할 때 일을 편리하게 하도록 하는 것 이외에는 추구하지 않았습니다.[134] 방패와 도끼를 들고 추는 춤[135]과 종과

130_ 이상에서 인용한 『안자춘추』「외편」의 내용은 이 책의 제9권 제8절〈9-8-7〉에서 이미 인용했다. 자세한 주석은 앞의 내용을 참조 바람.

131_ 등강지례(登降之禮)는 계단을 오르내리고, 나아가고 물러나며 읍하고 사양하는 예법을 말한다.

132_ 표철지수(表綴之數)는 모범이나 표준이 되는 도리를 말한다.

133_ 유일(留日)은 광일(曠日)과 같은 말로, 시간을 헛되이 소비하면서 허송세월을 보내는 것이다. 『안자춘추집석』에서 유사배(劉師培)는 『회남자』「제속훈(齊俗訓)」편의 "古者非不知繁升降槃還之禮也, 蹀采齊肆夏之容也, 以爲曠日煩民而無所用, 故制禮足以佐實喩意而已矣."라는 문장이 바로 이 문장에 근거한 것이라고 하면서, 광일(曠日)이 곧 유일(留日)이라고 했다.

134_ 불선(不羡)은 어느 한도 이상을 넘지 않는 것을 말한다. 손성연은 "일을 편리하도록 할 뿐 그 나머지는 추구하지 않았다"라고 풀이했다.

135_ 간척(干戚)은 무무(武舞)를 출 때 사용하는 방패와 도끼를 말한다.

북, 비파와 피리 연주를 드날림으로써 백성들을 권면할 줄 모른 것이 아니라, 재물을 낭비하고 노동력만 헛되이 소비한다고 여겼기 때문에[136] 음악을 제정할 때 백성들을 조화시키는 것 이외에는 추구하지 않았습니다. 그리고 여러 대에 걸쳐서 국력을 다하여 죽은 이를 받들고, 울면서 눈물을 흘리고 슬픔에 처하여 오랫동안 [그 마음을] 유지할 줄 모른 것이 아니지만, 그렇게 하지 않은 것은 그것이 죽은 자에게는 보탬이 되지 않고, 산 사람에게는 깊이 해를 끼친다는 것을 알았기 때문에 그로써 백성들을 이끌지 않았습니다."[137](『안자춘추』「외편」)

景公上路寢, 聞哭聲曰, "吾若聞哭聲, 何爲者也?" 梁丘據對曰, "魯孔丘之徒鞠語者也. 明于禮樂, 審于服喪. 其母死, 葬埋甚厚, 服喪三年, 哭泣甚疾." 公曰, "豈不可哉?" 而色說之, 晏子曰, "古者, 聖人非不知能繁登降之禮, 制規矩之節, 行表綴之數, 以敎民, 以爲煩人留日, 故制禮不羨于便事. 非不知能揚干戚·鐘鼓·竽瑟, 以勸衆也, 以爲費財留工, 故制樂不羨于和民. 非不知能累世殫國以奉死, 哭泣處哀以持久也, 而不爲者, 知其無補死者, 而深害生者, 故不以導民.(『晏子春秋』「外篇」)

康10-16

오직 공자의 무리들만이 예악에 밝고, 복상에 대해 자세히 알아서 3년 동안 곡하면서 울었는데, 안자가 그것을 공격했으니, 예악이 공자가 지은 것임을 더욱더 알 수 있다. 이것은 모두 가까이 있는 증거로부터 알 수 있다.

136_ 공(工)은 유사배가 『회남자』의 "揚干戚羽旄, 以爲費財亂政, 制樂足以合歡宣意而已矣."라는 기록에 근거하여, 공(工)은 정(正)이 되어야 하며, 정(政)의 의미라고 했다. 여기에서는 글자 그대로 해석했다.

137_ 이 내용은 『묵자』「일문(佚文)」편에도 보인다.

惟孔子之徒, 乃能明于禮樂, 審于服喪, 三年哭泣, 而晏子攻之, 益可知禮樂爲孔子所作. 凡此皆從鄰證而得之.

<이상 『예』는 공자가 지은 것이다: 右『禮』爲孔[138]子所作>

4. 『악(樂)』

康10-17

『악』은 옛날의 명칭이다. 그것은 정(鄭)나라와 위(衛)나라의 음악 소리로,[139] 배우나 광대가 어린이나 여자들 사이에 뒤섞여 춤추며 희롱하는 것이다.[140] 지금 6대의 음악인 황제(黃帝)의 「함지(咸池)」, 요(堯)임금의 「대장(大章)」, 순(舜)임금의 「대소(大韶)」, 우(禹)임금의 「대하(大夏)」, 탕(湯)

138_ 공(孔)이 『공자개제고』에는 빠져 있어서 보충했다.

139_ 『시』 「정풍(鄭風)」의 『시경집전』에서 정나라와 위나라의 음악에 대해 다음과 같이 설명했다. "정나라와 위나라의 음악은 모두 음란한 음악이다. 그러나 시(詩)로써 고찰해 보면, 위나라의 시 39편 중에는 음탕한 시가 겨우 4분의 1정도인데, 정나라의 시는 21편 중에 음탕한 시가 7분의 5가 넘는다. 그리고 위나라의 시는 그나마 남자가 여자를 좋아하는 말인데, 정나라의 시는 모두 여자가 남자를 유혹하는 말이다. 또한 위나라 사람은 그나마 풍자하고 비난하거나 징계하는 뜻이 많은데, 정나라 사람은 거의 방탕하여, 결코 부끄럽게 여기고 뉘우치는 싹이 없으니, 이것이 정나라 음악의 음탕함이 위나라보다 더 심한 이유이다[鄭衛之樂, 皆爲淫聲. 然以詩考之, 衛詩三十有九, 而淫奔之詩才四之一, 鄭詩二十有一, 而淫奔之詩已不翅七之五. 衛猶爲男悅女之詞, 而鄭皆爲女惑男之語. 衛人猶多刺譏懲創之意, 而鄭人幾於蕩然無復羞愧悔悟之萌. 是則鄭聲之淫, 有甚於衛矣.]"

140_ 창우(倡優)는 음악이나 가무, 잡기를 하는 사람이고, 주유(侏儒)는 광대나 배우를 말한다. 노잡(獶雜)은 원숭이가 서로 뒤섞여 춤추며 희롱하는 것으로, 남녀가 분별없이 뒤섞이는 것을 말한다. 『예기』 「악기(樂記)」편에 "今夫新樂⋯ 及優侏儒, 獶雜子女."라는 기록이 보인다.

임금의 「대호(大護)」, 문왕(文王)의 「상(象)」, 무왕(武王)의 「무(武)」는 모두 공자가 지었으며, 제씨(制氏)가 전한 것이 바로 그것이다.[141]

『樂』舊名. 鄭·衛之聲, 倡優侏儒, 獶雜子女. 是今六代之樂, 黃帝「咸池」·堯「大章」·舜「大韶」·禹「大夏」·湯「大護」·文王「象」·武王「武」, 皆孔子作. 制氏所傳是也.

공자가 바른 음악[雅樂]을 새롭게 지었기 때문에 정나라의 음악 소리를 추방했다.[142] 정나라의 음악 소리를 '정(鄭)'이라고 부른 것은 마치 지금의 곤곡(昆曲)과 익양강(弋陽腔)이라는 곡조가 지명으로 곡조의 이름을 붙인 것과 같으니,[143] 당시에 천하에 유행하던 음악이지 단지 한 나라의 음악만이 아니었다.

141_ 『한서』「예악지(禮樂志)」에 "한나라가 흥성했을 때, 악가(樂家) 중에 제씨(制氏)가 있었는데, 아악(雅樂)과 성률(聲律)로 대대로 대악관(大樂官)의 지위에 있었다. 다만 금석(金石)이나 옥의 소리와 고무(鼓舞)의 체계를 세웠을 뿐, 그 의미는 말하지 못했다[漢興, 樂家有制氏, 以雅樂聲律世世在大樂官. 但能紀其鏗鎗鼓舞, 而不能言其義.]"라는 기록이 보인다. 제씨(制氏)는 복건(服虔)의 주에서 "노(魯)나라 사람으로, 음악과 관련된 일을 잘했다"라고 했다. 「예문지」에도 "漢興, 制氏以雅樂聲律, 世在樂官. 頗能紀其鏗鏘鼓舞, 而不能言其義."라는 기록이 보인다.

142_ 『논어』「자한(子罕)」편에 "내가 위나라에서 노나라로 돌아온 이후에 음악이 바르게 되고, 아(雅)와 송(頌)이 각각 제자리를 찾았다[子曰, 吾自衛反魯然後樂正, 雅·頌各得其所.]"라는 기록이 보인다. 이 내용은 『사기』「공자세가」와 『논형』「수송(須頌)」편에도 보인다. 그리고 『논어』「위령공」편에 "放鄭聲, 遠佞人, 鄭聲淫, 佞人殆."라는 기록과 「양화」편에 "惡鄭聲之亂雅樂也."라는 기록 등이 보인다.

143_ 곤곡(昆曲)은 원(元)나라 때의 잡극(雜劇)인 원곡(元曲)의 뒤를 이어 명나라에서 청나라에 걸친 300년 동안 소주(蘇州)의 곤산(昆山)에서 유행한 희곡이다. 명나라 때는 위량보(魏良輔) 등의 개혁을 거쳐 각지에 유전되면서 특히 흥성했고, 청대 중엽에 이르기까지 주요 희곡의 하나로 정착되었다. 그러나 그것이 왕후와 귀족의 위안물이 되고 형식에 지나치게 치우쳐서 쇠퇴하게 되자, 청나라 중기인 18세기 중엽에는 많은 지방극이 앞 다투어 생겨났고, 경극(京劇)이 북경(北京) 지역에서 발전하면서 곤곡의 위치를 대신했다. 익양강(弋陽腔)은 청나라 중기 강서성(江西省) 익양현(弋陽縣)에서 일어나 널리 유행한 희극 곡조의 하나로 현악기를 쓰지 않는 것이 특징이다. 두 곡조 모두 그 지방의 지명을 따서 이름을 붙였다.

孔子新作雅樂, 故放鄭聲. 鄭聲之名爲'鄭', 如今昆曲·弋陽腔之以地得名也, 蓋當時所風行天下者, 非徒一國之樂.

10-4-1[144]

묵자가 유학자에게 물었다. "무엇 때문에 음악을 하는가?" 유학자가 대답했다. "음악으로 즐거움을 삼는다." 묵자가 말했다. "당신은 아직 나에게 대답하지 않았다. 지금 내가 '무엇 때문에 집을 짓는가?'라고 물었는데, '겨울에는 추위를 피하고, 여름에는 더위를 피하며, 집으로 남녀의 구별을 삼는다'라고 대답하면 당신이 나에게 집을 짓는 이유를 대답한 것이다. 그런데 지금 내가 '무엇 때문에 음악을 하는가?'라고 물었는데, '음악으로 즐거움을 삼는다'라고 대답하니, 이것은 곧 '무엇 때문에 집을 짓는가?'라고 물었는데, '집으로 집을 삼는다'라고 대답한 것과 같다."(『묵자』「공맹」)

子墨子曰, 問于儒者, "何故爲樂?" 曰, "樂以爲樂也." 子墨子曰, "子未我應也. 今我問曰, '何故爲室?' 曰, '冬避寒焉, 夏避暑焉, 室以爲男女之別也.' 則子告我爲室之故矣. 今我問曰, '何故爲樂?' 曰, '樂以爲樂也.' 是猶曰, '何故爲室?' 曰, '室以爲室也.'"(『墨子』「公孟」)

康10-18

묵자가 유학자에게 '무엇 때문에 음악을 하는가'라고 물었으니, 그렇다면 유학자가 아니면 음악을 하지 않는 것이다. 유학은 공자가 만들었기 때문에 음악은 공자가 지었다는 것을 알 수 있으며, 묵자가 이에 제멋대로 감히 경박하게 비난한 것이다. 음악이 음악이 되는 까닭은

144_ 이하에서 인용한『묵자』「공맹」편의 내용은 이 책의 제9권 제4절〈9-4-3〉에서 이미 인용했다. 자세한 주석은 앞의 내용을 참조 바람.

즐겁다는 의미이니, 진정으로 즐거움이 되기 때문이다. 묵자가 집으로 집을 삼는 것과 같다고 말한 것은 심하게 희롱하고 모욕한 것이니, 이교(異敎)가 못하는 말이 없을 정도로 공격했음을 알 수 있다. 이 때문에 맹자와 순자가 분노를 표출하지 않을 수 없었던 것이다!

墨子問儒者何故爲樂, 然則非儒者不爲樂矣. 儒爲孔子所創, 故知樂爲孔子所制, 墨子乃敢肆其輕薄詆誹也. 樂所以爲樂, 歡樂之義, 乃眞爲樂之故也. 墨子乃云猶室以爲室, 戲侮之甚, 可見異敎相攻, 無所不至. 此孟荀所不能不發憤者歟!

10-4-2[145]

묵자는 "음악을 하는 것은 잘못된 것이다"라고 했다. 무슨 근거로 그렇다는 것을 알 수 있는가? 대답했다. 선왕의 책 중에 탕(湯)임금의 『관형(官刑)』이라는 책이 있는데, 다음과 같은 내용이 있다. "궁중에서 항상 춤을 추면서 노래하는 것을 무당의 풍속이라고 한다. 그에 대한 형벌은, 군자는 160올짜리 실뭉치 2개를 내게 했고, 소인은 형벌이 없었다." 그리고 「대서(大誓)」에서 다음과 같이 말했다. "오호라! 춤이 너울너울하고, 그 음악 소리가 크게 울려 퍼지는구나. 상제(上帝)가 가상하게 여기지 않아서 중국이 이 때문에 멸망했고, 상제가 편안하게 여기지 않아서 온갖 재앙을 내리니, 그 집이 반드시 무너질 수밖에 없었다." 중국이 망한 이유를 살펴보면 단지 음악을 지나치게 장식했기 때문이다. 『무관(武觀)』에서는 다음과 같이 말했다. "계(啓)는 방탕하게 즐기고 편안하게 놀았는데, 야외에서 술과 음식을 먹으면서 삐릭삐릭 딸랑딸랑 피리소리와 경쇠소리가 함께 어울려 울려 퍼지는 가운데 술독에 빠져 있었으며, 야외에서 구차하게 먹고 마시면서 온갖 춤들이

145_ 이하에서 인용한 『묵자』「비악 상」편의 내용은 이 책의 제3권 제1절〈3-1-9〉에서 이미 인용했다. 자세한 주석은 앞의 내용을 참조 바람.

다 차례대로 공연되니, 하늘에까지 분명하게 들렸다. 하늘은 그것을 법도로 여기지 않았다." 따라서 [음악은] 위로는 하늘과 귀신이 법도로 여기지 않고, 아래로는 모든 백성들이 이익으로 여기지 않는다. 그러므로 묵자는 다음과 같이 말했다. "지금 천하의 선비와 군자들이 진실로 천하의 이익을 일으키고, 천하의 해를 제거하고자 한다면 마땅히 음악이라는 물건을 금지시키지 않으면 안 될 것이다."(『묵자』「비악 상」)

子墨子曰, "爲樂非也." 何以知其然也? 曰先王之書, 湯之『官刑』有之曰, "其恒舞于宮, 是謂巫風. 其刑君子出絲二衛, 小人否. 似二伯黃徑." 乃言曰, "嗚呼! 舞佯佯, 黃言孔章. 上帝弗常, 九有以亡, 上帝不順, 降之百殃, 其家必壞喪." 察九有之所以亡者, 徒從飾樂也. 于『武觀』曰, "啓乃淫溢康樂, 野于飮食, 將將銘, 莧磬以力, 湛濁于酒, 渝食于野, 萬舞翼翼, 章聞于天. 天用弗式." 故上者天鬼弗戒, 下者萬民弗利. 是故子墨子曰, "今天下士君子, 誠將欲求興天下之利, 除天下之害, 當在樂之爲物, 將不可不禁而止也."(『墨子』「非樂 上」)

10-4-3

왕자는 정치가 안정되면 예를 제정하고, 공적이 완성되면 음악을 짓는다. 아직 예를 제정하고 음악을 짓지 않았을 때에는 선왕의 예악을 가져다가 오늘날에 맞추어 그것을 사용했다. 요임금의 음악을 「대장(大章)」이라고 하고, 순임금의 음악을 「소소(簫韶)」라고 하며, 하(夏)나라의 음악을 「대하(大夏)」라고 하고, 은(殷)나라의 음악을 「대호(大護)」라고 하며, 주(周)나라의 음악을 「대무(大武)」라고 하니, 각각 그 당시 백성들이 [왕자의 공적 중에서] 즐거워하는 것을 취하여 이름을 지은 것이다.[146]

146_ 왕자는 새로운 왕조를 세우면 반드시 제례작악(制禮作樂)을 하는데, 그것을 시행하는 시기와 의미는 서로 다르다. 처음 정치를 시작할 때, 예의 제정을 포함한 제도의 개혁을 통해서 천명을 받았다는 것을 밝힌다. 그리고 공적이 완성된 이후

(『공양전』「은공」 5년 하휴 주)

王者治定制禮, 功成作樂. 未制作之時, 取先王之禮樂, 宜于今者用之. 堯曰「大章」, 舜曰「簫[147]韶」, 夏曰「大夏」, 殷曰「大頀」, 周曰「大武」, 各取其時民所樂者名之.(『公羊傳』「隱公」五年 何休 注)

10-4-4

황제(黃帝)의 음악을 「함지(咸池)」라고 한다.(『악위·동성의』)

黃帝之樂曰「咸池」.(『樂緯·動[148]聲儀』)

10-4-5

전욱(顓頊)의 음악을 「오경(五莖)」이라고 한다.(『악위·동성의』)

顓頊之樂曰「五莖」.(『樂緯·動聲儀』)

10-4-6

제곡(帝嚳)의 음악을 「육영(六英)」이라고 한다.(『악위·동성의』)

에 백성들이 왕자의 공적 중에서 즐거워하는 것이 무엇인가를 파악하여, 거기에 맞추어 음악을 만듦으로써 하늘의 공적을 드러낸다. 『춘추번로』「초장왕(楚莊王)」편에서 다음과 같이 말했다. "음악은 이 제도와는 다르다. 제도는 하늘에 호응해서 고치는 것이고, 음악은 사람에 호응해서 짓는 것이다. 왕이 천명을 받은 것은 반드시 백성들이 함께 즐거워하는 것이다. 그러므로 처음에 제도를 크게 고치는 것은 천명을 밝히는 것이며, 끝에 다시 음악을 짓는 것은 하늘의 공적을 드러내는 것이다. … 그러므로 음악을 짓는 것은 반드시 천하가 왕자에 대해서 처음에 즐거워한 것을 돌이켜서 이로써 근본을 삼는다[樂異乎是, 制爲應天改之, 樂爲應人作之. 彼之所受命者, 必民之所同樂也. 是故大改制於初, 所以明天命也, 更作樂於終, 所以見天功也. … 是故作樂者, 必反天下之所始樂於己以爲本.]"

147_ 소(簫)가 『공양전』에는 소(蕭)자로 되어 있다.

148_ 동(動)이 『공자개제고』에는 빠져 있는데, 『옥함산방집일서』(3)에 따라 보충했다.

帝嚳之樂曰「六英」.(『樂緯 · 動聲儀』)

10-4-7

요(堯)임금의 음악을 「대장(大章)」이라고 한다.(『악위 · 동성의』)

堯樂曰「大章」.(『樂緯 · 動聲儀』)

10-4-8

순(舜)임금의 음악을 「소소(簫韶)」라고 한다.(『악위 · 동성의』)

舜樂曰「簫韶」.(『樂緯 · 動聲儀』)

10-4-9

우(禹)임금의 음악을 「대하(大夏)」라고 한다.(『악위 · 동성의』)

禹樂曰「大夏」.(『樂緯 · 動聲儀』)

10-4-10

은(殷)나라의 음악을 「대호(大頀)」라고 한다.(『악위 · 동성의』)

殷樂曰「大頀」.(『樂緯 · 動聲儀』)

10-4-11

주(周)나라[의 음악]을 「작(酌)」이라고 한다.[149](『악위 · 동성의』)

149_ 이상 『악위 · 동성의(樂緯 · 動聲儀)』에 수록된 내용은 『옥함산방집일서』(3)의 송균(宋均)의 주에 의하면, 『예기정의(禮記正義)』 「악기(樂記)」편과 『초학기(初學

周曰「酌」.[150](『樂緯 · 動聲儀』)

10-4-12

공자가 말했다. "「소소(簫韶)」는 순(舜)임금이 남긴 음악이다."[151](『악위 · 동성의』)

孔子曰, "「簫韶」者, 舜之遺音也."(『樂緯 · 動聲儀』)

10-4-13

음악은 [순임금의] 「소무(韶舞)」를 사용한다.[152](『논어』「위령공」)

樂則「韶舞」.(『論語』「衛靈公」)

10-4-14[153]

따라서 『춘추』는 하늘에 호응하여 새로운 왕의 일을 만들었다. 역법은

記)』 권15, 『태평어람』 권566 등에서 인용한 것이다.

150_ 『옥함산방집일서』(3) 『악위 · 동성의(樂緯 · 動聲儀)』에는 이 문장 뒤에 "又曰「大武」"라는 4글자가 더 있다.

151_ 이 내용은 『옥함산방집일서』(3)의 송균(宋均)의 주에 의하면, 『태평어람』 권81에서 인용한 것이다.

152_ 이 내용은 안연이 나라를 다스리는 방법에 대해 물었을 때, 공자가 한 말로, "하나라의 역법을 시행하고, 은나라의 수레를 타며, 주나라의 면류관을 착용하고, 음악은 [순임금의] 「소무(韶舞)」를 사용한다."[顔淵問爲邦, 子曰, "行夏之時, 乘殷之輅, 服周之冕, 樂則韶舞."]라고 했다. 『논어집주』에서는 순임금의 음악이 가장 진선진미(盡善盡美)하여 선택한 것이라고 했다. 공자가 무왕의 음악이 진미(盡美)하기는 하지만 진선(盡善)하지는 못한 반면, 순임금의 음악은 진선(盡善)과 진미(盡美)를 다 갖추었다고 평가했다. 『논어』「팔일(八佾)」편에 "子謂韶, 盡美矣, 又盡善也. 謂武, 盡美矣, 未盡善也."라는 기록이 보인다.

153_ 이하에서 인용한 『춘추번로』「삼대개제질문」편의 내용은 이 책의 제8권 제2절 〈8-2-4〉에서 이미 인용했다. 자세한 주석은 앞의 내용을 참조 바람.

흑통(黑統)으로 바로잡고, 노(魯)나라를 왕자로 삼았으며, 검은색을 숭상하고, 하나라를 [왕조의 계열에서] 축출하여 시대가 먼 나라로 취급하였으며, 주나라를 친하게 여기는 대상으로 삼고, 송나라는 옛 나라로 여겼다. 음악은 [순임금의] 「소무(招武)」를 가까이 하는 것이 마땅하기 때문에 순임금을 친한 대상으로 기록했다.[154](『춘추번로』「삼대개제질문」)

故『春秋』應天作新王之事. 時正黑統, 王魯, 尙黑, 絀夏, 親周, 故宋. 樂宜親「招武」. 故以虞錄親 樂.(『春秋繁露』「三代改制質文」)

康10-19

음악 소리는 오묘하고 아름답지만,[155] 그것을 전수하는 것은 매우 어려우니, 그 음절(音節)의 소리[156]를 음률에 가탁하여 기록하기 때문에 [본래의 소리가] 변하거나 없어지기가 쉽다. 3백편의 옛날 음악 중에 한나라 때에 보존된 것은, 『대대례기』「투호(投壺)」편에 단지 「관저(關雎)」·「권이(卷耳)」·「갈담(葛覃)」·「작소(鵲巢)」·「추우(騶虞)」·「녹명(鹿鳴)」·「백구(白駒)」·「벌단(伐檀)」 등의 8편만 남아 있다.[157] 한나라 사람의 악부(樂府)[158]는 육조(六朝)시대에 이르러서는 단지 「상지회(上之回)」·

154_ 캉유웨이는 '故以虞錄親樂.'으로 구두를 끊었는데, 『춘추번로의증』에서는 '故以虞錄親, 樂制宜商.'으로 구두를 끊었다. 그리고 악제(樂制)는 『춘추번로의증』에서 노문초가 '제작(制爵)'이라고 교정했다. 여기에서는 '악(樂)'자를 빼고 해석했다.

155_ 요묘(要眇)는 요묘(要妙)와 같은 말로, 오묘하고 아름답다는 뜻이다.

156_ 갱장(鏗鏘)은 금석(金石)이나 옥 등이 부딪치는 소리나 악기 소리로, 음절의 소리를 말한다.

157_ 현행본 『대대례기』「투호」편에는 아(雅) 26편 중에서 8편이 남아 있어서 노래할 수 있다고 했는데, 그 내용이 캉유웨이가 말한 것과는 다소 다르다. 캉유웨이가 말한 것 중에서 「작소(鵲巢)」·「추우(騶虞)」·「녹명(鹿鳴)」·「백구(白駒)」·「벌단(伐檀)」 5편은 동일하고, 「관저(關雎)」·「권이(卷耳)」·「갈담(葛覃)」 3편이 「이수(貍首)」·「채번(采蘩)」·「채빈(采蘋)」으로 기록되어 있다.

158_ 악부(樂府)는 시체(詩體)의 이름으로, 한나라 때 악부에서 채집하여 만든 시가(詩歌)를 가리킨다. 그 후 그 시가를 모방한 작품 및 위진시대 때부터 당나라 때까

「애여장(艾如張)」·「장진주(將進酒)」 등 24곡(曲)만 남았다. 육조시대의 악부는 당나라에 이르러서는 단지 「청파(淸波)」·「백구(白鳩)」·「오서(烏栖)」·「자야(子夜)」 등 64곡만 남았다. 당나라 때의 '황하원상(黃河遠上)'[159]은 송(宋)나라 오증(吳曾)의 『능개재만록(能改齋漫錄)』에 보이는데,[160] 음절은 여전히 남아 있지만 나머지는 없어졌다. 송나라의 노래 가사인 「구장기(九張機)」·「곤판(滾板)」·「미성(尾聲)」 등은 원나라에 이르러서 없어졌다. 원나라의 『구궁곡보(九宮曲譜)·북곡(北曲)』도 현재는 없어졌다. 진(晉)나라의 순욱(荀勖, ?~289)[161]이 옛날 음악 84개 가락을 회복시켰는데, 구자국(龜茲國)[162]의 음악이 들어오자 폐기되었다. 요(遼)나라[163]가 진(晉)나라를 격파하여 옛날 음악을 취했으나, 송(宋)나라와 금(金)나라에서는 없어졌다. 「구자(龜茲)」 음악의 4개 성조 28개 가락은 송나라에 이르러 없어졌고, 송나라의 16글자의 가락은 원나라에 이르러 없어졌다. 원나라의 9개 가락[164]은 공(工), 상(上), 척(尺), 합(合), 사(士), 생(生), 일(一), 범(凡), 오(五), 육(六)인데, 지금은 단지 7글자의 가락만 사용되고 있을 뿐이다.[165]

지 지어진 시가 중에서 음악에 맞출 수 있는 작품을 통칭한다. 송나라 때에 유행한 악부 시체는 사(詞)라고 하고, 원나라 때에는 남방 지역의 것은 남곡(南曲), 북방 지역의 것은 북곡(北曲)이라고 했다.

159_ 당나라 때의 시인인 왕지환(王之煥, 688~742)이 쓴 악부인 「양주사(凉州詞)」의 한 구절이다. 전체 내용은 다음과 같다. "黃河遠上白雲間, 一片孤城萬仞山. 羌笛何須怨楊柳, 春光不度玉門關."

160_ 오증(吳曾)은 송나라 숭인(崇仁) 사람으로, 자는 호신(虎臣)이며, 『능개재만록(能改齋漫錄)』 18권을 지었다.

161_ 순욱(荀勖)은 서진(西晉)시대 영천(潁川) 영음(潁陰) 사람이고, 자는 공증(公曾)이다. 급총(汲冢)의 고문 죽서(竹書)를 정리하여 『중경(中經)』을 지었다.

162_ 구자(龜茲)는 한나라 때 서역에 있던 나라 이름으로, 천산(天山)의 남쪽 기슭에 위치하고 있었다고 한다.

163_ 야율(耶律)은 거란족의 요(遼)나라 왕조(916~1125)의 왕실의 성이다. 요나라를 세운 태조(太祖)는 야율아보기(耶律阿保機)이다.

164_ 뒤에 제시된 가락은 모두 10개인데, 캉유웨이가 9개로 잘못 기록한 듯하다.

165_ 중국의 민족 음악의 음계 부호를 공척(工尺)이라고 하는데, 이 부호는 각 시대마다 조금씩 다르지만, 일반적으로 합(合), 사(四), 일(一), 상(上), 척(尺), 공(工),

樂聲要眇, 其傳最難, 以其音節鏗鏘, 寄之于聲, 易于變失. 三百篇之古樂存于漢者, 『大戴』「投壺」僅存「關雎」·「卷耳」·「葛覃」·「鵲巢」·「騶虞」·「鹿鳴」·「白駒」·「伐檀」等八篇. 漢人樂府, 至六朝僅存「上之回」·「艾如張」·「將進酒」廿四曲. 六朝樂府, 至唐僅存「淸波」·「白鳩」·「烏栖」·「子夜」等六十四曲. 唐之'黃河遠上', 見于宋吳曾『能改齋漫錄』, 尙有音節, 餘則亡矣. 宋詞之「九張機」·「滾板」·「尾聲」, 至元而亡. 元『九宮曲譜·北曲』, 亦至今亡矣. 晋荀勖復古樂之八十四調, 至龜茲樂入而廢. 耶律破晋而取之, 宋·金則亡之矣. 「龜茲」四旦二十八調, 至宋而亡, 宋之十六字調, 至元而亡. 元九調, 工·上·尺·合·士·生·一·凡·五·六, 今則僅用七字調而已.

고금의 음악을 따져보면, 오랫동안 남아 있는 것이 없다. 한나라 이후로, 문자가 날마다 갖추어졌지만, 한나라로부터 원나라에 이르는 300년 전의 음악은 하나도 남아 있는 것이 없다. 악기도 또한 거문고[琴]나 비파[瑟]에서 쟁(箏)과 파(琶)로 바뀌었는데,[166] 지금은 쟁과 파도 없어졌다. 곡성(曲聲) 중에서 지금까지 남아 있는 것 중에 가장 오래된 것으로는 단지 명나라 가정(嘉靖) 연간의 곤곡(昆曲)이 있을 뿐이다. 그러나 나무토막으로 연주하는 난탄(亂彈)[167]이 나온 이후로 거의 사라진 것이나 마찬가지이다.[168] 가정 연간은 지금과의 거리가 단지 300여 년밖에 되

범(凡), 육(六), 오(五), 을(乙)의 열 가지 부호를 사용한다. 지금의 솔, 라, 시, 도, 레, 미, 파, 솔, 라, 시에 해당된다.

166_ 쟁(箏)은 금(琴)과 비슷한 13줄로 된 현악기이고, 파(琶)는 슬(瑟)과 비슷한 현악기이다.

167_ 방자(梆子)는 길이가 서로 다른 두 개의 대추나무 토막으로 만든 타악기의 일종이다. 이 악기로 연주하는 중국 전통의 가곡을 방자강(梆子腔) 또는 난탄(亂彈)이라고 한다.

168_ 「광릉산(廣陵散)」은 가야금의 곡조 이름이다. 『진서(晉書)』「혜강전(嵇康傳)」에 의하면, 삼국시대 위(魏)나라의 혜강(嵇康)이 이 곡조를 잘 탔는데, 비밀스럽게 다른 사람에게 전수하지 않았다고 한다. 나중에 참소를 당해서 형벌을 받기 전에 이

지 않는데, 가정 연간 이전의 음악은 거의 남아 있는 것이 없다. 한나라 장제(章帝)가 노(魯)나라 지역의 공자 묘당(廟堂)을 배알할 때에 여전히 6대의 음악을 연주했다고 하는데, 황제와 요임금과 순임금은 장제 시기와는 3,000년의 거리가 있는데, 어찌 「함지(咸池)」와 「소악(韶樂)」이 남아 있을 수 있었겠는가? 묵자가 공격한 내용을 살펴보면 공자가 그 음악을 지은 것이 분명하다는 것을 확실하게 알 수 있다. 「소악(韶樂)」을 순임금에게 가탁한 것은 사양하는 성대한 덕과 민주적인 큰 공평함이 있는 것이며, 더욱이 공자가 바라는 것이었다. 따라서 『춘추』에 그것을 기록하고, 제씨(制氏)가 그 음절의 소리와 고무(鼓舞)를 전한 것은 이 때문이다. 『한서』「예문지」의 '「아금(雅琴)」 5종류'[169]도 공자의 음악이 아닌가? 또 「주가성곡절(周歌聲曲折)」 70편이 있는데,[170] 없어진 지 오래되었다.

通計古今樂, 無能久存者. 漢以後, 文字日備, 然自漢至元三百年前之樂, 無一存者. 卽樂器, 亦自琴·瑟易而箏·琶, 今則箏·琶亦廢. 曲聲之存于今者, 最古僅有明嘉靖之昆曲. 然自梆子亂彈出後, 亦幾等「廣陵散」矣. 嘉靖去今僅三百餘歲, 若嘉靖前之樂, 則無幾微之存. 漢章帝謁魯孔子廟堂, 尙能陳六代之樂, 安有黃帝·堯·舜至章帝將三千年, 而「咸池」·「韶樂」乃能存乎? 觀墨子之所攻, 故知孔子之制作明矣. 「韶樂」託之于舜, 有揖讓之盛德, 民主之大公, 尤孔子所願望. 故『春秋』錄之, 制氏傳其鏗鏘鼓舞是也. 『漢』「藝文志」'「雅琴」五種', 孔子之樂聲哉? 又有「周歌聲曲折」七十篇, 久佚矣.

곡조를 타면서 "「광릉산」이 지금 이후로는 사라질 것이다"라고 말했다고 한다. 그 이후로 「광릉산」은 일이 계속 이어지지 않거나 전통이 이미 끊어져 버린 것을 의미하는 말로 사용되었다.

169_ 『한서』「예문지」에 실려 있는 「아금(雅琴)」은 모두 3종류이다. 「아금조씨(雅琴趙氏)」 7편, 「아금사씨(雅琴師氏)」 8편, 「아금용씨(雅琴龍氏)」 99편이다.

170_ 『한서』「예문지」에는 「하남주가성곡절(河南周歌聲曲折)」이라는 이름으로, 모두 7편이라고 기록되어 있다.

10-4-15[171]

묵자가 공맹자(公孟子)에게 말했다. "상례(喪禮)에서 임금과 부모, 부인과 맏아들이 죽으면 3년의 상복을 입고, 백부와 숙부, 형제는 1년, 족인(族人)은 다섯 달, 고모와 누이, 외삼촌과 생질은 모두 몇 개월의 상복을 입는다. 혹 상복을 입지 않는 기간을 이용하여, 『시(詩)』 3백편을 외우고, 『시』 3백편을 연주하며, 『시』 3백편을 노래하고, 『시』 3백편을 춤춘다. 만일 그대의 말대로라면 군자는 어느 겨를에 정치를 하며, 일반 백성들은 어느 겨를에 일을 하는가?" 공맹자가 말했다. "나라가 혼란스러우면 다스리고, 나라가 다스려지면 예악(禮樂)을 한다. 나라가 다스려지면 각자의 일에 종사하고, 나라가 부유해지면 예악을 한다." 묵자가 말했다. "나라가 다스려지는 것은 잘 다스렸기 때문에 다스려진 것이니, 다스림이 사라지면 나라의 다스림도 사라지게 된다. 또 나라가 부유한 것은 각자의 일에 종사했기 때문에 부유해진 것이니, 각자의 일에 종사하는 것이 사라지면 나라의 부유함도 사라지게 된다. 따라서 비록 나라를 잘 다스리더라도 끊임없이 노력한 이후에야 계속해서 잘 다스릴 수 있다. 지금 당신은 '나라가 다스려지면 예악을 하고, 나라가 혼란스러우면 다스린다'라고 했는데, 이것은 비유하자면 목이 마른 뒤에야 우물을 파고, 사람이 죽은 뒤에야 의사를 찾는 것과 같다. 옛날 삼대의 폭군인 걸왕(桀王)·주왕(紂王)·유왕(幽王)·여왕(厲王)은 음악을 지나치게 즐기고 백성들을 돌보지 않았기 때문에 그 몸은 처형을 당하고, 나라는 폐허가 되었으니, 모두가 이러한 [당신이 말한] 길을 따랐기 때문이다."(『묵자』「공맹」)

子墨子謂公孟子曰, "喪禮, 君與父母·妻·後子死, 三年喪服, 伯父·叔父·兄弟期, 族人五月, 姑·姊·舅·甥皆有數月之喪. 或以不喪

171_ 이하에서 인용한 『묵자』「공맹」편의 내용은 이 책의 제9권 제8절〈9-8-3〉, 그리고 제9권 제4절〈9-4-3〉에서 이미 인용했다. 자세한 주석은 앞의 내용을 참조 바람.

之間, 誦『詩』三百, 弦『詩』三百, 歌『詩』三百, 舞『詩』三百. 若用子之言, 則君子何日以聽治, 庶人何日以從事?" 公孟子曰, "國亂則治之, 治則爲禮樂. 國治則從事, 國富則爲禮樂." 子墨子曰, "國之治, 治之故治也, 治之廢, 則國之治亦廢. 國之富也, 從事故富也, 從事廢, 則國之富亦廢. 故雖治國, 勸之無饜然, 後可也. 今子曰, '國治則爲禮樂, 亂則治之.' 是譬猶噎而穿井也, 死而求醫也. 古者三代暴王桀·紂·幽·厲, 薾爲聲樂, 不顧其民, 是以身爲刑僇, 國爲戾虛者, 皆從此道也."(墨子』「公孟」)

康10-20

[묵자는] 복상을 하거나 『시』를 외우면 정치를 하거나 일을 할 겨를이 없다고 공격하고, [공맹자가] 부유해진 이후에 가르치고, 예악으로 꾸민다고 하자, 목이 마른 뒤에야 우물을 파고, 사람이 죽은 뒤에야 의사를 찾는 것과 같다고 공격했다. 여기에서 묵자가 『시』·『예』·『악』을 두루 공격한 것을 보면, 상례와 『시』 300편을 노래하는 것, 『시』 300편을 춤추는 것, 『시』 300편을 연주하는 것을 명확하게 가리킨 이후에 공격했으니, 『예』·『시』·『악』이 모두 공자가 지었다는 분명한 증거가 될 수 있다. 만약 그것이 삼대의 선왕으로부터 나왔다면 묵자가 그것을 유학자에게 돌려서 공격할 리가 없다.

攻服喪及誦『詩』, 無暇聽治從事, 富而後敎, 文以禮樂, 攻爲噎而穿井, 死而求醫. 此墨子遍攻『詩』·『禮』·『樂』者, 指明喪禮·歌『詩』三百·舞『詩』三百·弦『詩』三百而後攻之, 可爲『禮』·『詩』·『樂』皆孔子作之明證. 若出于三代先王, 墨子不應歸之儒者而攻之.

10-4-16[172]

묵자가 정자(程子)에게 말했다. "유가의 도(道)는 천하를 상실할 만한 것인데, 그것은 네 가지 정치적 이유가 있다. 유가는 하늘은 밝지 않다고 여기고, 귀신은 신묘하지 않다고 여겨서, 하늘과 귀신에 대해 이야기하지 않으니, 이것이 곧 천하를 상실할 만한 이유이다. 또한 성대한 장례식과 삼년상을 치르는데, 내관과 외관을 중복해서 만들고, 수의와 홑이불을 많이 만드니, 죽은 사람을 보내는 것이 마치 이사를 가는 것과 같다. 그리고 3년 동안 곡을 하면서 우는데, 부축을 받은 이후에야 일어설 수 있고, 지팡이를 짚은 이후에야 걸어 다닐 수 있으며, 귀는 잘 듣지 못하고, 눈은 잘 보지 못하니, 이것이 곧 천하를 상실할 만한 이유이다. 또한 현악기를 타면서 노래를 부르고 북을 치면서 춤을 추며, 음악 연주가 습관이 되어 있으니, 이것이 곧 천하를 상실할 만한 이유이다."(『묵자』「공맹」)

子墨子謂程子曰, "儒之道足以喪天下者, 四政焉. 儒以天爲不明, 以鬼爲不神, 天鬼不說, 此足以喪天下. 又厚葬久喪, 重爲棺槨, 多爲衣衾, 送死若徙. 三年哭泣, 扶後起, 杖後行, 耳無聞, 目無見, 此足以喪天下. 又弦歌鼓舞, 習爲聲樂, 此足以喪天下."(『墨子』「公孟」)

康10-21

묵자가 유가를 공격하면서 그들의 상례를 다음과 같이 서술했다. "내관과 외관을 중복해서 만들고, 수의와 홑이불을 많이 만들며, 3년 동안 곡을 하면서 울고, 현악기를 타면서 노래를 부르고 북을 치면서 춤을 추며, 음악 연주가 습관이 되어 있다." 이것은 모두 공자의 『의례』

172_ 이하에서 인용한 『묵자』「공맹」편의 내용은 이 책의 제9권 제4절〈9-4-3〉에서 이미 인용했다. 자세한 주석은 앞의 내용을 참조 바람.

와 『시』, 『악』의 이론이다. 따라서 『예』와 『악』이 공자의 작품이지 선왕[의 작품]이 아닌 것을 알 수 있다.

墨子攻儒而述其喪禮曰, "重爲棺椁, 多爲衣衾, 三年哭泣, 弦歌鼓舞, 習爲聲樂." 皆孔子『儀禮』·『詩』·『樂』之說. 故知『禮』·『樂』爲孔子作, 而非先王.

10-4-17

중니(仲尼)가 제(齊)나라에 가서 경공(景公)을 만났는데, 경공이 기뻐하여 그에게 이계(爾稽)[173] 땅을 봉해주고자 안자(晏子)에게 고했다. 안자가 대답했다. "안 됩니다. 저들은 거만하게 굴면서 자기 하고 싶은 대로 행동하니,[174] 아랫사람을 가르칠 수가 없습니다. 음악을 좋아하여 백성들에세 내반하니, 직접 다스리게 할 수 없습니다. 운명론을 세워서 일을 게을리하니,[175] 직책을 맡길 수가 없습니다. 장례를 성대하게 치러서 백성들을 파산하게 하고 나라를 가난하게 하며, 오랫동안 장례를 치르고 슬픔이 그치지 않으니,[176] 백성들에게 자애롭게 대하도록 할 수가 없습니다.[177] 실행하기 어려운 것을 속에 가지고 있으면서 유학

173_ 이계(爾稽)는 『묵자』「비유 하(非儒 下)」편에는 니계(尼谿)로 되어 있고, 『사기』「공자세가」에는 니계전(尼谿田)으로 되어 있다.

174_ 호거(浩裾)는 거만하게 구는 것이며, 자순(自順)은 자기가 하고 싶은 대로 행동하는 것이다. 『사기』「공자세가(孔子世家)」에도 "倨傲自順, 不可以爲下."라는 표현이 보인다.

175_ 건사(建事)는 일을 게을리하는 것이다. 『안자춘추집석』에서 손이양은 건(建)이 권(券)자와 음이 같고 글자가 통하며, 건사(建事)는 일을 게을리 하는 것이라고 했다. 『묵자』에는 태사(怠事)로 되어 있다.

176_ 『묵자』에는 '宗喪循哀'로 되어 있다. 왕염손은 도(道)가 둔(遁)자의 오자이며, 둔(遁)은 순(循)과 같다고 했다. 그리고 순(循)은 수(遂)의 의미로, 슬픔을 그치지 않는다는 뜻이라고 했다. 한편 손이양도 종(宗)은 『사기』와 『공총자(孔叢子)』에는 숭(崇)으로 되어 있고, 순(循)은 수(遂)로 되어 있다고 하고, 숭상(崇喪)은 상례를 성대하게 치르는 것이고, 수애(遂哀)는 슬픔을 그치지 않는 것이라고 했다.

자들은 밖을 화려하게 꾸밉니다.[178] 따라서 복장을 특이하게 입고 용모에만 신경을 쓰기 때문에[179] 대중을 이끌어서 백성들을 가르치도록 할 수가 없습니다. 훌륭한 현자들이 사라지고 주나라 왕실이 쇠퇴하자, 예의의 형식이 많아졌지만 백성들의 행동은 더욱더 천박해졌고, 음악 소리가 넘쳐흘렀지만 세상의 덕은 더욱더 쇠퇴했습니다. 지금 공자는 음악을 성대하게 연주하여 세상을 사치스럽게 만들고, 노래와 춤으로 꾸며서 무리를 모으며, 계단을 오르내리는 예법[180]과 걸음걸이의 절도[181]를 성대하게 만들어 대중에게 보여주고 있습니다. 널리 배웠어도 세상의 모범이 되지 못하고, 수고롭게 고민해도 백성들을 돕지 못합니다. 수명을 두 배로 늘린다고 해도 그 가르침을 다 배울 수가 없고, 성년이 되어도 그 예법을 다 연구할 수가 없으며,[182] 재물을 쌓아도

177_ 자(子)는 자애롭게 대한다는 뜻으로, 『묵자』에는 자(慈)로 되어 있다.

178_ 이 구절에 대해서는 『안자춘추집석』에 다양한 주석들이 있다. 전(傳)자에 대해, 소여(蘇輿)·황이주(黃以周)·우창(于鬯)·유사배(劉師培) 등이 모두 유(儒)자의 잘못이라고 했다. 무(無)자에 대해, 황이주는 무(嫵)자로, 우창은 풍(豐)자로 해석해야 한다고 했다. 그리고 유사배는 무(膴)자와 같으며, 화(華)자의 의미라고 했다. 각각 글자는 다르지만, 의미상 아름답고 화려하게 꾸미고 장식한다는 뜻이다.

179_ 『묵자』에는 '機服勉容'으로 되어 있는데, 기복(機服)은 손이양이 『대대례기』의 주를 인용하여, 기(機)는 위(危)와 같으며, 위복(危服)은 곧 위관(危冠)과 같다고 했다. 그리고 면(勉)은 부(俛)의 가차자이며, 부용(俛容)은 고개를 숙이는 것이라고 했다. 한편 『안자춘추집석』에서 오측우(吳則虞)는 면우용(勉于容)을 '거동할 때 공손한 모습'이라고 했고, 임동석의 번역본에서는 '얼굴 꾸미기에 힘쓴다'라고 해석했다. 여기에서는 『묵자』의 해석과는 달리 글자 그대로 해석했다.

180_ 등강지례(登降之禮)는 계단을 오르내리고, 나아가고 물러나며 읍하고 사양하는 예를 말한다.

181_ 추상(趨翔)은 걸음걸이가 절도에 맞는 것을 말한다.

182_ 당년(當年)은 성년(成年)을 말한다. 『여씨춘추』「애류(愛類)」편에 "선비 중에 성년이 되었는데도 농사를 짓지 않는 자가 있으면 천하 사람들 중에 굶주림을 당하는 사람이 있게 되고, 여자가 성년이 되었는데도 길쌈을 하지 않는 자가 있으면 천하 사람들 중에 추위를 겪는 사람이 있게 된다[士有當年而不耕者, 則天下或受其饑矣, 女有當年而不績者, 則天下或受其寒矣.]"라는 기록이 있는데, 왕염손이 당년(當年)은 곧 정년(丁年), 즉 성년(成年)의 의미라고 했다. 그리고 『이아』「석고

그 음악을 충족할 수가 없습니다. 사악한 술수를 번잡하게 꾸며서 세상의 임금들을 현혹시키고,[183] 음악을 성대하게 연주하여 그 백성들을 타락시키고 우매하게 만듭니다."(『안자춘추』「외편」)

仲尼之齊見景公, 景公說之, 欲封之以爾稽, 以告晏子. 晏子對曰, "不可. 彼浩裾自順, 不可以教下. 好樂緩于民, 不可使親治. 立命而建事, 不可守職. 厚葬破民貧國, 久喪道哀費日, 不可使子民. 行之難者在內, 而傳者無其外. 故異于服, 勉于容, 不可以道衆而馴百姓. 自大賢之滅, 周室之卑也, 威儀加多而民行滋薄, 聲樂繁充而世德滋衰. 今孔丘盛聲樂以侈世, 飾弦歌鼓舞以聚徒, 繁登降之禮·趨翔之節以觀衆. 博學不可以儀世, 勞思不可以補民. 兼壽不能殫其教, 當年不能究其禮, 積財不能贍其樂. 繁飾邪術以營世君, 盛爲聲樂以淫愚其民."(『晏子春秋』「外篇」)

10-4-18[184]

안자(晏子)가 [제나라 경공(景公)에게] 말했다. "대체로 유학자들은 거만하게 굴면서 자기 하고 싶은 대로 행동하니, 아랫사람을 가르칠 수가 없습니다. 음악을 좋아하여 사람들의 마음을 어지럽히니, 직접 다스리게 할 수가 없습니다. 운명론을 세워서 일을 게을리 하니, 직책을 맡길 수가 없습니다. 상례를 성대하게 치르고 슬픔을 그치지 않으니, 백성들에게 자애롭게 대하도록 할 수가 없습니다. 높은 관을 쓰고 고개를 숙이고 있으니, 대중을 이끌도록 할 수가 없습니다. 공자는 용모를

(釋詁)」편에서 "정(丁)은 당(當)"이라고 했다. 『사기』「태사공자서」에도 "累世不能通其學, 當年不能究其禮."라는 표현이 보인다. 그리고 구(究)는 『묵자』에 행(行)으로 되어 있다.

183_ 영(營)은 손성연이 혹(惑)과 같다고 했다. 즉 임금을 현혹시킨다는 뜻이다.

184_ 이하에서 인용한 『묵자』「비유 하」편의 내용은 이 책의 제7권 제4절〈7-4-1〉에서 이미 인용했다. 자세한 주석은 앞의 내용을 참조 바람.

성대하게 가꾸고 겉모습을 꾸며서 세상을 미혹시키고, 노래를 부르고 춤을 추어서 무리들을 모으며, 계단을 오르내리는 예법을 성대하게 만들어 모범을 보여주고, 걸음걸이의 절도에 힘써서 대중에게 보여줍니다. 유학은 세상의 모범이 되지 못하고, 수고롭게 고민해도 백성들을 돕지 못합니다. 수명을 두 배로 늘린다고 해도 그 가르침을 다 배울 수가 없고, 성년이 되어도 그 예법을 다 실행할 수가 없으며, 재물을 쌓아도 그 음악을 충족할 수가 없습니다. 사악한 술수를 번잡하게 꾸며서 세상의 임금들을 현혹시키고, 음악을 성대하게 연주하여 그 백성들을 타락시키고 우매하게 만듭니다."(『묵자』「비유 하」)

> 晏子曰, "夫儒浩居而自順者也, 不可以敎下. 好樂而淫人, 不可使親治. 立命而怠事, 不可使守職. 宗喪循哀, 不可使慈民. 機服勉容, 不可使導衆. 孔某盛容修飾以蠱世, 弦歌鼓舞以聚徒, 繁登降之禮以示儀, 務趨翔之節以勸衆. 儒學不可使議世, 勞思不可以補民. 累壽不能盡其學, 當年不能行其禮, 積財不能贍其樂. 繁飾邪術以營世君, 盛爲聲樂以淫遇民."(『墨子』「非儒 下」)

康10-22

묵자는 검소함을 숭상한다. 따라서 공자가 음악을 성대하게 연주하여 백성들을 사치스럽게 만들고 세상을 사치스럽게 만들며, 노래와 춤으로 꾸미고 계단을 오르내리는 예법과 걸음걸이의 절도를 성대하게 만들어 무리를 모으고 대중에게 보여주는 것을 공격한 안자(晏子)에 대해 말했다. 지금 『의례』를 살펴보면, 계단을 오르내리거나 걸음을 걷는 예절이 가장 성대한데, 공자의 후학들이 수시로 공자의 묘당(廟堂)에서 그 예절을 익힌 것[185]이 가장 성대했으며, 심지어 한나라 고조(高祖)가

185_ 『사기』「공자세가」에 "諸生以時習禮其家."라는 말이 보인다. 사마천이 노나라의 공자 묘당(廟堂)에 갔을 때, 공자의 후학들이 묘당에 수시로 와서 예법을 익히

노나라 지역을 포위했을 때 음악 소리가 끊이지 않았다.[186] 따라서 『예』와 『악』 두 경전은 공자가 지은 것임을 알 수 있다. 당시의 음란한 예법과 비속한 음악의 경우, 그 당시에 본래부터 있었지만 공자의 문하에서는 따르지 않았으니, 또한 묵자가 공격할 대상이 아니었다.

墨子尙儉. 故稱晏子攻孔子盛聲樂以淫民侈世, 飾弦歌鼓舞·繁登降趨翔以聚徒觀衆. 今考『儀禮』, 登降趨翔之節最繁, 諸生以時習禮其家最盛, 至于高祖圍魯, 弦歌之音不輟. 故知『禮』·『樂』二經爲孔子所制. 若夫當時淫禮俗樂, 則是時固有之, 孔門所不聽, 亦非墨子之所攻也.

<이상 『악』은 공자가 지은 것이다: 右『樂』爲孔子所作>

5. 『역(易)』

康10-23

『역』은 옛날의 명칭이다. 공자가 점을 쳐서 「양예(陽豫)」를 얻었고,[187]

는 것을 보고서 한 말이다.

186_ 『사기』 「유림열전」에 "及高皇帝誅項籍, 擧兵圍魯, 魯中諸儒尙講誦習禮樂, 弦歌之音不絶, 豈非聖人之遺化, 好禮樂之國哉?"라는 기록이 보인다.

187_ 「양예(陽豫)」는 하(夏)나라와 은(殷)나라의 괘(卦)의 이름이다. 『공양전』 「은공」 원년의 서언의 소에 다음과 같은 기록이 보인다. "묻기를, 『춘추설(春秋說)』에서 '공자가 『춘추』를 짓고자 하여, 점을 쳐서 「양예(陽豫)」의 괘를 얻었다'라고 했는데, 송균(宋均)의 주(注)에서 '하나라와 은나라의 괘의 이름이다'라고 했다. 공자가 무엇 때문에 『역』을 사용하여 점을 치지 않았는가? 대답하기를, 공자가 서쪽에서 기린이 잡히는 것을 보고 주나라가 장차 망할지를 알았고, 또 천명에 제도 개혁의 뜻이 있다는 것을 알았다. 따라서 하나라와 은나라의 『역』을 사용했다. 혹자

또 『곤건(坤乾)』을 얻었는데,[188] 지금 [『역』의] 상하 두 편은 공자가 지었으며, 양하(楊何)·시수(施讐)·맹희(孟喜)·양구하(梁邱賀)·경방(京房, B.C. 77~B.C.37)이 전한 책이 바로 이것이다.[189]

는 점은 곧 거북점의 점괘라고 말하고, 송균의 말을 따르지 않았다. 만약 그렇다면 「양예」의 조짐[兆]이라고 말해야지, 어찌 괘(卦)라고 말했겠는가? 거북점과 시초점을 통용하는 명칭이기 때문에 점[卜]이라고 말한 것이다[問曰, "『春秋說』云, '孔子欲作『春秋』, 卜得「陽豫」之卦.' 宋氏云, '夏·殷之卦名也.' 孔子何故不用『周易』占之乎?" 答曰, "蓋孔子見西狩獲麟, 知周將亡, 又見天命有改制作之意. 故用夏·殷之『易』矣. 或言卜則是龜之辭也, 不從宋氏之說. 若然, 應言「陽豫」之兆, 何言卦乎? 蓋龜蓍通名, 故言卜矣."] 『춘추설』은 『춘추위·연공도(春秋緯·演孔圖)』이며, 『옥함산방집일서』(3) 「경편위서류(經編緯書類)」에 수록되어 있다. 그리고 「양예(陽豫)」는 「예괘(豫卦)」를 말하는데, 앞에 양(陽)자를 붙인 것에 대해, 모기령(毛奇齡)의 『중씨역(仲氏易)』 권8의 소주에서 "왕씨(王氏)의 『역변(易辨)』에서 '옛날의 『역』에는 예(豫)자 위에 원래 양(陽)자가 있었는데, 습감(習坎)과 같은 부류이다. 그런데 『역』에서는 그것을 삭제했다'라고 했다. 그러나 사실인지 고찰할 수가 없다"라고 했다.

188_ 『곤건(坤乾)』은 은(殷)나라의 역법을 기록한 책이다. 『예기』 「예운(禮運)」편에 다음과 같은 기록이 보인다. "공자가 말했다. '내가 하나라의 도(道)를 보고자 했기 때문에 기나라로 갔으나 증거가 부족했는데, 나는 『하시(夏時)』를 입수했다. 내가 은나라의 도(道)를 보고자 했기 때문에 송나라로 갔으나 증거가 부족했는데, 나는 『곤건(坤乾)』을 입수했다.[子曰, '我欲觀夏道, 是故之杞, 而不足徵也, 吾得『夏時』焉. 我欲觀殷道, 是故之宋, 而不足徵也, 吾得『坤乾』焉.']" 『예기정의』에서 정현은 "은나라의 음양(陰陽)에 관한 책을 입수했는데, 그 책이 남아 있는 것 중에 『귀장(歸藏)』이 있다"라고 했다. 즉 정현은 『곤건(坤乾)』이 곧 『귀장(歸藏)』이라고 했다. 『논어집주』 「팔일」편의 소주(小註)에서 주자는 「예운」편의 이 문장을 증거로 끌어들이면서, "공자가 이 두 책을 읽고 나서 반드시 크게 드러내 밝힌 것이 있을 것이다. 『귀장』이라는 책은 현재 전하지 않는다"라고 풀이했다.

189_ 『역』의 전수 과정은 대체로 다음과 같다. 춘추시대 말기에 공자의 제자인 노나라 사람 상구(商瞿)가 『역』을 전수했고, 그것이 한나라 초기까지 헌비자홍(軒臂子弘) - 교자용비(嬌子庸疵) - 주자가수(周子家豎) - 광자승우(光子乘羽) - 전자장하(田子莊何) - 왕자중동(王子中同)으로 전수되었고, 그것이 정관(丁寬)과 양하(楊何)에게 전수되었다. 양하는 전한 치천(淄川) 사람으로, 자가 숙원(叔元)이고, 벼슬이 대중대부(大中大夫)에 이르렀다. 정관으로부터 『역』을 전수받아 박사가 된 사람이 전왕손(田王孫)이다. 전왕손 이후부터 갈래가 나누어져서 시수(施讐), 맹희(孟喜), 양구하(梁邱賀)의 세 학파가 형성되었다. 시수는 전한 패(沛) 땅 사람으로, 자는 장경(長卿)이며, 선제(宣帝) 때 박사가 되었다. 맹희는 전한 동해(東海)

『易』舊名. 孔子卜得「陽豫」, 又得『坤乾』, 是今上下二篇孔子作, 楊何·施·孟·梁丘·京所傳本是也.

괘사(卦辭)와 효사(爻辭), 「단전(彖傳)」과 「상전(象傳)」의 말은 모두 본래의 괘에 흩어져서 붙어 있었는데, 위고문(僞古文)에서 그것을 나누고, 또 십익(十翼)으로 만들었으니,[190] 공자가 편집한 차례를 어지럽힌 것이다. 「계사(繫辭)」는 「태사공자서」에서 「대전(大傳)」이라고 불렀으니,[191] 전(傳)이지 경(經)이 아니다. 「설괘(說卦)」는 선제(宣帝) 때 하내(河內)의 낡은 집에서 나온 것으로,[192] 「서괘(序卦)」·「잡괘(雜卦)」와 함께 모두 위서(僞

사람으로, 자는 장경(長卿)이다. 양구하는 전한 낭야(琅琊) 사람으로, 자는 장옹(長翁)이며, 선제 때 대중대부와 급사중(給事中)에 이르렀다. 맹희의 『역』이 초연수(焦延壽)에게 전해졌고, 그것이 경방(京房)에게 이어졌다. 경방은 자가 군명(君明)이고, 성이 이(李)인데, 율법에 따라 성을 경씨(京氏)로 바꾸었다. 저서로 『경씨역전(京氏易傳)』이 있다. 이와 관련된 자세한 내용은 장백잠(莊伯潛) 외 저/최석기 외 역주, 『유교경전과 경학』(서울:경인문화사, 2002), 321~322쪽 참조.

190_ 십익(十翼)은 경문을 부연설명하는 내용으로 공자의 저작으로 일컬어진다. 이 말은 전한시대의 위서(緯書)인 『역건착도(易乾鑿度)』에서부터 보인다. 「단전(彖傳)」 상하, 「상전(象傳)」 상하, 「계사전(繫辭傳)」 상하, 「문언전(文言傳)」, 「설괘전(說卦傳)」, 「서괘전(序卦傳)」, 「잡괘전(雜卦傳)」 등의 10편이다. 이 전은 본래 경문 뒤에 따로 수록되어 있었는데, 전한시대 비직(費直)이 처음으로 괘의 아래에 붙였고, 이후 정현(鄭玄)과 왕필(王弼)이 다시 괘효의 아래에 붙였으며, 「문언전」도 「건괘(乾卦)」와 「곤괘(坤卦)」의 뒤에 옮겨놓은 것이라고 전해진다.

191_ 『사기』 「태사공자서」에 "『역』 「대전(大傳)」에서 '천하의 이치는 한 가지이지만 생각은 다양하며, 귀착점은 같지만 가는 길은 다르다'라고 했다[『易』「大傳」'天下一致而百慮, 同歸而殊塗.']"라는 기록이 보인다. 이 내용은 『역』 「계사전 하(繫辭傳下)」의 "子曰, '天下何思何慮? 天下同歸而殊塗, 一致而百慮, 天下何思何慮?'"라는 구절로, 「함괘(咸卦)」 구사효(九四爻)의 '憧憧往來, 朋從爾思.'를 해석한 것이다.

192_ 『수서(隋書)』 「경적지(經籍志)」에 "진(秦)나라가 책을 태웠을 때, 『역』은 점치는 책이라는 이유로 보존되었는데, 오직 「설괘(說卦)」 등 3편이 없어졌다. 그 후 하내(河內)의 여자가 그것을 입수했다[及秦焚書, 『周易』獨以卜筮得存, 唯失「說卦」三篇. 後河內女子得之.]"라는 기록이 보인다. 「설괘」 등 3편은 「설괘」·「서괘」·「잡괘」를 말하는데, 한나라 선제(宣帝) 때 하내의 어떤 여자가 낡은 집을 허물다가 이것을 발견했다고 한다.

書)이지, 공자의 저작이 아니다.

卦·「彖」·爻·「象」之辭, 皆散附本卦, 僞古本分之, 抑爲十翼, 亂孔子篇數之次第者也. 「繫辭」, 「太史公自序」稱爲「大傳」, 則傳而非經. 「說卦」出宣帝河內老屋, 與「序卦」·「雜卦」皆僞書, 非孔子作.

10-5-1

서백(西伯)이 약 50년간 제위에 있었다. 대체로 그가 유리(羑里)에 수감되었을 때,[193] 『역』의 8괘를 중첩하여 64괘를 만든 것 같다.[194](『사기』「주본기」)

西伯蓋卽位五十年. 其囚羑里, 蓋益『易』之八卦爲六十四卦.(『史記』「周本紀」)

10-5-2

복희씨(伏羲氏)가 8괘를 지은 이후로, 주나라 문왕이 384효를 연역하여 천하가 다스려졌다.(『사기』「일자열전」)

自伏羲作八卦, 周文王演三百八十四爻, 而天下治.(『史記』「日者列傳」)

193_ 유리(羑里)는 서백, 즉 문왕이 수감되었던 감옥이다. 『사기』「은본기(殷本紀)」에도 "紂囚西伯羑里."라는 기록이 보이는데, 『사기집해』에서 『한서』「지리지(地理志)」를 인용하여, "하내(河內) 탕음(湯陰)에 유리성(羑里城)이 있는데, 서백이 구금된 곳이다"라고 했다.

194_ 『사기』「태사공자서」와 『한서』「사마천열전」의 '보임안서(報任安書)' 등에도 문왕이 유리에 수감되었을 때 『역』을 지었다는 내용이 보인다. 『사기정의』에서 인용한 『역정의(易正義)』에서 "복희(伏羲)는 괘(卦)를 만들었고, 문왕(文王)은 괘사(卦辭)를 만들었으며, 주공(周公)은 효사(爻辭)를 만들었고, 공자는 십익(十翼)을 만들었다"라고 했다.

10-5-3

『역』은 처음에는 8괘였는데, 문왕이 64괘를 만들었으니, 그 내용이 더해진 것을 알 수 있다.[195](『법언』「문신」)

『易』始八卦, 而文王六十四, 其益可知也.(『法言』「問神」)

10-5-4

따라서 복희씨(宓犧氏)[196]가 8괘를 지을 때, 천지[의 이치]를 종합하여[197] 8괘로써 법칙을 삼았다. 문왕이 6효를 거듭 중복하여 [64괘 384효를 만들고],[198] 공자가 그 형상을 뒤섞어서 그 괘사(卦辭)를 설명했다.(『한서』「양웅전」)

是以宓犧氏之作『易』也, 綿絡天地, 經以八卦. 文王附六爻, 孔子錯其象而彖其辭.(『漢書』「揚[199]雄傳」)

10-5-5

『역』에서 말했다.[200] "복희씨(宓戲氏)가 위로 우러러보고 하늘의 형상을 관찰하고, 아래로 굽어보고 땅의 법칙을 관찰하며,[201] 새와 짐승의 모

195_ 이 문장은 "경전의 내용을 빼거나 더할 수 있는가?[經可損益與?]"라는 질문에 대한 답이다.

196_ 복희씨(宓犧氏)는 복희씨(伏犧氏)를 말한다.

197_ 면락(綿絡)은 에워싸서 얽어 묶는 것으로, 천지의 이치를 종합한다는 의미이다.

198_ 8괘를 근거로 6효를 거듭 더한다는 의미로, 『역』「계사전 하」에서 "8괘가 대열을 이루니, 형상이 그 가운데 있고, 그것을 근거로 거듭 더하니, 효(爻)가 그 가운데 있다"는 말이다.

199_ 양(揚)이 『공자개제고』에는 양(楊)으로 되어 있는데, 『한서』 원문에 따라 고쳤다.

200_ 이 내용은 『역』「계사전 하」 제2장에 보인다.

양[202]과 [하늘과][203] 땅의 마땅함을 관찰하며, 가까이는 자신에게서 취하고, 멀리는 사물에게서 취하니, 이에 비로소 8괘를 만듦으로써 신묘하고 밝은 덕을 소통하고, 만물의 실정을 분류했다."[204] 은나라와 주나라 때에 이르러, 주왕(紂王)은 천자의 자리에 있으면서 [천명을] 거스르고 백성을 학대했다. 문왕은 제후로서 천명에 따라서 도리를 실행하여, 하늘과 사람에 대한 점(占)을 밝힐 수 있었다. 이에 『역』의 6효를 거듭 중복하여 [상하(上下)편을 만들었다.](『한서』「예문지」)

『易』曰, "宓戲氏仰觀象于天, 俯觀法于地, 觀鳥獸之文與地之宜, 近取諸身, 遠取諸物, 于是始作八卦, 以通神明之德, 以類萬物之情." 至于殷·周之際, 紂在上位, 逆而暴物. 文王以諸侯順命而行道, 天人之占可得而效. 于是重『易』[205]六爻.(『漢書』「藝文志」)

10-5-6

『역』에서 "복희(伏羲)가 8괘를 지었다"라고 했으니, 그 이전에는 8괘가 없었는데, 복희가 그것을 만들었기 때문에 '지었다[作]'라고 했다. 문왕이 8괘를 그려서 스스로 64괘를 연역했기 때문에 '미루어 헤아렸다[衍]'라고 했다.(『논형』「대작」)

201_ 「계사전 하」편에는 "古者, 包犧氏之王天下也, 仰則觀象于天, 俯則觀法于地."로 되어 있다.

202_ 『한서』 안사고의 주에서 "새와 짐승의 모양은 그 자취가 땅에 있는 것을 말한다"라고 했다.

203_ 『주역전의(周易傳義)』에서 인용한 왕소소(王昭素)가 여지(與地)의 중간에 천(天)자가 있는 판본이 많다고 했는데, 여기에서도 천(天)자를 넣어서 해석했다.

204_ 『역본의(易本義)』에서 주자는 "신명의 덕은 건(健)과 순(順), 동(動)과 지(止)와 같은 성(性)이고, 만물의 실정은 뇌(雷)와 풍(風), 산(山)과 택(澤)과 같은 형상이다"라고 했다.

205_ 중역(重易)이 『공자개제고』에는 역중(易重)으로 되어 있는데, 『한서』 원문에 따라 고쳤다.

『易』言"伏羲作八卦." 前是未有八卦, 伏羲造之. 故曰'作'也. 文王圖八, 自演爲六十四. 故曰'衍'.(『論衡』「對作」)

10-5-7

복희가 8괘를 얻은 것이지 지은 것이 아니며, 문왕이 64괘를 얻어서 만든 것이지 미루어 헤아린 것이 아니다.[206](『논형』「정설」)

伏羲作八卦, 非作之, 文王得成六十四, 非演也.(『論衡』「正說」)

10-5-8

복희가 8괘를 지었고, 문왕이 64괘를 연역했으며, 공자가 「단전(彖傳)」과 「상전(象傳)」, 「계사전(繫辭傳)」을 지었다.[207] 세 성인이 거듭하여 작업을 하니, 『역』이 이에 갖추어졌다.(『논형』「사단」)

伏羲作八卦, 文王演爲六十四, 孔子作「彖」·「象」·「繫辭」. 三聖重業, 『易』乃具足.(『論衡』「謝短」)

康10-24

『사기』「주본기(周本紀)」, 「일자열전(日者列傳)」, 『법언』「문신(問神)」편, 『한서』「예문지」와 「양웅전」, 『논형』「대작(對作)」편에 근거하면, 모두 문왕은 괘를 거듭 중복해서 64괘 384효를 만들었다고 말했지, 괘사(卦辭)

206_ 이 문장은 앞의 문장과는 내용이 다르다. 왕충은 이 문장을 이어서 "연역하거나 지었다는 말은 세속에서 전하는 말에서 생긴 것[演作之言, 生於俗傳.]"이라고 했다. 결국 왕충의 논리에 따르면, 복희가 8괘를 짓고, 문왕이 연역했다는 「대작」편의 말은 세속에서 전하는 말에 따라서 이야기한 것이다.

207_ 『사기』「공자세가」에 "孔子晩而喜『易』, 序「彖」·「繫」·「象」·「說卦」·「文言」." 이라는 기록이 보인다.

를 지었다고 여긴 내용은 없다. 한나라 이전에는 모두 괘사를 공자가 지은 것이라고 여기는 것에 다른 이론이 없었다. 오직 왕필(王弼)만이 64괘를 복희가 스스로 [8괘를] 중복해서 만든 것이라고 여겼다.[208] 『주역정의(周易正義)』「괘사(卦辭)와 효사(爻辭)를 누가 지은 것인가에 대한 논의[論卦辭爻辭誰作]」에서 다음과 같이 말한다.[209] "[『역』「계사전」에 모두 두 가지 주장이 있다.] 첫 번째 주장은 괘사(卦辭)와 효사(爻辭)가 모두 문왕(文王)이 지었다고 한다. 「계사전」을 살펴보면, '『역』이 흥기한 것은 중고(中古) 시대일 것이다. 『역』을 지은 사람은 우환(憂患)이 있었을 것이다'[210]라고 했고, 또 '『역』이 흥기한 것은 은나라 말기와 주나라의 덕이 성할 때일 것이다. 문왕과 걸왕(紂王)의 일이 있었을 때일 것이다'[211]라고 했다. 정현의 학문을 하는 무리들은 모두 이 주장에 의거했다." 그렇다면 [왕필은] 견강부회의 영향을 받아서 양하(楊何)가 사마천에게 전한 진실된 이론[212]을 제멋대로 바꾸었으니, 그것을 믿을 수 있겠는가?

據『史記』「周本紀」·「日者傳」·『法言』「問神」篇·『漢書』「藝文志」·「揚雄傳」·『論衡』「對作」篇, 皆謂文王重卦爲六十四卦三百八十四爻, 無有以爲作卦辭者. 是自漢以前, 皆以爲孔子作, 無異辭. 惟王輔嗣以六十四卦爲伏犧所自重. 『周易正義』「論卦辭爻辭誰作」云, "一說

208_ 8괘에서 64괘를 연역한 것이 누구인가에 대해서는 여러 가지 주장이 있는데, 이것을 중괘설(重卦說) 또는 연괘설(演卦說)이라고 한다. 왕필(王弼)과 그의 이론을 받아들인 공영달(孔穎達)은 복희(伏羲)라고 하고, 정현(鄭玄)은 신농(神農), 손성(孫盛)은 하우(夏禹), 사마천은 문왕(文王)이라고 했다.

209_ 이 내용은 위(魏)나라 왕필(王弼)과 진(晉)나라 한강백(韓康伯)이 주를 달고, 당(唐)나라 공영달(孔穎達)이 소(疏)를 단 『주역정의』 권수(卷首) 제4에 실려 있다.

210_ 『역』「계사전 하」 제7장에 보인다.

211_ 『역』「계사전 하」 제11장에 보인다.

212_ 피석서(皮錫瑞)의 『경학통론(經學通論)』에 의하면, 한나라 초기의 『역』은 대부분 양하(楊何)를 위주로 했는데, 사마천의 부친인 사마담(司馬談)도 양하에게 『역』을 배웠다. 사마천도 『역』을 이야기할 때는 반드시 양하의 이론을 사용했는데, 문왕이 64괘를 지었다는 사마천의 주장도 양하로부터 나온 것이다.

以卦辭·爻辭幷是文王所作. 案[213]「繫辭」云, '『易』之興也, 其于中古乎. 作『易』者其有憂患乎.' 又曰, '『易』之興也, 其當殷之末世, 周之盛德耶. 當文王與紂之事耶.' 鄭學之徒幷依此說也." 則影響附會, 妄變楊何傳史公之眞說, 其可信乎?

주공(周公)이 효사(爻辭)를 지었다는 주장은 서한시대 이전에는 없었다. 『한서』「예문지」에서 "사람은 세 사람의 성인을 거쳐서 [『역』이 완성되었다]"라고 했는데, 위소(韋昭)의 주에서 "복희와 문왕과 공자이다"라고 했다.[214] 이것은 바로 『주역정의』에서 인용한 [다음의 내용과 같다.] "『건착도(乾鑿度)』에서 '8괘[皇策][215]를 전한 것은 복희이고, 도(道)를 점쳐서 덕을 연역한 것은 문왕이며, 명(命)을 완성한 것은 공자이다'라고 말했고,[216] 『역위·통괘험(易緯·通卦驗)』에서는 또 '복희[蒼牙][217]가 신령의 뜻을 잘 이해하여 [『역』을 지었고], 문왕 창(昌)이 그것을 완성했으며, 공자가 명(命)을 연역하여 도(道)의 경전을 밝혔다'라고 말했다."[218] 진

213_ 안(案)이 『공자개제고』에는 안(按)으로 되어 있다. 그리고 『주역정의』에는 안(案)자 앞에 '지자(知者)' 두 글자가 더 있다.

214_ 『역』의 도가 깊기 때문에 세 사람의 성인을 거쳐서 완성되었다는 의미이다. 「예문지」에서 "故曰, 『易』道深矣, 人更三聖."이라고 했는데, 위소(韋昭)가 "복희(伏羲)와 문왕(文王)과 공자(孔子)"라고 했다. 그리고 안사고는 경(更)은 경(經)의 의미라고 했다.

215_ 책(策)은 점을 칠 때 쓰는 점대이며, 황책(皇策)은 『역』의 8괘를 가리킨다.

216_ 이 내용은 현행본 『건곤착도(乾坤鑿度)』 권상 『건착도(乾鑿度)』에는 보이지 않는다.

217_ 창아(蒼牙)는 복희(伏羲)의 다른 이름이다.

218_ 『역위·통괘험(易緯·通卦驗)』 권상(卷上)의 정현의 주에 의하면, 복희가 신령의 뜻을 잘 이해하여 『역』을 지었고, 문왕 창(昌)이 형상을 관찰하고 괘사와 효사를 설명하여 그것을 완성했다고 한다. 한편 『건곤착도(乾坤鑿度)』 권상(卷上) 『건착도(乾鑿度)』「상성수생(象成數生)」에도 이 내용이 있는데, 그 주에서는 복희씨가 『역』의 원류를 얻어서 인간사의 작용에 적용시켜서 더욱더 창성했으며, 『역』의 경위(經緯)를 연역하고 밝혀서 후세에 크게 유행했다고 풀이했다. 여기에서는 정현의 주에 따라 해석했다.

(晉)나라 기담(紀瞻)이 다음과 같이 말했다. "옛날에 포희(庖犧)가 8괘를 그려서 음양의 이치가 다 갖추어졌다. 문왕과 공자가 그 유업을 이어서, 세 성인이 서로 계승하여 하나의 이치를 함께 소유하니, 『역』을 말하면서 하늘을 따르는 것, 그 이외에는 다른 것이 결코 없다."〈원주: 『진서(晉書)』「기담열전(紀瞻列傳)」에 보인다.〉 이 말에도 주공(周公)을 언급한 내용은 없다. 오직 『좌씨전』「소공(昭公)」 2년에 [진(晉)나라] 한선자(韓宣子)가 노나라에 빙문하여, 『역』을 풀이한 상사(象辭)[219]와 노나라의 『춘추』를 보고서, "나는 지금에야 주공의 덕을 알았다"[220]라는 내용에서 주공을 언급했다. 이것은 대체로 유흠(劉歆)이 제멋대로 기록한 조목으로, 금문가와는 같지 않다. 유흠은 『주관(周官)』[221]과 『이아(爾雅)』, 「월령(月令)」을 주공에 가탁하지 않은 적이 없기 때문에 『역』의 효사(爻辭)를 주공에게 가탁한 것도 이와 같은 부류이다. 오직 마융(馬融)의 학문이 유흠으로부터 나왔기 때문에 효사는 주공이 지은 것이라고 여겼다.[222]〈원주: 『주역정의』「괘사(卦辭)와 효사(爻辭)를 누가 지은 것인가에 대한 논의[論卦辭爻辭誰作]」에 보인다.〉

至周公作爻辭之說, 西漢前無之. 『漢書』「藝文志」云, "人更三聖." 韋昭注曰, "伏羲 · 文王 · 孔子." 卽『正義』所引"『乾鑿度』云, '垂皇策者犧, 卦道演德者文, 成命者孔.' 『通卦驗』又云, '蒼牙通靈, 昌之成, 孔演命明道經.'" 晉紀瞻曰, "昔庖犧畫八卦, 陰陽之理盡矣. 文王 · 仲尼

219_ 역상(易象)은 두예(杜預)의 주에 의하면, 지금의 『역』 상하 경(經)의 상사(象辭)이고, 노춘추(魯春秋)는 노나라의 역사를 기록한 책이다.

220_ 『좌씨전』「소공」 2년의 내용은 다음과 같다. "二年春, 晉侯使韓宣子來聘, 且告爲政, 而來見, 禮也. 觀書於大史氏, 見易象與魯春秋, 曰, '周禮盡在魯矣, 吾乃今知周公之德與周之所以王也.'"

221_ 『주관(周官)』은 주나라의 관제를 기록한 책으로, 『주례(周禮)』를 말한다.

222_ 『주역정의(周易正義)』 권수(卷首) 제4 「논괘사효사수작(論卦辭爻辭誰作)」에 다음과 같이 기록되어 있다. "『左傳』韓宣子適魯, 見『易』象云, '吾乃知周公之德.' 周公被流言之謗, 亦得爲憂患也. 驗此諸說, 以爲卦辭文王, 爻辭周公. 馬融 · 陸績等幷同此說, 今依而用之."

係其遺業, 三聖相承, 共同一致, 稱『易』準天, 無復其餘也."〈見『晉書』「紀瞻傳」.〉 亦無有及周公者. 唯『左傳』「昭」二年, 韓宣子來聘, 見『易』象與魯『春秋』曰, "吾乃今知周公之德." 涉及周公. 此蓋劉歆竄亂之條, 與今學家不同. 歆『周官』·『爾雅』·「月令」, 無事不託于周公, 『易』爻辭之託于周公亦此類. 唯馬融學出于歆, 故以爲爻辭周公所作.〈見『周易正義』「論卦辭爻辭誰作」.〉

혹 효사도 모두 문왕이 지은 것이라고 여기는데, 『주역정의』 「괘사(卦辭)와 효사(爻辭)를 누가 지은 것인가에 대한 논의[論卦辭爻辭誰作]」에서 다음과 같이 말한다. "[두 번째 주장은] 효사를 징험해보면 대부분이 문왕 이후의 일이라고 여겨진다. 승괘(升卦) 육사(六四) 효사에 '왕이 이로써 기산(岐山)에 제향했다'[223]라고 했는데, 무왕이 은나라를 이긴 이후에야 비로소 문왕을 왕이라고 추존하여 불렀다. 만약 효사가 문왕이 지은 것이라면, '왕이 이로써 기산에 제향했다'고 말해서는 안 된다. 또한 「명이괘(明夷卦)」 육오(六五)의 효사에 '기자(箕子)의 밝음을 감춤이다'라고 했는데, 무왕이 규대를 열병한 이후에 기자가 비로소 붙잡혀서 노예가 되었으니, 문왕이 '기자의 밝음을 감춤이다'라고 미리 말했을 리가 없다. 또한 「기제괘(旣濟卦)」 구오(九五)의 효사에 '동쪽 이웃이 소를 잡아 [성대한 제사를 지내는 것이] 서쪽 이웃의 검소한 제사만 못하다'라고 했는데, 해설자들이 모두 서쪽 이웃은 문왕(文王)을 말하고, 동쪽 이웃은 주왕(紂王)을 말한다고 했다.[224] 문왕 때에 주왕이 여전히 천자였는데, [문왕이] 어찌 자신의 덕이 복을 받아서 은나라를 이겼다고 스스로 말할 수 있겠는가?[225] 또한 천자의 나라에 대항하고자 했기 때문

223_ 형(亨)은 『역본의(易本義)』의 주자의 해석에 따라 제향하다[享]의 의미로 해석했다.

224_ 『역전(易傳)』에서 정자는 "소를 잡는 것은 성대한 제사이고, 약제(禴祭)는 박한 제사이니, 성대함이 박함만 못한 것은 때가 같지 않기 때문이다"라고 했다. 그리고 『역본의』에서 주자는 이 일이 문왕과 걸왕의 일에 해당된다고 했다.

에 마침내 동쪽과 서쪽이 서로 이웃이라고 말했을 뿐이다." 만약 『주역정의』의 말과 같다면 효사는 또한 문왕의 작품이 될 수 없으니, 『한서』「예문지」에서 "문왕이 『역』의 6효를 거듭 중복하여 상하(上下)편을 만들었다"는 말은 잘못되었다. 세 사람의 성인 중에 주공이 없으니, 그렇다면 공자가 아니고 누가 그것을 지었겠는가! 따라서 『역』의 괘와 효는 복희와 문왕에 의해 처음으로 그려졌고, 『역』의 괘사와 효사는 전부 공자로부터 나왔다.

或以爻辭幷是文王作, 『周易正義』「論卦辭爻辭誰作」云, "以爲驗爻辭多是文王後事. 案「升卦」六四, '王用亨于岐山', 武王克殷之後, 始追號文王爲王. 若爻辭是文王所制, 不應云'王用亨于岐山.' 又「明夷」六五'箕子之明夷.' 武王觀兵之後, 箕子始被囚奴, 文王不宜豫言'箕子之明夷.' 又「旣濟」九五'東鄰殺牛, 不如西鄰之禴祭.' 說者皆云, 西鄰謂文王, 東鄰謂紂. 文王之時, 紂尙南面, 豈容自言己德受福勝殷? 又欲抗君之國, 遂言東西相鄰而已." 如『正義』言, 爻辭又不得爲文王作, 則「藝文志」謂"文王重『易』六爻, 作上下篇"者謬矣. 三聖無周公, 然則舍孔子誰作之哉! 故『易』之卦爻始畫于犧·文, 『易』之辭全出于孔子.

십익(十翼)이라는 명칭은 사마천의 부친[인 사마담(司馬談)]이 양하(楊何)에게 『역』을 전수받을 때는 들은 적이 없으니, 아마도 유흠의 주장에서 나왔을 것이다. 『사기』「공자세가」를 살펴보면, 「문언전」과 「설괘전」은 있지만, 「서괘전」·「잡괘전」은 없다.[226] 『한서』「예문지」에도 「잡괘전」이 없다.[227] 『논형』「정설(正說)」편에서 다음과 같이 말했다.

225_ 『역』「명이괘」 구오(九五) 효사의 전체 문장은 "동쪽 이웃이 소를 잡아 [성대한 제사를 지내는 것이] 서쪽 이웃의 검소한 제사가 실제로 그 복을 받는 것만 못하다[東鄰殺牛, 不如西鄰之禴祭實受其福.]"이다.

226_ 『사기』「공자세가」에 "孔子晩而喜『易』, 序「彖」·「繫」·「象」·「說卦」·「文言」." 이라고 기록되어 있다.

227_ 『한서』「예문지」에 "孔氏爲之子「彖」·「象」·「繫辭」·「文言」·「序卦」之屬十篇."

"효선제(孝宣帝) 때 하내(河內)의 여자가 낡은 집을 헐다가 없어졌던 『역』과 『예』와 『상서』 각 1편을 얻어서 선제에게 상주했다. 박사들에게 내려서 보게 했는데, 그 이후에 『역』, 『예』, 『상서』가 각각 1편이 더해졌다."[228] 여기에서 『역』 1편이 더해졌다고 말한 것은 아마도 「설괘전」일 것이다.

十翼之名, 史遷父受『易』于楊何, 未之聞, 殆出于劉歆之說. 按『史記』「孔子世家」, 有「文言」·「說卦」, 而無「序卦」·「雜卦」. 『漢』「藝文志」亦無「雜卦」. 『論衡』「正說」"孝宣皇帝之時, 河內女子發老屋, 得逸『易』·『禮』·『尙書』各一篇, 奏之宣帝. 下示博士, 然後『易』·『禮』·『尙書』各益一篇." 此說『易』益一篇, 蓋「說卦」也.

그런데 『수서(隋書)』 「경적지(經籍志)」에서는 "진(秦)나라가 책을 태웠을 때, 『역』은 점치는 책이라는 이유로 보존되었는데, 오직 「설괘(說卦)」 등 3편이 없어졌다. 그 후 하내(河內)의 여자가 그것을 입수했다"라고 했다. 『역』이 점치는 책이라는 이유로 보존될 수 있었기 때문에 상구(商瞿)로부터 양하(楊何) 및 사마천에게 전수되는 과정에서 없어졌다고 말한 기록이 없으며, 또 「서괘전」과 「잡괘전」[을 말한] 적도 없다. 그리고 『논형』에서 「설괘전」이 선제 시기에 나왔다고 했으니, 사마천이 보지 못한 것이며, 후대에 나온 위서(僞書)이다. 따라서 「공자세가」가 [후대에] 거짓으로 기록된 것임을 알 수 있다. 왕충은 "『역』 1편이 더해졌다"라고 했는데, 『수서』 「경적지」에는 "3편이 없어졌다"라고 말한 것은 하내의 여자가 입수한 일에 근거하여 「서괘전」과 「잡괘전」을 더해 넣은 것이니, 「서괘전」과 「잡괘전」은 유흠의 위작이며, 세 편은 공자의 작품이 분명히 아니라는 것을 알 수 있다.

이라고 기록되어 있다.

228_ 『수서』 「경적지」에도 "及秦焚書, 『周易』獨以卜筮得存, 唯失「說卦」三篇. 後河內女子得之."라는 기록이 보인다.

『隋』「志」"及秦焚書, 『周易』獨以卜筮得存, 唯失「說卦」三篇. 後河內女子得之." 『易』旣以卜筮得存, 自商瞿傳至楊何以至史遷, 未嘗云亡失, 又未嘗有「序卦」·「雜卦」. 『論衡』以「說卦」出于宣帝時, 則史遷所未睹, 其爲後出之僞書. 「孔子世家」爲僞竄可知. 王充云"益『易』一篇", 『隋』「志」云"失三篇", 因河內得之事而附「序卦」·「雜卦」, 是「序卦」·「雜卦」爲劉歆僞作, 可見三篇非孔子作明矣.

「계사전」에 대해, 구양수(歐陽修, 1007~1072)[229]와 섭적(葉適, 1150~1223)[230]은 공자의 작품이 아니라고 했다.[231] 「계사전」의 말을 살펴보면 자주 '자왈(子曰)'이라고 말하니, 아마도 공자의 제자가 미루어 보충한 듯하다.

229_ 구양수(歐陽修)는 송나라 여릉(廬陵) 사람으로, 자는 영숙(永叔)이고, 호는 취옹(醉翁)이며, 시호는 문충(文忠)이다. 『역』의 십익(十翼)에 대해, 「단전」과 「상전」을 제외한 나머지는 공자가 지은 것이 아니라고 하는 새로운 관점을 제시했다. 그리고 「하도」와 「낙서」에 대해서도 특히 부정적인 태도를 가져서 『역』이 신비화되는 것에 반대했다. 저서로는 『문충집(文忠集)』과 『역동자문(易童子問)』이 있다.

230_ 섭적(葉適)은 송나라 온주(溫州) 영가(永嘉) 사람으로, 자는 정칙(正則)이고, 시호는 문정(文定)이며, 수심선생(水心先生)으로 불렸다. 남송 때 공리(公利)의 학설을 주장한 영가학파(永嘉學派)의 대표적 인물로, 주자의 성리학설에 반대했다. 또 구양수와 마찬가지로 『역』의 십익 중에 「단전」과 「상전」을 제외한 나머지는 공자의 저술이 아니라고 주장했다. 저서로는 『수심집(水心集)』과 『습학기언(習學記言)』이 있다.

231_ 구양수의 『문충집(文忠集)』 권18 「역혹문삼수(易或問三首)」편에 "或問, 「繫辭」果非聖人之作, 前世之大儒君子不論何也? 曰, 何止乎「繫辭」? 舜之塗廩浚井, 不載於六經, 不道於孔子之徒, 蓋俚巷人之語也."라는 기록과 『문충집』 권60 「외집십(外集十)·역혹문(易或問)」에 "或問曰, 今之所謂「繫辭」者, 果非聖人之書乎? 曰, 是講師之傳. 謂之大傳, 其源蓋出於孔子而相傳於易師也. 其來也遠, 其傳也多, 其間轉失而增加者, 不足怪也. 故有聖人之言焉, 有非聖人之言焉."이라는 기록, 그리고 『문충집』 권65 「외집십오(外集十五)·전역도서(傳易圖序)」에 "孔子專指爻辭爲「繫辭」, 而今乃以孔子贊易之文爲上下「繫辭」者, 何其謬也?"라는 기록 등이 보인다. 그리고 섭적의 『습학기언(習學記言)』 권3 「역(易)」에 "言孔氏爲之「彖」·「象」·「繫辭」·「文言」·「序卦」之屬, 亦無明據. 『論語』但言'加我數年, 五十以學『易』而已.' 易學之成與其講論問答, 乃無所見. 所謂「彖」·「象」·「繫辭」作於孔氏者, 亦未敢從也."라는 기록이 보인다.

따라서 사마천이 그것을 '대전(大傳)'이라고 여긴 것이다.[232] 「단전(彖傳)」과 「상전(象傳)」은 괘사·효사와 서로 이어져 있고, 상하 두 편으로 나누어져 있으니, 공자가 지은 원래의 책이다. 유흠이 상하 두 편을 효(爻)를 연역한 문왕[의 작품으로] 배속하는 것이 이미 통할 수 없다고 여겼기 때문에 자기가 거짓으로 지은 「서괘전」과 「잡괘전」을 하내 여자가 책을 얻은 일에 덧붙여서, 공자가 지은 10편을 십익으로 만들었으며, 공자가 지은 것을 뺏어서 문왕과 주공에게 주고, 자기가 지은 것을 공자[의 작품]에 두었으니, 기만하고 과장하여 현혹시키는 것이[233] 우스우면서도 놀랄 만하다. 그런데 '공자가 전(傳)을 지었지 경(經)을 지은 것이 아니며, 『역』에는 십익이 있지 단지 상하 두 편만 있는 것이 아니다'라는 주장이 2천년 동안 이어져 답습되면서 유흠이 가짜를 만든 자취를 조금이라도 살펴볼 수 있었던 사람은 없다. 이제 한나라 이전의 이론을 인용하여, 큰 핵심을 드러내 폭로하고, 『역』 상하 두 편은 공자의 작품이라고 확정한다.

「繫辭」, 歐陽永叔·葉水心以爲非孔子作. 考其辭頻稱'子曰', 蓋孔子弟子所推補者. 故史遷以爲'大傳'也. 「彖」·「象」與卦辭爻辭相屬, 分爲上下二篇, 乃孔子所作原本. 歆以上下二篇屬之演爻之文王, 旣不可通, 因以己所僞作之「序卦」·「雜卦」附之河內女子所得之事, 而以爲孔子作十篇爲十翼, 奪孔子所作而與之文王·周公, 以己所作而冒之孔子, 譸張爲幻, 可笑可駭. 然'孔子作傳而非經, 『易』有十翼而非止上下二篇', 則二千年相沿, 無有能少窺其作僞之迹者矣. 今援引漢以前說, 發露大旨, 定『易』上下二篇爲孔子所作.

232_ 『사기』 「태사공자서」에 "『易』「大傳」'天下一致而百慮, 同歸而殊塗.'"라는 기록이 보인다. 이 내용은 『역』 「계사전 하」편의 "子曰, '天下何思何慮? 天下同歸而殊塗, 一致而百慮, 天下何思何慮?'라는 구절로, 「함괘(咸卦)」 구사효(九四爻)의 '憧憧往來, 朋從爾思.'를 해석한 것이다.

233_ 주장위환(譸張爲幻)은 기만하고 과장하여 현혹시키는 것이다. 『서』 「무일(無逸)」편에 "民無或譸張爲幻."이라는 표현이 보인다.

10-5-9

복희가 8괘를 지었고, 공자가 합하여 그 문장을 연역하고, 읽어서 그 신묘함을 드러내어, 『춘추』를 지어서 혼란한 제도를 고쳤다.[234](『춘추위』)

伏犧作八卦, 丘合而演其文, 讀而出其神, 作『春秋』以改亂制.(『春秋緯』)

康10-25

이 조목은 64괘를 연역한 것을 또한 공자[의 작품]으로 귀결시켰다. 그런데 '그 문장을 연역했다'라고 말한 것이 혹 8괘의 괘사를 가리켜서 말한 것이고, 64괘는 여전히 문왕이 연역했다는 것인가? 다만 [64괘의] 글은 한 글자 한 글자 모두 공자가 지은 것이다.

此條則以演六十四卦, 亦歸孔子矣. 然謂'演其文', 或指八卦之辭言之, 而六十四卦仍文王所演歟? 但文辭則一字皆孔子所作.

<이상 『역』은 공자가 지은 것이다: 右『易』爲孔子所作>

6. 『춘추(春秋)』

康10-26

『춘추』는 옛날의 명칭이다. 묵자가 "백국(百國)의 『춘추』"라고 말했

234_ 이 내용은 『공양전』 「원목(原目)」의 서언 소에서 인용한 『춘추설(春秋說)』인데, 『옥함산방집일서』(3) 「경편위서류(經編緯書類)」에 수록된 『춘추위 · 설제사(春秋緯 · 說題辭)』의 내용이다.

고,[235] 『공양전』에서는 "손질하지 않은 『춘추』"라고 말했으며,[236] 『국어』 「초어(楚語)」에서는 "『춘추』를 가르친다"라고 말했다.[237] 지금의 11편은 공자가 지었으며, 공양씨(公羊氏)와 곡량씨(穀梁氏)가 전(傳)을 달고 호무생(胡母生)과 동중서(董仲舒)가 전한 책이 바로 이것이다.[238]

『春秋』, 舊名. 墨子云, "百國『春秋』", 『公羊』云, "不修『春秋』", 「楚語」 "敎之『春秋』". 是今十一篇孔子作, 公羊·穀梁所傳, 胡母生·董子所傳本是也.

『춘추』는 공자가 지은 것이라는 점에 대해서는 옛날이나 지금이나 전혀 이론(異論)이 없다. 다만 위고문학(僞古文學)이 출현하여 [금문학의] 개제(改制) 이론을 강력하게 공격하고, 아울러 [공자가] 필삭한 뜻을 깎아내려서, [『춘추』는] 외교문서나 사령장으로,[239] 공자가 그것을 근거로

235_ 당나라 유지기(劉知幾)의 『사통(史通)』 권1 「내편(內篇)·육가(六家)」에 "墨子曰, 吾見百國『春秋』."라는 기록이 보인다.

236_ 『공양전』 「장공」 7년에 "不脩『春秋』曰, 雨星不及地尺而復. 君子脩之曰, 星霣如雨."라는 기록이 보인다. 하휴의 주에서 "불수『춘추』(不修『春秋』)는 역사 기록을 말하는데, 옛날에는 역사 기록을 『춘추』라고 했다[不修『春秋』謂史記也. 古者謂史記爲『春秋』.]"라고 했다. 불수『춘추』는 공자가 손질하기 이전의 옛날의 역사책을 말한다.

237_ 『국어』 「초어 상(楚語 上)」편에 "叔時曰, 敎之『春秋』, 而爲之聳善而抑惡焉, 以戒勸其心."이라는 기록이 보인다.

238_ 『공양전』 「은공」 2년의 하휴의 주에 의하면, 『공양전』은 한대의 공양씨(公羊氏)와 그의 제자 호무생(胡毋生) 등에 의해서 처음 책으로 만들어졌다[至漢公羊氏及弟子胡毋生等, 乃始記于竹帛.] 그리고 서언에 의하면, 호무생은 경사들의 이론을 종합 정리하여 한 권의 책으로 완성하고, 자기 스승의 이름을 표제로 내세운 인물이다. 호무생에 대해서는 역사서에 기록이 보이지 않기 때문에 정확하게 파악할 수 없다. 다만 『한서』 「유림전」에 의하면, 제(齊)나라 사람으로 동중서와 같이 공부하여 경제(景帝) 때 박사가 되었으며, 동중서가 그의 학덕을 칭송했다는 사실만을 확인할 수 있다. 서언은 호무생이 동중서의 스승이라고 주장하는데, 관련 증거는 제시하지 않았다.

239_ 부고(赴告)는 국가에 큰 일이 있을 때 다른 나라에 보내는 외교문서로, 죽음을 알리는 것을 부(赴)라고 하고, 화복과 관련된 큰일을 알리는 것을 고(告)라고 한

삼아서 기록하여 선악이 자연스럽게 드러났다고 했다. 두예(杜預, 222~284)가 그것을 외치고, 주자가 더욱더 그것을 주장했다. 만약 이와 같다면 성인이 한 명의 필사 기록원[240]에 지나지 않는데, 어떻게 그것을 지었다고 할 수 있겠는가? 이제 [여기에서는] 특별히 이 점을 변론한다. [공자가] 『춘추』를 지은 사실에 대해 말한다면 이루 다 기록할 수가 없기 때문에 대략 몇 조목만을 인용하여 사례로 삼을 뿐이다.

『春秋』爲孔子作, 古今更無異論. 但僞古學出, 力攻改制, 并鏟削筆削之義, 以爲赴告・策書, 孔子據而書之, 而善惡自見. 杜預倡之, 朱子尤主之. 若此則聖人爲一謄錄書手, 何得謂之作乎? 今特辨此. 言作『春秋』者不勝錄, 略引數條以成例爾.

10-6-1

공자가 두려워하여 『춘추』를 지었다. 『춘추』는 천자의 일이다. 이 때문에 공자가 "나를 알아주는 것도 오직 『춘추』 때문일 것이며, 나를 죄주는 것도 오직 『춘추』 때문일 것이다"라고 말했다.(『맹자』「등문공 하」)[241]

孔子懼, 作『春秋』. 『春秋』, 天子之事也. 是故[242]孔子曰, "知我者, 其惟『春秋』乎, 罪我者, 其惟『春秋』乎."(『孟子』「滕文公 下」)

10-6-2

공자가 『춘추』를 완성하자, 난신적자들이 두려워했다.(『맹자』「등문공 상」)

다. 책서(策書)는 군주가 벼슬아치를 임면(任免)하거나 작위를 봉할 때 그 명령을 기록하는 사령장이다.

240_ 등록(謄錄)은 베껴서 필사하는 것이며, 서수(書手)는 필사를 맡아서 기록하는 사람을 말한다.

241_ 『공자개제고』에는 출전이 『맹자』「진심(盡心)」으로 잘못 기록되어 있어서 바로잡았다.

242_ 시고(是故)가 『공자개제고』에는 빠져 있는데, 『맹자』 원문에 따라 보충했다.

孔子成『春秋』, 而亂臣賊子懼.(『孟子』「滕文公 上」)

10-6-3

왕자의 자취가 사라지자 『시(詩)』가 없어졌으니,[243] 『시』가 없어진 이후에 『춘추』가 지어졌다.(『맹자』「이루 하」)

王者之迹熄而『詩』亡, 『詩』亡然後『春秋』作.(『孟子』「離婁 下」)

10-6-4

공자가 『춘추』를 지을 때, 먼저 왕자[의 일]을 바로잡고 온갖 일들을 [그 아래에] 이어서 기록했으니, 소왕(素王)의 문장을 보여주었다.(『한서』「동중서전」)

孔子作『春秋』, 先正王而繫萬事, 見素王之文焉.(『漢書』「董仲舒傳」)

10-6-5

공자가 『춘추』를 지을 때, 위로 하늘의 시작[244]을 탐색했다.(『춘추번로』

243_ 『맹자집주』에 의하면, 왕자의 자취가 사라졌다는 것은 주나라 평왕(平王)이 동쪽으로 천도함으로써 정교(政敎)와 호령(號令)이 천하에 미치지 못한 것을 말한다. 그리고 『시』가 없어졌다는 것은 「서리(黍離)」 등의 시가 국풍(國風)으로 강등되어 아(雅)가 없어졌다는 의미이다. 즉 평왕 때 동쪽으로 천도하여 주나라의 지위가 제후와 마찬가지로 내려갔기 때문에 천자의 음악인 아(雅)까지도 풍(風)으로 강등되었다는 것이다. 『시경집전』에서 「왕풍(王風)」에 대해 다음과 같이 풀이했다. "평왕이 동쪽으로 왕성(王城)을 옮겨서 거처하니, 왕실이 마침내 낮아져 제후와 다름이 없게 되었다. 그러므로 그 시를 아(雅)라고 하지 않고 풍(風)이라고 한 것이다. 그러나 왕의 칭호는 아직 변하지 않았기 때문에 주(周)라고 하지 않고 왕(王)이라고 말했다."

244_ 『춘추번로의증』에서 이 문장을 '上探天端'으로 풀이하고, 정(正)자를 뒷 문장과 연결하여 '正王公之位, 萬民之所欲.'이 되어야 한다고 했는데, 여기에서도 그 주장

「유서」)

仲尼之作『春秋』也, 上探正天端.(『春秋繁露』「兪序」)

10-6-6

공자가 단문(端門)에서 천명을 받아서,[245] 『춘추』의 의리를 제정할 때, 자공(子貢) 등 14명으로 하여금 주나라의 역사 기록을 구하고, 120개 나라의 역사서[246]를 입수하도록 하여, 9개월 만에 경전이 성립되었다.[247]

에 따라 빼고 해석했다. 천단(天端)은 하늘의 시작인 봄[春]을 말한다. 『공양전』「은공」 원년의 하휴 주에서 "문왕은 주나라에서 처음으로 천명을 받은 왕이다. 하늘이 명했기 때문에 위로 하늘의 시작[春]과 연결해 놓았다[文王, 周始受命之王. 天之所命, 故上系天端.]"라고 했다. 봄[春]은 하늘의 시작이고, 문왕은 하늘로부터 처음으로 천명을 받은 사람이기 때문에 둘을 서로 관련시켜서 『춘추』 원문에서 '왕(王)'자 앞에 '춘(春)'자를 두었다는 말이다.

245_ 단문(端門)은 노나라 수도의 정문인데, 『공양전』「애공」 14년에 있는 하휴의 주에 의하면, 하늘이 공자에게 천명을 내린 장소라고 한다. 주에 인용된 『춘추위·연공도(春秋緯·演孔圖)』의 내용은 다음과 같다. "기린이 잡힌 이후 하늘은 혈서를 내려 노나라 단문(端門)에 내걸기를 '서둘러 법제를 만들라. 성인 공자가 돌아가시기 전에. 주나라 희씨(姬氏) 왕조는 망하여 혜성은 동쪽으로 떠오른다. 앞으로 진시황의 폭정으로 학술이 마구 파괴되어 모든 기록이 흩어질지라도 공자의 사상은 끊어지지 않는다'라고 했다. 자하가 그 다음날 가서 그 글을 보았을 때 혈서는 붉은 새로 변하여 날았고, 다시 흰 글로 변했는데, 그 글 제목이 「연공도(演孔圖)」였다. 그 내용 중에는 그림을 만들고 법을 제정하는 형상이 있었다. 공자가 경을 논하고 있을 때 어떤 새가 글자로 변했는데, 공자가 그것을 받들어 하늘에 고하자 그 글 위에 앉아 있던 붉은 새가 황옥(黃玉)으로 변했다. 그 옥에는 '공자가 하늘의 명을 쥐고 하늘의 법에 부응하여 제도를 만들자 붉은 참새들이 내려와 앉았다'라고 새겨져 있었다[得麟之後, 天下血書魯端門曰, '趨作法. 孔聖沒. 周姬亡, 彗東出. 秦政起, 胡破術. 書紀散, 孔不絕.' 子夏明日往視之, 血書飛爲赤鳥, 化爲白書, 書曰「演孔圖」. 中有作圖制法之狀. 孔子論經, 有鳥化爲書, 孔子奉以告天, 赤爵書上, 化爲黃玉. 刻曰, '孔提命作, 應法爲制, 赤雀集.']"

246_ 보서(寶書)는 주나라 시대에 정부에서 찬수한 역사서를 말한다. 여기에서는 각국의 역사를 기록한 책을 말한다.

247_ 이 내용은 『옥함산방집일서』(3)에 수록된 『춘추위·고이우(春秋緯·考異郵)』에는 보이지 않는다. 『공양전』「원목(原目)」의 서언 소에서 민인서(閔因敍)의 말

(『춘추위 · 고이우』)

孔子受端門之命, 制『春秋』之義, 使子貢等十四人求周史記, 得百二十國寶書, 九月經立.(『春秋緯 · 考異郵』)

10-6-7

공자가 『춘추』를 지어 하늘과 사람 사이의 일을 진술했는데, 기이한 현상을 기록하고 징조를 고찰했다.[248](『춘추위 · 악성도』)

孔子作『春秋』, 陳天人之際,[249] 記異考符.(『春秋緯 · 握誠圖』)

10-6-8

애공(哀公) 14년 봄에 서쪽에서 사냥하여 기린을 잡자 『춘추』를 지었는데, 9개월 만에 책이 완성되었다.[250](『춘추위 · 연공도』)

哀十四年春, 西狩獲麟, 作『春秋』, 九月書成.(『春秋緯 · 演孔圖』)

10-6-9

공자가 말했다. "내가 『춘추』에 대해서, 원(元)에서 시작하여,[251] 린(麟)

을 인용한 것이다.

248_ 이 내용은 『초학기(初學記)』 권 21에 수록되어 있다.

249_ 제(際)가 『공자개제고』에 제(制)로 되어 있는데, 『춘추위 · 악성도』 원문에 따라 고쳤다.

250_ 이 내용은 『공양전』「은공」 원년의 서언의 소에서 인용한 『춘추설(春秋說)』이다. 「애공」 14년의 서언의 소에서도 『연공도』를 인용하여 "獲麟而作『春秋』, 九月書成."이라고 기록하고 있다.

251_ 『춘추』「은공」 원년의 "원년, 봄, 주나라 역법으로 정월[元年, 春, 王正月.]"에 대해 『공양전』에서 "원년이라는 것은 무엇인가? 군주가 즉위한 첫 해이다"라고 했다. 『춘추』의 첫 기록이 원(元)자로부터 시작되는데, 이것은 기(氣)의 시초라는 의

에서 끝내니,[252] 왕도가 완성되었다."[253](『춘추위 · 원명포』)

孔子曰, "丘於[254]『春秋』, 始於元, 終於麟, 王道成也."(『春秋緯 · 元命苞』)

10-6-10

공자가 말했다. "내가 『춘추』를 짓자, 하늘에서 『연공도(演孔圖)』를 주었다."[255](『춘추위 · 연공도』)

孔子曰, "某[256]作『春秋』, 天授『演孔圖』."(『春秋緯 · 演孔圖』)

10-6-11

공자가 말했다. "시인은 [세상을] 싫어한다고 해서 침묵할 수 없었고, 나는 [세상을] 싫어한다고 해서 은둔해 있을 수 없다."[257] 이 때문에 사방으로 70여 차례 유세했지만 등용되지 못했다. 그런 이후에 물러나서 왕도를 연구하고, 『춘추』를 지어서 만세의 이후까지 그것을 물려주니, 천하가 거기에 맞추어 판단의 기준으로 삼았다.[258](『염철론』 「상자」)

미가 내포되어 있다.

252_ 『춘추』가 「애공」 14년 '서수획린(西狩獲麟)'에서 끝이 난다는 의미이다.

253_ 이 내용은 『문선(文選)』 권45 「반맹견답빈희(班孟堅答賓戲)」의 주에 기록되어 있다.

254_ 구어(丘於)가 『공자개제고』에는 구작(丘作)으로 되어 있는데, 『춘추위 · 원명포』 원문에 따라 고쳤다.

255_ 이 내용은 『태평어람』 권606에 수록되어 있다.

256_ 모(某)가 『공자개제고』에는 구(丘)로 되어 있는데, 『춘추위 · 연공도』 원문에 따라 고쳤다.

257_ 이 말은 『논형』 「대작(對作)」편에도 보인다.

258_ 『사기』 「십이제후연표(十二諸侯年表)」에도 "이 때문에 공자는 왕도를 밝히기 위해 70여 군주에게 [자리를] 요청했지만, 등용되지 못했다. 따라서 서쪽으로 가서 주나라 왕실[의 서적]을 살펴보고, 역사 기록과 전해들은 옛 기록을 논술하면서, 노나라에서 집필을 시작하여 『춘추』를 편찬했다[是以孔子明王道, 干七十余君, 莫

孔子曰, "詩人疾之不能默, 丘疾之不能伏." 是以東西南北七十說而不用. 然後退而修王道, 作『春秋』, 垂之萬世之後, 天下折中焉.(『鹽鐵論』「相刺」)

10-6-12

공자가 역사 기록에 근거하여 『춘추』를 지었는데, 위로는 은공(隱公)에 이르고, 아래로는 애공(哀公) 14년에 이르니, 12명의 임금이 포함되어 있다. 노(魯)나라를 근거로 삼고, 주(周)나라를 친하게 여기는 대상으로 삼으며, 은(殷)나라를 옛 나라로 여겨서,[259] 그것을 삼대에 운용했다. 그 문장을 요약해서 기록했지만, 가리키는 뜻은 넓다.(『사기』「공자세가」)

孔子因史記作『春秋』. 上至隱公, 下訖哀公十四年, 十二公. 據魯, 親周, 故殷, 運之三代. 約其文而指博.(『史記』「孔子世家」)

10-6-13

주나라의 덕이 없어지지 않았을 때에는 『춘추』가 지어지지 않았다. 『춘추』가 지어진 이후에 군자들은 주나라의 도가 없어졌다는 것을 알았다.(『설원』「군도」)

周德不亡,『春秋』不作. 『春秋』作而後君子知周道亡也.(『說苑』「君道」)

能用. 故西觀周室, 論史記舊聞, 興于魯而次『春秋』.]"라는 기록이 보인다.

259_ 『사기색은』에서 "공자가 『춘추』를 지을 때 노나라를 위주로 했기 때문에 노나라를 근거로 삼았다[據魯]고 말했다. 친주(親周)는 공자의 때에 주나라가 비록 미세하지만, 주나라 왕을 친한 대상으로 삼은 것은 그로써 천하에 종주(宗主)가 있다는 것을 보여준 것이다"라고 했다. 『춘추번로』「삼대개제질문(三代改制質文)」편에도 "노(魯)나라를 왕자로 삼으며, 검은색을 숭상하고, 하나라를 [왕조의 계열에서] 축출하여 시대가 먼 나라로 취급하며, 주나라를 친하게 여기는 대상으로 삼고, 송나라는 옛 나라로 여긴다[王魯, 尙黑, 絀夏, 親周, 故宋.]"라는 기록이 보인다.

10-6-14

이에 물러나서 『춘추』를 지어서 소왕(素王)의 도를 밝혔다.(『설원』 「귀덕」)

于是退作『春秋』, 明素王之道.(『說苑』 「貴德」)

10-6-15

[공손술(公孫述)은] 공자가 『춘추』를 지을 때, 적통(赤統)의 제도를 만들고 12명의 군주로 제한했다고 여겼다.[260](『후한서』 「공손술전」)

以爲孔子作『春秋』, 爲赤制而斷十二公.(『後漢書』 「公孫述傳」)

10-6-16

공자가 역사 기록을 입수하여 『춘추』를 지었는데, 그가 의리를 세우거나 새로운 뜻을 내놓고 칭찬하고 비판하거나 상을 주거나 벌을 줄 때 결코 역사 기록을 근거로 삼지 않은 이유는 깊이 생각하여[261] 자신의 마음속에서 나온 것이기 때문이다.(『논형』 「초기」)

孔子得史記以作『春秋』, 及其立義創意, 褒貶賞誅, 不復因史記者, 眇思自出于胸中也.(『論衡』 「超奇」)

260_ 『후한서』 「공손술전(公孫述傳)」에 "述亦好爲符命鬼神瑞應之事, 妄引讖記, 以爲孔子作『春秋』, 爲赤制而斷十二公."이라고 기록되어 있다. 범엽의 주에서 "『상서위 · 고령요(尙書緯 · 考靈耀)』에 '공자가 적통의 제도를 만들었기 때문에 『춘추』를 지었다'라고 했는데, 적(赤)이라는 것은 한나라에서 실시한 개제의 제도이다. 공자가 『춘추』를 지을 때 12명의 군주로 제한했다고 한 것은 한나라의 12명의 황제를 상징한다"라고 풀이했다. 『옥함산방집일서』(3) 「경편위서류(經編緯書類)」에 수록된 『상서위 · 고령요(尙書緯 · 考靈耀)』에 "爲赤制, 故作『春秋』."라는 기록이 보인다.

261_ 묘사(眇思)는 깊고 정밀하게 생각하는 것이다. 『논형교석』에서 묘(眇)는 묘(妙)의 의미라고 했다.

10-6-17

공자가 『춘추』를 지어 왕의 뜻을 보여 주었다. 그렇다면 공자의 『춘추』는 소왕의 일이다.(『논형』「초기」)

孔子作『春秋』, 以示王意. 然則孔子之『春秋』, 素王之業也.(『論衡』「超奇」)

10-6-18

따라서 공자는 왕노릇을 하지 않고, 『춘추』를 지어서 자신의 뜻[262]을 밝혔다.(『논형』「정현」)

故孔子不王, 作『春秋』, 以明意.(『論衡』「定賢」)

10-6-19

묻기를, "주나라의 도가 무너지지 않았으면 공자가 『춘추』를 짓지 않았을 것이다. 『춘추』가 지어진 것은 주나라의 도가 무너진 것에 기인한다. 만약 주나라의 도가 무너지지 않아서 공자가 [『춘추』를] 짓지 않았다면, 그것은 결코 공자에게 재능이 없는 것이 아니라, [저술의] 동기가 없는 것일 뿐이다. 이와 같다면 공자가 『춘추』를 지은 것을 가지고 그를 성인이라고 볼 수는 없으며, 공자와 같은 일을 한 사람이 있더라도 그가 현자(賢者)인지를 알 수는 없다." 대답하기를, "주나라의 도가 무너지자, 공자가 흥기하여 『춘추』를 지었다."(『논형』「정현」)

問, "周道不弊, 孔子不作『春秋』. 『春秋』之作, 起周道弊也. 如周道不弊, 孔子不作者, 未必無孔子之才, 無所起也. 夫如是, 孔子之作『春秋』,

262_ 『논형주석』에서 의(意)는 정치적 주장이라고 했다.

未可以觀聖, 有若孔子之業者, 未可知賢也.” 曰, “周道弊, 孔子起而作之.”(『論衡』「定賢」)

10-6-20

만약 공자가 왕이 되었다면 『춘추』는 지어지지 않았을 것이다.(『논형』「서해」)

使孔子得王, 『春秋』不作.(『論衡』「書解」)

10-6-21

주나라 때에 이르러, 백성들이 오랫동안 불행했기 때문에 공자가 『춘추』를 지었다.(『논형』「제세」)

至周之時, 人民久薄, 故孔子作『春秋』.(『論衡』「齊世」)

10-6-22

내가 듣기에,[263] 공자의 시대에는 주나라의 도가 쇠퇴하여, 공자 자신은 성인의 덕을 지니고 있었으나 시행될 곳이 없었기 때문에 『춘추』를 지어 의지를 드러내었다. 그 말이 따를 만하였기 때문에[264] 천하의 법칙이 되었다.(『박오경이의』)[265]

263_ 현(玄)은 정현(鄭玄)을 말한다. ‘현지문야(玄之聞也)’가 『박오경이의(駁五經異義)』에는 ‘박왈(駁曰)’로 되어 있다.

264_ 소(少)는 『예기정의』의 교감기에 의하면, 단옥재의 교감본에는 『시』「주남(周南)」의 『모시정의』에 따라 ‘가(可)’로 고쳤으며, 노문초는 의(義)자가 되어야 한다고 했다. 여기에서는 단옥재의 교감에 근거하여 해석했다.

265_ 『공자개제고』에는 출전이 『오경이의(五經異義)』로 잘못 기록되어 있어서 바로잡았다.

玄之聞也, 孔子時, 周道衰亡, 己有聖德, 無所施用, 作『春秋』以見志. 其言少從, 以爲天下法.(『駁五經異義』)

10-6-23

공자가 『춘추』를 지은 것은 주나라 어느 왕 때인가?[266] 위(衛)나라에서 노(魯)나라로 돌아온 이후에 음악이 바르게 되고,[267] 『춘추』가 지어졌다. 위나라에서 노나라로 돌아온 것은 애공(哀公) 때이다. 위나라에서 왔을 때 위나라는 어느 임금이었는가?[268] 공자를 무슨 예법으로 대우했는데,[269] 공자가 노나라로 돌아와서 『춘추』를 지었는가? 공자가 [노나라의] 역사 기록을 적어서 『춘추』를 지었는데, 역사 기록의 본래 명칭이 『춘추』인가? [그렇지 않으면] 책을 제작하여 경전으로 삼고 나서 『춘추』라고 부른 것인가?[270](『논형』「사단」)

孔子作『春秋』, 周何王時也? 自衛反魯, 然後樂正, 『春秋』作矣. 自衛

266_ 『사기』「공자세가」에 "魯哀公十四年, 西狩獲麟, 乃作『春秋』."라는 기록이 보이는데, 「십이제후연표(十二諸侯年表)」에 의하면 당시는 주나라 경왕(敬王) 39년이다. 그런데 왕충은 공자가 『춘추』를 지은 시기를 위나라에서 노나라로 돌아온 애공 11년으로 보고 있다.

267_ 『논어』「자한(子罕)」편에 "내가 위나라에서 노나라로 돌아온 이후에 음악이 바르게 되고, 아(雅)와 송(頌)이 각각 제자리를 찾았다[子曰, 吾自衛反魯然後樂正, 雅·頌各得其所.]"라는 기록이 보인다. 정현의 주에 의하면, 이때는 노나라 애공 11년으로, 도가 쇠퇴하고 음악이 폐기되었는데, 공자가 돌아와서 그것을 바로잡았다고 한다. 이 내용은 『사기』「공자세가」와 『논형』「수송(須頌)」편에도 보인다. 그리고 『논어』「위령공(衛靈公)」편에 "放鄭聲, 遠佞人, 鄭聲淫, 佞人殆."라는 기록과 『맹자』「양화(陽貨)」편에 "惡鄭聲之亂雅樂也."라는 기록 등이 보인다.

268_ 『사기』「십이제후연표(十二諸侯年表)」에 의하면, 위(衛)나라 출공(出公) 9년이다.

269_ 『좌씨전』「애공」 11년과 『사기』「공자세가」의 기록에 의하면, 특별한 예법에 대한 언급은 없고, "魯人以幣召之, 乃歸."라고만 기록되어 있다.

270_ 귀(歸)는 『논형교석』에서 호(號)자가 되어야 한다고 했다. 『논형』「정설(正說)」편에도 "『春秋』者, 魯史記之名, 孔子因舊故之名, 以號『春秋』之經."이라는 기록이 보인다.

反魯, 哀公時也. 自衛, 何君也? 俟孔子以何禮, 而孔子反魯作『春秋』乎? 孔子錄史記以作『春秋』, 史記本名『春秋』乎? 制作以爲經, 乃歸『春秋』也?(『論衡』「謝短」)

康10-27

『춘추』가 지어진 시기와 책을 제작하여 경전으로 삼은 것에 대한 논의가 매우 상세하다.

論作『春秋』之時, 制作以爲經, 最詳.

10-6-24

공자는 주나라 시대에 영향력이 큰 사람이었다. 『춘추』를 지으면서 비밀리에 전하던 책이나 숨겨져 있던 글들이 바로잡히지 않은 것이 없었다.(『논형』「효력」)

孔子周世多力之人也. 作『春秋』,[271] 秘書微文, 無所不定.(『論衡』「效力」)

<이상 『춘추』는 공자가 지은 것이다: 右『春秋』爲孔子所作>

7. 육경은 공자가 지은 것에 대한 총론 [總論六經爲孔子所作]

10-7-1

공자가 경전을 지을 때, 근본은 하나였을 뿐이다.[272](『신감』「시사」)

271_ 『논형』 원문에는 '춘추(春秋)' 다음에 '산오경(刪五經)'이라는 세 글자가 더 있다.

仲尼作經, 本一而已.(『申鑒』「時事」)

10-7-2

『시』·『서』·『예』·『춘추』는 혹은 [옛날 문장에] 근거했고, 혹은 직접 지어서 공자에 의해 완성되었으니, 내용을 더한 것을 알 수 있다.[273] (『법언』[274]「문신」)

『詩』·『書』·『禮』·『春秋』, 或因或作, 而成于仲尼乎, 其益可知也.(『法言』「問神」)

10-7-3

공자가 육경을 바로잡아서 그 도를 실행했다.(『백호통의』「오경」)

孔子定六經以行其道.(『白虎通義』「五經」)

10-7-4

육경을 지을 때 모두 근거로 삼은 것이 있다.(『논형』「서해」)

六經之作皆有據.(『論衡』「書解」)

272_ 한나라 순열(荀悅)의 『신감(申鑒)』 권2 「시사(時事)」편에 "仲尼作經本一而已, 古今文不同, 而皆自謂眞本經."이라고 기록되어 있다. 공자가 경전을 지은 근본은 한 가지인데, 후대에는 각자가 다르게 해석하여, 자신들이 공자의 경전에 근본한 진짜 전(傳)이라고 말한다는 의미이다.

273_ 이 문장은 앞에서 "경전의 내용을 덜거나 더할 수 있는가[或曰經可損益歟]"라는 질문을 설정하고, 거기에 대해 대답한 내용이다.

274_ 법언(法言)은 양자법언(揚子法言)이라고도 하는데, 『공자개제고』에는 '양자(楊子)'로 되어 있다. 현행본 제목에 따라 고쳐서 기록했다.

10-5-5

공자는 성왕(成王)과 강왕(康王)의 도를 닦고, 주공(周公)의 가르침을 서술하여, 70명의 제자를 가르쳤는데, 그들에게 그들만의 의복을 입고, 그들만의 서적을 연구하도록 했기 때문에 유학자의 학문이 생겨났다.(『회남자』「요략」)[275]

孔子修成·康之道, 述周公之訓, 以教七十子, 使服其衣冠, 修其篇籍. 故儒者之學生焉.(『淮南子』「要略」)

10-7-6

세상을 다스리는 방법에는 공자의 경전이 있다.[276](『잠부론』「사현」)

治世有孔子之經.(『潛夫論』「思賢」)

10-7-7

공자가 오경을 지어서 법도로 삼았는데, 천지 사이에서 운행해보고 도상(圖象)에서 살펴보았으며, 삼왕(三王)에게 질정해보고 천하에 시행했다.[277](『춘추위·연공도』)

孔子作法五經, 運之天地, 稽之圖像, 質于三王, 施于四海.(『春秋緯·演孔圖』)

275_『공자개제고』에는 출전이 『회남자』「설림(說林)」으로 잘못 기록되어 있어서 바로잡았다.

276_「사현(思賢)」편에서는 나라를 다스리는 것을 몸을 다스리는 것과 비유하여, 몸의 병을 치료하는 것은 의사이고, 나라의 난리를 고치는 것은 어진 사람이라고 했다. 그리고 몸을 치유하는 방법은 황제(黃帝)의 술(術)이 있고, 세상을 치유하는 방법은 공자의 경(經)이 있다고 주장한다.

277_ 이 내용은 『초학기(初學記)』 권16과 『태평어람』 권608에 보이는데, 현재 『옥함산방집일서』 권3「경편위서류(經編緯書類)」의 『춘추위·연공도』에 수록되어 있다.

康10-28

이 문장의 뜻은 『중용』의 "군자의 도는 자기 몸에 근본하여 백성들에게 그것을 징험하며, 삼왕(三王)에게 상고해도 틀리지 않으며, 천지(天地)에 세워도 어그러지지 않으며, 귀신에게 질정해 보아도 의심이 없으며, 백세 동안 성인을 기다려도 의혹되지 않는 것이다"[278]는 말과 같다. 오경이 공자의 작품이라고 곧바로 가리킨 점이 [『중용』보다] 더욱더 명확하다. 유흠이 여러 경전을 제멋대로 지어서, 그것을 주공[의 작품으로] 귀속시킨 이후로, 공자가 경전을 지은 뜻이 가려져 버렸다. 다행히 공자 문하의 제자들이 입으로 전하여 남긴 글들 중에 여전히 남아 있는 글이 있어서 충분히 증명하여 알 수 있다. 현재까지 남아 있는 소중한 글이니,[279] 큰 보배라고 할 수 있다.

此義與『中庸』"君子之道本諸身, 征之庶民, 考諸三王而不謬, 建諸天地而不悖, 質諸鬼神而無疑, 百世以俟聖人而不惑"同. 若其直指五經爲孔子作, 尤爲明顯. 自劉歆篡亂諸經, 歸之周公, 而孔子制作之義晦矣. 幸賴孔門口說遺文猶有存者, 足以證知. 吉光片羽, 可謂鴻寶.

10-7-8[280]

공자가 "문왕이 이미 죽었으니, [주나라의] 문화 제도가 여기 나에게

278_ 『중용』 제29장의 내용이다. 『중용장구』에 의하면, 자기 몸에 근본한다는 것은 그 덕을 소유한다는 뜻이고, 백성들에게 징험한다는 것은 백성들이 믿고 따르는가를 징험한다는 뜻이며, 천지에 세운다는 것은 천지에 참여한다는 뜻이다. 그리고 귀신은 조화의 자취라고 했다.

279_ 길광편우(吉光片羽)는 신령스러운 짐승의 한 오라기의 털이라는 말로, 잔존하는 진귀한 문장이나 서화(書畫) 등의 예술품을 비유하는 말이다. 길광편구(吉光片裘)라고도 한다.

280_ 이하에서 인용한 『논형』 「일문」편의 내용은 이 책의 제8권 제4절 〈8-4-3〉에서 이미 인용했다. 자세한 주석은 앞의 내용을 참조 바람.

있지 않겠는가?"라고 말했으니, 문왕의 문화 제도는 공자에게 전수되었고, 공자가 한(漢)나라를 위해 제정한 문화 제도는 한나라에 전수되었다. 하늘의 문화 제도를 받은 것이니, 문인들은 마땅히 오경(五經)과 육예(六藝)에 따라서 글을 지어야 한다.(『논형』「일문」)

孔子曰, "文王旣沒, 文不在茲乎?" 文王之文, 傳在孔子, 孔子爲漢制文, 傳在漢也. 受天之文, 文人宜遵五經·六藝爲文.(『論衡』「佚文」)

康10-29

오경과 육예의 문장은 공자가 한나라를 위해서 지은 것이니, 오경과 육예가 공자가 지은 것이 아니면 무엇이겠는가? 왕충이 그나마 미언(微言)을 전해주었도다!

五經·六藝之文, 孔子爲漢制之, 則五經·六藝非孔子所作而何? 王仲任猶傳微言哉!

10-7-9

공자의 가슴에 '[경전을] 제작하여 세상을 바로잡으라는 하늘의 상서로운 징조'라는 문신이 있었다.[281](『춘추위·연공도』)

孔子之胸有文曰, '制作定世符運.'(『春秋緯·演孔圖』)

10-7-10

공자가 노담(老聃)에게 말했다. "나는 『시』·『서』·『예』·『악』·『역』·

281_ 이 말은 『백공육첩(白孔六帖)』 권30과 『태평어람(太平御覽)』 권371에서 인용한 것이다. 부운(符運)은 부명(符命)과 같은 말로, 하늘이 임금이 될 사람에게 내리는 상서로운 징조이다.

『춘추』 등의 육경을 연구했다."(『장자』「천운」)

孔子謂老聃曰, "某治『詩』·『書』·『禮』·『樂』·『易』·『春秋』六經."(『莊子』「天運」)

10-7-11[282]

옛날 사람은 도술을 완전하게 갖추고 있었다. [천지의] 신묘하고 밝은 이치와 합치되며, 천지를 본받아서 만물을 기르고 천하를 조화시켜서 그 은택이 모든 백성에게 미쳤다. 도의 근본 원리를 밝히고, 구체적인 법도를 연계시켰으며, 상하 사방의 공간과 사계절의 시간까지 두루 통하며, 작고 크거나 정밀하고 거친 모든 사물에 그 도의 운행이 존재하지 않는 곳이 없었다. 옛날의 도술이 분명하게 구체적인 법도에 나타난 것은 옛날의 법으로써 세상에 선하는 역사서에 여전히 많이 기록되어 있고, 그중에서 『시(詩)』·『서(書)』·『예(禮)』·『악(樂)』 속에 기록되어 있는 것은 추노(鄒魯) 지역의 선비들과 홀을 띠에 꽂은 선생들 중에서 그 도술을 아는 사람이 많다. [이 도술을 가지고] 『시(詩)』는 사람의 뜻을 말하고, 『서(書)』는 정치의 일을 말하며, 『예(禮)』는 실천을 말하고, 『악(樂)』은 조화를 말하며, 『역(易)』은 음양(陰陽)을 말하고, 『춘추(春秋)』는 명분(名分)을 말했다. 그러한 도술의 구체적인 법도가 천하에 흩어져서 중국 전역에 펼쳐진 것을 제자백가의 학파 중에서 때때로 혹 거론하면서 말하는 자가 있다.

古之人其備乎. 配神明, 醇天地, 育萬物, 和天下, 澤及百姓. 明於本數, 係於末度, 六通四辟, 小大精粗, 其運無乎不在. 其明而在數度者, 舊法世傳之史尚多有之, 其在於『詩』·『書』·『禮』·『樂』者, 鄒魯之士·搢紳先生多能明之. 『詩』以道志, 『書』以道事, 『禮』以道行, 『樂』

282_ 이하에서 인용한 『장자』「천하」편의 내용은 이 책의 제2권 제1절〈2-1-2〉에서 이미 인용했다. 자세한 주석은 앞의 내용을 참조 바람.

以道和,『易』以道陰陽, 春秋以道名分. 其數散於天下而設於中國者, 百家之學時或稱而道之.

천하가 크게 혼란스러워지자 현인과 성인이 그 모습을 드러내지 않았고, 도덕이 하나로 통일되지 못하여, 천하 사람들은 대부분 그중의 일부분만을 이해하고서 스스로 만족했다. 이것은 비유하면 귀와 눈, 코와 입이 모두 밝은 작용이 있지만, 서로 소통되지 못하는 것이 마치 수많은 기술자들의 다양한 기술과도 같다. 모두가 각각의 장점을 가지고 있어서 때때로 사용되기도 하지만, 비록 그렇더라도 도술을 두루 갖추고 있지 않기 때문에 한쪽 분야에만 치우친 선비이다. 이들은 [조화로운] 천지의 아름다움을 [제멋대로] 갈라놓고, [통일된] 만물의 이치를 [억지로] 쪼개서 옛 사람들의 완전한 도술의 한쪽 분야만을 이해했으니, 천지의 아름다움을 갖추고, 신묘하고 밝은 모습에 걸맞을 수 있는 자가 드물다. 이 때문에 안으로는 성인의 자질을 갖추고 밖으로는 왕도를 실천하는[內聖外王] 도리가 어둠에 가려진 채 밝혀지지 않고, 꽉 막힌 채 드러나지 않아서, 천하 사람들이 제각각 자기가 하고 싶은 대로 하고서 스스로 그것을 방술(方術)이라고 생각한다. 슬프구나! 제자백가들이 각자의 방향으로 전진해 갈뿐 [근본으로] 되돌아올 줄을 모르니, 결코 도술과 합치될 수가 없을 것이다. 후세의 학자들은 불행하게도 천지의 순수한 아름다움과 옛 사람들의 도술의 전체적인 모습을 보지 못할 것이니, 도술은 장차 천하 사람들 때문에 분열되어 버릴 것이다.(『장자』「천하」)

天下大亂, 賢聖不明, 道德不一, 天下多得一察焉以自好. 譬如耳目鼻口, 皆有所明, 不能相通, 猶百家衆技也. 皆有所長, 時有所用, 雖然, 不該不遍, 一曲之士也. 判天地之美, 析萬物之理, 察古人之全, 寡能備於天地之美, 稱神明之容. 是故內聖外王之道, 闇而不明, 鬱而不發, 天下之人各爲其所欲焉以自爲方. 悲夫! 百家往而不反, 必不合矣. 後世之學者, 不幸不見天地之純, 古人之大體, 道術將爲天下裂. (『莊子』「天下」)

康10-30

장자의 학문은 전자방(田子方)으로부터 나왔고, 전자방은 자하(子夏)의 제자이다.[283] 따라서 장자는 자하의 재전(再傳) 제자이며, 실제로 공자의 후학이다. 그가 「천하」편에서 당시의 학술을 두루 논의하면서, 묵자(墨子)·송견(宋鈃)·전병(田駢)·신도(愼到)·관윤(關尹)·노담(老聃)·혜시(惠施)로부터, 장주(莊周)도 한 명의 사상가로 배열했는데, 모두 귀와 눈, 코와 입과 같이 단지 하나의 뜻만을 밝히고, 도술을 두루 갖추고 있지 않은 한쪽 분야에만 치우친 선비이며, 순수한 본체를 보지 못하고 도술을 분열시킨다고 여기고, 추노(鄒魯) 지역의 선비들과 홀을 띠에 꽂은 선생들이 그 도술을 잘 안다고 말했다. 홀을 띠에 꽂는 것은 유가의 옷이고, 추노(鄒魯) 지역은 모두 공자의 후학들이니, [장자가 말한] '옛날 사람[古人]'이 공자가 아니면 누구이겠는가? 따라서 공자를 높여서 "[천지의] 신묘하고 밝은 이치와 합치되며, 천지를 본받아서 만물을 기르고 천하를 조화시켜서 그 은택이 모든 백성에게 미쳤다. 도의 근본 원리를 밝히고, 구체적인 법도를 연계시켰으며, 상하 사방의 공간과 사계절의 시간까지 두루 통하며, 작고 크거나 정밀하고 거친 모든 사물에 그 도의 운행이 존재하지 않는 곳이 없었다"라고 말했다. 또한 책의 첫머리에서 [공자를] '신령스럽고 밝은 성왕(聖王)'이라고 말했

283_ 전자방(田子方)은 자공(子貢)에게서 학문을 배워서 현명한 사람과 어진 사람을 숭상하고 예의를 귀하게 여겼으며, 위문후(魏文侯)와 교유했다고 한다. 『장자』「전자방(田子方)」편에서는 동곽순자(東郭順子)를 스승으로 삼았다고 기록되어 있다. 캉유웨이는 이 책의 제8권 속에 있는 「공자는 선왕이다[孔子爲先王]」라는 조목에서도, 공자가 선왕이라는 것을 전자방이 자공으로부터 배웠고, 그것을 장자에게 전했다고 주장했다.

으니, 옛날부터 공자를 높이고 공자에 대해 논의한 사람 중에 장자만한 사람은 없었다. 비록 자사(子思)가 공자에 대해, "성대하게 만물을 발육하여 높이 하늘에까지 이르렀다"[284]거나, "위로는 하늘의 때를 본받고, 아래로는 대지를 따랐다"[285]라고 말했지만, 장자만큼 두루 갖추어 거론하지는 못했다. 자공(子貢)·유약(有若)·재아(宰我)가 말한 것은 자사보다도 더 못하다. 본래 장자가 지혜롭고 총명하기 때문에 한 마디의 말로 공자의 위대함을 거론할 수 있었고, 또 장자가 일찍이 후학이었기 때문에 공자의 깊음을 알 수 있었던 것이다.

莊子學出田子方, 田子方爲子夏弟子. 故莊生爲子夏再傳, 實爲孔子後學. 其「天下」篇遍論當時學術, 自墨子·宋鈃·田駢·愼到·關尹·老聃·惠施, 莊周亦自列一家, 而皆以爲耳目鼻口僅明一義, 不該不遍一曲之士, 不見純體而裂道術, 云鄒魯之士·縉紳先生能明之. 縉紳是儒衣, 鄒魯皆孔子後學, 則古人非孔子而何? 所以尊孔子者云, "配神明, 醇天地, 育萬物, 和天下, 澤及百姓. 明于本數, 繫[286]于末度, 六通四闢,[287] 小大精粗, 其運無乎不在." 又開篇稱爲'神明聖王', 自古尊孔子·論孔子, 未有若莊生者. 雖子思稱孔子曰, "洋洋乎發育萬物, 峻極于天." "上律天時, 下襲水土." 不若莊子之該擧. 子貢·有若·宰我所稱, 益不若子思矣. 固由莊生之聰辨, 故一言而能擧其大, 亦由莊生曾爲後學, 能知其深也.

후세에 『논어』를 가지고 공자를 볼 때 단지 그의 평소의 행실만을 보고, 『춘추』를 가지고 공자를 볼 때 단지 그의 혼란한 시대[據亂]의 제도

284_ 『중용』 제27장에 "大哉, 聖人之道. 洋洋乎發育萬物, 峻極于天."이라는 기록이 보인다.

285_ 『중용』 제30장에 "仲尼, 祖述堯舜, 憲章文武, 上律天時, 下襲水土."라는 기록이 보인다.

286_ 계(繫)가 『장자』 원문에는 계(係)로 되어 있다.

287_ 벽(闢)이 『장자』 원문에는 벽(辟)으로 되어 있다.

만을 본다. 그리고 심학가(心學家)의 입장에서 공자를 논할 때는 단지 도의 근본 원리의 끝부분만을 보고, 고증학자의 입장에서 공자를 논할 때는 단지 구체적인 법도의 한두 가지만 본다. 장자의 주장이 있기 때문에 공자의 도의 근본 원리와 구체적인 법도, 작고 크거나 정미하고 거친 모든 사물에 존재하지 않는 곳이 없는 도의 운행을 알 수 있다. [장자는 공자가] 하늘처럼 위대하다는 것[288]을 믿었기 때문에 진실로 후대 유학자들의 좁은 소견[289]과는 다르다. [장자가] "『시(詩)』는 사람의 뜻을 말하고, 『서(書)』는 정치의 일을 말하며, 『예(禮)』는 실천을 말하고, 『악(樂)』은 조화를 말하며, 『역(易)』은 음양(陰陽)을 말하고, 『춘추(春秋)』는 명분(名分)을 말했다"라고 했는데, 주자는 한 글자로 말을 단정한 것이 마치 큰 도끼로 쪼갠 것과 같다고 했으니,[290] [장자의] 지혜가 깊지 않았다면 어찌 그렇게 말할 수 있었겠는가? 육경의 큰 뜻과 육경의 순서는 모두 장자에 힘입어 전해졌다.

後世以『論語』見孔子, 僅見其庸行, 以『春秋』見孔子, 僅見其撥亂之制. 以心學家論孔子, 僅見其本數之端倪, 以考據家論孔子, 僅見其末度之一二. 有莊生之說, 乃知孔子本數·末度·小大·精粗無乎不在. 信乎惟天爲大, 固與後儒井牖之見異也. 云"『詩』以道志, 『書』以道事, 『禮』以道行, 『樂』以道和, 『易』以道陰陽, 『春秋』以道名分." 朱子謂其以一字斷語, 如大斧斫下, 非知之深, 安能道得? 六經之大義, 六經之次序, 皆賴莊生傳之.

288_ 『논어』「태백(泰伯)」편에 "子曰, 大哉. 堯之爲君也. 巍巍乎唯天爲大, 唯堯則之, 蕩蕩乎民無能名焉."이라는 기록이 보인다. 『논어』에서는 요임금이 저 하늘과 같이 크다는 의미로 사용되었는데, 여기에서는 공자의 위대함을 장자가 믿었다는 의미로 이해된다.

289_ 정유지견(井牖之見)은 우물이나 창문과 같이 좁은 곳을 통해서 보는 것으로, 소견이 좁은 것을 말한다.

290_ 『주자어류(朱子語類)』 권120 「노씨(老氏)·노장(老莊)」에 "如說『易』以道陰陽, 『春秋』以道名分等語, 後來人如何下得? 它直是似快刀利斧, 劈截將去, 字字有著落."이라는 기록이 보인다.

'옛날의 도술이 분명하게 구체적인 법도에 나타난 것'과 '그중에서 『시(詩)』·『서(書)』·『예(禮)』·『악(樂)』 속에 기록되어 있는 것'은 모두 공자의 작품이다. 구체적인 법도는 아마도 곧 위서(緯書)가 아니겠는가? 장자는 또 공자가 12경을 펼쳐서 노자에게 보여주었다고 말했는데,[291] 12경은 육경(六經)과 육위(六緯)이다. 공자의 후학들이 육경을 전수하여 천하에 퍼뜨렸고, 중국에서 교설을 베풀었으니, 공자의 학당에서 경전을 전수하여 가르쳤다는 사실의 단서도 장자의 말에 힘입어 분명해졌다. 장자는 공자가 "안으로는 성인의 자질을 갖추고 밖으로는 왕도를 실천했다[內聖外王]"라고 했는데, 이것은 순자의 "성(聖)이란 도리를 끝까지 추구한 자이고, 왕(王)이란 제도를 끝까지 추구한 자이다"[292]라는 말과 같다. [공자의 도가] 어둠에 가려진 채 밝혀지지 않고, 꽉 막힌 채 드러나지 않은 것을 슬퍼하고, 후세의 학자들이 불행하게도 그것을 보지 못할 것을 탄식하며, 도술이 장차 분열되어 버릴 것을 격렬하게 소리치니, 깊이 공자의 도를 지키려는 것이 비록 부정한 말을 추방하고 큰 도를 지키려고 했던 맹자와 순자라고 하더라도[293] 어찌 [장자보다] 더함이 있겠는가! 다만 장자는 세상 경험이 너무나 깊어서 혼탁한 세상 사람들과는 올바른 이야기를 함께 나눌 수 없다고 여겼다. 따라서 앞뒤가 맞지 않는 말[卮言]과 세상에서 존경받는 사람의 말[重言]과 다른 사물에 가탁한 말[寓言]을 고의로 끝없이 늘어놓음으로써[294] 마침내 천년

291_ 『장자』「천도(天道)」편에 "孔子西藏書於周室. … 往見老聃, 而老聃不許, 於是繙十二經以說."이라는 기록이 보인다. 공자가 주나라 왕실에 자신의 저서를 소장하기 위해서 노자를 찾아가서 12경을 펼쳐놓고 설명했다는 내용이다.

292_ 『순자』「해폐(解蔽)」편에 보인다.

293_ 『맹자』「등문공 하(滕文公 下)」편에 "吾爲此懼, 閑先聖之道, 距楊墨, 放淫辭, 邪說者不得作."이라는 말이 보인다. 음사(淫辭)는 양주와 묵적과 같은 이단의 부정한 말이다.

294_ 『장자』「천하」편에 "[장자는] 천하가 침체되고 혼탁하여 그들과는 올바른 이야기를 함께 나눌 수 없다고 여겨서, 앞뒤가 맞지 않는 말[卮言]로 자연의 무궁한 변화를 묘사하고, 세상에서 존경받는 사람의 말[重言]로 진실을 깨닫게 했으며, 다른

동안 장자를 제대로 아는 자가 없었다.

云'其明而在數度'·'其在『詩』·『書』·『禮』·『樂』', 皆孔子所作. 數度殆卽緯歟? 莊子又稱孔子繙十二經以見老子, 十二經者, 六經·六緯也. 孔子後學傳六經以散于天下, 設敎于中國, 于孔學傳經傳敎之緖亦賴此而明. 莊生稱孔子"內聖外王", 與荀子"聖者, 盡倫者也, 王者, 盡制者也." 悲其暗而不明, 鬱而不發, 嘆後學者不見之不幸, 而疾呼道術之將裂, 衛道之深, 雖孟·荀之放淫辭而衛大道, 豈有過哉! 特莊生閔世過深, 以爲濁世不可與莊語. 故危言·寓言·重言, 故爲曼衍, 遂千年無知莊生者.

혹 '옛날 사람[古人]'을 [공자가 아니라] 우임금·탕임금·문왕·무왕에 배속시키는 것은 [잘못된 주장이다.] 즉 [「천하」편의] 첫머리에서 "세상에는 도술[方術]을 연구하는 사람들이 많은데, 모두가 자신이 배운 도술을 거기에 더할 것이 없는 최고의 것이라고 여긴다"[295]라고 말했는데, 당시 춘추전국시대에 교설을 창설하여 주장을 내세운 제자백가를 가

사놀에 가탁한 말[寓言]로 진리를 폭넓게 설명했다"라는 말이 보인다. 치언(卮言)은 앞뒤가 맞지 않고 지리멸렬하여 종잡을 수 없는 말이고, 중언(重言)은 세상 사람들이 소중히 여기는 자의 말이며, 우언(寓言)은 다른 사물을 빌려서 가탁한 말이다. 『장자』「우언(寓言)」편에서는 "寓言十九, 重言十七, 卮言日出, 和以天倪."로 시작하여, 이에 대해 자세히 다루고 있다. 만연(曼衍)은 「천하」편에서는 '자연의 무궁한 변화'라는 의미로 사용되었다. 즉 이 말은 『장자』「제물론(齊物論)」편에 나오는 말로, "和之以天倪, 因之以曼衍, 所以窮年也."라고 되어 있다. 도의 유행과 변화가 무궁한 모습, 또는 구속을 받지 않고 속박에서 벗어난 경지 등을 의미한다. 그런데 여기에서 캉유웨이는 고의로 끝없이 늘어놓는다는 의미로 사용하고 있다.

295_ 『장자』「천하」편에 보이는 말이다. 방술(方術)은 특정한 학문의 한 분야로, 여기에서는 도술(道術)과 같은 의미이다. 성현영은 "방(方)은 도(道)"라고 했고, 천구잉은 "특정한 학문을 가리키는 말로, 도술(道術)의 일부분"이라고 했다. 한편 임희일은 "방술(方術)은 학술(學術)"이라고 했고, 후쿠나가 미쓰지는 "특정의 기술적인 학문"이라고 했다. 기유(其有)는 자신이 연구하고 배운 도술을 말한다. 선영은 "기유(其有)는 자신이 배운 것"이라고 했다.

리켜서 말했기 때문에 '도술을 연구하는 사람들'이라고 말했다. 『논형(論衡)』에서 공자를 제자백가 중에서 가장 뛰어난 사람이라고 말했다.[296] 당시에는 도가 아직 통일되지 않고, 공자와 묵자가 병칭되고, 유가와 묵가가 서로 공격했기 때문에 공자는 당시 천하에서 도술을 연구하는 제자백가 속에 배열되었다. 만약 '옛날 사람'이 삼대의 선왕이라면 당연히 '옛날과 지금 도(道)를 연구하는 사람이 많다'라고 말해야지, '세상에는 도술을 연구하는 사람이 많다'라고 말해서는 안 된다. 문질(文質)이나 역법[三正]은 서로 번갈아가면서 순환하므로 삼왕은 널리 사람들의 의견을 듣고 앞선 2대의 예악을 사용했으니, 어찌 [자신의 도가] 거기에 더할 것이 없는 최고의 것이라고 생각했겠는가? 따라서 '옛날 사람'은 삼대의 선왕이 아니라는 것을 알 수 있다. 이미 삼대의 선왕이 아니라면 '옛날 사람'은 공자라는 것이 더욱더 명확해진다. '옛날 사람'이 『시』·『서』·『예』·『악』을 만들었으니, 공자가 아니면 누구겠는가? 장자의 이 편을 잘 살펴보면, 당시에 제자백가들이 분분하게 교설을 창립했음을 알 수 있고, 더욱이 공자가 유교를 창립하여 그 도가 가장 위대했음을 알 수 있으며, 육경이 공자의 작품이라는 확실한 증거로 삼을 수 있다.

> 或以古人屬禹·湯·文·武. 則開端云, "天下之治方術者多矣, 皆以其有爲不可加." 指當時春秋戰國創敎立說之諸子而言, 故謂爲'治方術'. 『論衡』謂孔子, 諸子之杰者也. 孔子在當時, 道未一統, 孔·墨幷稱, 儒·墨相攻, 故列在當時天下治方術諸家之內. 若'古之人'爲三代先王, 則當言'古今之爲治道多矣', 不當言'天下之治方術'. 文質三正, 循環遞嬗, 三王方聽人人用二代之禮樂, 何嘗以爲無以加? 故知古之人非三代先王也. 旣非三代先王, 則古之人爲孔子尤確. 而'古之人'所爲『詩』·『書』·『禮』·樂, 非孔子而何? 能明莊子此篇, 可明當時諸

296_ 『논형』「본성(本性)」편에 "孔子, 道德之祖, 諸子之中最卓者也."라는 기록이 보인다.

子紛紛創教, 益可明孔子創儒, 其道最大, 而六經爲孔子所作, 可爲鐵案.

10-7-12

오경이 흥기한 것은 창작이라고 할 수 있다.(『논형』「대작」)

五經之興, 可謂作矣.(『論衡』「對作」)

10-7-13

공자는 새로운 시대에 태어나서, 기회를 만나 상고하고 헤아려서, 적통(赤統)의 제도를 만들었다.[297] 따라서 『춘추』를 지어서 문덕(文德)의 가르침[298]을 밝혔고, 기록을 엮어 『서(書)』를 지었으며, 『예(禮)』와 『악(樂)』을 손질하여 바로잡았다.[299](『상서위 · 고령요』)

丘[300]生倉[301]際, 觸期稽度, 爲赤制. 故作『春秋』, 以明文命, 綴紀撰書, 修[302]定禮樂.(『尙書緯 · 考靈曜』)

297_ 적제(赤制)는 삼통(三統) 중에서 적통(赤統)의 제도를 말한다. 『후한서』「공손술전(公孫述傳)」에 "공손술도 또한 부명과 귀신과 상서로운 징조와 관련된 일을 만들기를 좋아했고, 제멋대로 참기(讖記)를 인용하여, 공자가 『춘추』를 지을 때 적통(赤統)의 제도를 만들고 12명의 군주로 제한했다고 여겼다[述亦好爲符命鬼神瑞應之事, 妄引讖記, 以爲孔子作『春秋』, 爲赤制而斷十二公.]"라는 기록이 보인다.

298_ 문명(文命)은 문덕(文德)의 가르침을 말한다. 『서』「대우모(大禹謨)」편에 "文命敷於四海, 祗承于帝."라는 말이 보인다.

299_ 이 내용은 송나라 홍적(洪适)의 『예석(隷釋)』 권1 「노상사신사공묘주명(魯相史晨祀孔廟奏銘)」에 기록되어 있다.

300_ 구(丘)는 『옥함산방집일서』(3)에 수록된 『상서위 · 고령요(尙書緯 · 考靈曜)』에는 구(邱)로 되어 있다.

301_ 창(倉)이 『공자개제고』에는 창(蒼)으로 되어 있는데, 이 글이 수록되어 있는 『예석(隷釋)』 권1 「노상사신사공묘주명」과 『옥함산방집일서』(3)의 『상서위 · 고령요』의 원문에 따라서 창(倉)으로 고쳤다.

康10-31

여기에서 『서』를 짓고 『예』를 바로잡았다고 했으니, 『서』와 『예』는 공자가 지은 것이 분명하다.

此云撰『書』定『禮』, 則『書』·『禮』爲孔子所作明矣.

10-7-14

성인이 경전을 제작하여 후대의 현자에게 남겨주었다. 이것은 비유하면 뛰어난 목수인 수(倕)[303]가 걸음쇠와 자, 수준기와 먹줄[304]을 만들어 후대의 목수에게 남겨준 것과 같다.(『잠부론』「찬학」)

聖人之制經, 以遺[305]後賢也. 譬猶巧倕之爲規矩準繩, 以遺後工也.(『潛夫論』「贊學」)

10-7-15

주(周)나라의 역사에 근거하여 새로운 경전을 만들었다.[306](『춘추위·연

302_ 『공자개제고』와 『옥함산방집일서』(3)에는 모두 수(修)자가 없는데, 이 글이 수록된 『예석(隸釋)』이나 『동한문기(東漢文紀)』·『산동통지(山東通志)』 등에는 모두 수(修)자가 있다. 중국인민대학출판사본(2007)에서도 수(修)자를 보충했다.

303_ 수(倕)는 뛰어난 목수의 이름이다. 송나라 고승(高承)의 『사물기원(事物紀原)』 권7 「거무직국부(庫務職局部)·규구(規矩)」에서 『시자(尸子)』의 "古者, 倕爲規矩準繩, 使天下倣焉."을 인용하고, "수(倕)는 황제(黃帝) 때의 솜씨가 뛰어난 사람"이라고 했다.

304_ 규구(規矩)는 길이를 재는 기구로, 걸음쇠와 자이다. 준승(準繩)은 물체의 평직(平直)을 측정하는 기구이며, 준(準)은 수평을 재는 수준기이고, 승(繩)은 직선을 정하는 먹줄이다.

305_ 유(遺)자 뒤에 『공자개제고』에는 교(敎)자가 있는데, 『잠부론』 원문에 따라 삭제했다.

306_ 이 내용은 『공양전』「은공」 원년의 서언 소에서 『춘추설(春秋說)』로 인용되어

공도』)

據周史立新經.(『春秋緯 · 演孔圖』)

10-7-16[307]

성인은 공연히 태어난 것이 아니며, 반드시 [법도를] 제정하여 하늘의 마음을 드러낸 것이 있다. 공자는 목탁(木鐸)이 되어 천하의 법도를 제정했다.(『춘추위 · 연공도』)

聖人不空生, 必有所制以顯天心. 丘爲木鐸, 制天下法.(『春秋緯 · 演孔圖』)

10-7-17

공자는 법도를 제정한 주체인데, 검정색과 녹색은 푸른색과 노란색을 대신하지 못한다.(『효경위 · 원신계』)[308]

丘爲制法之主, 黑綠不代蒼黃.(『孝經緯 · 援神契』)

<이상 육경은 공자가 지은 것에 대한 총론: 右總論六經爲孔子所作>

있다.

307_ 이하에서 인용한 『춘추위 · 연공도』의 내용은 이 책의 제8권 제1절 〈8-1-2〉에서 이미 인용했다. 자세한 주석은 앞의 내용을 참조 바람.

308_ 『공자개제고』에는 출전이 『춘추위 · 원신기(春秋緯 · 援神器)』로 잘못 기록되어 있어서 바로잡았다. 이 내용은 원래 『중용정의(中庸正義)』의 공영달의 소에서 공자가 제작한 법도가 일상정인 예법과는 같지 않다는 것을 말하면서 인용한 것이다. "熊氏云, 案『鉤命訣』云, 丘爲制法之主, 黑綠不代蒼黃. 聖人特爲制法, 不與常禮同也." 『중용정의』에는 그 출전이 『효경위 · 구명결(孝經緯 · 鉤命訣)』로 되어 있는데, 『옥함산방집일서』(3) 「경편위서류(經編緯書類)」의 『효경위 · 원신계 하』에 수록되어 있다.

제11권 | 공자가 제도를 개혁하면서 옛것에 가탁하다

孔子改制託古考

An Annotated Translation of "Confucius as a Reformer"

제11권 머리글

맹자가 말했다. "대인(大人)은 자신의 말을 남이 반드시 믿어줄 것을 기대하지 않는다. 오직 의리에 따른다."[1] 이 말은 무엇 때문에 발언했는가? 대인은 공자만한 사람이 없으니, 육경(六經)에 의한 공자의 제도 개혁 때문에 말한 것이 아닌가? 자애로운 어머니가 아들을 기를 때 귀신에게 부탁하니, 옛날에는 이로써 선을 권장하고 악을 경계했다. 성인은 백성을 자식처럼 사랑하니, 그 지혜가 어찌 자애로운 어머니만 못하겠는가? 자사(子思)가 "증거가 없으면 믿지 않고, 믿지 않기 때문에 백성들이 따르지 않는다"[2]라고 했다. 증거가 있어서 따르고 싶은 대상은 선왕만한 사람이 없다. 전하는 말에 "함께 설 수는 있어도 함께 권도를 실행할 수는 없다"라고 했고,[3] 『역』에서 "이치를 잘 따름[巽]으로써 권도를 실행한다"[4]라고 했다. 권도[權]라는 것은 경중(輕重)을 안다는 말이니, 난리를 바로잡아 백성을 구제하면서 고집스럽게 반드시 남들이 믿도록 한다면,[5] 의리는 누가 경중을 따질 수 있겠는가? 겸양한 말로 선왕에게 가탁하여, 백성들에게 믿고 따르도록 함으로써 권도를 실

1_ 『맹자』 「이루 하(離婁 下)」편에 "孟子曰, 大人者, 言不必信, 行不必果, 惟義所在." 라는 말이 보인다.

2_ 『중용』 제29장에 보인다.

3_ 『논어』 「자한(子罕)」편에 "子曰, 可與共學, 未可與適道, 可與適道, 未可與立, 可與立, 未可與權."이라는 기록이 보인다. 『논어집주』에서 정자는 "권(權)은 저울이니, 물건을 저울질하여 경중을 아는 것이다. 함께 권도를 실행한다는 것은 일의 경중을 저울질하여 의리에 합하게 하는 것을 말한다"라고 풀이했다.

4_ 『역』 「계사전 하」편에 보인다. 손(巽)은 이치를 잘 따른다는 의미이다. 「계사전 하」편에서 「손괘(巽卦)」에 대해 "손(巽)은 덕(德)으로 재제하는 것이다[巽, 德之制也.]"라고 했는데, 『역본의(易本義)』에서는 "이치에 잘 따라서 일의 변화를 재제할 수 있는 것이다"라고 풀이했다.

5_ 『논어』 「자로」편에 "말은 반드시 남들이 믿도록 하고, 행동은 반드시 과단성 있게 하는 것은 고집스러운 소인일 것이다[言必信, 行必果, 硜硜然小人哉.]"라는 말이 보인다. 경경(硜硜)은 하나만을 고집하여 융통성이 없는 모양이다.

행하여 환란을 구제한다. 공자라는 사람이 고집스럽게 반드시 남들이 믿도록 하는 소인이겠는가? 아니면 오직 의리에 따르는 대인이겠는가? 하물며 다른 사물에 가탁하여 말하는 것은 더욱이 제자백가의 습속이 아니던가!

孟子曰, "大人者, 言不必信. 惟義所在." 斯言也, 何爲而發哉? 大人莫若孔子, 其爲孔子改制六經言耶? 慈母之養子也, 託之鬼神, 古昔以聳善戒惡. 聖人愛民如子, 其智豈不若慈母乎? 子思曰, "無徵, 不信, 不信, 民弗從." 欲徵信莫如先王. 傳曰, "可與立, 未可與權." 『易』曰, "巽以行權." 權者, 知輕重之謂, 撥亂救民, 硜硜必信, 義孰重輕? 巽辭託先王, 俾民信從, 以行權救患. 孔子乎, 將爲硜硜必信之小人乎? 抑爲唯義所在之大人乎? 況寓言尤諸子之俗哉!

11-1[6]

공자가 말했다. "내가 『효경』을 지은 것은 소왕(素王)으로서 관작이나 봉록으로 상을 주거나 형벌로 주살할 수 있는 [권한이] 없기 때문에 현명한 왕자의 도[에 가탁하여] 말한 것이다." 증자가 자리에서 약간 벗어났다가 다시 제자리에 앉았다. 공자가 말했다. "앉거라. 내가 너에게 말해주겠다. [『효경』은] 순종하고 겸손함으로써 재앙을 피하니, 선왕에게 권도를 주어 가탁했다."(『효경위 · 구명결』)

子曰, "吾作『孝經』, 以素王無爵祿之賞, 斧鉞之誅, 故稱明王之道." 曾子辟席復坐. 子曰, "居. 吾語女. 順遜以避灾禍, 與先王以託權.(『孝經緯 · 鉤命訣』)

6_ 이하에서 인용한 『효경위 · 구명결』의 내용은 이 책의 제8권 제3절〈8-3-8〉에서 이미 인용했다. 자세한 주석은 앞의 내용을 참조 바람.

康11-1

공자의 제도 개혁과 탁고의 대의가 여기에 전부 보인다. 첫째는 소왕의 필주와 포상이고, 둘째는 선왕에게 권도를 주어 가탁한 것이다. 경전을 지키는 무리들은 함께 설 수 있는 자들이다. 성인은 다만 세상의 구제만을 추구하니, 자신의 말을 남이 반드시 믿어줄 것을 기대하지 않고, 오직 의리에 따른다. 증거가 없으면 믿지 않고, 믿지 않기 때문에 백성들이 따르지 않는다. 따라서 모든 제도를 삼대의 선왕에게 가탁하여 실행했다. 만약 성인이 일을 실행하면서 남에게 의탁해서는 안 된다고 말한다면, 그것은 신비로운 교화를 시행한 공자를 고집스러운 소인(小人) 정도의 위인으로 규정해 버리는 것이다. 지위가 없는 일반인이 제도를 개혁하는 것은 사태가 중대하여 사람들을 놀라게 하기 때문에 그 권도를 선왕에게 주는 것만 못하니, 사람들을 놀라게 하지 않을 뿐만 아니라, 스스로 화를 피할 수도 있다.

孔子改制託古大義, 全見于此. 一曰素王之誅賞, 一曰與先王以託權. 守經之徒, 可與立者也. 聖人但求有濟于天下, 則言不必信, 惟義所在. 無徵, 不信, 不信, 民不從. 故一切制度託之三代先王以行之. 若謂聖人行事不可依託, 則是以硜硜之小人律神化之孔子矣. 布衣改制, 事大駭人, 故不如與之先王, 旣不驚人, 自可避禍.

11-2[7]

문왕(文王)은 주나라에서 처음으로 천명을 받은 왕이다. 하늘이 명했기

7_ 이하에서 인용한 『공양전』 「은공」 원년의 내용은 이 책의 제8권 제4절 〈8-4-1〉에서 이미 인용했다. 자세한 주석은 앞의 내용을 참조 바람. 이 내용은 『공양전』 「은공」 원년의 "왕이란 누구를 말하는가? 문왕을 말한다[王者孰謂? 謂文王也.]"라는 기록에 대한 하휴의 주이다.

때문에 위로 하늘의 시작[春]과 연결해 놓았다. 천명을 받아서 정월을 제정한 일을 진술했기 때문에 [문왕에게] 가탁하여 왕자의 법으로 삼았다.(『공양전』「은공」 원년)

文王, 周始受命之王. 天之所命, 故上系天端. 方陳受命制正月, 故假以爲王法.(『公羊傳』「隱公」 元年)

康11-2

『춘추』는 새로운 왕으로서 천명을 받았는데, 문왕(文王)을 천명을 받은 왕으로 삼았다. 따라서 [문왕에게] 가탁하여 왕자의 법으로 삼았고, 모든 제도가 여기로부터 나오는 것이다. 반드시 문왕에게 가탁한 것은 동중서(董仲舒)의 『춘추번로(春秋繁露)』에서 말한 "때때로 그 사실을 속이는 것은 숨기는 것이 있기 때문이다"라는 것이다.[8] 반드시 이와 같은 이후에야 화를 피할 수 있고, 또 그런 이후에야 왕에게 가탁할 수 있다. 『논어』에서 "문왕이 죽었으니, [주나라의] 문화 제도가 여기 나에게 있지 않겠는가?"[9]라고 하여, 공자는 분명하게 자기 스스로를 일컬었다. 정통으로 전해진 구설(口說)이 아니라면 하휴(何休)가 어찌 감히 [문왕에게] 가탁했다고 말했겠는가?

『春秋』以新王受命, 而文王爲受命之王. 故假之以爲王法, 一切制度皆從此出. 必託之文王者, 董子『繁露』所謂"時詭其實, 以有所諱也." 必如是, 而後可以避禍, 而後可以託王. 『論語』"文王旣沒, 文不在玆乎?" 孔子明以自謂矣. 何邵公非嫡傳口說, 何敢謂爲假乎?

8_ 『춘추번로』「옥영(玉英)」편에서 "『춘추』에서 일을 기록할 때, 때때로 그 사실을 속이는 것은 피하는 것이 있기 때문이고, 어떤 사람을 기록할 때, 때때로 그 이름을 바꾸는 것은 숨기는 것이 있기 때문이다[春秋之書事, 時詭其實, 以有避也, 其書人, 時易其名, 以有諱也.]"라고 했다. 휘(諱)가 『춘추번로』에는 피(避)로 되어 있는데, 같은 의미이다.

9_ 『논어』「자한」편에 보인다.

11-3

공자가 『춘추』를 지을 때, 위로는 하늘의 시작[10]을 탐색하여 왕과 제후의 지위와 백성들이 시작으로 삼는 것을 바로잡았다.[11] 아래로는 일의 득실을 밝히고, 현명하고 재능 있는 사람을 부각시킴으로써 후세의 성인을 기다렸다. 따라서 [노나라의] 역사 기록을 끌어들여 지나간 일을 처리하고, 시비를 바로잡아서 왕의 마음을 보여주었다.[12] [노나라의] 역사 기록 속의 12명의 군주 사이의 일은 모두 쇠퇴한 시대의 일이기 때문에 문하의 제자들이 이상하게 생각했다. 공자가 말했다. "나는 역사적 사건에 근거하여 왕자의 마음을 더했는데, 당세에는 사용될 수 없는 말로 드러내는 것이 실제 사건에서 폭넓고 깊이가 있으며 절실하고 분명하게 드러내는 것만 못하다고 생각한다."(『춘추번로』「유서」)

仲尼之作『春秋』也, 上探正天端, 王公之位, 萬民之所欲. 下明得失, 起賢才, 以得後聖. 故引史記, 理往事, 正是非, 見王公. 史記十二公之間皆衰世之事, 故門人惑. 孔子曰, "吾因其行事, 而加乎王心焉, 以爲見之空言, 不如行事博深切明."(『春秋繁露』「兪序」)

10_ 천단(天端)은 하늘의 시작인 봄[春]을 말한다. 『공양전』「은공」 원년의 하휴 주에서 "문왕은 주나라에서 처음으로 천명을 받은 왕이다. 하늘이 명했기 때문에 위로 하늘의 시작[春]과 연결해놓았다[文王, 周始受命之王. 天之所命, 故上系天端.]"라고 했다. 봄[春]은 하늘의 시작이고, 문왕은 하늘로부터 처음으로 천명을 받은 사람이기 때문에 둘을 서로 관련시켜서 『춘추』 원문에서 '왕(王)'자 앞에 '춘(春)'자를 두었다는 말이다.

11_ 『춘추번로의증』에서 소여는 앞의 문장을 '上探天端'으로 풀이하고, 정(正)자를 뒷 문장과 연결하여 '正王公之位, 萬民之所欲.'이 되어야 한다고 했다. 그리고 욕(欲)자는 시(始)자로 된 판본을 따르고 있다. 여기에서도 소여의 주장에 따라 해석했다.

12_ 왕공(王公)은 『춘추번로의증』에서 소여가 왕심(王心)이 되어야 한다고 했다.

11-4

공자가 일의 득실을 밝히고, 일의 성패를 드러내었는데, 당시 세상의 어질지 못한 사람이 왕도의 실체를 상실한 것을 미워한 것이다. 따라서 인정을 따라서 작은 과실을 용서했으며, 『전(傳)』에서도 "군자의 말이다"라고 분명하게 말했다. 공자가 말했다. "나는 역사적 사건에 근거하여 왕자로서의 나의 마음을 더했고, 왕자의 지위와 호칭을 빌어서 인륜을 바로잡았으며, 일의 성패에 근거하여 이치를 따르는 것과 어기는 것을 밝혔다."(『춘추번로』「유서」)

孔子明得失, 見成敗, 疾時世之不仁, 失王道之體. 故緣人情, 赦小過, 『傳』又明之曰, "君子辭也." 孔子曰, "吾因行事, 加吾王心焉, 假其位號以正人倫, 因其成敗以明順逆."(『春秋繁露』「兪序」)

康11-3

공자는 지위가 없는 일반인으로서 혼란한 제도를 개혁하고, 왕자의 마음을 더하여 왕자의 일을 달성하면서, 역사적 사건에 가탁하여 그 의리를 밝힐 수밖에 없었다. 당시 문하의 제자들도 그것을 이상하게 생각했는데, 하물며 전문 지식이 없는 사람은 어떠했겠는가? 이것은 공자의 은미한 말인데, 동중서가 그것을 드러내 밝혔다.

孔子以布衣而改亂制, 加王心, 達王事, 不得不託諸行事以明其義. 當時門人猶惑之, 況門外者乎? 此孔子之微言, 董子能發明之.

11-5[13]

사람의 힘으로 불러들일 수 없지만 저절로 이르는 일이 있는데, [노나

13_ 이하에서 인용한 『춘추번로』「부서」편의 내용은 이 책의 제8권 제1절〈8-1-9〉에서 이미 인용했다. 자세한 주석은 앞의 내용을 참조 바람.

라의] 서쪽 교외에서 기린을 잡은 사건이니, 천명을 받은 징표가 바로 이것이다. 그런 이후에 옳고 그름을 판단하는 『춘추』에 가탁하여, 제도 개혁의 의의를 밝히고, 모든 것을 천자에게 통일시켜서, 천하의 근심에 근심을 집중시키고, 천하의 환란을 제거하는 데 힘쓰도록 했다. 그럼으로써 위로는 오제(五帝)에까지 통하고 아래로는 삼왕(三王)에까지 이르게 함으로써 모든 군주의 도리에 통용되도록 하고자 했다.(『춘추번로』「부서」)

有非力之所能致而自致者, 西狩獲麟, 受命之符是也. 然後託乎『春秋』正不正之間, 而明改制之義, 一統乎天子, 而加憂于天下之憂也, 務除天下所患. 而欲以上通五帝, 下極三王, 以通百王之道.(『春秋繁露』「符瑞」)

康11-4

공자가 천명을 받아 혼란한 제도를 개혁하여 삼통(三統)을 통하게 하고, 후왕(後王)[14]을 본받았다. 탁고하여 제도를 개혁한 뜻은 이 조목이 가장 분명하고 명확하니, 의심할 여지가 없다.

孔子受天命, 改亂制, 通三統, 法後王. 託古改制之義, 此條最爲顯確, 可無疑矣.

14_ 맹자는 법선왕(法先王)을 주장한 데 비해, 순자는 법후왕(法後王)을 주장했다. 선왕은 요임금과 순임금 등 고대의 제왕을 말하는데, 후왕은 선왕에 대비하여 뒤의 왕이라는 의미로, 주나라의 문왕과 무왕을 대표로 하는 현재의 왕을 말한다. 『순자』「불구(不苟)」편에서 "하늘과 땅이 처음 시작되었을 때의 모습이 바로 현재의 하늘과 땅의 모습이다. [고대의] 수많은 왕들의 도가 바로 [현재의] 후왕의 도이다. 군자가 후왕의 도를 살피면서 이전의 수많은 왕들[과 비교해서] 논의하니, 마치 단정하게 앉아서 힘들이지 않고 의논하는 것과 같다[天地始者, 今日是也. 百王之道, 後王是也. 君子審後王之道, 而論于百王之前, 若端拜而議.]"라고 했다.

11-6[15]

고조(高祖) 이래의 일은 묻거나 또는 듣고서 알 수 있는 범위의 일이니,[16] 거기에 가탁하여 기록한 것은 마치 "나는 다만 선인들에게 들은 일을 기록했을 뿐이다"라고 말하는 것과 같다. 이것은 책을 제작한 해악을 피하고자 하는 것이다.[17](『공양전』「애공」 14년 하휴 주)

託記高祖以來事, 可及問聞知者, 猶曰"我但記先人所聞." 辟制作之害.(『公羊傳』「哀公」 十四年 何休 注)

康11-5

『효경위·구명결(孝經緯·鉤命訣)』의 뜻과 대략 같은데, 이 문장이 [『효경

15_ 이 내용은 『공양전』「애공」 14년의 "『춘추』는 무엇 때문에 은공(隱公)에서 시작하는가? 조부가 [고조(高祖)로부터] 들은 이야기까지 이른 것이다[『春秋』何以始乎隱? 祖之所逮聞也.]"에 대한 하휴의 주이다.

16_ 서언의 소에서 다음과 같이 풀이했다. "자신이 부친에게 물어서 소공(昭公)·정공(定公)·애공(哀公) 시대의 이야기를 들을 수 있고, 부친은 조부에게 물어서 문공(文公)·선공(宣公)·성공(成公)·양공(襄公) 시대의 이야기를 들을 수 있으며, 조부는 고조에게 물어서 은공(隱公)·환공(桓公)·장공(莊公)·민공(閔公)·희공(僖公) 시대의 이야기를 들을 수 있다."

17_ 『춘추』는 노나라 은공(隱公)부터 애공(哀公)까지 모두 12명의 임금의 시대를 기록하고 있는데, 『공양전』「은공」 원년에서는 이것을 세 단계로 나누어서 각 시대의 글쓰기 방식이 다르다고 주장한다. 즉 "직접 본 시대에 대해 말을 다르게 하고, 직접 들은 시대에 대해 말을 다르게 하며, 전해들은 시대에 대해 말을 다르게 한다[所見異辭, 所聞異辭, 所傳聞異辭.]"라는 '삼세이사(三世異辭)'의 이론이다. 이에 대해 하휴는 다음과 같이 해석했다. "직접 본 것은 소공(昭公)·정공(定公)·애공(哀公)의 시대로, 자기와 부모 때의 일이다. 직접 들은 것은 문공(文公)·선공(宣公)·성공(成公)·양공(襄公)의 시대로, 할아버지 때의 일이다. 전해들은 것은 은공(隱公)·환공(桓公)·장공(莊公)·민공(閔公)·희공(僖公)의 시대로, 고조·증조 때의 일이다. 말이 다르다는 것은 은혜에 두텁고 얇음이 있고, 의리에 깊고 얕음이 있음을 드러낸 것이다[所見者, 謂昭定哀, 己與父時事也. 所聞者, 謂文宣成襄, 王父時事也. 所傳聞者, 謂隱桓莊閔僖, 高祖曾祖時事也. 異辭者, 見恩有厚薄, 義有淺深.]"

위·구명결』보다] 자체로 분명하게 드러나니, 하휴는 아마도 구설(口說)을 깊이 알았던 자일 것이다.

略與『鉤命訣』義同, 本文自明顯, 邵公蓋深知口說者.

11-7[18]

『춘추』에서는 사건을 빌어서 왕자의 법을 드러내는데, 성인은 문장이 겸손하고 조심스럽기 때문에 좋은 사람을 좋게 여기고 악한 사람을 미워하지만, 그 죄를 정확하게 말할 수 없었다.[19](『공양전』「장공」 10년 하휴 주)

春秋假行事以見王法, 聖人爲文辭孫順, 善善惡惡, 不可正言其罪.(『公羊傳』「莊公」十年 何休 注)

18_ 이 내용은 『춘추』「장공」 10년의 "형(荊)나라가 채(蔡)나라의 군대를 신(莘) 땅에서 패배시켰다[荊敗蔡師于莘.]"라는 기사와 관련된 것으로, 『공양전』의 다음과 같은 기록에 대한 하휴의 주이다. "형(荊)이란 무엇인가? 주(州)의 명칭이다. 주(州)라고 기록하는 것은 국(國)이라고 기록하는 것보다 못하고, 국이라고 기록하는 것은 씨(氏)를 기록하는 것보다 못하며, 씨를 기록하는 것은 인(人)이라고 기록하는 것보다 못하고, 인이라고 기록하는 것은 이름을 기록하는 것보다 못하며, 이름을 기록하는 것은 자(字)를 기록하는 것보다 못하고, 자를 기록하는 것은 자작[子]이라고 기록하는 것보다 못하다[荊者何? 州名也. 州不若國, 國不若氏, 氏不若人, 人不若名, 名不若字. 字不若子.]" 즉 초(楚)나라를 초나라 자작[楚子]이라고 하여, 그 나라의 작위를 기록하는 것이 가장 높여서 부르는 것인데, 여기에서는 하나의 주(州)의 명칭에 불과한 형(荊)이라는 말을 사용함으로써 초나라를 비판했다는 의미이다.

19_ 서언의 소에서 다음과 같이 풀이했다. "좋은 사람을 좋게 여기는 경우는 그의 아름다움을 정확하게 말할 수 있지만, 악한 사람을 미워한다고 해서 그의 죄를 정확하게 말할 수는 없다. 만약 그 죄를 정확하게 말한다면 겸손하고 조심스럽다는 뜻이 아니다. 따라서 여기에서 하휴는 그 죄 한쪽만을 가지고 말한 것이다. 만약 문장을 다 갖추어서 기록한다면 마땅히 '그 선악을 정확하게 말할 수 없다'라고 해야 한다."

11-8[20]

태사공(太史公)이 말했다. “내가 동중서에게 들으니, 다음과 같이 말했다. ‘주나라의 도가 쇠퇴했을 때 공자는 노나라의 사구(司寇)였는데, 제후들이 그를 해치려고 하고 대부들은 그를 방해했다. 공자는 자신의 말이 사용되지 않고, 도가 실행되지 않음을 알고서, 242년간의 [노나라의] 역사 속의 사건에 대해 시비를 따져서 천하의 본보기로 삼았다. 천자를 비판하고 제후를 깎아내리고 대부를 필주함으로써 왕의 일을 달성하고자 했을 뿐이다’라고 했다. 공자도 ‘나는 당세에는 사용될 수 없는 말로 기재하려고 했지만, 그보다는 실제 사건에서 드러내는 것이 훨씬 더 깊이가 있고 절실하며 분명하게 드러난다’라고 말했다.”(『사기』「태사공자서」)

太史公曰, “余聞董生曰, ‘周道衰廢, 孔子爲魯司寇, 諸侯害之, 大夫壅之. 孔子知言之不用, 道之不行也, 是非二百四十二年之中, 以爲天下儀表. 貶天子, 退諸侯, 討大夫, 以達王事而已矣.’ 子曰, ‘我欲載之空言, 不如見之於行事之深切著明也.’”(『史記』「太史公自序」)

康11-6

사마천은 동중서의 정통 전수자이다. 『춘추』의 학문은 모두 구설(口說)이 있어서 서로 전해졌기 때문에 [사마천은] 공자가 탁고하여 제도를 개혁한 뜻을 깊이 알고 있었다.

太史公, 董生嫡傳. 『春秋』之學, 皆有口說相傳, 故深知孔子託古改制之義.

20_ 이하에서 인용한 『사기』「태사공자서」의 내용은 이 책의 제8권 제10절〈8-10-7〉에서 이미 인용했다. 자세한 주석은 앞의 내용을 참조 바람.

11-9

『춘추』의 도는 또한 삼왕(三王)에도 통하니, 주(周)나라에 가탁하여 한나라의 제도를 만드는 것을 위주로 한 것이 아님을 밝힌 것이다.[21](『공양전』「환공」 3년 하휴 주)

明『春秋』之道亦通于三王, 非主假周, 以爲漢制而已.(『公羊傳』「桓公」三年 何休 注)

康11-7

하·은·주 삼통(三統)은 모두 공자가 가탁한 것이기 때문에 "주나라에 가탁하는 것을 위주로 한 것이 아니다"라고 했다.

夏·殷·周三統, 皆孔子所託. 故曰"非主假周"也.

11-10[22]

옛날 삼대(三代)의 성왕들이 이미 죽고, 천하에 의리가 상실된 이후로, 후세의 군자들 중에 어떤 사람은 성대한 장례와 삼년상을 인(仁)으로 여기고 의(義)로 여기며, 효자가 해야 할 일이라고 여겼다. 반면 어떤 사람은 성대한 장례와 삼년상을 인(仁)과 의(義)가 아니며, 효자가 해야

21_ 이 내용은 『춘추』「환공」 3년의 "봄, 정월, 환공이 제나라 후작과 영 땅에서 회합했다[三年, 春, 正月, 公會齊侯于嬴.]"라는 기사에 대한 하휴의 주이다. 하휴에 의하면, 『춘추』에서 정월(正月)을 기록할 때는 그 앞에 왕(王)자를 함께 기록하는데, 여기에서 기록하지 않은 것은 환공이 천자를 무시하고 행동한 것을 보여주기 위한 것이다. 그리고 『춘추』 전체에서 2월은 주나라의 정월이 아니라는 이유로, 2월의 기사 앞에는 왕(王)자를 기록하지 않았는데, 하휴는 『춘추』가 주나라뿐만 아니라 하·은·주 삼대의 삼왕에도 통하고 있음을 밝히기 위해서라고 풀이했다.

22_ 이하에서 인용한 『묵자』「절장 하」편의 내용은 이 책의 제4권 제1절 〈4-1-3〉에서 이미 인용했다. 자세한 주석은 앞의 내용을 참조 바람.

할 일이 아니라고 여겼다. 이 두 사람은 말만 하면 곧 서로 비난하고, 행동하면 곧 서로 상반되는데, 두 사람 모두 "내가 위로 요(堯)·순(舜)·우(禹)·탕(湯)·문(文)·무(武)의 도를 계승한 사람이다"라고 말한다. 그런데도 말만 하면 곧 서로 비난하고, 행동하면 곧 서로 상반되니, 이 때문에 후세의 군자들이 모두 이 두 사람의 말에 의혹을 품는 것이다. (『묵자』「절장 하」)

昔者三代聖王旣沒, 天下失義後, 世之君子, 或以厚葬久喪以爲仁也, 義也, 孝子之事也. 或以厚葬久喪以爲非仁·義, 非孝子之事也. 曰二子者, 言則相非, 行卽相反, 皆曰, "吾上祖述堯·舜·禹·湯·文·武之道者也." 而言卽相非, 行卽相反, 于此乎後世之君子, 皆疑惑乎二子者言也.(『墨子』「節葬 下」)

康11-8

성대한 장례식과 삼년상은 공자의 제도인데, 당시에는 정론이 없었다. 묵자는 [그 제도에 대해] 말만 하면 서로 비난하고, 행동하면 서로 상반된다고 공격했으니, 유교의 탁고(託古)가 지니는 의미를 따질 필요도 없이 [알 수 있다.]

厚葬·久喪, 孔子之制, 當時未有定論. 墨子攻之爲言相非, 行相反, 則儒教託古之義不待辨.

11-11[23]

공자와 묵자는 모두 요(堯)·순(舜)에 대해서 말하지만, [주장의] 취사선택이 같지 않으면서 모두가 스스로를 요·순의 정통이라고 말한다.

23_ 이하에서 인용한 『한비자』「현학」편의 내용은 이 책의 제1권〈1-9〉에서 이미 인용했다. 자세한 주석은 앞의 내용을 참조 바람.

요 · 순은 다시 살아날 수 없으니, 장차 누구에게 [요 · 순에 대한] 유가와 묵가의 진실성을 판정하도록 할 수 있겠는가?(『한비자』「현학」)

孔子 · 墨子俱道堯 · 舜, 而取舍不同, 皆自謂眞堯 · 舜. 堯 · 舜不復生, 將誰使定儒 · 墨之誠乎?(『韓非子』「顯學」)

康11-9

공자는 요임금과 순임금의 다섯 가지 복색[五服]과 다섯 가지 문채[五章],[24] 산과 용과 마름과 불을 수놓은 옷,[25] 「대장(大章)」과 「대소(大韶)」의 음악[26]에 대해 말했다. 그런데 묵자는 요임금과 순임금의 흙으로 만든 계단과 띠로 인 지붕, 갈포로 만든 거친 여름옷과 사슴 가죽으로 만든 겨울옷에 대해 말했다.[27] 이것이 바로 "[주장의] 취사선택이 같지 않다"는 것이며, "모두가 스스로를 요 · 순의 정통이라고 말한다"는 것이다.

24_ 오복(五服)은 다섯 가지 등급의 복색으로 천자, 제후, 경, 대부, 사의 복색을 말한다. 복장에서 존비를 구분하는 다섯 가지의 문채 또는 등급을 말한다. 『시』「고요모(皐陶謨)」편에 "天命有德, 五服五章哉."라는 말이 보인다.

25_『서』「익직(益稷)」편에서 옛사람의 모습을 묘사하면서, 해와 달과 별과 산과 용과 꿩[華蟲]을 그림으로 그리고, 마름과 불과 백미[粉米]를 수놓아서 다섯 가지 채색으로 다섯 가지 색의 비단에 드러내어 베풀어서 옷을 만들었다는 기록이 보인다.[予欲觀古人之象, 日 · 月 · 星 · 辰 · 山 · 龍 · 華蟲作會, 宗彝 · 藻 · 火 · 粉米 · 黼 · 黻絺繡, 以五采彰施于五色, 作服.]

26_『장자』「천하」편에 의하면, 요임금의 음악을 「대장(大章)」이라고 하고, 순임금의 음악을 「대소(大韶)」라고 한다.

27_『사기』「태사공자서」에서 다음과 같이 말했다. "묵가도 또한 요 · 순의 도를 숭상하여, 그들의 덕행에 대해서 다음과 같이 말한다. '집 마루의 높이는 3척(尺)이고, 흙으로 만든 계단은 3개뿐이며, 띠로 인 지붕의 끝을 다듬지도 않았고, 서까래의 통나무를 깎아서 손질하지도 않았다. … 여름에는 갈포로 만든 거친 옷을 입고, 겨울에는 사슴 가죽으로 만든 옷을 입었다.'[墨者亦尙堯 · 舜道, 言其德行曰, '堂高三尺, 土階三等, 茅茨不翦, 采椽不刮. 食土簋, 啜土刑, 糲粱之食, 藜藿之羹. 夏日葛衣, 冬日鹿裘.']". 이 내용은 『묵자』「일문(佚文)」편과 『사기』「이사열전(李斯列傳)」에도 보인다.

당시에 선왕에게 탁고하는 풍속을 한비자도 알고 있었다는 것을 엿볼 수 있다.

孔子稱堯·舜五服·五章, 山·龍·藻·火,「大章」·「韶樂」. 而墨子稱堯·舜土階·茅茨, 夏葛冬裘. 所謂"取捨不同"也, "皆自謂眞堯舜." 可見當時託古于先王之風, 韓非猶及知之.

11-12[28]

또한 저 세상의 어리석은 학자들은 모두 치란(治亂)의 실정을 모르면서 옛날의 책을 수다스럽게 쓸데없이 많이 읊어댐으로써 당대의 정치를 어지럽힌다.(『한비자』「간겁시신」)

且夫世之愚學, 皆不知治亂之情, 讘談多誦先古之書, 以亂當世之治. (『韓非子』「姦劫弑臣」)

11-13

대체로 오랜 옛날의 [선왕의] 기록이나 기리는 이야기[29]에 대해 말하면서도 말만 잘할 뿐 정성이 담겨 있지 않고,[30] 선왕의 인의(仁義)에 대해 말하면서도 나라를 바로잡지 못하는 것, 이것은 또한 놀이거리는 될 수 있어도 그것으로 정치를 할 수는 없기 때문이다.[31](『한비자』「외저설 좌상」)

28_ 이하에서 인용한 『한비자』「간겁시신」편의 내용은 이 책의 제5권 제10절 〈5-10-1〉에서 이미 인용했다. 자세한 주석은 앞의 내용을 참조 바람.

29_ 전송(傳頌)은 옛날부터 전해져 내려오는 것으로, 전은 성인이나 성군과 관련된 기록이고, 송(頌)은 그들을 기리는 노래나 이야기를 말한다.

30_ 각(愨)은 성실하고 정성스럽다는 뜻이다.

31_ 이 글의 앞에서 한비자는 놀이와 현실의 관계를 아이들의 소꿉장난으로 비유하여 다음과 같이 말했다. "대체로 어린아이가 서로 장난치며 놀 때 흙을 밥이라고 하고, 진흙을 국이라고 하며, 나무를 고기라고 한다. 그러나 저녁때가 되면 반드시 집에 돌아가 밥을 먹는 것은 흙밥과 진흙국을 가지고 놀 수는 있어도 먹을 수

夫稱上古之傳頌, 辯而不慤, 道先王仁義, 而不能正國者, 此亦可以戲, 而不可以爲治也.(『韓非子』「外儲說 左上」)

11-14[32]

『춘추』는 세상의 일에 대해서 옛것을 회복하는 것을 좋게 여기고 일상적인 법도를 바꾸는 것을 비난했으니, 선왕을 본받기를 바란 것이다. 그런데 거기에 한 마디 말이 덧붙여졌는데, "왕자는 반드시 제도를 개혁해야 한다"라는 것이다. 자신의 주장에 치우친 자가 이 말을 듣고 핑계를 삼아서, "옛날에는 진실로 선왕의 도를 따를 만했는데, 어찌 서로 따르지 않았는가?"라고 말한다. 세상 사람들은 이러한 소문에 미혹됨으로써 올바른 도를 의심하고 사악한 말을 믿으니, 매우 걱정스럽다. (『춘추번로』「초장왕」)

『春秋』之于世事也, 善復古, 譏易常, 欲其法先王也. 然而介以一言曰, "王者必改制." 自僻者得此以爲辭曰, "古苟可循先王之道, 何莫相因?" 世迷是聞, 以疑正道而信邪言, 甚可患也.(『春秋繁露』「楚莊王」)

康11-10

공자가 『춘추』를 지어서 새로운 왕에게 가탁하여 제도를 개혁했는데, 세상의 일에 대해서는 사람들이 선왕을 본받기를 원했으니, 어찌 스스로 모순되지 않겠는가? 잘 모르겠지만, 제도 개혁은 공자의 은미한 뜻이고, 선왕을 본받는 것은 『춘추』에 가탁한 말이다. 당시에는 그 연유

는 없기 때문이다[夫嬰兒相與戲也, 以塵爲飯, 以塗爲羹, 以木爲胾. 然至日晩必歸饟者, 塵飯塗羹可以戲而不可食也.]"

32_ 이하에서 인용한 『춘추번로』「초장왕」편의 내용은 이 책의 제8권 제6절〈8-6-11〉에서 이미 인용했다. 자세한 주석은 앞의 내용을 참조 바람.

를 아는 사람이 없었다. 후세에 입으로 전해지던 은미한 말이 천하에 널리 유포되어, 제도 개혁의 뜻이 이미 드러났는데도, 자신의 주장에 치우친 자들이 '선왕의 도를 어찌 서로 따르지 않았는가?'라는 주장을 하니, 여전히 [선왕에게] 가탁했다는 말의 의미를 잘 이해하지 못하고, 도리어 그것을 구실로 삼아서 서로 비난한 것이다.

孔子之作『春秋』, 託新王以改制, 而其于世事, 則欲人之法先王, 豈不自相剌謬? 不知改制者, 孔子之隱志, 法先王者, 『春秋』之託詞. 在當時莫知其故. 自後世口說微言流布天下, 改制之義既彰, 僻者乃有'先王之道, 何莫相因'之說, 蓋猶未明託之義, 反以爲口實而相難也.

11-15

옛날에 천하가 흩어지고 혼란스러워 하나로 통일할 수가 없었다. 이 때문에 제후들이 함께 들고 일어났는데, 그들이 하는 말마다 모두 옛것을 말하여 지금을 해롭게 만들고, 공허한 말을 꾸며서 실질을 어지럽게 만들며, 사람들은 자신이 개인적으로 배운 것을 좋다고 여겨서 천자가 세운 제도를 비난했다.(『사기』「진시황본기」)

古者天下散亂, 莫之能一. 是以諸侯幷作, 語皆道古以害今, 飾虛言以亂實, 人善其所私學, 以非上之所建立.(『史記』「秦始皇本紀」)

康11-11

'후(侯)'자는 '자(子)'의 오자인 듯하다. 대체로 다음과 같은 말이다. 제자백가들이 함께 들고 일어나서 옛것과 공허한 말을 이야기했으니, 모두가 선왕에 가탁하여 당시를 비난한 것이다.

'侯'字疑'子'字之誤. 蓋謂諸子幷作, 道古虛言, 皆託先王以非當世也.

11-16[33]

공자가 말했다. "내가 하나라의 도(道)를 보고자 했기 때문에 기나라로 갔으나 증거가 부족했는데, 나는 『하시(夏時)』를 입수했다. 내가 은나라의 도(道)를 보고자 했기 때문에 송나라로 갔으나 증거가 부족했는데, 나는 『곤건(坤乾)』을 입수했다. 『곤건』의 의리와 『하시』의 배열을 가지고 [은나라와 하나라의 도를] 보았다."(『예기』「예운」)

子曰, "我欲觀夏道, 是故之杞, 而不足徵也, 吾得『夏時』焉. 我欲觀殷道, 是故之宋, 而不足徵也, 吾得『坤乾』焉. 『坤乾』之義, 『夏時』之等, 吾以是觀之."(『禮記』「禮運」)

康11-12

하나라와 은나라의 예는 모두 증거가 없고, 단지 『곤건』의 의리와 『하시』의 배열만을 입수했을 뿐이니, 어떻게 자질구레한 상례(喪禮)와 제례(祭禮)의 전적, 예를 들어 「단궁(檀弓)」편에서 잡다하게 말하거나 인용한 것과 같은 내용이 여전히 남아 있을 수 있겠는가? 그렇다면 유학자들이 탁고에 대해 말하는 것을 어찌 의심하겠는가?

夏・殷之禮皆無徵, 而僅得『坤乾』之義・『夏時』之等, 何爲尙有此瑣碎喪祭之典, 如「檀弓」所雜稱引者? 然則爲儒者之稱託何疑?

11-17[34]

『춘추』는 노나라를 왕자로 삼아서 은공(隱公)에게 가탁하여 처음으로

33_ 이하에서 인용한 『예기』「예운」편의 내용은 이 책의 제1권〈1-3〉에서 이미 인용했다. 자세한 주석은 앞의 내용을 참조 바람.

34_ 이하에서 인용한 『춘추번로』「초장왕」편의 내용은 이 책의 제8권 제9절〈8-9-4〉에서 이미 인용했다. 자세한 주석은 앞의 내용을 참조 바람.

천명을 받은 왕으로 삼았다. [주루(邾婁)나라의] 의보(儀父)가 먼저 와서 은공과 맹약을 맺었기 때문에 그 사건을 빌어서 [『춘추』에서] 포상하는 법을 드러내었다.(『공양전』「은공」 원년 하휴 주)

『春秋』王魯, 託隱公以爲始受命王. 因儀父先與隱公盟, 可假以見褒賞之法.(『公羊傳』「隱公」 元年 何休 注)

康11-13

이것은 제후가 귀순하고[35] 새로운 왕이 포상하는 제도를 말한 것이니, 공자는 여기에 가탁하여 의리를 드러내었다.

此發諸侯歸命·新王蒙褒之制, 孔子託此以見義.

11-18

정공(定公)이나 애공(哀公) 시대의 기록에는 미묘한 말이 많기 때문에[36] [기록된] 당사자가 그 경문을 읽고 전(傳)의 풀이를 물어보더라도 자신에게 죄가 있는지를 알지 못한다.[37](『공양전』「정공」 원년)

35_ 귀명(歸命)은 천자에게 와서 귀순하는 것을 말한다.

36_ 『춘추』「정공」 원년은 "元年, 春, 王."이라고만 기록되어 있다. 일반적으로 왕(王)자 뒤에 정월(正月)을 함께 기록하는데, 여기에서 기록하지 않았다. 이에 대해 『공양전』에서는 당시 정공의 앞 임금인 소공(昭公)의 상여(喪輿)가 국외에 있었는데, 그것이 국내로 들어올 수 있을지 없을지 알 수 없어서 즉위가 뒤로 미루어졌기 때문이라고 했다. 이와 같이 정공과 애공의 시대에 대한 기록에는 그 의미를 파악하기 힘든 미묘한 말이 많다고 했다.

37_ 하휴의 주에 의하면, 독(讀)은 경(經)을 말하고, 전(傳)은 훈고(訓詁)를 말하며, 주인(主人)은 정공(定公)과 애공(哀公)을 말한다. 비록 정공과 애공이 그 경문을 익혀서 읽고, 그 전(傳)의 풀이를 물어보더라도 자기에게 죄가 있는지를 알지 못한다는 것이다. 이것은 공자가 당시의 군주를 두려워하여, 위로는 존귀한 이의 악행을 숨겨서 은혜를 두텁게 하고, 아래로는 해를 피하여 몸을 보존한 것이니, 지극히 신중한 것이라고 했다.

定・哀多微辭, 主人習其讀而問其傳, 則未知己之有罪焉爾.(『公羊傳』「定公」元年)

11-19

맹자는 성선(性善)을 말했는데, 말할 때마다 반드시 요임금과 순임금을 언급했다.(『맹자』「등문공 상」)

孟子道性善, 言必稱堯・舜.(『孟子』「滕文公 上」)

康11-14

『맹자』 책에는 요임금과 순임금을 많이 거론하면서 인용했기 때문에 성선(性善)을 말할 때도 요임금과 순임금에게 가탁하여 그 뜻을 밝혔다. 동중서도 성선(性善)을 말했는데, 대체로 모두 공양가(公羊家)의 말이다.

孟子書多稱引堯・舜, 故言性善亦託之堯・舜, 以明其旨. 董子亦言性善, 蓋皆公羊家言也.

11-20[38]

[태사공(太史公)이 말했다.] "내가 『춘추(春秋)』와 『국어(國語)』를 살펴보고, 「오제덕(五帝德)」과 「제계성(帝繫姓)」을 더욱더 분명하게 드러내 밝혔는데, 다만 깊이 고찰하지 않았을 뿐, 그 책 속에 나오는 내용들은 모두가 허황된 것이 아니었다. 『상서』에는 중간에 빠진 내용이 있어서 [황제에 대한 이야기가 없는데], 그 없어진 부분들이 종종 다른 책의 기록 속에 보인다. 배우기를 좋아하고 생각을 깊이 있게 해서 그 뜻을 마음

38_ 이하에서 인용한 『사기』 「오제본기」의 내용은 이 책의 제4권 제1절 〈4-1-9〉 에서 이미 인용했다. 자세한 주석은 앞의 내용을 참조 바람.

속으로 파악한 사람이 아니라면, 견문이 얕고 적은 사람에게 말하기는 진실로 어려운 내용이다."(『사기』「오제본기」)

"予觀『春秋』·『國語』, 其發明『五帝德』·『帝繫姓』章矣, 顧弟弗深考, 其所表見皆不虛. 『書』缺有間矣, 其軼乃時時見于他說. 非好學深思, 心知其意, 固難爲淺見寡聞者道也."(『史記』「五帝本紀」)

康11-15

성(姓)의 계통을 기록한 계보[39]는 옛날에는 없었는데, 공자가 율관(律管)을 불어서 성(姓)을 정했다.[40] 『예기』「대전(大傳)」편에 의하면, 성(姓)으로 계보를 만들어서 [동족(同族)을] 분리하지 않았기 때문에 백 세대가 지나더라도 동족 사이에는 혼인을 하지 않았으니, 주나라의 도가 그러했다.[41] 하나라와 은나라는 이미 그렇지 않았으니, 공자가 특별히 부각시켜서 그것을 오제에게 가탁했을 뿐이다. 『춘추번로』「삼대개제질문」편에서 은나라는 양(陽)의 덕이고 주나라는 음(陰)의 덕이라고 말하면서 그것에 대해 상세하게 언급했다.[42] 여기에서 "다만 깊이 고찰하

39_ 계성(繫姓)은 성(姓)의 계통을 기록한 계보를 말한다.

40_ 『사기』「공자세가」에 의하면, 공자가 자기 부친의 묘소를 알고 싶어 했는데, 모친이 숨기고 알려주지 않았다고 기록되어 있다. 그런데 자기 스스로 음악을 연주하여 자신이 은(殷)나라의 후예인 송(宋)나라의 대부 자씨(子氏)의 후손임을 알았다는 것이다. 『백호통의』「성명(姓名)」편에 "古者, 聖人吹律定姓, 以記其族.", 『논형』「기괴(奇怪)」편에 "孔子吹律, 自知殷後.", 그리고 『악위편(樂緯篇)』에 "孔子曰, 丘吹律定姓."이라는 기록이 보인다.

41_ 『예기』「대전(大傳)」편에 "繫之以姓而弗別. 綴之以食而弗殊, 雖百世而昏姻不通者, 周道然也."라는 기록이 보인다. 종가(宗家)의 계보에 여러 성의 분파나 족인(族人) 등의 계보를 만들어 기록했기 때문에 같은 동족끼리는 혼인을 하지 않는 것이 주나라의 예법이라는 것이다.

42_ 『춘추번로』「삼대개제질문」편에서 "은(殷)나라의 덕이 양(陽)의 덕이라는 것을 알았기 때문에 자(子)로 성을 삼았고, 주(周)나라의 덕이 음(陰)의 덕이라는 것을 알았기 때문에 희(姬)로 성을 삼았다[知殷德爲陽德, 以子爲姓, 周德爲陰德, 以姬爲

지 않았을 뿐", "종종 다른 책의 기록 속에 보인다"라고 말하거나, 또 "생각을 깊이 있게 해서 그 뜻을 파악한 사람이 아니라면, 견문이 얕고 적은 사람에게 말하기는 어려운 내용이다"라고 말하거나, 또 "그 책 속에 나오는 내용들은 모두가 허황된 것이 아니었다"라고 말한 것은 더욱더 사람들의 신뢰를 단단하게 만든다. 사마천은 탁고의 뜻을 깊이 알았던 것 같다.

繫姓古無之, 孔子吹律定姓. 「大傳」繫之以姓而不殊, 百世而婚姻不通, 周道然也. 則夏・殷已不然, 蓋孔子特立託之五帝耳. 『春秋繁露』「三代改制質文」篇言殷陽周陰, 詳言之. 此謂"顧弟弗深考", "時時見于他說." 又謂"非深思知意, 難爲淺見寡聞者道." 又謂"其所表見皆不虛." 更以堅人之信. 史公蓋深知託古之旨矣.

11-21[43]

태사공(太史公)이 다음과 같이 말했다. "학자들이 오제(五帝)에 대해서 많이 이야기한 것이 오래되었다. 그러나 『상서(尙書)』에는 오직 요(堯)임금 이후의 일만이 기재되어 있고, 제자백가들이 황제(黃帝)에 대해 말한 것은 그 문장이 근거가 있지도 않고 고상하지도 않아서 지위와 학식이 있는 학자들은 그것에 대해 말하기를 꺼린다. 공자가 전한 「재여문오제덕(宰予問五帝德)」과 「제계성(帝繫姓)」은 유학자들이 혹 전수하지도 않았다."(『사기』「오제본기」)

太史公曰, "學者多稱五帝, 尙矣. 然『尙書』獨載堯以來, 而百家言黃帝, 其文不雅馴, 薦紳先生難言之. 孔子所傳『宰予問五帝德』及『帝繫姓』, 儒者或不傳."(『史記』「五帝本紀」)

姓.]"라고 했다.

43_ 이하에서 인용한 『사기』「오제본기」의 내용은 이 책의 제4권 제1절〈4-1-9〉에서 이미 인용했다. 자세한 주석은 앞의 내용을 참조 바람.

康11-16

「오제덕」과 「제계성」은 모두 공자가 정한 것이다. 그런데 요임금과 순임금, 그리고 삼대는 똑같이 황제(黃帝)로부터 나왔고, 요임금과 순임금은 지극히 가까운 친족인데,[44] 어찌 순임금은 농사를 짓고 질그릇을 구우면서 고기를 잡는 지경에 이르렀고,[45] 요임금은 현명한 자를 밝히고 미천한 자를 천거해야만 했는가?[46] 만약 제비가 상(商)나라[의 시조]를 낳았고,[47] 상제의 발자국을 밟고서 [주나라의 시조인] 후직(后稷)을 낳았다면,[48] 시인이 부른 노래는 모두가 아버지가 없이 태어나서 평활한 숲과 차가운 얼음판에서 새가 날개로 덮어주고 소가 보호해주니,[49]

44_ 주친(周親)은 지극히 가까운 사이의 친족이나 친척을 말한다. 『서』「태서 중(泰誓 中)」편에 "雖有周親, 不如仁人."이라는 말이 보인다.

45_ 『사기』「오제본기」에 "옛날 순임금이 역산(歷山)에서 농사를 짓고, 뇌택(雷澤)에서 고기를 잡았으며, 황하 근처에서 질그릇을 구웠다.[舜耕歷山, 漁雷澤, 陶河濱.]"라는 기록이 보인다.

46_ 『서』「요전(堯典)」편에 "현명한 자를 밝히고 미천한 자를 천거하라[明明, 揚側陋.]"라는 기록이 보인다. 요임금이 제위를 선양하려고 하면서 내린 명령이다. 이때 여러 신하들이 모두 순임금을 천거했다.

47_ 『시』「상송(商頌)·현조(玄鳥)」편에 "하늘이 제비에게 명령하여, 내려가 상나라 시조를 낳아서, 은나라 땅 아득하고 아득한 곳에서 거주하도록 했다[天命玄鳥, 降而生商, 宅殷土芒芒.]"라는 구절이 보인다. 『시경집전』에 의하면, 고신씨(高辛氏)의 왕비인 유융씨(有娀氏)의 딸 간적(簡狄)이 제비의 알을 삼키고서 설(契)을 낳았는데, 그가 나중에 유상씨(有商氏)가 되어 상나라를 건국하여 천하를 소유했다고 한다. 이 내용은 『사기』「은본기(殷本紀)」에 보인다.

48_ 『시』「대아(大雅)·생민(生民)」편에 "상제의 발자국에 엄지발가락을 밟고서, 짜릿짜릿하여 크게 여기고 멈춘 곳에 나아가, 임신하고 조심하여, 낳아서 양육하니, 이 사람이 후직이다[履帝武敏, 歆攸介攸止, 載震載夙, 載生載育, 時維后稷.]"라는 내용이 보인다. 무(武)는 발자국이고, 민(敏)은 엄지발가락이다. 『시경집전』에 의하면, 주나라 사람을 처음으로 낳은 사람은 강원(姜嫄)인데, 그녀가 대인(大人)의 발자국을 보고 그 엄지발가락을 밟았는데, 임신하여 주나라의 시조인 후직을 낳았다고 한다.

49_ 『시』「대아·생민」편에 "그 갓난아기를 좁은 골목길에 버려두자, 소와 양이 그 갓난아기를 보호하고 사랑하며, 그 갓난아기를 평활한 숲에 버려두자, 평활한 숲

결코 제왕의 집안이 아니다. 성(姓)에서 남녀를 구별하는 것은 주나라의 도에서는 그러했지만, 옛날에는 이러한 제도가 없었으니, 어찌 성(姓)의 계통을 기록한 계보가 있었겠는가? 후직의 어머니는 제곡(帝嚳)의 원비(元妃)인데, 지(摯)와 요임금의 시대를 뛰어넘어 거의 200년 후에 순임금에게 등용되었을 리가 없다.[50] 세상에서는 이것이 모두 공자가 가탁한 것이라고 의심하는데, 혹 의심스러운 것은 의심스러운 그대로 전해야 하기 때문에[51] 두 가지 주장을 함께 전한다. 이치상으로 말한다면『시』의 문장을 증거로 삼을 만하다.

「五帝德」及「帝繫姓」皆孔子所定. 然堯·舜三代同出黃帝, 堯·舜周親, 何舜至耕稼陶漁, 堯須明揚側陋? 若夫玄鳥生商, 履武降稷, 詩人所歌則皆無父而生, 平林寒冰, 鳥覆牛腓, 決非帝王之家. 姓別男女, 周道乃然, 古無是制, 何有系姓? 稷母爲帝嚳元妃, 不應逾越摯·堯, 將二百年乃見用于舜. 世疑皆孔了所託, 或疑以傳疑, 故兩傳之. 以理而言,『詩』文可證也.

을 베러 온 사람들을 만났으며, 그 갓난아기를 차가운 얼음판에 버려두자, 새가 날개로 그 갓난아기를 덮어주고 깔아 주었도다[誕寘之隘巷, 牛羊腓字之, 誕寘之平林, 會伐平林, 誕寘之寒冰, 鳥覆翼之.]"라는 내용이 보인다. 비(腓)는 비호 또는 보호한다는 뜻이다.

50_ 지(摯)는 제곡의 아들로, 요임금의 이복형이다.『사기』「오제본기」에 다음과 같은 기록이 보인다. "제곡은 진봉씨의 딸을 아내로 맞아 방훈을 낳았고, 또 추자씨의 딸을 아내로 맞이하여 지를 낳았다. 제곡이 죽은 이후에 지가 제위에 올랐다. 그러나 지는 즉위하여 정치를 잘하지 못하여, 동생인 방훈이 제위에 오르니, 이 사람이 바로 요임금이다[帝嚳娶陳鋒氏女, 生放勳, 娶娵訾氏女, 生摯, 帝嚳崩, 而摯代立. 帝摯立, 不善, 而弟放勳立, 是爲帝堯.]"

51_ 의이전의(疑以傳疑)는『곡량전』「환공(桓公)」5년의 "드러난 것은 드러난 그대로 전하고, 의심스러운 것은 의심스러운 그대로 전한다[著以傳著, 疑以傳疑.]"라는 말에서 나온 것으로, 옛 문헌이나 글 중에 의심스럽게 여겨지는 것은 제멋대로 함부로 수정하거나 없애지 않고 그대로 전한다는 의미이다.

11-22

옛날에는 내관[棺]과 외관[槨]에 일정한 규격이 없었는데, 중고(中古)[52] 시대에는 내관은 일곱 치의 두께이고, 외관은 거기에 걸맞게 했다. [이러한 규정은] 천자로부터 일반 백성에까지 통용되었으니, 단지 아름답게 보이기 위해서가 아니라 그렇게 한 이후에 산 사람의 마음을 다 할 수 있었기 때문이다. [법의 규정상] 할 수 없으면[53] 기쁠 수가 없고, 재력이 없으면 기쁠 수가 없다. [법의 규정상] 할 수 있고, 재력도 있다면[54] 옛날 사람들은 모두 그 방법을 사용했으니, 내가 무엇 때문에 홀로 그렇게 하지 않겠는가?(『맹자』「공손추 하」)

> 古者棺槨無度, 中古棺七寸, 槨稱之. 自天子達于庶人, 非直爲觀美也, 然後盡于人心. 不得, 不可以爲悅, 無財, 不可以爲悅. 得之爲有財, 古之人皆用之, 吾何爲獨不然?(『孟子』「公孫丑 下」)

11-23[55]

[맹자가 말했다.] "제후의 예법은 내가 아직 배우지 않았지만, 비록 그렇다고 하더라도 내가 들어본 적은 있다. 삼년상에 거친 삼베로 만든 상복을 입고, 죽을 먹는 것은 천자로부터 일반 백성에 이르기까지 삼대가 공통으로 시행했다." 연우(然友)가 되돌아와서 보고하여 삼년상으로 결정하자, 부형(父兄)과 백관(百官)이 모두 시행하지 않고자 하면서, "우리의 종주국인 노(魯)나라 선군도 이것을 행하지 않았고, 우리 선군

52_ 중고(中古)는 『맹자집주』에서 주공(周公)이 예법을 만들 당시라고 했다.

53_ 부득(不得)은 『맹자집주』에서 법의 제도상 할 수 없는 일이라고 했다.

54_ 위유재(爲有財)는 『맹자집주』에서 "혹자는 위(爲)가 이(而)가 되어야 한다"라고 했는데, 여기에서도 혹자의 말에 따라 해석했다.

55_ 이하에서 인용한 『맹자』「등문공 상」편의 내용은 이 책의 제10권 제3절〈10-3-7〉에서 이미 인용했다. 자세한 주석은 앞의 내용을 참조 바람.

도 이것을 행하지 않았다"라고 했다.(『맹자』「등문공 상」)

"諸侯之禮, 吾未之學也, 雖然, 吾嘗聞之矣. 三年之喪, 齊疏之服, 飦粥之食, 自天子達于庶人, 三代共之." 然友反命, 定爲三年之喪, 父兄百官皆不欲曰, "吾宗國魯先君莫之行, 吾先君亦莫之行也."(『孟子』「滕文公 上」)

康11-17

삼년상은 공자가 기간을 더해서 고친 제도인데, 삼대의 성왕에게 가탁하여 그것을 실행했다. 맹자는 공자의 후학이기 때문에 언제나 공자의 도를 넓혀 실행하는 것을 일로 삼았다. 만약 이것이 본래 삼대의 옛 제도였다면 노나라는 주공(周公)과 백금(伯禽)으로부터 평공(平公)에 이르기까지, 등나라는 숙수(叔繡)로부터 문공(文公)에 이르기까지, 중간에 현명한 군주가 없었던 것이 아닌데, 어찌 감히 당시의 천자가 성한 제도를 어기고, 어떻게 결코 한 사람도 그 제도를 실행한 사람이 없이 이러한 지경에 이르렀겠는가? 노나라는 [주나라의] 예법을 지킨 나라였는데, 또한 그것을 실행한 사람이 없었던 것은 무엇 때문인가? 또한 임금의 근처에서 모시는 신하와 중요한 직책을 맡은 신하, 언관(言官)으로부터 조정을 가득 메운 신하들이 회의하여 상주문을 마련했는데, 한 사람도 그것이 좋다고 여긴 사람이 없었다. 만약 대주회전(大周會典)·대주통례(大周通禮)에 분명하게 이 조목이 있고, 또 위로 하나라와 은나라의 회요(會要)까지 거슬러 올라가서 모두 그것이 있었다면 백관들이 의론하여 상주할 때, 전해지는 기록을 인용하여 "살펴볼 기록이 구비되어 있다"라고 말할 수 있으니, 그것을 모른다고 하고 공공연히 어기는 자가 있겠는가? 재아(宰我)가 복상 기간의 단축을 물은 것과 제(齊)나라 선왕(宣王)이 복상 기간을 단축하려고 한 것[56]과 함께 세 가지 이야

56_『맹자』「진심 상」편에 보인다. 제나라 선왕이 복상 기간을 단축하려고 하자, 공손추가 "1년상이 [복상을] 그만두는 것보다는 낫다"라고 대답한 내용이다.

기를 참고해서 보면, 그것이 공자가 새롭게 고친 제도이며, 옛날에 가탁하여 삼대[의 제도]로 삼았다는 것을 자연스럽게 깨달을 수 있다. 그리고 이 조목만큼 분명한 것은 더더욱 없을 것이다. 청나라 때 만주(滿洲)의 관리들[57]은 모두 100일 동안 복상을 했는데, 건륭(乾隆) 때의 서혁덕(舒赫德, 1711~1777)[58]이 만주의 관리들에게 일률적으로 3년 동안 복상할 것을 요청했지만 실행되지 않았다. 서혁덕이 바로 맹자[와 같으니], 현재로써 옛날을 증명하는 것이 어찌 이상할 것이 있겠는가?

三年之喪, 爲孔子增改之制, 託于三代聖王以行之. 孟子爲孔子後學, 故日以推行孔道爲事. 若本是三代舊制, 則魯自周公·伯禽至平公, 滕自叔綉至定公, 中間非無賢君, 豈敢悖當王定制, 何至絶無一人行之? 魯爲秉禮, 亦無人行之, 何也? 且自親臣·重臣·言官, 盈廷會議具奏, 無一人以爲可者. 若大周會典·大周通禮顯有此條, 且上溯夏·殷會要皆有之, 百官議奏能引志曰, "觀瞻具在." 有不知而公然違悖者乎? 與宰我問短喪·齊宣王欲短喪三說參考之, 自悟其爲孔子新改之制, 託古以爲三代矣. 而尤莫若此條之明晰. 國朝滿洲臣工皆服喪百日, 乾隆時舒赫德請令滿洲臣工一律服三年喪, 不行. 舒赫德卽孟子也, 以今證古, 何足異乎?

11-24

자장(子張)이 물었다. "『서』에서 '고종(高宗)이 양암(諒闇)에서 3년 동안 말하지 않았다'라고 하는데, 무슨 말입니까?" 공자가 말했다. "어찌 반드시 고종뿐이겠는가? 옛날 사람들은 모두 그러했다.[59] 군주가 죽으면

57_ 신공(臣工)은 군신(群臣)과 백관(百官)으로, 관직에 있는 모든 관리들을 말한다.

58_ 서혁덕(舒赫德)은 청나라 때 만주의 정백기(正白旗) 사람으로, 자는 백웅(伯雄) 또는 백용(伯容)이다. 건륭 연간에 금천(金川) 정벌에 참여하여 공적이 있었다. 관직은 무영전(武英殿) 대학사(大學士)에 이르렀고, 시호는 문양(文襄)이다.

59_ 이상에서 인용한 『논어』「헌문」편의 내용은 이 책의 제10권 제3절〈10-3-4〉에서

모든 관료들은 자기의 직책을 총괄하여 총재(冢宰)[60]에게 3년 동안 명령을 들었다."(『논어』「헌문」)

子張問曰, "『書』云, '高宗諒闇, 三年不言.' 何謂也?" 子曰, "何必高宗? 古之人皆然. 君薨, 百官總己, 以聽于塚宰三年."(『論語』「憲問」)

康11-18

공자가 삼년상의 제도를 세워서 『서』에 기록했는데, 옛날에 고종만이 홀로 그것을 실행한 듯하다. 공자가 탁고하여 제도를 정했기 때문에 옛날 사람들은 모두 그러했다고 [제도를 만든 주체를] 소급한 것이다.

孔子立三年喪之制而著之于『書』, 蓋古者高宗嘗獨行之. 孔子託古定制, 故推之爲古之人皆然.

11-25

자장(子張)이 물었다. "『서』에서 '고종(高宗)이 3년 동안 말하지 않았는데, 말을 하면 [신하들이] 기뻐했다'라고 했는데, 그런 일이 있습니까?" 공자가 말했다. "어찌 그렇게 하지 않았겠는가? 옛날에는 천자가 죽으면 왕세자는 총재(冢宰)에게 3년 동안 명령을 들었다."(『예기』「단궁 하」)

子張問曰, "『書』云, '高宗三年不言, 言乃歡.' 有諸?" 仲尼曰, "胡爲其不然也? 古者天子崩, 王世子聽于塚宰三年."(『禮記』「檀弓 下」)

康11-19

의미가 위와 같다.

義同上.

이미 인용했다. 자세한 주석은 앞의 내용을 참조 바람.

60_ 총재(冢宰)는 육경(六卿)의 우두머리를 말한다.

11-26

왕이 말했다. "과인은 병통이 있는데, 과인은 재물을 좋아합니다." 맹자가 대답했다. "옛날에 공유(公劉)가 재물을 좋아했습니다. 『시』에서 '노적이 쌓이고 창고가 꽉 차자, 말린 밥과 식량을 전대에 포장하고 자루에 포장하여, 백성들을 화목하게 함으로써 국가를 빛낼 것을 생각하여, 활과 화살을 이에 준비하고, 방패와 창과 작은 도끼와 큰 도끼를 들고서 비로소 길을 떠났다'라고 했습니다.[61] 따라서 집에 거처하는 자들은 노적과 창고가 있고, 길을 떠나는 자들은 포장한 양식이 있은 이후에야 비로소 길을 떠날 수 있습니다. 왕께서 만약 재물을 좋아하더라도 백성과 함께 그것을 공유한다면, 왕노릇을 하는 데 무슨 어려움이 있겠습니까?" 왕이 말했다. "과인은 병통이 있는데, 과인은 여색을 좋아합니다." 맹자가 대답했다. "옛날에 태왕(太王)이 호색을 좋아하여 그 후비를 사랑했습니다. 『시』에서 '고공단보(古公亶父)가 아침에 말을 달려 와서, 서쪽 물가를 따라 기산(岐山)의 아래에 이르시니, 이에 강녀(姜女)와 함께 와서 살 집을 살펴보았네'라고 했습니다.[62] 이 당시에 안

61_ 『시』「대아 · 공유(公劉)」편에 보인다. 내(乃)자가 『시』에는 내(迺)자로 되어 있다. 『시경집전』에 의하면, 공유(公劉)는 후직(后稷)의 증손이다. 후직이 태(邰) 땅에 봉해졌었는데, 하나라가 쇠퇴하면서 그의 아들 불줄(不窋)이 오랑캐 땅으로 도망쳤다. 그 후 불줄이 국도(鞠陶)를 낳고, 국도가 공유(公劉)를 낳았는데, 공유가 후직의 사업을 다시 계승하여 백성들이 부유하고 나라가 부강해졌다고 한다. 적(積)은 노적가리이고, 후(餱)는 말린 밥이다. 탁(橐)은 밑이 없는 전대이고, 낭(囊)은 밑이 있는 자루이다. 척(戚)은 작은 도끼이고, 양(揚)은 큰 도끼이다.

62_ 『시』「대아 · 면(緜)」편에 보인다. 『시경집전』에 의하면, 고공단보(古公亶父)는 공유의 9세손인 태왕(太王)이다. 원문의 내조주마(來朝走馬)는 오랑캐의 난리를 피해서 피난한 것이다. 강녀(姜女)는 태왕의 후비이다. 『맹자』「양혜왕 하」에 고공단보, 즉 태왕(太王)에 대한 기록이 보인다. 태왕이 빈(邠) 땅에 거주할 때 오랑캐가 침략하자, 사람들을 모아놓고, "오랑캐들이 원하는 것은 우리의 토지이다. 내가 들으니, 군자는 사람을 기르는 토지를 가지고 사람을 해치지 않는다고 하니, 여러분들이 어찌 군자가 없는 것을 걱정하겠는가? 나는 이곳을 떠나겠다"라고 말

으로는 원망하는 여자가 없었고, 밖으로는 홀아비가 없었습니다. 왕께서 만약 여색을 좋아하더라도 백성과 함께 그것을 공유한다면, 왕노릇을 하는 데 무슨 어려움이 있겠습니까?"(『맹자』「양혜왕 하」)

王曰, "寡人有疾, 寡人好貨." 對曰, "昔者, 公劉好貨, 『詩』云, '乃積乃倉, 乃裹餱糧, 于槖于囊, 思戢用光, 弓矢斯張, 干戈戚揚, 爰方啓行.' 故居者有積倉, 行者有裹囊也, 然後可以爰方啓行. 王如好貨, 與百姓同之, 于王何有?" 王曰, "寡人有疾, 寡人好色." 對曰, "昔者, 太王好色, 愛厥妃. 『詩』云, '古公亶父, 來朝走馬, 率西水滸, 至于岐下, 爰及姜女, 聿來胥宇.' 當是時也, 內無怨女, 外無曠夫. 王如好色, 與百姓同之, 于王何有?(『孟子』「梁惠王 下」)

康11-20

공유(公劉)와 태왕(太王)은 모두 재화를 좋아하거나 여색을 좋아하는 군주가 아닌데, 맹자는 그들에게 가탁하여 선왕(宣王)을 독려했다. 당시의 인정상 모두가 옛날을 귀중하게 여기고 현재를 천대하니, 유학자들의 주장도 먼 옛날로 옮겨가서 신뢰를 받기가 어려웠다. 따라서 반드시 고인을 빌어서 근거로 삼은 이후에야 사람들에게 의심 없이 쉽게 받아들이도록 할 수 있었다. 여기에서 비록 맹자가 당시 군주의 법을 인용했지만, 유가가 탁고를 잘한다는 것도 볼 수 있다. 『회남자』에서 "따라서 도를 행하는 자는 반드시 신농과 황제에게 가탁한 이후에야 사람들을 설득시킬 수가 있었다"라고 하니,[63] 이러한 종류가 바로 그

하고, 기산(岐山) 아래에 도읍을 정하고 거주했다. 그때 빈 땅 사람들은 어진 사람을 놓칠 수 없다고 하여, 모든 사람들이 그를 따라서 갔다고 한다.

63_『회남자』「수무훈(脩務訓)」편에서 "세속의 사람들은 대부분 옛날을 귀중하게 여기고 현재를 천대한다. 따라서 도를 행하는 자는 반드시 신농과 황제에게 가탁한 이후에야 사람들을 설득할 수가 있었다[世俗之人, 多尊古而賤今. 故爲道者必託之於神農·黃帝而後能入說.]"라고 했다.

것이다.

公劉·太王皆非好貨·好色之君, 而孟子乃託之以勉宣王. 蓋當時人情皆厚古而薄今, 儒者之說又遷遠而難于信. 故必借古人以爲據, 然後使其無疑而易于入. 此雖孟子引導時君之法, 而儒家之善于託古, 亦可見矣. 『淮南子』所謂"故爲道者必託之神農·黃帝而後能入說." 此類是也.

11-27

옛날에는 관을 세로로 꿰맸는데, 지금은 가로로 꿰매고 있다. 따라서 상관(喪冠)이 길관(吉冠)과 상반되는 것은 옛날의 제도가 아니다.[64](『예기』「단궁 상」)

古者冠縮縫, 今也衡縫. 故喪冠之反吉, 非古也.(『禮記』「檀弓 上」)

11-28

어릴 때는 이름을 부르고, 관례(冠禮)를 치른 이후에는 자(字)를 만들어 주며, 50세 이후에는 백(伯)이나 중(仲)으로 구분하고, 죽은 이후에는 시호를 부여하니, 주나라의 제도이다. 질(絰)이라는 것은 실제의 마음[實]

64_ 축봉(縮縫)은 관을 세로로 꿰매는 것으로, 접은 주름이 적기 때문에 앞뒤를 하나하나 직봉(直縫)하는 것이다. 횡봉(衡縫)은 가로로 꿰매는 것으로, 주름을 많이 잡기 때문에 앞뒤를 직봉하지 않고 가로로 꿰매어 꾸미는 것이다. 『예기주소』의 공영달의 소에 의하면, 이 내용은 당시 사람들이 길관(吉冠)은 가로로 꿰맨 것을 사용하고, 상관(喪冠)은 세로로 꿰맨 것을 사용했는데, 이와 같이 서로 관을 상반되게 사용하는 것이 옛날의 제도라고 생각했다. 그러나 그것은 옛날의 제도가 아니라 주나라 이후에 만들어진 제도이다. 즉 은나라 이전의 옛날에는 질박한 것을 숭상했기 때문에 길관이나 상관 모두 세로로 꿰맨 것을 사용했다. 그런데 주나라 때에는 형식을 꾸미는 것을 숭상했기 때문에 상관(喪冠)은 그대로 세로로 꿰맨 것을 사용했지만, 길관(吉冠)은 가로로 꿰맨 것을 사용하는데, 그것이 지금까지 이어진 것이라고 했다.

을 의미한다.[65] 방의 중앙에 구덩이를 파서 시체를 목욕시키고,[66] 부엌을 헐어서 [그 벽돌로] 시체의 다리를 붙잡아 매어 곧게 한다.[67] 장례를 치를 때는 종묘를 헐어서 밟고 지나가서 대문으로 나가니,[68] 은나라의 도이다. [공자에게] 배운 학자들은 [은나라의 예법을] 실행했다.[69](『예기』「단궁 상」)

幼名, 冠字, 五十以伯·仲, 死謚, 周道也. 絰也者, 實也. 掘中霤而浴, 毀竈以綴足. 及葬, 毀宗躐行, 出于大門, 殷道也. 學者行之.(『禮記』「檀弓 上」)

11-29

현자(縣子)가 말했다. "거칠고 성긴 갈포로 만든 상복과 실을 누이지 않

65_ 질(絰)은 상례 때 차는 삼으로 만든 띠를 말한다. 상복을 입을 때 머리에 두르는 수질(首絰)과 허리에 두르는 요질(腰絰)이 있다. 실(實)은 실제의 마음이라는 의미로, 『예기주소』 정현의 주에서 "그로써 슬픔을 표현한 것[所以表哀戚]"이라고 풀이했다.

66_ 중류(中霤)는 방의 중앙이다. 『예기주소』 공영달의 소에 의하면, 사람이 죽으면 방 가운데의 땅을 파서 구덩이를 만드는데, 그렇게 하는 이유는 두 가지 의미가 있다. 첫째는 이 방이 죽은 사람에게는 쓸모가 없음을 말하는 것이고, 둘째는 평상을 구덩이 위에 놓고 평상 위에서 시체를 목욕시켜서 그 목욕한 물이 구덩이 속으로 들어가게 하는 것이다.

67_ 철족(綴足)은 시체의 다리를 붙잡아 매서 비틀어지지 않도록 하는 것이다. 『예기주소』 공영달의 소에 의하면, 부엌을 헐어서 다리를 붙잡아 매는 것도 두 가지 의미가 있다. 첫째는 죽은 이후에는 다시는 음식을 먹는 일이 없다는 것을 보여주기 위해서 부엌을 허무는 것이다. 둘째는 죽은 사람이 몸의 발이 비뚤어진 채 굳으면 관 속에 넣을 수가 없기 때문에 부엌의 헌 벽돌로 죽은 사람의 다리를 붙잡아 매어 곧게 하여, 관 속에 넣을 수 있도록 하기 위해서이다.

68_ 『예기주소』 공영달의 소에 의하면, 은나라 사람들은 종묘에 빈소를 차리고, 장례를 치를 때는 종묘의 서쪽 담장을 허물고, 널은 허문 장소를 통해 운반되어, 대문으로 나가게 된다.

69_ 『예기주소』 정현의 주에서 "공자에게 배운 학자는 그것을 실행할 때 은나라의 예법을 본받았다[學於孔子者行之, 傚殷禮.]"라고 했다.

고 성긴 베로 만든 상복의 하의는 옛날의 제도가 아니다."[70](『예기』「단궁 상」)

縣子曰, "綌衰繐裳, 非古也."(『禮記』「檀弓 上」)

11-30[71]

바탕을 중시하는 왕조는 친한 이를 사랑하여 여동생의 아들을 먼저 세우고, 형식을 중시하는 왕조는 존귀한 이를 높여서 조카의 아들을 먼저 세운다. 적자가 손자를 두고서 먼저 죽으면 바탕을 중시하는 왕조는 친한 이를 사랑하여 [적자의] 동생을 먼저 세우고, 형식을 중시하는 왕조는 존귀한 이를 높여서 손자를 먼저 세운다. 함께 태어났을 경우에는, 바탕을 중시하는 왕조는 드러난 것에 근거하여 먼저 태어난 자식을 세우고, 형식을 중시하는 왕조는 본래의 뜻에 근거하여 뒤에 태어난 자식을 세운다.(『공양전』「은공」 원년 하휴 주)

質家親親, 先立娣, 文家尊尊, 先立姪. 嫡子有孫而死, 質家親親, 先立弟, 文家尊尊, 先立孫. 其雙生也, 質家據見立先生, 文家據本意立

70_ 현자(縣子)는 노나라의 대부로, 이름은 쇄(瑣)이다. 격최(綌衰)는 거칠고 성긴 갈포로 만든 상복이고, 세상(繐裳)은 누이지 않고 성긴 베로 만든 상복의 하의이다. 『예기주소』 정현의 주에서 "당시에 가볍고 얇은 옷을 숭상하여 예법을 소홀히 한 것을 비난한 것"이라고 했다.

71_ 이 부분은 『공양전』「은공」 원년의 "적자를 세울 때는 연장(年長)을 근거로 하지 현명함을 근거로 하지 않으며, [적자가 없는 상황에서] 서자를 세울 때는 존귀함을 근거로 하지 연장을 근거로 하지 않는다[立適以長不以賢, 立子以貴不以長.]"라는 기록에 대한 하휴의 주이다. 『공자개제고』에서 인용한 하휴의 문장 앞에 다음과 같은 내용이 보인다. "적(適)이라는 것은 적부인의 아들이니, 존귀함을 견줄 사람이 없기 때문에 나이로써 한다. 자(子)는 좌우의 잉첩(媵妾) 및 조카와 여동생의 아들로, 지위에 귀천이 있고, 또 동시에 태어나는 경우를 고려해야 하기 때문에 존귀함으로써 한다. 적부인이 아들이 없으면 우잉(右媵)의 아들을 세우고, 우잉이 아들이 없으면 좌잉(左媵)의 아들을 세우며, 좌잉이 아들이 없으면 적통의 조카와 여동생의 아들을 세운다. 적통의 조카와 여동생이 아들이 없으면 우잉의 조카와 여동생의 아들을 세우고, 우잉의 조카와 여동생의 아들이 없으면 좌잉의 조카와 여동생의 아들을 세운다."

後生.(『公羊傳』「隱公」元年 何休 注)

康11-21

바탕을 중시하는 왕조와 형식을 중시하는 왕조는 공자가 가탁한 삼통(三統)의 다른 호칭이다. 『춘추』에서는 말을 바꾸고 사실을 바꾸기 때문에 굳이 하(夏)·은(殷)·주(周)라고 말하지 않고 바탕을 중시하는 왕조와 형식을 중시하는 왕조라고 말한 것이다.

質家·文家, 孔子所託三統之別號. 『春秋』詭辭詭實, 故不必言夏·殷·周, 而曰質家·文家也.

11-31

신랑이 직접 와서 부인을 맞이해 가지 않은 첫 사건을 비난했다.[72] 【하휴 주】 예법에서 반드시 친영(親迎)을 하는 것은 남자가 여자를 앞세운다는 것을 보여주는 것이다. 사당에서 맞이하는 것은 근본인 조상에게 고하는 것이다. 하후씨(夏后氏)는 사당의 정원에서 [부인을] 맞이했고, 은나라 사람은 사당의 마루에서 맞이했으며, 주나라 사람은 사당

72_『춘추』「은공」3년에 "기(紀)나라의 대부인 이수(履緰)가 노나라에 와서 노나라 공주를 맞이해 갔다[紀履緰來逆女.]"라는 기사에 대해, 『공양전』에서 다음과 같이 말했다. "외국에서 노나라 공주를 맞이해 갈 경우에는 맞이해가는 사람을 기록하지 않는데, 여기에서는 무엇 때문에 기록했는가? 비난한 것이다. 무엇 때문에 비난했는가? 처음으로 신랑이 직접 와서 부인을 맞이해 가지 않은 것을 비난한 것이다. 처음으로 신랑이 직접 와서 부인을 맞이해 가지 않은 것은 여기에서 시작된 것인가? 이 이전에도 있었다. 이 이전에도 있었다면 무엇 때문에 여기에서 시작되었다고 했는가? 여기에서 시작을 가탁했을 뿐이다. 무엇 때문에 여기에서 시작을 가탁했는가? [친영(親迎)하지 않은 기록이] 『춘추』의 이 부분에서 시작되었기 때문이다[外逆女不書, 此何以書? 譏. 何譏爾? 譏始不親迎也. 始不親迎, 昉於此乎? 前此矣. 前此, 則曷爲始乎此? 託始焉爾. 曷爲託始焉爾? 春秋之始也.]"

의 문에서 맞이했다.(『공양전』「은공」 3년)

譏始不親迎也. 【何注】 禮所以必親迎者, 所以示男先女也. 于廟者, 告本也. 夏後氏逆于庭, 殷人逆于堂, 周人逆于戶.(『公羊傳』「隱公」 三年)

康11-22

옛날에는 친영(親迎)의 예법이 없었으니, 남자를 존귀하게 여기고 여자를 비천하게 여기는 것은 옛날부터 이미 그러했다. 공자가 처음으로 군주가 신하를 초빙하는 예와 남자가 여자에게 자세를 낮추는 예를 드러내어, 친영의 의리를 만들었다. 따라서 『춘추』에 그것을 드러내었다. 하휴가 말한 하나라와 은나라, 주나라의 신부맞이는 대체로 모두가 유학자들이 가탁하여 이론으로 삼은 것이다. 그렇지 않고 친영이 확실히 삼대에 있었다면 성대한 제도를 천하에 밝게 선포했을 것인데, 공자가 무엇 때문에 홀로 애공(哀公)의 앞에서 진술하고, 애공은 그것이 너무 심하지 않는지 의아해하면서, 한결같이 마치 아직 들어보지 못한 것을 들은 것처럼 했겠는가?〈원주: 『대대례기(大戴禮記)』「애공문어공자(哀公問於孔子)」편에 보인다.〉[73] 묵자도 삼대의 선왕을 말하지만, 유학자가 친영을 하면서 검은색의 예복을 입고 마부가 된다고 비난했으니,[74]

73_ 『대대례기(大戴禮記)』「애공문어공자(哀公問於孔子)」편에 다음과 같은 기록이 보인다. “애공이 말했다. ‘과인은 하고 싶은 말이 있는데, 예복을 입고 직접 부인을 맞이하는 것은 너무 지나치지 않습니까?’ 공자는 걱정스럽게 낯빛을 바꾸면서 대답했다. ‘두 성(姓)의 우호를 맺음으로써 앞선 성인의 뒤를 잇고, 천지와 종묘, 사직의 주인이 되는 것인데, 임금께서는 어찌 너무 지나치다고 하십니까?’[公曰, ‘寡人願有言, 然冕而親迎, 不已重乎?’ 孔子愀然作色而對曰, ‘合二姓之好, 以繼先聖之後, 以爲天地・宗廟・社稷之主, 君何謂已重乎?’]”

74_ 『묵자』「비유(非儒)」편에서, “장가를 들 때 [신랑이] 직접 신부를 맞이하는데, 검은색의 예복을 입고 마부가 된다. 말고삐를 잡고서 수레의 손잡이 끈을 [신부에게] 주니, 마치 부모를 태우는 것과 같다. 그리고 혼례의 엄격한 의식은 마치 제사

공자가 제도를 처음으로 만들어서 옛날에 가탁했을 뿐이다.

古未有親迎之禮, 蓋尊男卑女, 從古已然. 孔子始發君聘臣, 男下女, 創爲親迎之義. 故于『春秋』著之. 何邵公所云夏·殷·周之逆, 蓋皆儒者假託以爲說. 不然, 親迎果爲三代所有, 煌煌巨典, 昭布天下, 而孔子何爲獨陳于哀公之前, 而公訝其已重, 一若聞所未聞者?〈見『大戴禮』「哀公問于孔子」.〉墨子亦稱三代先王, 而譏儒者親迎, 祇褍若[75]僕, 蓋孔子創制託古耳.

11-32[76]

2월과 3월에 모두 '왕(王)'자가 있는 것은,[77] 2월은 은나라의 정월이며, 3월은 하나라의 정월이기 때문이다. 왕자가 [은나라와 하나라] 두 왕의 후손을 보존시켜서, 그들로 하여금 각자의 정삭(正朔)을 시작으로 삼게 하고,[78] 각자의 복색(服色)을 입게 하며, 각자의 예악(禮樂)을 시행하게 하니, 이로써 앞선 성왕을 존중하고, 삼통(三統)을 소통시키는 것이다. 사법(師法)의 의리와 공손하고 사양하는 예의를 여기에서 살펴볼 수 있다.(『공양전』「은공」 3년 하휴 주)

二月三月皆有'王'者, 二月, 殷之正月也, 三月, 夏之正月也. 王者存二

를 받드는 것과 같다[取妻身迎, 祇褍爲僕. 秉轡授綏, 如仰嚴親. 昏禮威儀, 如承祭祀.]"라고 비판했다. 지(祇)는 왕염손이 현(袨)의 오자이며, 현단(袨褍)은 곧 현단(玄端)이라고 했다. 현단(玄端)은 검은색의 예복을 말한다. 한편 필원은 지(祇)를 공경[敬]의 의미로, 단(褍)을 단정[端]의 의미로 보아, "공손하고 단정하게 마부가 된다"라고 해석하기도 했다.

75_ 약(若)은 『묵자』 원문에는 위(爲)로 되어 있다.

76_ 이 부분은 『춘추』「은공」 3년의 "3년, 봄, 왕 2월[三年, 春, 王二月.]"에 대한 하휴의 주이다.

77_ 『춘추』「정공」 원년에 '왕삼월(王三月)'이라고 기록되어 있다.

78_ 통(統)은 서언의 소에서 "시(始)와 같고, 각자로 하여금 자기 시대의 정삭으로 시작을 삼게 하는 것을 말한다"라고 했다.

王之後, 使統其正朔, 服其服色, 行其禮樂, 所以尊先聖, 通三統. 師法之義, 恭讓之禮, 于是可得而觀之.(『公羊傳』「隱公」三年 何休 注)

康11-23

『춘추』에서는 11월과 12월, 13월에 모두 '왕(王)'자를 기록했으며,[79] 나머지는 왕(王)자가 없다. 하 · 은 · 주 삼대의 역법[三正]은 모두 공자가 특별히 세워서 삼왕에게 가탁한 것이다. 사실 진나라와 한나라는 모두 10월을 사용했는데, 옛것을 의심하는 것도 마땅히 이유가 있으니, 반드시 삼정을 사용할 필요는 없다.

『春秋』于十一月 · 十二月 · 十三月皆書'王', 餘則無之. 蓋三正皆孔子特立, 而託之三王. 其實秦 · 漢皆用十月, 疑古亦當有因, 未必用三正也.

11-33

황제(黃帝)의 음악을 「함지(咸池)」라고 한다.(『악위 · 동성의』)

黃帝之樂曰「咸池」.(『樂緯 · 動聲儀』)

79_『백호통의』「삼정(三正)」편에 "공자는 주나라의 폐단을 이어받아서 하나라의 역법을 시행했으니, 11월을 역법의 기준으로 삼는 [주나라를] 계승한 자는 마땅히 13월을 사용해야 한다는 것을 안 것이다[孔子承周之弊, 行夏之時, 知繼十一月正者, 當用十三月也.]"라는 기록이 보인다. 하 · 은 · 주 삼대의 역법을 삼정(三正)이라고 하는데, 하나라는 1월 즉 13월을 세수로 하는 건인(建寅)을 기준으로, 은나라는 12월을 세수로 하는 건축(建丑)을 기준으로, 주나라는 11월을 세수로 하는 건자(建子)를 기준으로 역법을 시행한다. 이와 같이 삼대의 역법의 기준이 각각 다른데, 주나라는 11월, 은나라는 12월, 하나라는 13월, 즉 1월이다. 주나라의 역법을 기준으로 11월을 정월(正月)로 삼으면 은나라와 하나라는 각각 2월과 3월이 되므로, 정월과 1월, 2월에는 모두 왕(王)자를 기록한다는 의미이다.

11-34

전욱(顓頊)의 음악을 「오경(五莖)」이라고 한다.(『악위 · 동성의』)

顓頊之樂曰「五莖」.(『樂緯 · 動聲儀』)

11-35

제곡(帝嚳)의 음악을 「육영(六英)」이라고 한다.(『악위 · 동성의』)

帝嚳之樂曰「六英」.(『樂緯 · 動聲儀』)

11-36

요(堯)임금의 음악을 「대장(大章)」이라고 한다.(『악위 · 동성의』)

堯樂曰「大章」.(『樂緯 · 動聲儀』)

11-37

순(舜)임금의 음악을 「소소(簫韶)」라고 한다.(『악위 · 동성의』)

舜樂曰「簫韶」.(『樂緯 · 動聲儀』)

11-38

우(禹)임금의 음악을 「대하(大夏)」라고 한다.(『악위 · 동성의』)

禹樂曰「大夏」.(『樂緯 · 動聲儀』)

11-39

은(殷)나라의 음악을 「대호(大頀)」라고 한다.(『악위 · 동성의』)

殷樂曰「大護」.(『樂緯 · 動聲儀』)

11-40

주(周)나라[의 음악]을 「작(酌)」이라고 한다.[80](『악위 · 동성의』)

周曰「酌」.[81](『樂緯 · 動聲儀』)

11-41

공자가 말했다. "「소소(簫韶)」는 순(舜)임금이 남긴 음악이다."[82](『악위 · 동성의』)

孔子曰, "「簫韶」者, 舜之遺音也."(『樂緯 · 動聲儀』)

11-42[83]

왕자는 정치가 안정되면 예를 제정하고, 공적이 완성되면 음악을 짓는다. 아직 예를 제정하고 음악을 짓지 않았을 때에는 선왕의 예악을 가져다가 오늘날에 맞추어 그것을 사용했다. 요임금의 음악을 「대장(大章)」이라고 하고, 순임금의 음악을 「소소(簫韶)」라고 하며, 하(夏)나라의

80_ 이상 『악위 · 동성의(樂緯 · 動聲儀)』에 수록된 내용은 『옥함산방집일서』(3)의 송균(宋均)의 주에 의하면, 『예기정의(禮記正義)』 「악기(樂記)」편과 『초학기(初學記)』 권15, 『태평어람』 권566 등에서 인용한 것이다. 그리고 이 책의 제10권 제4절에서 이미 모두 인용했다.

81_ 『옥함산방집일서』(3) 『악위 · 동성의(樂緯 · 動聲儀)』에는 이 문장 뒤에 "又曰「大武」"라는 4글자가 더 있다.

82_ 이 내용은 『옥함산방집일서』(3)의 송균(宋均)의 주에 의하면, 『태평어람』 권81에서 인용한 것이다. 그리고 이 책의 제10권 제4절에서 이미 모두 인용했다.

83_ 이하에서 인용한 『공양전』 「은공」 5년의 내용은 이 책의 제10권 제4절 〈10-4-3〉 에서 이미 인용했다. 자세한 주석은 앞의 내용을 참조 바람.

음악을 「대하(大夏)」라고 하고, 은(殷)나라의 음악을 「대호(大護)」라고 하며, 주(周)나라의 음악을 「대무(大武)」라고 하니, 각각 그 당시 백성들이 [왕자의 공적 중에서] 즐거워하는 것을 취하여 이름을 지은 것이다.(『공양전』 「은공」 5년 하휴 주)

王者治定制禮, 功成作樂. 未制作之時, 取先王之禮樂, 宜于今者用之. 堯曰「大章」, 舜曰「簫[84]韶」, 夏曰「大夏」, 殷曰「大護」, 周曰「大武」, 各取其時民所樂者名之.(『公羊傳』「隱公」 五年 何休 注)

康11-24

『춘추번로』 「삼대개제질문」편에서 "예악(禮樂)은 각각 그 법칙에 따라 그 마땅한 것을 본받는다"라고 했고, 또 "『춘추』는 하늘에 호응하여 새로운 왕의 일을 만들었다. 노(魯)나라를 앙지로 삼으며, 하나라를 [왕조의 계열에서] 축출하여 시대가 먼 나라로 취급하며, 주나라를 친하게 여기는 대상으로 삼고, 송나라는 옛 나라로 여긴다.[85] 음악은 [순임금의] 「소무(招武)」를 가까이 하는 것이 마땅하기 때문에 순임금을 친한 대상으로 기록했고, 작위의 제정은 상(商)나라[의 제도]가 마땅하기 [때문에 백(伯)·자(子)·남(男)을 하나의 등급으로 합쳤다.]"[86]라고 했으니,

---

84_ 소(簫)가 『공양전』에는 소(蕭)자로 되어 있다.

85_ 『사기』 「공자세가」에도 "노(魯)나라를 근거로 삼고, 주(周)나라를 친하게 여기는 대상으로 삼으며, 은(殷)나라를 옛 나라로 여겼다[據魯, 親周, 故殷.]"라는 기록이 보인다. 『사기색은』에서 "공자가 『춘추』를 지을 때 노나라를 위주로 했기 때문에 노나라를 근거로 삼았다[據魯]고 말했다. 친주(親周)는 공자의 때에 주나라가 비록 미세하지만, 주나라 왕을 친한 대상으로 삼은 것은 그로써 천하에 종주(宗主)가 있다는 것을 보여준 것이다"라고 했다.

86_ 캉유웨이는 이 문장에서 끊었는데, 이 문장의 뒤의 "백(伯)·자(子)·남(男)을 하나의 등급으로 합쳤다[合伯·子·男爲一等.]"라는 내용과 연결되어야 완전한 문장으로 끝이 난다. 원래의 작위 제도는 공(公)·후(侯)·백(伯)·자(子)·남(男)의 다섯 등급으로 구성되어 있는데, 새로운 제도에서는 백(伯)·자(子)·남(男)을 합쳐서 하나의 등급으로 만들어서, 공(公)·후(侯)와 함께 세 등급의 작위로 만들었

공자가 탁고하여 음악의 제도를 정했다는 것을 알 수 있다. 그렇지 않다면 모든 악률(樂律)과 음곡(音曲)이 항상 바뀌어 전해지지 못했을 테니, 500년 동안 전해지기가 어려웠을 것이다. 공자와 황제·전욱·제곡과의 시간적 거리가 이미 2천여 년이며, 요임금과 순임금, 하나라와 상나라와도 또한 1천여 년인데, 어떻게 「소(韶)」 음악을 듣고 고기 맛을 잊어 버렸을[87] 리가 있을 수 있겠는가? 가탁한 것이 의심할 여지가 없다.

『繁露』「三代改制質文」篇"禮樂各以其法, 象其宜." 又曰, "『春秋』應天作新王之事.[88] 王魯,[89] 絀夏, 親周, 故宋. 樂宜親「招武」. 故以虞錄親, 樂制[90]宜商." 可見孔子託古以定樂制. 不然, 凡樂律音曲恒易失傳, 難以傳之五百年者. 孔子去黃帝·項·嚳已二千餘載, 堯·舜·夏·商亦千余載, 烏得有聞「韶」忘味之理乎? 其託無疑矣.

11-43[91]

음악이 유래한 것은 매우 오래되었으니,[92] 결코 폐기할 수 없다. 음악에는 적절한 악기 구성도 있고 지나친 악기 구성도 있으며, 올바른 음조(音調)도 있고 지나친 음조도 있다.[93] 현명한 사람은 [적절한 악기 구

다는 의미이다.

87_ 『논어』「술이」편에 "子在齊聞「韶」, 三月不知肉味."라는 기록이 보인다.

88_ 『춘추번로』 원문에는 이 문장 뒤에 "역법은 흑통(黑統)으로 바로잡는다[時正黑統]"라는 내용이 더 있다.

89_ 『춘추번로』 원문에는 이 문장 뒤에 "검은색을 숭상한다[尙黑]"라는 내용이 더 있다.

90_ 악제(樂制)는 『춘추번로의증』의 노문초의 교정에 따라서 '제작(制爵)'으로 고쳐서 해석했다.

91_ 이 부분은 주양씨(朱襄氏)부터 주나라 성왕(成王)까지 각 왕조의 악무(樂舞)의 유래를 기록한 것이다.

92_ 상(尙)은 『여씨춘추교석』에서 진기유가 '오래되었다[久]'는 의미로 풀이했다. 상고시대[上世]라는 해석도 있다.

성과 올바른 음조 때문에] 창성하고, 불초한 사람은 [지나친 악기 구성과 음조 때문에] 멸망한다. 옛날에 주양씨(朱襄氏)[94]가 천하를 다스릴 때, 바람이 많아서 양기(陽氣)가 축적되니,[95] 만물이 흩어지고 떨어져서 과일의 열매가 영글지 않는다. 따라서 사달(士達)[96]이 다섯줄로 된 비파를 만듦으로써 음기(陰氣)를 불러들이고, 많은 생명을 안정시켰다. 옛날에 갈천씨(葛天氏)의 음악은 세 사람이 소꼬리를 잡고 발을 내딛으면서 8개의 악곡을 노래했으니,[97] 첫째는 「재민(載民)」, 둘째는 「현조(玄鳥)」, 셋째는 「수초목(遂草木)」, 넷째는 「분오곡(奮五穀)」, 다섯째는 「경천상(敬天常)」, 여섯째는 「달제공(達帝功)」, 일곱째는 「의지덕(依地德)」, 여덟째는 「총금수지극(總禽獸之極)」이다. 옛날에 도당씨(陶唐氏)[98]가 [정치를] 시작할 때는 음기(陰氣)가 많아서 막히고 가라앉아서 쌓이고,[99] 물길이 막혀서 물줄기의 근원이 소통되지 않았으며,[100] 백성들의 기운은 막혀서 통하지 않고,[101] 근육과 뼈는 오그라들어서 펴지지 않았다.[102] 따라서

93_ 진기유가 절(節)과 치(侈)는 악기의 구성이 적절하거나 지나친 것을 말하며, 정(正)과 음(淫)은 음조(音調)가 올바르거나 지나친 것을 말한다고 했다.

94_ 주양씨(朱襄氏)는 고유가 옛날의 천자인 염제(炎帝)의 다른 호칭이라고 했고, 진기유는 염제와 신농씨 앞에 있던 천자로, 주(朱) 땅, 즉 진(陳)나라의 주읍(株邑)에 도읍했기 때문에 주양(朱襄)이라고 불렀다고 했다.

95_ 진기유가 바람은 뜨거운 기운[陽炎之氣]이기 때문에 바람이 많은 것은 뜨거운 기운이 성한 데서 비롯된다고 했다.

96_ 사달(士達)은 고유가 주양씨의 신하라고 했다.

97_ 갈천씨(葛天氏)는 주양씨 이후의 고대 제왕의 이름이다. 투족(投足)은 발을 떼어서 내딛는 것이다. 결(闋)은 가곡이나 가사를 세는 말로, 수(首)와 같은 말이다.

98_ 도당씨(陶唐氏)는 요임금의 호이다. 필원이 음강씨(陰康氏)의 잘못이라고 했는데, 황제(黃帝)보다 이전 시기에 있었던 인물이고, 또 뒷부분에 요임금과 관련된 내용이 나오기 때문에 음강씨(陰康氏)가 맞는 듯하다.

99_ 체복(滯伏)은 막히고 쌓여서 일이 잘 진전되지 않는 것이며, 침적(湛積)도 가라앉아서 쌓이는 것이다.

100_ '水道壅塞, 不行其原.' 8글자는 진기유가 주석의 문장이 원문으로 잘못 들어갔기 때문에 삭제해야 한다고 했는데, 여기에서는 그대로 해석했다.

101_ 울알(鬱閼)과 체착(滯著)은 모두 기운이 막혀서 통하지 않는 것을 말한다.

102_ 슬축(瑟縮)은 오그라들어서 펴지지 않는 것을 말한다.

춤을 제작하여 그 막힌 곳을 소통시켜 주었다.

樂所由來者尙也, 必不可廢. 有節有侈, 有正有淫矣. 賢者以昌, 不肖者以亡. 昔古朱襄氏之治天下也, 多風而陽氣畜積, 萬物散解, 果實不成. 故士達作爲五弦瑟, 以來陰氣, 以定群生. 昔葛天氏之樂, 三人操牛尾投足以歌八闋, 一曰「載民」, 二曰「玄鳥」, 三曰「遂草木」, 四曰「奮五穀」, 五曰「敬天常」, 六曰「達[103]帝功」, 七曰「依地德」, 八曰「總禽獸之極」. 昔陶唐氏之始, 陰多滯伏而湛積, 水道壅塞, 不行其原, 民氣鬱閼而滯著, 筋骨瑟縮不達. 故作爲舞以宣導之.

옛날에 황제(黃帝)가 영륜(伶倫)[104]에게 명령하여 음률(音律)을 지었다. 영윤은 대하(大夏)[105]의 서쪽으로부터 완유산(阮隃山)[106]의 북쪽으로 가서, 해계(嶰谿)의 골짜기에서 대나무를 취했는데, 싱싱하면서 구멍이 크고 고른 대나무를 가지고[107] 두 마디의 사이를 절단하여 [율관(律管)을 만들었다.] 그 길이는 아홉 치이며,[108] 그것을 불어서 황종(黃鐘)의 궁음(宮音)으로 삼았는데, 불면 '사소(舍少)'라는 소리가 난다.[109] 12개의 율관(律

103_ 달(達)은 『공자개제고』와 『여씨춘추』의 옛날 판본에는 건(建)으로 되어 있는데, 왕염손의 교정에 따라 달(達)로 고쳤다.

104_ 영륜(伶倫)은 고유가 황제의 신하라고 했다. 『설원』「수문(修文)」편에는 영륜(泠倫)으로 되어 있다.

105_ 대하(大夏)는 고유가 서쪽의 산이라고 했는데, 진기유는 산 이름이 아니라 지명이라고 했다.

106_ 완유(阮隃)는 유월이 곤륜(昆侖)의 가차자라고 했다. 곤륜(昆侖)은 곤륜산(崑崙山)을 말한다.

107_ 진기유가 공규(空竅)는 대나무의 구멍이고, 후(厚)는 크다[大]는 뜻이며, 균(鈞)은 고르다[均]는 뜻이라고 했다. 즉 대나무가 싱싱하면서 구멍이 크고 고른 것을 말한다.

108_ 삼촌구분(三寸九分)은 필원이 『설원』과 『태평어람』에는 구촌(九寸)으로 되어 있다고 했다. 그리고 진기유도 피리의 구조와 소리의 종류 등에 근거하여, 구촌(九寸)이 되어야 황종(黃鍾)의 궁음(宮音)이 된다고 했다.

109_ 사소(舍少)는 피리에서 나는 소리를 형용한 것이다. 진기유는 피리의 구멍 하나를 막고 불면 소리가 나는데, 그 음이 'Shia-Shiau(舍少)'라고 했다.

管)을 차례대로 제작하여,[110] 완유산(阮隃山) 아래로 가서 봉황의 울음소리를 듣고서 12율(律)을 구분했다. 수컷의 울음소리가 6종류이고, 암컷의 울음소리도 6종류인데, 이로써 황종(黃鐘)의 궁음(宮音)에 견주어보니, 딱 맞게 조화를 이루었다. 황종의 궁음은 [육률(六律)과 육려(六呂)의 소리] 모두를 만들어낼 수 있기 때문에 황종의 궁음은 육률과 육려의 근본이라고 한다. 황제는 또 영윤(伶倫)과 영장(榮將)에게 명령하여, 12개의 종(鐘)을 주조하여 그것을 오음(五音)에 맞추어보고, 「영소(英韶)」[111] 음악에 사용해 보도록 했다. 중춘(仲春) 2월 을묘일(乙卯日)에 태양이 규수(奎宿)[112]의 별자리에 있을 때 처음으로 연주하고, 그것을 「함지(咸池)」라고 명명했다.

昔黃帝令伶倫作爲律. 伶倫自大夏之西, 乃之阮隃之陰, 取竹于嶰谿之谷, 以生空竅厚鈞者, 斷兩節間. 其長三寸九分, 而吹之以爲黃鐘之宮, 吹曰'舍少'. 次制十二筒, 以之阮隃之下, 聽鳳凰之鳴, 以別十二律. 其雄鳴爲六, 雌鳴亦六, 以比黃鐘之宮, 適合. 黃鐘之宮, 皆可以生之, 故曰黃鍾鐘宮, 律呂之本. 黃帝又命伶倫與榮將, 鑄十二鐘, 以和五音, 以施「英韶」. 以仲春之月, 乙卯之日, 日在奎, 始奏之, 命之曰「咸池」.

전욱(顓頊)은 약수(若水)에서 태어났는데, 실제로는 공상(空桑)[113]에서 살다가 제위에 올랐다. 덕(德)이 하늘과 부합하여, 팔방(八方)의 바람이 각각 그 올바름을 얻으니,[114] 그 소리는 화락한 듯 쓸쓸한 듯 맑고 높은

110_ 고유가 육률(六律)과 육려(六呂)에는 각각에 해당하는 율관(律管)이 있기 때문에 12개라고 했다.

111_ 영소(英韶)는 진기유가 음악의 이름인데, 그것이 누구로부터 나왔는지는 알 수 없다고 했다.

112_ 규수(奎宿)는 28수의 하나로, 16개의 별로 이루어졌으며, 문운(文運)을 관장한다고 한다.

113_ 공상(空桑)은 장유교(蔣維喬)가 노(魯)나라에 있는 지명이라고 했다.

듯한 소리였다.[115] 전욱은 그 소리를 좋아하여, 비룡(飛龍)에게 팔방(八方)의 바람 소리를 본뜬 음악을 만들게 했는데,[116] 그것을 「승운(承雲)」이라고 명명하고, 그 음악으로 상제에게 제사지냈다. 그리고 악어 분장을 한 고수(鼓手)에게 먼저 음악을 시작하게 했는데, 악어 분장을 한 고수(鼓手)는 바닥에 누워서 꼬리로 배 사이에 있는 북을 두드리니, 그 소리가 잘 어울려서 성대했다.[117] 제곡(帝嚳)은 함흑(咸黑)에게 명령하여 「당가(唐歌)」를 짓게 했는데,[118] 「구초(九招)」·「육렬(六列)」·「육영(六英)」이다. 유수(有倕)가 큰 북과 작은 북, 종과 경쇠, 생황과 피리, 질나팔과 저(笛)를 만들자, 제곡이 사람을 시켜서 작은 북과 큰 북을 두드리고,[119] 종과 경쇠를 치며, 생황과 질나팔[120]과 피리와 저를 불게 했고, 그런 다음 봉황새와 꿩으로 분장한 무용수에게 춤을 추게 했다.[121] 제곡이 크게 기뻐하고, 이로써 천자의 덕을 찬미하여 밝게 드러냈다.[122]

114_ 유천지합(惟天之合)은 고유가 덕(德)이 하늘과 부합된다는 의미라고 했고, 정풍(正風)은 필원이 팔방(八方)의 바람이 각각 그 올바름을 얻었다고 풀이했다.

115_ 희희(熙熙)는 화목한 모양이고, 처처(淒淒)는 쓸쓸한 모양이고, 장장(鏘鏘)은 맑고 높은 소리이다.

116_ 비룡(飛龍)은 진기유가 악인(樂人)의 이름이라고 했다. 허유휼에 의하면, 옛날 사람들이 음악을 제작할 때, 팔방의 바람소리를 본떠서 소리를 만들었다고 한다.

117_ 창(倡)은 고유가 시작[始]의 의미라고 했다. 선(鱓)은 악어로, 북을 치는 사람이 악어로 분장한 것을 말한다. 이에 대해 진기유는 다음과 같이 해설했다. "북은 음악을 조절하는 것이기 때문에 연주할 때 반드시 먼저 친다. 악어로 분장한 고수(鼓手)가 먼저 북을 쳐서 음악을 시작하는 것이 바로 북의 역할이다. 고수가 악어 모양으로 분장하고, 악어의 배 사이에 북을 두고 있다가, 음악 연주가 시작할 때 악어가 먼저 나가서 바닥에 누워서 꼬리로 배 사이에 있는 북을 쳐서, 다른 악기의 연주 시작을 인도한다." 영영(英英)은 소리가 잘 어울려서 성대한 모양이다.

118_ 성가(聲歌)는 필원이 옛날 교정본에는 당가(唐歌)로 되어 있는 판본도 있다고 했다. 여기에서도 원문은 그대로 두고 해석만 「당가」로 했다.

119_ 변(抃)은 손으로 친다는 의미이다. 혹(或)은 진기유가 연문이라고 했다.

120_ 전(展)은 진기유가 훈(燻)과 음이 비슷하여 잘못 기록된 오자라고 했다.

121_ 봉조(鳳鳥)는 봉황새이고, 천적(天翟)은 꿩이다. 봉황새와 꿩으로 분장한 무용수를 말한다.

122_ 강(康)은 고유가 편안하게 하는 것이라고 했고, 진기유는 찬미하여 밝게 드러내

帝顓頊生自若水，實處空桑，乃登爲帝．惟天之合，正風乃行，其音若熙熙淒淒鏘鏘．帝顓頊好其音，乃令飛龍作效八風之音，命之曰「承雲」，以祭上帝．乃令鱓先爲樂倡，鱓乃偃寢，以其尾鼓其腹，其音英英．帝嚳命咸黑作爲「聲歌」，「九招」·「六列」·「六英」．有倕作爲鼙·鼓·鐘·磬·吹·苓·管·壎·箎·鞀·椎·鍾，[123] 帝嚳乃令人抃或鼓鼙，擊鐘磬，吹苓展管箎．因令鳳鳥·天翟舞之．帝嚳大喜，乃以康帝德．

요(堯)임금이 즉위하자, 기(夔)[124]에게 명령하여 음악을 짓게 했다. 기(夔)는 산림과 계곡의 소리를 본떠 노래를 지었고,[125] 흙으로 만든 질장구에 순록의 날가죽을 덮어 씌워서 북을 만들어 그것을 쳤다.[126] 그리고 돌을 두드리거나 돌을 쳐서 옥으로 만든 상제의 경쇠 소리를 본떠서 [연주하여], 모든 짐승들을 춤추게 만들었다.[127] 고수(瞽叟)는 다섯 줄로 된 비파를 나누어서 열다섯 줄로 된 비파를 만들었다.[128] 그것들을 「대장(大章)」이라고 명명하고,[129] 그 음악으로 상제에게 제사지냈다. 순(舜)

는 것이라고 했다.

123_ 취(吹)는 유월이 연문이라고 했다. 령(苓)은 왕인지가 령(笭)이 되어야 하며, 바로 생(笙)자와 같다고 했다. 진기유는 여러 가지 주석을 종합하여, 이 문장은 '有倕作爲鼙鼓鐘磬笭管壎箎'가 되어야 하며, '도추종(鞀椎鍾)' 세 글자는 연문이라고 했다. 비(鼙)는 악대가 쓰는 큰 북, 훈(壎)은 흙으로 구워서 만든 질나팔, 지(箎)는 저(笛)의 일종으로 대나무로 만든 관악기이다.

124_ 질(質)은 고유가 기(夔)가 되어야 한다고 했다. 기(夔)는 요임금 때의 악정(樂正)이다.

125_ 이가(以歌)는 허유휼에 의하면 『예문류취』 권43에는 '이작가(以作歌)'로 인용되어 있다. 의미상 '이작가(以作歌)'가 옳은 듯하다.

126_ 미락(麋輅)은 순록의 날가죽이다. 손이양에 의하면, 순록의 날가죽을 흙으로 만든 질장구[缶]에 덮어 씌워서 북을 만든 것이다.

127_ 장유교 등에 의하면, 『태평어람』 권565와 권576의 인용에는 치(致)자가 없다. 여기에서도 그 글자를 빼고 해석했다.

128_ 작(作)은 허유휼이 연문이라고 했다.

129_ 진기유는 고수가 만든 비파뿐만 아니라, 앞에서 거론한 모든 음악을 통틀어서 「대장」이라고 명명한 것이라고 했다.

임금이 즉위하자, 앙연(仰延)이 고수가 만든 비파[의 줄]을 나누어서, 거기에 여덟 줄을 더하여 스물 세 줄로 된 비파를 만들었다. 순임금은 질(質)에게 명령하여, 「구초(九招)」·「육렬(六列)」·「육영(六英)」을 손질하여 자신의 덕을 밝히게 했다.

帝堯立, 乃命質爲樂. 質乃效山林谿谷之音以歌, 乃以麋𩊚置缶而鼓之. 乃拊石擊石, 以象上帝玉磬之音, 以致舞百獸. 瞽叟乃拌五弦之瑟, 作以爲十五弦之瑟. 命之曰「大章」, 以祭上帝. 舜立, 仰延[130]乃拌瞽叟之所爲瑟, 益之八弦, 以爲二十三弦之瑟. 帝舜乃命質, 修「九招」·「六列」·「六英」以明帝德.

우(禹)임금이 즉위하자, 천하를 위해 애쓰고 노력하여[131] 밤낮으로 게을리하지 않았다. 큰 하천을 소통시키고, 막힌 곳을 터고 용문(龍門)을 뚫었으며, 홍수를 소통시켜서 황하로 들어가도록 유도했고,[132] 삼강(三江)과 오호(五湖)를 개통시켜서 동해(東海)로 흐르도록 함으로써 백성들을 이롭게 했다. 이에 고요(皐陶)에게 명령하여 「하약(夏籥)」 아홉 곡조[133]를 짓게 하여 자신의 공적을 밝히게 했다. 은(殷)나라의 탕(湯)임금이 즉위했을 때, 하(夏)나라 [임금]은 무도한 짓을 일삼고 백성들을 포학하게 대했으며, 제후들의 영토를 침략하여 빼앗고 올바른 법도를 실행하지 않으니, 천하 사람들이 근심했다. 탕임금은 이에 6개 주(州)를 이끌고 걸(桀)의 죄를 토벌하니, 공적과 명성이 크게 이루어지고, 백성

130_ 앙연(仰延)이 『공자개제고』에는 명연(命延)으로 되어 있는데, 진기유의 교정에 따라 고쳤다. 필원은 『노사(路史)』의 기록에 근거하여 명연(命延)으로 기록했는데, 진기유는 옛 판본에 따라서 앙연(仰延)을 인명으로 파악했다.

131_ 근(勤)은 고유가 걱정하다[憂]는 뜻이라고 했는데, 여기에서는 노(勞)자와 마찬가지 의미로 보는 것이 좋을 듯하다.

132_ 강(降)은 진기유가 연문이라고 했다. 요수(洚水)는 홍수를 말한다.

133_ 성(成)은 음악 연주가 끝난다는 의미로, 『서』 「익직(益稷)」편에 "「簫韶」九成."이라는 말이 보인다. 진기유에 의하면, 매번 곡조가 한 번 끝나면 반드시 곡조를 변경하여 연주하는 것으로, 구변(九變)이나 구주(九奏) 등과 같은 말이다.

들이 안정되고 편안해졌다. 탕임금이 이에 이윤(伊尹)에게 명령하여 「대호(大護)」를 짓고, 「신로(晨露)」를 노래하고, 「구초(九招)」·「육렬(六列)」·「육영(六英)」[134]을 손질하여 자신의 아름다움을 드러내게 했다.

禹立, 勤勞天下, 日夜不懈. 通大川, 決壅塞, 鑿龍門, 降通漻水以導河, 疏三江·五湖, 注之東海, 以利黔首. 于是命皐陶作爲「夏籥」九成, 以昭其功. 殷湯卽位, 夏爲無道, 暴虐萬民, 侵削諸侯, 不用軌度, 天下患之. 湯于是率六州以討桀罪, 功名大成, 黔首安寧. 湯乃命伊尹作爲「大護」,[135] 歌「晨露」, 修「九招」·「六列」, 以見其善.

주(周)나라 문왕(文王)이 기(岐) 땅에 거처할 때, 제후들이 혼란한 은나라를 떠나서 문왕을 보좌했다.[136] 산의생(散宜生)[137]이 "은나라를 정벌해도 됩니다"라고 말했는데, 문왕은 허락하지 않았다. 주공(周公) 단(旦)이 이에 시를 지어, "문왕께서 위에 계셔서, 아아 하늘에서 빛나시니, 주나라가 비록 옛 나라이지만, 그 천명이 새로워졌도다"라고 하여,[138] 문왕

134_ 『여씨춘추교석』에서 손촉승(孫蜀丞)이 위의 문장에 근거하여, 육렬(六列) 뒤에 육영(六英) 두 글자가 빠져 있다고 했는데, 이에 따라 보충하여 해석했다.

135_ 호(護)자가 『공자개제고』에는 호(頀)로 되어 있는데, 『여씨춘추』 원문에 따라 고쳤다.

136_ 삼(三)은 진기유가 지(之)자의 잘못이라고 했고, 음(淫)은 난(亂)의 의미라고 했다.

137_ 산의생(散宜生)은 문왕을 보좌했던 4명의 신하 중 한 사람이다. 『사기』「은본기(殷本紀)」에 의하면, 네 명의 신하는 산의생(散宜生)과 태전(太顚)·굉요(閎夭)·육자(鬻子)이다.

138_ 『시』「대아(大雅)·「문왕(文王)」편에 보인다. 『시경집전』에서 다음과 같이 말했다. "문왕(文王)이 이미 돌아가셨는데, 그 신령이 위에 계시면서 하늘에서 빛났다. 이 때문에 주나라는 비록 후직(后稷)이 처음 봉해진 이후로 1,000여 년이 되었지만, 그 천명을 받은 것은 지금부터 시작이다. 문왕이 위에 계시면서 하늘에서 빛나니, 그 덕이 드러나게 되었고, 주나라가 비록 옛 나라이지만 천명이 새로워졌으니, 그 천명이 제 때에 맞은 것이다. 대체로 문왕의 신령은 하늘에 계시면서 한 번은 올라가고 한 번은 내려와 어느 때나 상제(上帝)의 좌우에 계시지 아니한 적이 없었다. 이 때문에 자손들이 그 복택을 받아 천하에서 임금 노릇하면서 천하를 소

의 덕을 칭송했다.[139] 무왕(武王)이 즉위하자 육군(六軍)의 군대[140]로 은나라를 정벌했는데, 군대가 아직 [은나라의 수도에] 도착하지 않았는데도, 정예병으로 목야(牧野)에서 [주왕(紂王)을] 이겼다. 돌아와서 수도의 태묘(太廟)의 태실(太室)에서 포로의 왼쪽 귀를 바치고,[141] 주공에게 명령하여 「대무(大武)」를 짓게 했다.

周文王處岐, 諸侯去殷三淫而翼文王. 散宜生曰, "殷可伐也." 文王弗許. 周公旦乃作詩曰, "文王在上, 于昭于天, 周雖舊邦, 其命維新." 以繩文王之德. 武王卽位, 以六師伐殷, 六師未至, 以銳兵克之于牧野. 歸, 乃薦俘馘于京太室, 乃命周公爲作「大武」.

성왕(成王)이 즉위했을 때, 은나라 유민들이 반란을 일으켰는데, 성왕이 주공에게 명령하여 그들을 멸망시키게 했다.[142] 남쪽 사람들이 코끼리를 부려서 동쪽 오랑캐들에게 가혹한 짓을 하자, 주공이 마침내 군대로써 그들을 추격하여 해남(海南) 지역에까지 이르러서 내쫓았다.[143] 이에 「삼상(三象)」을 지어서 그 덕을 칭송했다. 따라서 음악이 유래한 것은 매우 오래되었으니, 유독 한 시대에만 만들어진 것이 아니다.(『여씨춘추』「고악」)

成王立, 殷民反, 王命周公踐伐之. 商人服象, 爲虐于東夷, 周公遂以師逐之, 至于江南. 乃爲「三象」, 以嘉其德. 故樂之所由來者尙矣, 非

유하게 되었다."

139_ 승(繩)은 고유가 칭송하다[譽]는 의미라고 했다.

140_ 육사(六師)는 천자가 거느리는 육군(六軍)의 군대로, 1군(軍)이 12,500명이다.

141_ 부괵(俘馘)은 포로와 적을 죽여서 벤 왼쪽 귀이다. 경태실(京太室)은 수도에 있는 태실을 말하는데, 태실은 진기유가 태묘(太廟)의 중앙에 있는 방이라고 했다.

142_ 천(踐)은 고유가 왕(往)자의 의미라고 했는데, 진기유는 전(戩)자의 가차자라고 했다. 전(戩)은 멸망시킨다[滅]는 뜻이다. 그리고 벌(伐)자는 연문이라고 했다.

143_ 상인(商人)은 진기유가 남인(南人)이 되어야 한다고 했다. 그리고 남인들이 교지(交阯)의 남쪽에 있었으므로 강남(江南)도 해남(海南)이 되어야 한다고 했다. 복(服)은 말을 잘 듣도록 복종시키는 것이다.

獨爲一世之所造也.(『呂氏春秋』「古樂」)

康11-25[144]

살펴보건대, 공자의 3백편의 음악은 『대대례기』「투호(投壺)」편에 근거하면 단지 「관저(關雎)」·「권이(卷耳)」·「갈담(葛覃)」·「작소(鵲巢)」·「추우(騶虞)」·「녹명(鹿鳴)」·「백구(白駒)」·「벌단(伐檀)」 등의 8편만 전해졌다. 한나라 때의 「상지회(上之回)」·「애여장(艾如張)」 등의 악부(樂府)는 육조(六朝)시대에 이르러서 단지 24편만 전해졌다. 육조시대의 「자야(子夜)」·「청구(淸鳩)」·「백저(白紵)」·「오서(烏栖)」 등의 악부[145]는 당나라에 이르러서 단지 60여 곡만 전해졌다. 당나라 때의 시는 모두 율시(律詩) 속에 편입되어, 술집의 어린 계집종들[146]도 모두 시인의 율시의 절구를 노래 부를 정도였다. 송(宋)나라 때 이르러, 오증(吳曾)의 『능개재만록(能改齋漫錄)』을 보면 단지 '황하원상(黃河遠上)'이라는 시 하나의 음절의 박자만이 전해졌다. 송나라 때의 사(詞) 및 「구장기(九張機)」·「곤박(滾拍)」[147] 등은 그 음절이 원나라 때에 이미 없어졌다. 지금 악부의 옛 음악 중에서 지금까지 전해진 것은 단지 명나라 가정(嘉靖) 시대(1522~1566)의 위량보(魏良輔)[148]가 있었기 때문이며, 원나라 때의 북곡(北曲)의

144_ 이하의 내용과 유사한 글이 제10권〈康10-1〉에도 보인다. 중복된 내용의 주석은 생략했으므로 앞의 내용을 참조 바람.

145_『공자개제고』 제10권의 〈康10-1〉에서 육조시대의 악부를 설명할 때 예로 든 악부는 '「청파(淸波)」·「백구(白鳩)」·「오서(烏栖)」·「자야(子夜)」'로, 그 명칭이 조금 다르다.

146_ 기정(旗亭)은 기를 높이 달아서 표시한 술집을 말하며, 추환(雛鬟)은 어린 계집종이다.

147_『공자개제고』 제10권의 〈康10-1〉에서는 「곤박(滾拍)」이 「곤판(滾板)」으로 되어 있다.

148_ 위량보(魏良輔)는 명나라 때 강소성(江蘇省) 곤산현(昆山縣)의 명창으로, 곤곡(昆曲) 또는 곤강(昆腔)이라는 곡조를 만들어 유행시킨 인물이다. 이 곡조는 본래 그 지역의 민간 희곡이었는데, 그의 개혁을 거쳐서 각지에 유전하면서 흥성했다.

음절과 같은 경우는 이미 없어졌다. 악률(樂律)의 경우에는 수(隋)나라 때의 소제파(蘇提婆)[149]의 구자(龜玆) 음악의 28개 가락이 송나라 때 이미 없어졌다. 송나라 때의 16개 가락은 지금은 이미 없어졌으며, 적공(笛孔) 중에서 구자(勾字) 가락 한 가지도 지금 또한 없어졌다. 음악 소리는 오묘하고 아름답지만,[150] 음률[宮商][151]을 나누는 것은 틀리기가 매우 쉽기 때문에 만약 전하는 사람이 없으면 고찰할 수가 없다. 이로써 미루어보면 음악 중에서 500년까지 전해질 수 있는 것은 없다. 공자는 황제와 전욱, 제곡과 2천여 년의 시간적 거리가 있고, 당(唐)·우(虞)·하(夏)·상(商)나라와도 또한 1천여 년의 시간적 거리가 있으니, 어떻게 한나라 장제(章帝) 시기까지 전해져서 6대의 음악을 여전히 연주할 수 있었겠는가? 6대의 음악이 공자에 의해 가탁된 것은 의심할 여지가 없기 때문에 묵자가 감히 비난한 것이다.

按, 孔子三百篇, 據『大戴』「投壺」篇, 僅傳「關雎」·「卷耳」·「葛覃」·「鵲巢」·「騶虞」·「鹿鳴」·「白駒」·「伐檀」八篇. 漢時「上之回」·「艾如張」等樂府, 至六朝僅傳二十四篇. 六朝「子夜」·「淸鳩」·「白紵」·「烏栖」等曲, 至唐時僅傳六十余曲. 唐時詩皆入律, 旗亭雛鬟皆歌詩人絶句. 至宋時, 見吳曾『能改齋漫錄』, 僅傳'黃河遠上'一詩之節拍. 宋詞及「九張機」·「滾拍」, 其音節, 元時已亡. 今樂府古音傳于今者, 只有明嘉靖時之魏良輔, 若元時「北曲」之音節已亡矣. 至于樂律, 則隋時蘇提婆之「龜玆」二十八調, 宋時已亡. 宋時十六調, 至今已亡, 笛孔中勾字一調, 今亦亡矣. 曲樂之音節要眇, 宮商分析尤易舛錯, 苟失傳人, 卽不可考. 由此推之, 樂無能傳至五百年者. 孔子于黃帝·頊·

149_ 소제파(蘇提婆)는 수나라 당시 동남방에 있던 귀상(貴霜, Kushan) 또는 대월씨(大月氏)라고도 하는 나라의 군주로, 1대 군주의 이름이 위소제파(韋蘇提婆)이다. 파조(波調, Vasudeva)라고도 한다.

150_ 요묘(要眇)는 요묘(要妙)와 같은 말로, 오묘하고 아름답다는 뜻이다.

151_ 궁상(宮商)은 오음(五音) 중의 궁음과 상음을 말하는데, 음악이나 음률의 의미로 사용된다.

譽相去二千餘年, 唐·虞·夏·商亦千餘歲, 安能傳至漢章帝時尙舞六代之樂? 其爲孔子所託無疑, 故墨子敢非之也.

11-44

우(禹)임금의 법이 여전히 존재하지만, 하나라가 대대로 이어지지는 못했다.(『순자』「군도」)

禹之法猶存, 而夏不世王.(『荀子』「君道」)

康11-26

살펴보건대, 『논어』와 『중용』, 그리고 『예기』「예운(禮運)」편에서 "하(夏)나라의 예에 대해서는 말할 수 있지만, [그 후예인] 기(杞)나라에서 충분히 증거를 대주지 못한다"라고 했다.[152] 이미 증거가 부족하다면 우임금의 법도와 전장제도가 오늘날 어찌 존재할 수 있겠는가? 이것은 유가에서 탁고한 것이 틀림없다.

按, 『論語』·『中庸』·『禮記』「禮運」稱"夏禮能言, 杞不足徵." 旣不足徵, 則禹之法度典章, 今日安有存乎? 此爲儒託古無疑矣.

11-45

옛날에 수많은 왕들이 천하를 통일하고 제후들을 신하로 삼았지만, 국경 안이 1,000리가 넘는 자는 없었다.(『순자』「강국」)

古者百王之一天下, 臣諸侯也, 未有過封內千里者也.(『荀子』「强國」)

152_ 『논어』「팔일(八佾)」편에 "夏禮吾能言之, 杞不足徵也."라는 기록과 『중용』에 "吾說夏禮, 杞不足徵也."라는 기록과 『예기』「예운」편에 "我欲觀夏道, 是故之杞, 而不足徵也, 吾得『夏時』焉."이라는 기록이 보인다.

康11-27

살펴보건대, 이것은『맹자』에서 인용한 "하나라 임금과 은나라가 흥성했을 때, 땅이 1,000리가 넘지 않았다"[153]는 말과 같다.

按, 此與『孟子』所引"夏后・殷之盛, 未有過千里"之說同.

11-46

옛날에 탕(湯)임금은 박(亳) 땅을 근거지로 삼아 [천자가 되었고], 무왕(武王)은 호(滈) 땅을 글거지로 삼아 [천자가 되었는데], 모두 100리의 땅을 가지고 [천자가 되었다.][154](『순자』「의병」)

古者, 湯以薄,[155] 武王以滈, 皆以百里之地也.(『荀子』「議兵」)

11-47

탕(湯)임금은 박(亳) 땅에 거처했고, 무왕(武王)은 호(鄗) 땅에 거처했는데, 모두 100리의 땅이다.(『순자』「정론」)

湯居亳, 武王居鄗, 皆百里之地也.(『荀子』「正論」)

康11-28

살펴보건대, 『맹자』에서 제(齊)나라 선왕(宣王)이 "문왕의 동산이 사방 70리"라고 했고, 맹자는 "전하는 기록에 그러한 것이 있다"라고 했으

153_ 『맹자』「공손추 상」편에는 "夏后殷周之盛, 地未有過千里者也."라고 기록되어 있다.

154_ 박(薄)은 탕임금이 은나라의 도읍으로 정한 박(亳) 땅을 말하고, 호(滈)는 무왕이 주나라의 도읍으로 정한 호(鎬) 땅을 말한다.

155_ 박(薄)이『공자개제고』에 박(亳)으로 되어 있는데,『순자』원문에 따라 고쳤다.

니,[156] 당시의 사실이다. 동산이 70리라면 100리의 대국으로 계산해보면 이미 7할을 차지하니, 어찌 다시 나라가 될 수 있겠는가? 당시의 국경 지역은 텅 비고 아득하여, 어느 곳이든 모두 옮겨갈 수 있고, 어느 곳이든 모두 개척할 수 있었기 때문에 지금처럼 이 나라와 저 나라의 엄격한 국경이 있는 것은 아니었으니, 100리가 아니었다는 것이 분명하다. 그런데도 맹자가 "문왕은 100리의 땅을 가지고 [왕자가 되었다]"라고 했고,[157] 순자가 탕임금과 무왕이 모두 100리의 땅이었다고 했으니, 100리는 공자의 제도이며, 탁고하여 그것을 밝힌 것임을 알 수 있다. 또한 가의(賈誼, B.C.200~B.C.168)[158]가 "천하를 다스려 안정시키고자 한다면 제후를 많이 세워 그 힘을 약화시키는 것이 제일 낫다. 힘이 약화되면 의리로써 부리기 쉽고, 나라가 작으면 사악한 마음이 없어진다"라고 말했으니,[159] 가의는 공자의 제도를 드러내 밝힌 자이다.

按, 『孟了』齊宣工謂"文工之囿·七·十·里", 孟了謂"丁·傳有之", 則當時事實也. 囿旣七十里, 以百里大國計之, 已占其七分, 豈復成國哉? 當時境地寥廓, 隨地皆可遷徙, 隨地皆可墾拓, 非有如今日此疆彼界之嚴

156_『맹자』「양혜왕 하」편에 "齊宣王問曰, '文王之囿方七十里, 有諸?' 孟子對曰, '於傳有之.'"라는 기록이 보인다.

157_『맹자』「공손추 상」편에 "湯以七十里, 文王以百里."라는 기록이 보인다.

158_ 가의(賈誼)는 하남성(河南省) 낙양(洛陽) 사람으로, 한나라 문제(文帝)의 총애를 받아 약관의 나이에 최연소 박사가 되었고, 1년 만에 태중대부(太中大夫)가 되었고, 당시 정치적인 문제로 장사왕(長沙王)의 태부(太傅)로 좌천되기도 했다. 문제의 막내아들 양왕(梁王)의 태부가 되었으나, 왕이 급서하자 애도한 나머지 1년 후 33세로 죽었다. 저서로는 『신서(新書)』 10권과 「과진론(過秦論)」·「복조부(鵩鳥賦)」·「조굴원부(弔屈原賦)」 등이 있다.

159_『신서』「번강(藩彊)」편에 "欲天下之治安, 天子之無憂, 莫如衆建諸侯而少其力. 力少, 則易使以義, 國小, 則無邪心."이라는 기록이 보인다. 이것은 가의가 제안한 '중건제후(衆建諸侯)' 정책이다. 당시에 큰 영토와 권력을 가지고 있던 제후왕들의 세력을 약화시키기 위해 제후왕들의 모든 자손들에게 그 영토를 분할하여 분배하도록 하고, 각각에게 자치권을 부여함으로써 자연스럽게 세력 분산을 유도한 정책이다.

也, 則非百里明矣. 乃孟子謂"文王以百里", 荀子謂湯·武皆百里之地, 可知百里爲孔子之制, 託古以明之耳. 又賈子『新書』"欲天下之治安, 莫若衆建諸侯而少其力. 所謂力少, 則易使以義, 國小, 則無邪心", 賈子發明孔子制者也.

11-48

예(禮)라는 것은 살아 있는 자를 섬길 경우에는 즐거운 마음을 꾸미고, 죽은 자를 보낼 경우에는 슬픈 마음을 꾸미며, 제사를 지낼 경우에는 경외하는 마음을 꾸미고, 군대에 대한 일에는 위엄을 꾸미는 것이다. 이것은 모든 왕들이 함께 따르는 것이며, 옛날과 지금이 한결같이 변치 않는 것인데, 그것의 유래를 아는 자가 없다.(『순자』「예론」)

凡禮, 事生, 飾歡也, 送死, 飾哀也, 祭祀, 飾敬也, 師旅, 飾威也. 是百王之所同, 古今之所一也, 未有知其由來者也.(『荀子』「禮論」)

11-49

따라서 삼년상은 인간 도리의 지극한 문식(文飾)이다. 이것을 지극하게 융성한 예법이라고 말하는데, 모든 왕들이 함께 따르는 것이며, 옛날과 지금이 한결같이 변치 않는 것이다.(『순자』「예론」)

故三年之喪, 人道之至文者也. 夫是之謂至隆, 是百王之所同, 古今之所一也.(『荀子』「禮論」)

康11-29

살펴보건대, 살아 있는 자를 섬기거나 죽은 자를 보내며, 제사를 지내거나 군대의 일을 처리하는 예는 국가의 중요한 제도이다. 이미 수많은 왕들이 함께 따르던 것이라면 성대한 제도가 옛날이나 지금이나 찬란하게 빛났을 텐데, 어찌 그것의 유래를 알지 못하는 자가 있겠는가? 무엇 때문에 하나라의 예와 은나라의 예에 대해, 기나라와 송나라에서 모두 충분히 증거를 대주지 못하는가? 또한 이미 수많은 왕들이 함께 따르던 것이라면 무엇 때문에 묵자가 말한 것은 또한 같지 않은가? 심지어 묵자의 상례 제도는 3개월이고, 공자는 3년이었기 때문에 등(滕)나라 문공(文公)은 삼년상을 실행하고자 했는데, 부형(父兄)과 백관(百官)이 모두 원하지 않아서, 선군을 끌어들여 문공을 굴복시키려고까지 했다.[160] 그렇지 않고 그것이 수많은 왕들이 함께 따르던 것이고, 옛날이나 지금이나 일치하는 제도라서 등나라 문공이 그것을 실행했는데, 백관들이 감히 선군을 불효자로 무고했단 말인가? 공자가 선왕에 가탁한 것이 의심의 여지가 없다.

按, 事生·送死·祭祀·師旅之禮, 國家重典也. 旣爲百王所同, 則皇皇巨制, 彪曜古今, 豈有不知厥由來者哉? 何以夏禮·殷禮, 杞·宋皆不足徵? 且旣爲百王所同, 何以墨子所稱述者又不同也? 至墨子喪制三月, 孔子三年, 故滕文欲行之, 父兄百官皆不欲, 援引先君以撓之. 不然, 是爲百王所同, 古今一致, 滕文行之, 百官敢誣先君以不孝者哉? 可無疑于孔子託先王者矣.

11-50

옛날에는 10분의 1의 조세법을 시행했다. 옛날에는 어째서 10분의 1의

160_ 『맹자』「등문공 상」편에 의하면, 등나라 문공이 부친인 정공(定公)의 장례를 맹자의 조언에 따라 삼년상으로 치르려고 하자, 부형(父兄)과 백관(百官)이 모두 원하지 않으면서, "우리의 종주국인 노(魯)나라 선군도 이것을 행하지 않았고, 우리 선군도 이것을 행하지 않았으니, 그대의 몸에 이르러서 그것을 뒤집는 것은 안 됩니다. 또 전해지는 기록에 '장례와 제사는 선조를 따른다'라고 했으니, 우리에게도 전수받은 예법이 있습니다"라고 했다.

조세법을 시행했는가? 10분의 1의 조세법은 천하의 치우치지 않고 올바른 방법이기 때문이다. 10분의 1보다 많은 것은 걸왕(桀王)[에 대비하여] 작은 걸왕이며, 10분의 1보다 적은 것은 큰 맥국 오랑캐[에 대비하여] 작은 맥국 오랑캐이다.[161] 10분의 1의 조세법은 천하의 치우치지 않고 올바른 방법이니, 10분의 1의 조세법이 시행되면 임금을 칭송하는 소리가 일어날 것이다.[162](『공양전』「선공」 15년)

古者什一而藉. 古者曷爲什一而藉? 什一者, 天下之中正也. 多乎什一, 大桀・小桀, 寡乎什一, 大貉・小貉. 什一者, 天下之中正也, 什一行而頌聲作矣.(『公羊傳』「宣公」十五年)

161_ 10분의 1의 조세법은 정전법(井田法)을 말한다. 『맹자』「고자 하(告子 下)」편에서도 "[세금을] 요순의 도보다 가볍게 하려는 것은 큰 맥국 오랑캐[에 대비하여] 작은 맥국 오랑캐이며, 요순의 도보다 무겁게 하려는 것은 걸왕(桀王)[에 대비하여] 작은 걸왕이다"라고 했다. 맹자가 주장하는 조세는 요순(堯舜)이 시행했던 10분의 1[什一]이기 때문에 그것보다 적었던 것은 오랑캐이고, 많았던 것은 걸왕(桀王)이다. 현재 조세를 줄이거나 늘이는 것은 그러한 오랑캐와 걸왕의 조세를 따르는 것이기 때문에 '작은 맥국 오랑캐', '작은 걸왕'이라는 표현을 사용했다. 『맹자집주』의 소주에서 신안(新安) 진씨(陳氏)가 "저 진짜 맥국 오랑캐와 진짜 걸왕은 큰 것[大]이고, 여기는 작은 것[小]이다[彼眞貉眞桀爲大者, 此爲小者也.]"라고 풀이했다.

162_ 이 내용에 대해 하휴의 주에서 다음과 같이 설명했다. "성인이 정전법(井田法)을 제정하여 가구마다 농지를 나누어주니, 한 명의 지아비와 한 명의 부인이 농지 100무(畝)를 받아서 부모와 처자를 부양하는데, 다섯 가구가 1가(家)가 된다. 공동경작 농지[公田]는 10무이니, 바로 10분의 1이라는 조세법이다. 농막의 넓이는 2무 반이고, 모든 농지의 넓이는 한 농지당 12무 반이다. 여덟 가구가 9개의 농지[를 경작하고], 1개의 농지를 공동으로 경작하기 때문에 '정전(井田)'이라고 한다. 농막이 가장 안에 있으니, 사람을 귀하게 여긴 것이다. 공동 경작 농지가 농막의 밖에 있으니, 공적인 것을 중요하게 여긴 것이다. 개인 경작 농지가 가장 밖에 있으니, 개인적인 것을 가볍게 여긴 것이다[聖人制井田之法而口分之, 一夫一婦受田百畝, 以養父母妻子, 五口爲一家. 公田十畝, 卽所謂什一而稅也. 廬舍二畝半, 凡爲田一頃十二畝半. 八家而九頃, 共爲一井, 故曰'井田'. 廬舍在內, 貴人也. 公田次之, 重公也. 私田在外, 賤私也.]"

康11-30

살펴보건대, 『맹자』에서 맥계(貉稽)[163]가 "나는 20분의 1의 조세법을 시행하고자 한다"라고 말하자, 맹자가 그것을 공격했으니,[164] 대체로 [20분의 1의 조세법은] 공자의 치우치지 않고 올바름을 추구하는 제도가 아니다. 옛날에는 이러한 10분의 1의 조세법이 없었으니, 공자가 옛날에 가탁했을 뿐이다.

按, 『孟子』, 貉稽言"吾欲二十而取一", 孟子攻之, 蓋非孔子中正之制也. 古無是制, 孔子託之耳.

11-51

삼군(三軍)[165]을 만들었다. 『공양전』에서 말했다. 옛날에는 상경(上卿), 하경(下卿), 상사(上士)와 하사(下士)뿐이었다.[166](『공양전』「양공」 11년)

作三軍. 『傳』曰, 古者上卿·下卿, 上士·下士.(『公羊傳』「襄公」十一年)

163_ 이것은 『맹자』「고자 하」편에서 백규(白圭)가 한 말인데, 캉유웨이가 맥국(貉國) 오랑캐와 관련된 일이어서 맥계(貉稽)로 잘못 기록한 듯하다. 맥계(貉稽)는 『맹자』「진심 하」편에 나오는 인물로, 성이 맥(貉)이고 이름이 계(稽)이다. 맥국 오랑캐와는 무관하다.

164_ 『맹자』「고자 하」편의 기록에 의하면, 맹자는 백규에게 "그대의 방법은 맥국(貉國) 오랑캐의 방법이다[子之道, 貉道也.]"라고 비판했다. 맥(貉)은 북쪽 지방에 거주하는 오랑캐의 나라인데, 맹자는 맥국(貉國) 오랑캐 지역은 오곡이 자라지 않고, 여러 가지 예법이 없으며, 또 제후들과의 교류도 없고, 관료들도 없기 때문에 20분의 1의 조세가 가능하지만, 중국은 상황이 그렇지 않다고 했다. 맹자가 주장하는 조세는 요순(堯舜)이 시행했던 10분의 1[什一]이기 때문에 그것보다 세금을 경감하거나 무겁게 하는 것은 오랑캐나 걸왕(桀王)과 같다고 했다.

165_ 삼군(三軍)은 『공양전』에서 삼경(三卿), 즉 상경(上卿)·중경(中卿)·하경(下卿)이라고 했다.

166_ 하휴의 주에 의하면, 상사는 상경을 보좌하고, 하사는 하경을 보좌한다.

康11-31

삼대 이전에는 이러한 제도가 없었는데, 공자가 가탁했을 뿐이다. 『관자(管子)』「법법(法法)」편에서 말한 '네 명의 선비[四士]'라는 이야기[167]와 동일하다.

三代前無是制, 孔子託之耳. 與『管子』「法法」之言'四士'說同.

11-52

공자가 말했다. "위대하도다, 요임금의 임금됨이여! 높고 크도다, 오직 하늘이 가장 위대한데, 요임금만이 그것을 본받았으니, 넓고 넓어서 백성들이 거기에 이름을 붙일 수가 없었다."(『논어』「태백」)

子曰, "大哉, 堯之爲君也! 巍巍乎, 惟天爲大, 唯堯則之, 蕩蕩乎, 民無能名焉."(『論語』「泰伯」)

康11-32

백성들이 거기에 이름을 붙일 수 없었다고 했으니, 요임금의 위대함을 알 수 있을 뿐만 아니라, 또한 요임금에 대해 전해진 사실이 없다는 것도 살펴볼 수 있다. 공자와 묵자가 [요임금에 대해] 말한 것은 모두 옛

167_ 사사(四士)는 사공(司空)·사도(司徒)·사리(司李)·전정(田正)을 말한다. 『관자』「법법」편에 다음과 같은 기록이 보인다. "신이 선왕을 헤아려보건대, 순임금이 천하를 소유했을 때, 우(禹)는 사공(司空)이었고, 설(契)은 사도(司徒)였으며, 고요(皐陶)는 사리(司李)였고, 후직(后稷)은 전정(田正)이었다. 이 네 선비는 천하에서 현명한 사람이었는데도 오히려 여전히 덕을 정밀하고 한결같이 닦아서 그 임금을 섬겼다[臣度之先王者, 舜之有天下也, 禹爲司空, 契爲司徒, 皐陶爲李, 后稷爲田. 此四士者, 天下之賢人也, 猶尙精一德, 以事其君.]" 리(李)는 사리(司李), 즉 옥송(獄訟)을 담당하는 사리(司理)이다.

날에 가탁한 것이다.

民無能名, 固見堯之大, 然亦可考見堯無事實流傳. 凡孔·墨所稱同爲託古也.

11-53

학자들의 서적이 지극히 폭넓지만, 그래도 육예(六藝)에서 신뢰할 만한 근거를 고찰할 수 있다. 『시』와 『서』는 비록 없어진 부분이 있지만, 우(虞)와 하(夏)나라의 글을 알 수 있다.(『사기』「백이열전」)

夫學者載籍極博, 猶考信于六藝. 『詩』·『書』雖缺, 然虞·夏之文可知也.(『史記』「伯夷列傳」)

康11-33

살펴보건대, 삼대 이전의 시대는 불확실하여 상고할 수 없으니, 『열자(列子)』에서 말한 "깨어 있을 때의 일인 것 같기도 하고, 꿈속의 일인 것 같기도 하며, 있는 것 같기도 하고, 없는 것 같기도 하다"라는 것이다.[168] '우(虞)와 하(夏)나라의 글'은 육경(六經)을 버려두면 신뢰할 만한 근거를 고찰할 방법이 없다. 한비자(韓非子)가 "요임금과 순임금은 다시 살아날 수 없으니, 장차 누구에게 [요·순에 대한] 유가와 묵가의 진실성을 판정하도록 할 수 있겠는가?"[169]라고 말하니, 육경 속의 선왕의 일은 모두 공자가 가탁하여 자신이 고쳐서 지은 뜻을 밝힌 것임을 알

168_ 『열자』「양주(楊朱)」편에서 "양주(楊朱)가 말했다. 태고(太古) 시대의 일은 사라져 버렸는데, 누가 그것을 기록했는가? 삼황(三皇) 때의 일은 있었던 것 같기도 하고 없었던 것 같기도 하며, 오제(五帝) 때의 일은 깨어 있을 때의 일인 것 같기도 하고 꿈속의 일인 것 같기도 하다[楊朱曰, 太古之事滅矣, 孰誌之哉? 三皇之事若存若亡, 五帝之事若覺若夢.]"라고 했다.

169_ 『한비자』「현학(顯學)」편에 보인다.

수 있다. 『시』와 『서』가 비록 없어진 구절이 있었지만, 아마도 유흠이 거짓으로 고쳐 넣었을 것이다.

按, 三代以上茫昧無稽, 『列子』所謂"若覺若夢若存若亡"也. '虞·夏之文', 舍六經, 無從考信. 韓非言"堯·舜不復生, 將誰使定儒墨之誠?", 可見六經中先王之行事, 皆孔子託之, 以明其改作之義. 『詩』·『書』雖缺句, 疑劉歆僞竄.

11-54

공자가 "은(殷)나라의 수레가 가장 좋다"라고 했고,[170] 색은 흰색을 숭상했다.(『사기』「은본기」)

孔子曰, "殷路車爲善", 而色尚白.(『史記』「殷本紀」)

康11-34

동중서의 「삼대개제질문」편에서 상세하게 말했으니, 공자가 삼통(三統)의 뜻을 세운 것이다.

董子「三代改制質文」篇詳言之, 孔子立三統之義,

170_ 『논어』「위령공(衛靈公)」편에서 안연이 나라를 다스리는 방법에 대해 물었을 때, 공자가 "하나라의 역법을 시행하고, 은나라의 수레를 타며, 주나라의 면류관을 착용하고, 음악은 [요임금의] 「소무(韶舞)」를 사용한다[行夏之時, 乘殷之輅, 服周之冕, 樂則「韶舞」.]"라고 했다. 로(路)는 로(輅)와 같은 말로, 천자가 타는 수레를 말한다. 『논어집주』에 의하면, 옛날에는 나무로 수레를 만들었는데, 은나라 때 이르러 목로(木輅)라는 명칭이 생기면서 그 제도를 새롭게 만든 것이다. 주나라 때의 수레는 금과 옥으로 장식하여, 지나치게 사치하고 쉽게 파손된 것과는 달리 은나라의 수레는 질박하면서도 튼튼하여 수레로서는 가장 적절했다고 한다.

11-55

공자가 [순임금의] 「소무(韶舞)」 음악을 평가하여, 지극히 아름답고 또 지극히 좋다고 했다. [무왕의] 「무무(武舞)」 음악을 평가하여, 지극히 아름답지만 지극히 좋지는 않다고 했다.[171](『논어』 「팔일」)

子謂「韶」, 盡美矣, 又盡善也. 謂「武」, 盡美矣, 未盡善也.(『論語』 「八佾」)

康11-35

공자는 선양(禪讓)을 가장 높이기 때문에 특별히 요임금과 순임금에게 가탁했으니, 이미 「공자가 요임금과 순임금을 특별히 높임[孔子特尊堯舜]」편[172]에서 상세하게 말했다. 「소무(韶舞)」 음악은 바로 공자가 정한 음악이다. 『춘추번로』 「삼대개제질문」편에서 "『춘추』는 하늘에 호응하여 새로운 왕의 일을 만들었다. 역법은 흑통(黑統)으로 바로잡고, 노나라를 왕자로 삼았으며, 검은색을 숭상하고, 하나라를 [왕조의 계열에서] 축출하여 시대가 먼 나라로 취급하였으며, 수나라를 친하게 여기는 대상으로 삼고, 송나라는 옛 나라로 여겼다. 음악은 [순임금의] 「소무(招武)」를 가까이 하는 것이 마땅하기 때문에 순임금을 친한 대상으로 기록했다"[173]고 했으니, 공자의 음악이 아니면 무엇이겠는가?

孔子最尊禪讓, 故特託堯・舜, 已詳「孔子特尊堯・舜」篇. 韶樂卽孔

171_ 『논어집주』에 의하면, 요임금이 훌륭한 정치를 했고, 무왕이 백성을 구제한 것은 그 공적이 같기 때문에 그 음악이 모두 지극히 아름답다. 그러나 무왕은 정벌하고 주살함으로써 천하를 얻었기 때문에 지극히 좋다고는 할 수 없다는 의미이다.

172_ 이 편은 『공자개제고』에는 보이지 않는다.

173_ 캉유웨이는 '故以虞錄親樂'으로 구두를 끊었는데, 『춘추번로의증』에서는 '故以虞錄親, 樂制宜商.'으로 구두를 끊었다. 그리고 악제(樂制)는 『춘추번로의증』의 노문초가 '제작(制爵)'이라고 교정했다. 여기에서는 '악(樂)'자를 빼고 해석했다.

子所定之樂. 『繁露』「三代改制質文」篇“『春秋』應天作新王之事. 時正黑統, 王魯, 尙黑, 絀夏, 親周, 故宋. 樂宜親「招武」,[174] 故以虞錄親樂.” 非孔子之樂而何?

11-56

유학자들은 옛날을 본받자고 말하면서 현재를 비난하고, 직접 본 것을 천시하고 전해들은 것을 귀하게 여긴다.[175](『염철론』「논비」)

儒者稱法古而言訾當世, 賤所見而貴所聞.(『鹽鐵論』「論誹」)

11-57

자로(子路)가 공자에게 물었다. “청컨대 옛날의 학문을 버려두고 저의 뜻을 실행하고자 하는데, 괜찮습니까?” 공자가 대답했다. “안 된다.”(『설원』「건본」)

子路問于孔子曰, “請釋古之學而行由之意, 可乎?” 孔子曰, “不.”(『說苑』「建本」)

11-58

지금 세상의 유학자들은 군주를 설득하면서 현재의 다스리는 방법을 좋게 여기지 않고, [과거에] 이미 다스려진 공적만을 말하며, 정부의 법

174_ 초(招)가 『공자개제고』에 소(韶)로 되어 있는데, 『춘추번로』 원문에 따라 고쳤다.

175_ 이 내용은 승상사(丞相史)가 유학자들을 비판하면서 인용한 안자(晏子)의 말이다. 『안자춘추』에 이 내용이 그대로 보이지는 않고, 「외편(外篇)」에 비슷한 내용이 보인다. 『논형』 「제세(齊世)」편에도 “世俗之性, 賤所見, 貴所聞.”이라는 말이 보인다.

제에 관련된 일을 자세히 살피지 않고, 간악한 실정을 살피지도 않으며, 모두가 옛날부터 전해진 것을 말하고, 선왕의 공적을 예찬한다.(『한비자』「현학」)

今世儒者之說人主,[176] 不善今之所以爲治, 而語已治之功, 不審官法之事, 不察奸邪之情, 而皆道上古之傳, 譽先王之成功.(『韓非子』「顯學」)

康11-36

유학자들이 옛날을 말하고, 선왕을 예찬하는 것은 탁고하여 현재를 바꾸는 것이다.

儒者道上古, 譽先王, 託古以易當世也.

11-59

옛날 문장에만 근거하여 현재의 일에 대응하는 것은 마치 서쪽의 진성(辰星)과 동쪽의 삼성(參星)이 서로 엇갈리는 것과 같으며,[177] 기러기발을 아교로 붙여놓고 비파를 타는 것과 같으니,[178] 고집스러워서 맞추기가 어렵다. 이 때문에 공자가 세상에 사용되지 못했고, 맹자가 제후에게 천대받았다.(『염철론』「상자」)

據古文[179]以應當世, 猶辰・參之錯, 膠柱而調瑟, 固而難合矣. 孔子所

176_ 인주(人主)가 『공자개제고』에 주인(主人)으로 되어 있는데, 『한비자』 원문에 따라 고쳤다.

177_ 진성(辰星)은 동쪽에 있는 별인 수성(水星)이고, 삼성(參星)은 서쪽에 있는 별로, 두 별은 서로 엇갈려서 나타나기 때문에 함께 볼 수가 없다.

178_ 교주조슬(膠柱調瑟)은 교주고슬(膠柱鼓瑟)과 같은 말로, 기러기발을 아교로 붙여놓고 비파의 음을 맞추어 탄다는 뜻이다. 완고하고 변통성이 없는 것을 비유한다.

179_ 문(文)이 『공자개제고』에 인(人)으로 되어 있는데, 『염철론』 원문에 따라 고쳤다.

以不用于世, 而孟軻見賤于諸侯也.(『鹽鐵論』「相刺」)

11-60

문학(文學)들은 찌꺼기 같은 말[180]을 사수하면서 끝내 생각을 바꾸지 않는다. 대체로 지나간 옛날의 일과 옛날에 있었던 말들은 이미 [언제든지] 볼 수 있다.[181](『염철론』「국질」)

文學守死渣滓之語, 而終不移. 夫往古之事, 昔有之語, 已可睹矣.(『鹽鐵論』「國疾」)[182]

11-61

지금 최근의 일로써 본다면 자연히 눈으로 직접 본 것이 있고, 귀로 직접 들은 것이 있으니, 세상이 다르면 일도 다르다.(『염철론』「국질」)

今以近世觀之, 自以目有所見, 耳有所聞, 世殊而事異.(『鹽鐵論』「國疾」)

康11-37

이것은 당시에 유학자의 탁고를 공격한 것이니, 그렇다면 탁고의 풍조가 이어진 것이 이미 오래된 것이다. 따라서 사람들이 모두 그것을 알았기 때문에 공격한 것이다.

此蓋當時攻儒者之託古, 然則託古之風沿襲已久. 故人皆得知而攻之也.

180_ 사재(渣滓)는 찌꺼기나 부스러기를 말하는데, 현재에는 사용될 수 없는 과거의 말들을 의미한다.

181_ 이 내용은 대부들이 문학에 대해 비판하면서 한 말이다.

182_ 질(疾)이 『공자개제고』에는 병(病)으로 되어 있는데, 『염철론』 원문에 따라 고쳤다.

11-62

공자는 성왕(成王)과 강왕(康王)의 도를 닦고, 주공(周公)의 가르침을 서술하여 70명의 제자를 가르쳤는데, 그들에게 그들만의 의복을 입고, 그들만의 서적을 연구하도록 했기 때문에 유학자의 학문이 생겨났다. (『회남자』「요략」)

孔子修成·康之道, 述周公之訓, 以教七十子, 使服其衣冠, 修其篇籍, 故儒者之學生焉.(『淮南子』「要略」)

11-63

공자가 먼저 집으로 돌아오고, 문인들이 뒤에 남아 있었다.[183] 비가 심하게 내리는데, 문인들이 도착했다. 공자가 "너희들은 무엇 때문에 늦었는가?"라고 묻자, "방(防) 땅의 묘가 무너져서 [수리하고 왔습니다]"라고 대답했다. 공자가 대꾸하지 않으니,[184] 문인들이 세 번이나 말을 하자, 공자가 눈물을 줄줄 흘리면서 말했다. "내가 들으니, 옛날에는 묘를 손질하지 않는다고 한다."(『예기』「단궁 상」)

孔子先反, 門人後. 雨甚, 至. 孔子問焉曰, "爾來何遲也?" 曰, "防墓崩." 孔子不應, 三, 孔子泫然流涕曰, "吾聞之, 古者不修墓."(『禮記』「檀弓 上」)

11-64

묘지[의 풀과 나무]를 손질하는 것은 옛날의 제도가 아니다.[185](『예기』

183_ 공자가 모친을 부친과 함께 방(防) 땅에 합장하고 봉분을 만든 다음, 집으로 돌아온 이후의 일이다. 공자는 장례를 치르고 바로 돌아왔고, 문인들은 봉분이 끝나기를 기다린 것이다.

184_ 『예기정의』 정현의 주에서 "그것이 예법이 아니라는 것을 알았기 때문이다"라고 했다.

「단궁 상」)

易墓, 非古也.(『禮記』「檀弓 上」)

康11-38

장례의 의미는 맹자가 지극히 상세하게 드러내었는데,[186] 다만 내관과 외관을 갖추고 시신을 덮어 가리는 것에 지나지 않을 뿐이다. 공자는 정신의 넋[魂]을 중시했지 육체의 넋[魄]을 중시하지 않았기 때문에 사당에서의 제사는 있어도 묘지에서의 제사는 없었으니, 『예기』에서 "육신을 보내러 가서 정신을 맞이하여 돌아온다"[187]라고 한 것이 그것이다. 그리고 문인들이 안자(顔子)를 성대하게 장례지내자, 오히려 그것을 비난했다. 성대한 장례와 묘지 손질은 옛날의 제도인데, 공자가 도리어 옛날의 제도가 아니라고 말하니, 바로 탁고한 것이다.

葬義, 孟子發之至詳, 不過備棺椁, 蔽骸體而已. 孔子重魂, 不重魄, 故有廟祭而無墓祭, 『記』所謂"送形而往, 迎精而反."是也. 門人厚葬顔子, 猶非之. 蓋厚葬修墓乃是舊制, 孔子反言非古, 正是託古.

185_ 이묘(易墓)는 『예기정의』의 정현에 의하면, 풀과 나무를 베어서 손질하는 것이다. 풀과 나무를 그대로 두어서 구릉처럼 만들어두지, 황량하게 만들지 않는다는 말이다. 공영달의 소에서는 "옛날 은나라 이전에는 묘를 만들되 봉분을 쌓지 않았으니, 이것이 바로 묘를 손질하지 않는다는 의미이다"라고 했다.

186_ 『맹자』「등문공 상(滕文公 上)」편에 다음과 같은 내용이 보인다. "옛날에 자기 어버이를 장례지내지 않은 자가 있었는데, 자기 어버이가 죽자 시신을 구덩이에 버렸다. 나중에 그곳을 지날 때, 여우와 살쾡이가 시신을 파먹고, 파리와 등에가 시신을 빨아 먹었는데, 그의 이마에 땀이 흥건히 맺혀서 흘겨보면서 바로 쳐다보지 못했다. 땀이 흥건히 맺힌 것은 다른 사람이 보기 때문에 땀이 맺힌 것이 아니라, 마음이 얼굴을 통해서 드러난 것이다. 그는 집에 되돌아와서 삼태기와 흙 수레에 흙을 담아서 시신을 덮어 가렸으니, 시신을 덮어 가린 것이 진실로 옳다면 효자와 어진 사람들이 자기 어버이를 덮어 가리는 것이 또한 반드시 도리가 있을 것이다." 『맹자집주』에서는 시신을 매장하는 예법이 이 때문에 생겨난 것이라고 했다.

187_ 『예기』「문상(問喪)」편에 보인다.

11-65

공자가 말했다. "오제(五帝)가 출현하여 녹도(錄圖)[188]를 받았다."[189](『상서위 · 선기검』)

孔子曰, "五帝出受錄[190]圖."(『尙書緯 · 璇璣[191]鈐』)

11-66

제곡(帝嚳) 이전[의 제도]는 질박하고 간략하여 전해지기 어려웠고, 요임금과 순임금 이후[의 제도]는 빛나고 아름다워서 본받을 만하다.[192](『상서위 · 선기검』)

帝嚳以上, 朴略難傳, 唐虞以來, 煥炳可法.(『尙書緯 · 璇璣鈐』)

11-67

삼황(三皇) 이후로는 천명이 없어지지 않고, 착한 이의 제사를 흠향했는데, 하나의 성씨(姓氏)로 하여금 두 번 천명을 받도록 하지 않았다.[193]

188_ 녹도(錄圖)는 앞날의 길흉화복 등을 예언하여 기록한 책으로, 도록(圖籙) 또는 도참(圖讖)이라고도 한다.

189_ 이 내용은 『문선(文選)』 권47 「한고제공신송(漢高祖功臣頌) · 육사형(陸士衡)」의 이선(李善)의 주에 인용되어 있다.

190_ 록(錄)이 『공자개제고』에 록(籙)으로 되어 있는데, 『옥함산방집일서』(3)와 『문선』 원문에 따라 고쳤다.

191_ 기(璣)가 『공자개제고』에 기(機)로 되어 있는데, 『옥함산방집일서』(3)와 『문선』 원문에 따라 고쳤다.

192_ 이 내용은 『문선(文選)』 권11 「궁전(宮殿) · 노영광전부(魯靈光殿賦) · 왕문고(王文考)」의 이선의 주에 인용되어 있다. 그런데 『옥함산방집일서』(3)와 『문선』에는 "帝嚳以上, 朴略有象難傳, 帝堯, 煥炳隆興可觀."으로 기록되어 있어서 『공자개제고』와는 조금 다르다. 캉유웨이가 인용한 내용은 『상서정의』 「상서서(尙書序)」의 공영달의 소에서 서위(書緯)를 인용하면서 한 말과 동일하다.

(『상서위 · 제명험』)

自三皇以下, 天命未去, 饗善, 使一姓不再命.(『尙書緯 · 帝命驗』)

11-68

하도(河圖)에 다음과 같이 기록되어 있다. "창제(倉帝)가 820년을 다스리면서 무오부(戊午蔀)[194]를 세웠다."[195](『상서위 · 운기수』)

河圖曰, "倉帝之治八百二十歲, 立戊午蔀."(『尙書緯 · 運期授』)

11-69

황제(黃帝)는 황색 무늬의 관을 쓰고, 백제(白帝)는 백색 무늬의 관을 썼으면, 흑제(黑帝)는 흑색 무늬의 관을 썼다.[196](『춘추위 · 합성도』)

黃帝冠黃文, 白帝冠白文, 黑帝冠黑文.(『春秋緯 · 合誠圖』)

11-70

황제(黃帝)의 덕은 제위[의 임금] 중에서 으뜸이다.[197](『춘추위 · 합성도』)

黃帝德冠帝位.(『春秋緯 · 合誠圖』)

193_ 이 내용은 『모시정의(毛詩正義)』「대아(大雅) · 문왕(文王)」편의 공영달의 소에 인용되어 있다.

194_ 부(蔀)는 고대의 역법인 부법(蔀法)을 말한다. 19년을 1장(章), 4장을 1부(蔀), 20부를 1기(紀), 60부를 1원(元)이라고 했다.

195_ 이 내용도 앞의 내용과 마찬가지로 『모시정의(毛詩正義)』「대아(大雅) · 문왕(文王)」편의 공영달의 소에 인용되어 있다.

196_ 이 내용은 『초학기(初學記)』 권26 「복식부(服食部)」에 인용되어 있다.

197_ 이 내용은 『문선』 권48 「전인(典引) · 반맹견(班孟堅)」의 이선의 주에 인용되어 있다.

11-71

황제(黃帝)가 태일(太一)[198]에게 장생(長生)의 도에 대해 물었는데, 태일이 "재계를 6일 동안 간절하게 하면[199] 도를 이룰 수 있다"라고 했다.[200](『춘추위 · 합성도』)

黃帝請[201]問太一長生之道, 太一曰, "齊戒六丁, 道乃可成."(『春秋緯 · 合誠圖』)

11-72

황제가 공적을 펼칠 때,[202] 반드시 공적을 상고하여 법도를 힘써 실행했다.[203](『춘추위 · 합성도』)

黃帝布迹, 必稽功務法.[204](『春秋緯 · 合誠圖』)

198_ 태일(太一)은 태을(太乙)이라고도 하며, 우주 만물의 본원이면서 하늘의 신 중에서 가장 존귀한 신을 말한다. 『사기』「봉선서」에 "天神貴者太一."이라는 말이 보인다.

199_ 정(丁)은 명나라 도종의(陶宗儀)의 『설부(說郛)』 권26 「동원우문(東園友聞) · 재계육정(齊戒六丁)」에서 이 문장을 인용하면서, "주(注)에서 '정(丁)은 정녕(丁寧)의 뜻을 취한 것이며, 계(戒)는 계신(戒愼)의 뜻을 취한 것이다'라고 했다[注云, 丁取丁寧, 戒取戒愼也.]"라고 했다.

200_ 이 내용은 『문선』 권28 「악부하(樂府下) · 승천행(升天行)」의 이선의 주에 인용되어 있다.

201_ 청(請)이 『공자개제고』에는 덕(德)으로 되어 있는데, 『문선』 원문에 따라 고쳤다.

202_ 『문선』의 이선의 주에서 "송균(宋均)이 '적(迹)은 행(行)이니, 적(迹)은 공적(功績)을 말한다'라고 했다[迹, 行, 迹謂功績也.]"라고 했다.

203_ 이 내용은 『문선』 권39 「봉답칙시칠석시계(奉荅敕示七夕詩啓) · 임언승(任彦昇)」의 이선의 주에 인용되어 있다.

204_ 법(法)이 『옥함산방집일서』(3)에는 덕(德)으로 되어 있다.

11-73

황제가 원호산(元扈山)[205]의 낙수(洛水) 가에서 노닐었는데, 대사마(大司馬) 용광(容光)과 좌우보(左右輔) 주창(周昌) 등 120인이 참여하여 관람했다. 봉황이 도서(圖書)를 물고 와서 황제의 앞에 두었는데, 황제가 두 번 절하고 도참을 받았다.[206](『춘추위 · 합성도』)

黃帝遊[207]元扈洛水上, 與大司馬容光 · 左右輔周昌[208]等百二十人臨觀. 鳳凰銜圖置帝前, 再[209]拜受圖.(『春秋緯 · 合誠圖』)

11-74

복희씨(伏羲氏)는 용(龍)의 몸, 소의 머리, 넓은 어깨, 큰 겨드랑이, 산같이 솟은 광대뼈,[210] 해처럼 솟은 이마, 크게 부릅뜬 눈,[211] 구슬을 꿰어 놓은 듯 불룩한 양미간(兩眉間)[212]의 모습이며, 키는 9척 1촌이었다. 관망하는 것이 넓었고, 관찰하는 것이 집중력이 있었다.(『춘추위 · 합성도』)

伏羲龍身, 牛首, 渠肩, 達腋, 山準, 日角, 奯目, 珠衡, 長九尺有一寸. 望之廣, 視之專.(『春秋緯 · 合誠圖』)

205_ 원호(元扈)는 『옥함산방집일서』(3)에서 인용한 송균(宋均)의 주에서, 신선이 사는 산[石室]으로, 원호산(元扈山)은 상락현(上洛縣) 북쪽 100리에 있다고 했다.

206_ 이 내용은 『초학기(初學記)』 권30 「조부(鳥部)」의 주에 인용되어 있다.

207_ 유(遊)는 『초학기』에는 좌(坐)로 되어 있는데, 『역사(繹史)』 등의 책에서 유(遊)로 기록된 경우도 있어서 그대로 두었다.

208_ '좌우보주창(左右輔周昌)' 5글자는 『초학기』에는 없는데, 『태평어람』에는 기록되어 있다

209_ 『초학기』에는 재(再)자 앞에 제(帝)자가 더 있다.

210_ 절(準)은 코뼈 또는 광대뼈를 말한다. 『한서』 「고제기(高帝紀)」에 "高帝爲人, 隆準而龍顔."이라는 말이 보인다.

211_ 일각(日角)은 이마 중앙의 뼈가 해처럼 솟아 있는 것이며, 활목(奯目)은 크게 부릅뜬 눈을 말한다.

212 _주형(珠衡)은 구슬을 꿰어 놓은 것처럼 불룩한 양미간(兩眉間)을 말한다.

11-75

요임금의 시대에는 기운이 충만하고 왕성하여 위로 하늘과 감응했기 때문에 경성(景星)[213]이 출현했다.[214](『춘추위 · 감정부』)

堯時氣充盛, 上感皇天, 景[215]星出.(『春秋緯 · 感精符』)

11-76

황제가 호각(扈閣)[216]에 앉아 있을 때, 봉황이 책을 입에 물고 황제의 앞에 왔는데, 그 책 속에서 다섯 가지 시작[五始][217]에 대한 문장을 입수했다.[218](『춘추위』 권35)

黃帝坐于扈閣, 鳳凰銜書至[219]帝前, 其中得五始之文.(『春秋緯』 卷三十五)[220]

213_ 경성(景星)은 태평한 나라에 출현한다는 상서로운 큰 별로, 서성(瑞星)이라고도 한다. 『사기』「천관서(天官書)」에서는 "景星, 德星也."라고 했다.

214_ 이 내용은 『당개원점경(唐開元占經)』 권77 「객성점 일(客星占 一) · 서성(瑞星)」에 인용되어 있다.

215_ 『당개원점경(唐開元占經)』에는 경(景)자 앞에 고(故)자가 더 있다.

216_ 호각(扈閣)은 황제의 궁실(宮室)의 명칭이다. 앞에 나온 원호산(元扈山)에 있는 궁실로 추측된다.

217_ 오시(五始)는 오단(五端)이라고도 하며, 『춘추』에서 각 군주의 기사를 기록할 때 가장 먼저 "원년(元年), 춘(春), 왕(王), 정월(正月), 공즉위(公卽位)"의 다섯 가지 시작을 기록하는 것을 말한다. '원년'은 기(氣)의 시초, '춘'은 계절의 시초, '왕'은 수명(受命)의 시초, '정월'은 정교(政教)의 시초, '공즉위'는 일국(一國)의 시초를 의미한다. 『공양전』에서는 어떤 군주의 원년에 대한 기록에서 이 다섯 가지 시작이 온전하게 기록되어 있지 않은 경우에는 춘추필법으로 파악하고, 그 이유를 상세하게 기록했다.

218_ 이 내용은 『춘추좌전주소』「은공」 원년 공영달의 소에 인용되어 있다.

219_ 지(至)는 『춘추좌전주소』에는 치(致)로 되어 있는데, 『옥함산방집일서』(3) 등 지(至)로 기록되어 있는 책도 있어서 그대로 두었다.

220_ 『옥함산방집일서』(3)에는 이 내용이 『춘추위 · 보건도(春秋緯 · 保乾圖)』에 수록되어 있다.

康11-39

황제와 복희는 모두 불확실하여 고찰할 수 없으니, 다음의 내용에서 살펴볼 수 있다. "재아(宰我)가 공자에게 물었다. '옛날에 제가 영이(榮伊)[221]에게 들으니, 황제는 3백년을 살았다고 말했습니다. 묻겠습니다. 황제라는 것은 사람입니까? 아니면 사람이 아닙니까? 어떻게 3백년까지 이를 수 있습니까?' 공자가 대답했다. '재여(宰予)야! 우임금, 탕임금, 문왕, 무왕, 성왕, 주공에 대해서도 전부 다 볼 수 있겠느냐? 그런데 황제는 아주 먼 시대의 사람인데, 너는 어찌 그 질문으로 내가 말하기 어렵게 만드느냐?'〈원주: 『대대례기』「오제덕(五帝德)」편에 보인다.〉 그렇다면 삼황오제의 일은 『열자(列子)』에서 말한 "있는 것 같기도 하고, 없는 것 같기도 하며, 깨어 있을 때의 일인 것 같기도 하고, 꿈속의 일인 것 같기도 한 것"이니,[222] 어찌 상고시대의 남겨진 책이 있어서, 황색과 백색의 황제의 관이나, 황제가 봉황이 물어다 준 도서(圖書)를 봤다거나, 복희씨가 용의 몸에 소의 머리라는 이와 같은 특이하고 괴이한 실제 자취가 있겠는가? 그것이 가탁하여 말한 것임을 어찌 의심하겠는가?

黃帝・伏羲皆茫渺無可考, 觀于"宰我問于孔子曰, '昔者, 予聞諸榮伊, 言[223]黃帝三百年. 請問黃帝者人耶? 抑非人耶? 何以至于三百年乎?' 孔子曰, '予! 禹・湯・文・武・成王・周公, 可勝觀耶? 夫黃帝尙矣, 女何以爲先生難言之?'"〈見『大戴禮』「五帝德」.〉 然則三皇五帝之

221_ 영이(榮伊)는 어떤 인물인지 알 수 없다. 『대대례기』의 주에 의하면, 『태평어람』에서는 영군(榮君)으로 기록되어 있다.

222_ 『열자』「양주(楊朱)」편에서 "양주(楊朱)가 말했다. 태고(太古) 시대의 일은 사라져 버렸는데, 누가 그것을 기록했는가? 삼황(三皇) 때의 일은 있었던 것 같기도 하고 없었던 것 같기도 하며, 오제(五帝) 때의 일은 깨어 있을 때의 일인 것 같기도 하고 꿈속의 일인 것 같기도 하다[楊朱曰, 太古之事滅矣, 孰誌之哉? 三皇之事若存若亡, 五帝之事若覺若夢.]"라고 했다.

223_ 언(言)이 령(令)으로 되어 있는 판본도 있는데, 『대대례기』의 주석에서 『사기색은』의 교정에 근거하여 언(言)이 옳다고 했다.

事,『列子』所謂"若存若亡若覺若夢", 安有上世之遺書, 黄白之帝冠, 黄帝觀鳳凰銜圖, 伏羲之龍身牛首, 瑰璚詭瑣, 如此之實迹耶? 其爲稱託何疑?

11-77[224]

공자가 대답했다. "[선비는] 오늘날의 세상에 살면서 옛날의 도에 뜻을 두고, 오늘날의 풍속에 거처해 살면서 옛날의 복장을 입습니다. 이렇게 살면서 잘못된 짓을 하는 자는 또한 드물지 않겠습니까?" 애공(哀公)이 말했다. "그렇다면 지금 저 장보관(章甫冠)을 쓰고, 네모난 신을 신으며, 큰 띠를 허리에 차고, 홀을 허리띠에 꽂은 자, 이들은 모두 어진 사람입니까?"(『대대례기』「애공문오의」)

孔子對曰, "生乎今之世, 志古之道, 居今之俗, 服古之服. 舍此而爲非者, 不亦鮮乎?" 哀公曰, "然則今夫章甫・句屨・紳帶而搢笏者, 此皆賢乎?"(『大戴禮記』「哀公問五義」)

康11-40

장보관(章甫冠)을 쓰고, 네모난 신을 신으며, 큰 띠를 허리에 차고, 홀을 허리띠에 꽂는 것은 공자가 고쳐서 정한 유학자의 복장이다. 『효경(孝經)』에서 "선왕이 법으로 정한 복장이 아니면 감히 입지 않는다"[225]라고 하거나, 『맹자』에서 "요임금의 복장을 입는다"[226]라고 하거나, 여기에

224_ 이하에서 인용한 『대대례기』「애공문오의」편의 내용은 이 책의 제7권 제5절 〈7-5-2〉에서 이미 인용했다. 자세한 주석은 앞의 내용을 참조 바람.

225_『효경』「경대부장(卿大夫章)」에 보인다.

226_『맹자』「고자 하(告子 下)」편에 "子服堯之服, 誦堯之言, 行堯之行, 是堯而已矣." 라는 기록이 보인다.

서 "옛날의 복장을 입는다"라고 한 것은 모두 가탁한 것이다.

章甫·句屨·紳帶·搢笏, 蓋孔子所改定之儒服也. 『孝經』所謂"非先王之法服, 不敢服", 孟子所謂"服堯之服", 此所謂"服古之服", 皆託也.

11-78

문학(文學)들의 품이 큰 옷과 넓은 허리띠[227]는 주공(周公)의 복장을 훔친 것이다.(『염철론』「이의」)

文學褒衣博帶, 竊周公之服.(『鹽鐵論』「利議」)

康11-41

유학자의 복장은 공자로부터 만들어졌는데, 애공이 보고 놀라서 질문한 것이다. 그런데 "주공의 복장을 훔친 것"이라고 하니, 확실히 공자가 주공에게 가탁한 것임을 알 수 있다.

儒服創自孔子, 哀公見而驚問. 而云"竊周公之服", 知必孔子之託周公也.

11-79[228]

옛날에는 10분의 1의 조세법을 시행했으니, 풍년에는 흉년[229]에 대비해 보충하고, 외부에서 구하지 않아도 상하가 모두 풍족했다.(『곡량전』

227_ 포의박대(褒衣博帶)는 품이 큰 옷에 폭이 넓은 띠로, 유생의 옷차림이다. 풍의박대(豊衣博帶)라고도 한다.

228_ 이 부분은 『춘추』「장공」 28년의 "장손진이 제나라에 가서 곡식을 사들일 것을 요청했다[藏孫辰告糴于齊.]"에 대한 『곡량전』의 내용이다.

229_ 패(敗)는 『곡량전주소』의 범영의 주에서 흉년(凶年)이라고 했다.

「장공」 28년)

古者稅什一, 豐年補敗, 不外求而[230]上下皆足也.(『穀梁傳』「莊公」 二十八年)

11-80[231]

옛날에는 10분의 1의 조세법을 시행했으며, [공전(公田)을] 도와서 경작하게만 하고 [사전(私田)에] 세금을 부과하지 않았다.[232] 처음으로 이랑[畝]에 세금을 부과한 것은 올바른 제도가 아니다. 옛날에는 사방 300보를 1리(里)로 삼아서, 정전(井田)이라고 명명했다. 정전이라는 것은 900이랑이며, 공전(公田)이 그중의 하나를 차지한다. 사전(私田)의 농사가 잘 되지 않으면 관리에게 책임을 지우고,[233] 공전(公田)의 농사가 잘 되지 않으면 농민들에게 책임을 지운다.[234] 처음으로 이랑에 세금을 부과한 것은 선공(宣公)이 공전에 세금을 부과했을 뿐만 아니라, [사전에도] 10분 1의 세금 부과를 실행한 것이니,[235] 선공이 백성들에게 자신

230_ 이(而)가 『공자개제고』에는 자(者)로 되어 있는데, 『곡량전』 원문에 따라 고쳤다.

231_ 이 부분은 『춘추』 「선공」 15년의 "처음으로 이랑[畝]에 세금을 부과했다[初稅畝.]"에 대한 『곡량전』의 내용이다.

232_ 『곡량전주소』의 양사훈(楊士勛)의 소에서 서막(徐邈)을 인용하여, "자(藉)는 빌린다[借]는 뜻이니, 백성들의 힘을 빌려서 공전(公田)을 경작하고, 백성들의 사전(私田)에는 세금을 부과하지 않는다"라고 했다. 『예기』 「왕제(王制)」편의 "古者, 公田籍而不稅."와 『맹자』 「공손추 하」의 "耕者, 助而不稅."도 같은 의미이다.

233_ 범영의 주에서 "비(非)는 책임을 지우는 것[責], 리(吏)는 전준(田畯), 즉 농업을 장려하는 일을 맡은 관리이다. 관리가 농민들에게 독촉하여 사전을 경영할 수 없도록 한 것을 말한다"라고 했다.

234_ 범영의 주에서 "농민들이 사전에서만 열심히 일한 것이다"라고 했다.

235_ 이무(履畝)는 이랑에 세금의 부과를 실행하는 것이다. 양사훈의 소에서 서막을 인용하여, "공전에 세금을 부과했을 뿐만 아니라, 또한 사전에서 10분 1의 세금을 부과했다"라고 했다.

들의 힘을 다하도록 한 것이다. 옛날에는 공전에서 [8가구가] 함께 살았는데, 우물과 부뚜막을 만들거나 파와 부추를 심는 것 등을 모두 공전에서 했다.(『곡량전』「선공」 15년)

古者十一, 籍而不稅. 初稅畝, 非正也. 古者三百步爲里, 名曰井田. 井田者, 九百畝, 公田居一. 私田稼不善, 則非吏, 公田稼不善, 則非民. 初稅畝者, 非公之去公田, 而履畝十取一也, 以公之與民爲已悉矣. 古者, 公田爲居, 井竈葱韭盡取焉.(『穀梁傳』「宣公」 十五年)

11-81[236]

옛날에는 국가를 세워서 모든 관직이 갖추어지면 농민과 공인(工人)들이 모두 직업을 가지고 윗사람을 섬겼다. 옛날에는 네 종류의 백성이 있었는데, 사민(士民)이 있었고, 상민(商民)이 있었으며, 농민(農民)이 있었고, 공민(工民)이 있었다.[237] 갑옷[甲]은 사람마다 모두 만들 수 있는 것이 아니기 때문에 구(丘)마다 갑사(甲士)를 내도록 한 것[238]은 올바른 제도가 아니다.(『곡량전』「성공」 원년)

古者, 立國家, 百官具, 農工皆有職以事上. 古者, 有四民, 有士民, 有商民, 有農民, 有工民. 夫甲, 非人人之所能爲也, 丘作甲, 非正也.(『穀梁傳』「成公」 元年)

236_ 이 부분은 『춘추』「성공」 원년의 "구갑(丘甲)의 제도를 만들었다[作丘甲.]"에 대한 『곡량전』의 내용이다.

237_ 범영의 주에서, 사민(士民)은 도예(道藝)를 배우는 사람, 상민(商民)은 사방의 재화를 유통하는 사람, 농민(農民)은 식물을 키우고 농사를 짓는 사람, 공민(工民)은 기물을 만드는 사람이라고 했다.

238_ 구(丘)는 춘추시대의 지적(地積)의 단위인데, 9부(夫)를 정(井), 4정을 읍(邑), 4읍을 구(丘)라고 했다. 구갑(丘甲)은 노나라의 병부(兵賦) 제도로, 1구마다 1명의 갑사(甲士)를 내도록 한 제도이다.

11-82

선왕이 법으로 정한 복장이 아니면 감히 입지 않으며, 선왕의 예법에 맞는 말[239]이 아니면 감히 말하지 않으며, 선왕의 덕행이 아니면 감히 실행하지 않는다.(『효경』「경대부장」)

非先王之法服, 不敢服, 非先王之法言, 不敢道, 非先王之德行, 不敢行.(『孝經』「卿大夫章」)

康11-42

법으로 정한 복장은 유학자의 복장이다. 유학자의 복장은 공자의 복장으로, 노나라 애공이 공자에게 "선생님의 복장이 유학자의 복장입니까?"[240]라고 물었으니, 여기에서 말한 선왕(先王)은 공자가 기탁한 것이다.

法服者, 儒服也. 儒服爲孔子之服, 魯哀公之問孔子曰, "夫子之服, 其儒服與?" 此云先王, 蓋孔子託也.

11-83

공자가 말했다.[241] "나를 부르는 자가 어찌 공연히 부르겠는가? 만약 나를 등용하는 자가 있다면 나는 동쪽의 주나라를 만들 것이다!"(『논어』「양화」)

239_ 법언(法言)은 예법에 맞는 말을 말한다.

240_ 『예기』「유행(儒行)」편에 보인다.

241_ 당시 노나라 계씨(季氏)의 가신인 공산불요(公山弗擾)가 양호(陽虎)와 함께 환자(桓子)를 잡아서 가두고, 비읍(費邑)을 점거하여 반란을 일으켰다. 이때 공자가 부름에 응해서 가려고 했는데, 자로가 반대하자 대답한 말이다.

子曰, "夫召我者, 而豈徒哉? 如有用我者, 吾其爲東周乎!"(『論語』「陽貨」)

康11-43

평왕(平王)이 동쪽으로 천도한 이후에 주나라는 멸망했다. 따라서 공자는 『춘추』를 지어서 주(周)나라를 [왕조의 계열에서] 축출하여 시대가 먼 나라로 취급하고, 노(魯)나라를 왕자로 삼았으니, 바로 『춘추』를 주나라를 계승한 한 왕조로 삼은 것이다. [왕조의] 시작을 은공(隱公)에게 가탁하여 태평한 세상에 바로 해당시켰는데, 어찌 여전히 동쪽의 주나라를 만들려고 했겠는가? 여기에서 동쪽의 주나라를 만들겠다고 말한 것은 가탁한 것이다.

平王東遷而周亡. 故孔子作『春秋』, 絀周, 王魯, 直以『春秋』爲繼周之一代. 託始于隱公, 適當平世, 何尙東周之可爲乎? 此言爲東周, 蓋託也.

제12권 | 공자가 제도를 개혁하면서 요·순·문왕을 본보기로 삼다 孔子改制法堯·舜·文王考

An Annotated Translation of "Confucius as a Reformer"

제12권 머리글

요임과 순임금은 백성의 주인이고, 태평의 시대이며, 인도(人道)의 극치로, 유학자들이 모두 최고로 여기는 자들이다. 그런데 내가 『서』를 읽었는데, 「우서(虞書)」 이외에는 요임금과 순임금에 대해 말한 것이 없었다. 「소고(召誥)」편에서 "나는 하(夏)나라를 살펴보지 않을 수 없으며, 또한 은(殷)나라를 살펴보지 않을 수 없다"라고 했고, 또 "나는 감히 알지 못하니, '하나라가 천명을 간직하여 긴 세월 동안 왕조를 유지했는가?' 나는 감히 알지 못하니, '은나라가 천명을 받아서 긴 세월 동안 왕조를 유지했는가?'"라고 했다.[1] 또 "[우리 주나라가 천명을 받은 것이] 하나라가 긴 세월 동안 왕조를 유지한 것과 같으며, 은나라가 긴 세월 동안 왕조를 유지한 것을 폐기하지 말라"라고 했다. 그리고 「다방(多方)」편에서 "하늘이 하나라를 버리려고 마음을 둔 것이 아니며, 하늘이 은나라를 버리려고 마음을 둔 것이 아니다"[2]라고 했고, 「입정(立政)」편에서 "옛날 사람들 중에 [현명한 인재를 임용하는 도를] 잘 실행한 것[3]은 하나라이며,[4] 또한 성탕(成湯)이 천자로 등극하여 상제의 밝은 명을 크게 다스렸다"라고 했다. 여기에서는 모두 하나라와 은나라를 함께 거론하면서 [요임금과 순임금의] 당(唐)나라와 우(虞)나라에 대해 언급한

1_ 이 문장의 뜻은 『서경집전』에 의하면, 하나라와 은나라가 천하를 소유한 시간의 길고 짧음은 알 수 없으며, 다음 문장에서 "오직 덕을 공경하지 않아서 일찍 천명을 실추했다"라고 했듯이, 덕이 없으면 곧바로 천명을 잃어버린다는 의미이다.

2_ 『서경집전』에 의하면, 용(庸)은 용(用)과 같으며, 마음을 둔다[有心]는 말이다. 석(釋)은 버린다는 뜻이다.

3_ 적(迪)은 『서경집전』에서 "이 도를 잘 실행했다"라고 풀이했다. 「입정(立政)」편은 성왕(成王)에게 현명한 인재를 임용하는 도를 경계하여 올린 글이다.

4_ 이 문장은 캉유웨이가 임의대로 끊어서 인용한 것인데, 원래의 문장은 다음과 같다. "옛날 사람들 중에 [현명한 인재를 임용하는 도를] 잘 실행한 것은 하나라이니, 하나라의 왕실이 크게 강할 때 뛰어난 인재를 불러서 상제를 높였다[古之人迪惟有夏, 乃有室大競, 籲俊尊上帝.]"

것은 없다. 대체로 옛날에 큰 왕조는 오직 하나라와 은나라가 있었을 뿐이다. 따라서 입을 열 때마다 문득 [두 나라를] 인용하여 본보기로 삼았다.

堯・舜爲民主, 爲太平世, 爲人道之至, 儒者擧以爲極者也. 然吾讀『書』, 自「虞書」外未嘗有言堯・舜者. 「召誥」曰, "我不可不監于有夏, 亦不可不監于有殷." 又曰, "我不敢知, 曰'有夏服天命, 惟有歷年?' 我不敢知, 曰'有殷受天命, 惟有歷年?'" 又曰, "丕若有夏歷年, 式勿替有殷歷年." 「多方」曰, "非天庸釋有夏, 非天庸釋有殷." 「立政」曰, "古之人迪惟有夏, 亦越成湯, 陟[5]丕釐上帝之耿命." 皆夏・殷幷擧, 無及唐・虞者. 蓋古者大朝, 惟有夏・殷而已. 故開口輒引以爲鑒.

요임금과 순임금은 홍수가 아직 다스려지기 이전 중국이 아직 개척되지 않았을 때 있었기 때문에 「주서(周書)」에서 거론하지 않았다. 오직 「주관(周官)」편에 "당(唐)나라와 우(虞)나라가 옛날 제도를 상고하여 관직을 세운 것이 백 가지이다"라는 말이 있을 뿐이다. 그러나 이 편은 위서(僞書)이기 때문에 거론할 가치가 없다. 「여형(呂刑)」편에 '삼후(三后)'[6]라는 말이 있고, "황제(皇帝)가 백성들에게 허심탄회하게 물었다"라는 말이 있는데, 옛날의 군주 중에 황제(皇帝)라고 부른 자는 없었으며, 이것은 대체로 상제(上帝)를 의미하니, 또한 요임금과 순임금이라고 부른 경우는 없었다. 예를 들어 「우서(虞書)・요전(堯典)」편이 유행한 것은 공자가 손수 지었기 때문이니, 『논형(論衡)』의 기록을 살펴보면, '공경하고 밝으며 문채가 나고 사려가 깊다[欽明文思]'[7] 이하의 글은 공자가 지은 것이다.[8] 「고요(皐陶)」편에 '오랑캐들이 하(夏)를 어지럽힌다[蠻夷猾夏]'라

5_ 척(陟)이 『공자개제고』에 척(戚)으로 되어 있는데, 『서』 원문에 따라 고쳤다.

6_ 삼후(三后)는 「여형」편의 기록에 의하면, 백이(伯夷)와 우(禹)와 직(稷)을 말한다.

7_ 『서』 「요전(堯典)」편의 첫 머리에 나오는 내용이다.

8_ 『논형』 「수송(須頌)」편에 "『서』를 해석한 사람에 대해 묻기를, '공경하고 밝으며

는 말이 있는데, 요임금과 순임금의 시대에 어찌 하나라가 있을 수 있었겠는가?[9] 이 문장은 공자가 지은 것이 매우 분명하다. 한비자(韓非子)가 말했다. "공자와 묵자는 모두 요와 순에 대해서 말하지만, [주장의] 취사선택이 서로 상반된다. 요와 순은 다시 살아날 수 없으니, 장차 누구에게 [요와 순에 대한] 유가와 묵가의 진실성을 판정하도록 할 수 있겠는가?"[10]

堯·舜在洪水未治之前, 中國未闢, 故「周書」不稱之. 惟「周官」有"唐·虞稽古, 建官惟百"之言. 然是僞書, 不足稱也. 「呂刑」有'三後'矣, "皇帝淸問下民", 古人主無稱皇帝者, 蓋上帝也, 則亦無稱堯·舜者. 若「虞書·堯典」之盛, 爲孔子手作, 觀『論衡』所述, '欽明文思'以下, 爲孔子作. 「皐陶」有'蠻夷猾夏'之辭, 堯·舜時安得有夏? 其爲孔子所作至明矣. 韓非謂"孔·墨同稱堯·舜, 而取捨相友. 堯·舜不可復生, 誰使定孔·墨之眞?"

이것을 통해 유추해보면, 요임금과 순임금이 스스로 자리를 양보하고 성대한 덕을 가지고 있었지만, 태평의 성대함은 대체로 공자가 선왕[七佛][11]에게 가탁한 것이니, 바로 『효경위(孝經緯)』에서 말한 "선왕에게 가

문채가 나고 사려가 깊다[欽明文思]' 이하의 글은 누가 말한 것인가? 대답하기를, 저술가이다. 저술가는 누구인가? 공자이다[問說『書』者, '欽明文思'以下, 誰所言也? 曰, 篇家也. 篇家誰也? 孔子也.]"라는 기록이 보인다.

9_ 이 내용은 『서』「순전(舜典)」편에 "帝曰, 皐陶, 蠻夷猾夏, 寇賊姦宄."라는 형태로 보인다. 순임금이 고요(皐陶)에게 한 말인데, 캉유웨이가 편명으로 잘못 기록한 듯하다. 그리고 이 문장에서 하(夏)는 『상서정의』와 『서경집전』에서 모두 화하(華夏), 즉 오랑캐와 대비되는 중국이라는 의미로 사용되었다. 따라서 『서경집전』에서는 하(夏)의 의미를 "밝고 크다[明而大也.]"로 해석했다. 캉유웨이가 이것을 하나라로 해석한 것은 다소 무리가 있는 듯하다.

10_ 이 내용은 『한비자』「현학」편에 보인다. 의미는 거의 같은데, 문장이 조금 다르다. 『한비자』에는 다음과 같이 기록되어 있다. "孔子·墨子俱道堯·舜, 而取舍不同, 皆自謂眞堯·舜. 堯·舜不復生, 將誰使定儒·墨之誠乎? 殷·周七百餘歲, 虞·夏二千餘歲, 而不能定儒·墨之眞."

탁하여 권도를 드러내 밝혔다"[12]라는 것이다. 난리를 바로잡고 태평을 이루는 공자의 주장은 문왕에게 가탁하여 군주의 어진 정치를 실행했고, 특히 태평에 더욱 주의하여 요임금과 순임금에 가탁하여 백성의 군주가 이루는 태평을 실행했다. 그런데 공자는 싸우고 빼앗는 것을 미워하고 어질고 양보하는 것을 중시했으며, 밝게 덕을 소유하고 문명(文明)을 드러내 밝혔으니, 『역』에서 "말로는 뜻을 다 드러내지 못한다"[13]라는 의미와 일치한다. 특히 베풀어 실행하는 데 순서가 있어서, 거칠고 조잡한 것에서 시작한 이후에 정밀하고 화려한 것을 완성한다. 『시』는 문왕에게 시작을 가탁하고, 『서』는 요임금과 순임금에게 시작을 가탁했으며, 『춘추』는 문왕에서 시작하여 요임금과 순임금에서 끝이 난다. 『역』에서 "말로는 뜻을 다 드러내지 못하니, 성인의 뜻을 그래도 미루어 볼 수 있단 말인가?"라고 했으니, 후대 유학자들의 좁은 소견은 난세[에 대한 공자의 이론]에만 식견이 한정되어 있는 것이다. 큰 붕새는 광활한 공간을 날아다니는데, 그물을 치는 자는 여전히 자신의 늪지 사냥터만 지키고 있으니, 슬프도다!

由斯以推, 堯·舜自讓位盛德, 然太平之盛, 蓋孔子之七佛也, 『孝經緯』所謂"託先王以明權." 孔子撥亂升平, 託文王以行君主之仁政, 尤注意太平, 託堯·舜以行民主之太平. 然其惡爭奪而重仁讓, 昭有德, 發文明, 『易』曰, "言不盡意." 其義一也. 特施行有序, 始于粗糲而後致精華. 『詩』託始文王, 『書』託始堯·舜, 『春秋』始文王, 終堯·舜.

11_ 칠불(七佛)은 석가모니와 그 이전의 육불(六佛)을 말하는데, 여기에서는 공자가 가탁한 선왕이라는 의미이다.

12_ 『효경위·구명결(孝經緯·鉤命訣)』에 "[『효경』은] 순종하고 겸손함으로써 재앙을 피하니, 선왕에게 권도를 주어 가탁했다[順遜以避災禍, 與先王以託權.]"라는 말이 보인다. 『고미서(古微書)』의 주에서 "선왕에게 가탁하여 자기 권도의 세력으로 삼는다[託先王以爲己權勢力.]"라고 풀이했다. 즉 선왕에게 권도를 주어 가탁함으로써 선왕을 통해 권도를 실행한다는 의미이다.

13_ 『역』「계사 상」: 子曰, 書不盡言, 言不盡意. 然則聖人之意, 其不可見乎.

『易』曰, "言不盡意, 聖人之意, 其猶可推見乎?" 後儒一孔之見, 限于亂世之識. 大鵬翔于寥廓, 而羅者猶守其藪澤, 悲夫!

1. 공자가 요·순·문왕을 본보기로 삼은 것에 대한 종합적 의미 [孔子法堯·舜·文王總義]

12-1-1

공자는 요임금과 순임금을 근본으로 삼아서 전했고, 문왕과 무왕을 본받았다.[14](『예기』「중용」)

仲尼祖述堯·舜, 憲章文·武.(『禮記』「中庸」)

康12-1

공자의 제도 개혁은 오로지 요임금과 순임금, 문왕과 무왕에 가탁했다. 『공양전』에서 이미 대의를 드러내 밝혔는데, 자사(子思)가 전한 것이 『공양전』과 합치되니, 핵심 요지를 유일하게 제시하여 은미한 말을 발양했다고 말할 수 있다. 공자는 덕행을 남에게 양보한 문왕을 가장 존중했고, 문왕[처럼 되는 것에] 뜻을 두었다. 그러나 묵자는 "공자가 주나라를 본보기로 삼았지 하나라를 본보기로 삼지 않았다"라고 했고,[15] 순자는 "공자가 [『춘추』의] 한 학파로서 주나라의 [정치의] 도를

14_ 조술(祖述)은 이전 사람이 이미 말한 것을 근본으로 삼아서 그 뜻을 서술하거나 전하는 것이며, 헌장(憲章)은 모범이나 본보기로 삼는 것이다. 『중용장구』에서 "조술(祖述)은 멀리 그 도를 높이는 것이고, 헌장(憲章)은 가까이 그 법을 지키는 것이다"라고 했다.

15_ 『묵자』「공맹(公孟)」편에 보인다.

터득하여 그것을 들어 사용했다"라고 했다.[16] 따라서 또한 [주나라의] 문왕과 무왕을 함께 말한 것이다.

孔子改制, 專託堯·舜·文·武. 『公羊』既發大義, 子思傳之, 與『公羊』合, 可謂獨提宗旨, 發揭微言. 孔子最尊文王之讓德, 志在文王. 然墨子謂, "孔子法周而未法夏." 荀子謂, "孔子一家得周道, 擧而用之." 故亦幷稱文·武也.

12-1-2[17]

옛날 삼대(三代)의 성왕들이 이미 죽고, 천하에 의리가 상실된 이후로, 후세의 군자들 중에 어떤 사람은 성대한 장례와 삼년상을 인(仁)으로 여기고 의(義)로 여기며, 효자가 해야 할 일이라고 여겼다. 반면 어떤 사람은 성대한 장례와 삼년상을 인(仁)과 의(義)가 아니며, 효자가 해야 할 일이 아니라고 여겼다. 이 두 사람은 말만 하면 곧 서로 비난하고, 행동하면 곧 서로 상반되는데, 두 사람 모두 "내가 위로 요(堯)·순(舜)·우(禹)·탕(湯)·문(文)·무(武)의 도를 계승한 사람이다"라고 말한다.(『묵자』「절장 하」)

昔者三代聖王既沒, 天下失義後, 世之君子, 或以厚葬久喪以爲仁也, 義也, 孝子之事也. 或以厚葬久喪以爲非仁·義, 非孝子之事也. 曰二子者, 言則相非, 行卽相反, 皆曰, "吾上祖述堯·舜·禹·湯·文·武之道者也."(『墨子』「節葬 下」)

16_ 『순자』「해폐(解蔽)」편에 보인다. 『순자집해』에서 왕선겸이 다음과 같이 풀이했다. "공자는 『춘추』라는 한 학파의 말을 만들었으며, 주나라의 정치의 도리를 터득하여 그것을 들어 사용했으니, 평범한 사내이면서 천자의 도를 가지고 있었다. 이 때문에 제자백가의 기존 잡설에 가려지지 않았다."

17_ 이하에서 인용한 『묵자』「절장 하」편의 내용은 이 책의 제4권 제1절〈4-1-3〉에서 이미 인용했다. 자세한 주석은 앞의 내용을 참조 바람.

康12-2

공자는 성대한 장례식과 삼년상을 주장하고, 묵자는 검소한 장례식과 상례기간의 단축을 주장하여 서로 비난하고 반대했는데, 모두 [그것이] 요임금과 순임금, 우임금과 탕임금, 문왕과 무왕의 도라고 스스로 말했다. 이것은 『한비자』 「현학(顯學)」편에서 "공자와 묵자는 함께 요와 순을 말하지만, [주장의] 취사선택이 같지 않으면서 모두가 스스로를 요와 순의 정통이라고 말한다. 요와 순은 다시 살아날 수 없으니, 장차 누구에게 [요와 순에 대한] 유가와 묵가의 진실성을 판정하도록 할 수 있겠는가?"라고 말한 것과 완전히 합치된다. 양쪽의 책을 비교해서 살펴보면, 원수의 입을 빌어서 사실을 밝히고 있으니, 육경(六經) 속의 요임금과 순임금, 문왕은 모두 백성의 주인이자 군주인 공자가 가탁되어 있음을 일 수 있으니, 이른비 [요임금과 순인금이] 군주의 도를 다하고 신하의 도를 다하여 군주를 섬기고 백성을 다스린 것,[18] [문왕이] 효도에 최선을 다하고 자애에 최선을 다한 것[19]을 본보기로 삼으면 되지, 그것이 요임금과 순임금, 문왕과 관련된 사실일 필요는 없다. 요임금과 순임금, 문왕이 중국 고대의 최상의 성인이고, 중국 사람들이 모두 존경하고 사모하는 대상이기 때문에 공자와 묵자가 모두 그들에게 가탁하여 대중을 움직였다는 점은 말할 필요도 없을 것이다.

孔子厚葬・久喪, 墨子薄葬・短喪, 相非相反, 而皆自謂堯・舜・禹・

18_『맹자』「이루 상」편에 "欲爲君, 盡君道, 欲爲臣, 盡臣道. 二者, 皆法堯舜而已矣. 不以舜之所以事堯, 事君, 不敬其君者也, 不以堯之所以治民, 治民, 賊其民者也."라는 말이 보인다. 이것은 요임금과 순임금이 군주와 신하의 도를 다했다는 내용을 담고 있다.

19_『대학』 제3장에 "『詩』云, 穆穆文王, 於緝熙敬止. 爲人君, 止於仁, 爲人臣, 止於敬, 爲人子, 止於孝, 爲人父, 止於慈, 與國人交, 止於信."이라는 말이 보인다. 여기에서 인용한 『시』는 「문왕(文王)」편으로, 문왕이 최선을 다한 모습을 이야기하면서, 효도와 자애 등을 거론했다.

湯·文武之道. 此與『韓非』「顯學」篇謂"孔子·墨翟俱道堯·舜, 而取捨不同, 皆自謂眞堯·舜. 堯·舜不可復生, 誰使定堯·舜之眞?"全合. 比兩書觀之, 藉仇家之口以明事實, 可知六經中之堯·舜·文王, 皆孔子民主君主之所寄託, 所謂盡君道, 盡臣道, 事君治民, 止孝止慈, 以爲軌則, 不必其爲堯·舜·文王之事實也. 若堯·舜·文王之爲中國古聖之至, 爲中國人人所尊慕, 孔·墨皆託以動衆, 不待言矣.

<이상 공자가 요·순·문왕을 본보기로 삼은 것에 대한 종합적 의미: 右孔子法堯·舜·文王總義>

2. 공자가 요·순을 본보기로 삼다 [孔子法堯·舜]

12-2-1

군자는 무엇 때문에 『춘추』를 지었는가? 난세를 바로잡아서 올바른 도리로 되돌리는 것은 『춘추』보다 더 가까운 것이 없다.[20] 잘 모르겠지만,[21] 공자가 이러한 목적을 위해서 『춘추』를 지은 것인가? 공자가 요임금과 순임금의 도를 즐겁게 [기록하여] 말한 것인가?[22] 또한 요임금

20_ 발란반정(撥亂反正)은 공자가 『춘추』를 통해서 추구하고자 했던 목표라고 공양학에서는 말한다. 『사기』「태사공자서」에도 "『春秋』以道義, 撥亂世反之正, 莫近於『春秋』."라는 구절이 보인다.

21_ 하휴의 주에 의하면, 전(傳)을 지은 자가 공자의 『춘추』 제작 의도를 감히 곧바로 지적하여 말할 수 없기 때문에 이러한 형식의 문장을 사용했다고 한다.

22_ 서언의 소에서 "잘 모르겠지만, 공자가 요임금과 순임금의 도를 좋아했기 때문에 그것을 기록하여 말한 것인가?"라고 풀이했다. 여기에서 기저(其諸)는 어조사

과 순임금이 공자 자신을 알아준 것을 즐거워하지 않았겠는가?[23](『공양전』「애공」 14년)

君子曷爲爲『春秋』? 撥亂世, 反諸正, 莫近諸『春秋』. 則未知其爲是與? 其諸君子樂道堯·舜之道與? 末不亦樂乎堯·舜之知君子也?(『公羊傳』「哀公」十四年)

康12-3

『춘추』는 문왕에서 시작하여 요임금과 순임금에서 끝이 난다. 난세를 바로잡는 정치는 문왕이고, 태평의 정치는 요임금과 순임금이니, 공자의 성스러운 뜻과 제도 개혁의 대의는 『공양전』에서 전하는 은미한 말의 첫 번째 의리이다.

『春秋』始于文王, 終于堯·舜. 蓋撥亂之治爲文王, 太平之治爲堯·舜, 孔子之聖意, 改制之大義, 『公羊』所傳微言之第一義也.

12-2-2

요임금과 순임금이 옛날의 해와 달, 별들의 운행을 추산하여 기록하고 기구로 관측하는 것을 담당하자,[24] 수많은 짐승들이 따라서 춤을 추고,

---

이고, 군자(君子)는 공자를 가리킨다.

23_ 하휴의 주에서 "성스러운 한(漢)나라에서 천명을 받아 왕자가 된 자 중에 덕이 요순과 같은 사람이 공자가 『춘추』를 제작한 것을 알아주는 것이 또한 즐겁지 않겠는가?"라고 풀이했다. 한편 서언의 소에서는 다음과 같이 풀이했다. "요순의 시대에 [요순은] 공자가 있을 것을 미리 알아서 도술을 제작했고, 공자가 있어서 군자로서 자신들을 사모할 것을 미리 알았으니, 공자 자신도 『춘추』를 미리 제작하여 한나라 임금에게 준 것이다. 이것은 공자가 또한 군자인 자신을 알아준 요순을 사랑하여 그것을 그대로 본받은 것이다." 여기에서는 서언의 소에 따라 해석했다.

24_ 역상(曆象)은 천체의 운행을 추산하여 책력으로 기록하고, 관측하는 기계로 관

봉황이 와서 춤을 추었다.[25] 『춘추』는 또한 '왕(王)'을 '춘(春)' 다음에 두고,[26] 위로 천문(天文)을 본받아 사시(四時)가 갖추어진 이후에 한 해[年]로 삼아서 백성들의 농사철을 공경스럽게 나누어주고, 덕을 숭상하여 기린을 이르게 하니, 태평에 걸맞다고 할 수 있다. 도(道)가 같은 자들은 서로 일컫고, 덕(德)이 합치하는 자들은 서로 동지가 된다.[27] 따라서 [『공양전』에서] "[공자가] 요임금과 순임금의 도를 즐겁게 [기록하여] 말했다"라고 한 것이다.(『공양전』「애공」 14년 하휴 주)

堯·舜當古曆象日月星辰, 百獸率舞, 鳳凰來儀. 『春秋』亦以'王'次'春', 上法天文, 四時具然後爲年, 以敬授民時, 崇德致麟, 乃得稱太平. 道同者相稱, 德合者相友. 故曰, "樂道堯·舜之道."(『公羊傳』「哀公」十四年 何休 注)

康12-4

『춘추』의 난세를 바로잡는 도리는 요임금과 순임금의 도가 되기에는

찰하는 것이다. 『서』「요전(堯典)」편에 "乃命羲和, 欽若昊天, 曆象日月星辰, 敬授人時."라는 기록이 보인다.

25_ 『서』「익직(益稷)」편에 "夔曰, '… 笙鏞以間, 鳥獸蹌蹌, 簫韶九成, 鳳皇來儀.' 夔曰, '於, 予擊石拊石, 百獸率舞, 庶尹允諧.'"라는 기록이 보인다.

26_ 『춘추』「은공」 원년의 "원년, 봄, 주나라 역법으로 정월[元年, 春, 王正月.]"에 대해, 『공양전』에서 "원년이라는 것은 무엇인가? 군주[노나라 은공]가 즉위한 첫해이다. 봄[春]이라는 것은 무엇인가? 한 해의 시작이다. 왕(王)이라는 것은 누구를 말하는 것인가? 문왕(文王)을 말한다[元年者何? 君之始年也. 春者何? 歲之始也. 王者孰謂? 謂文王也.]"라고 풀이했다. 여기에서 하늘을 상징하는 '봄[春]'이 군주를 상징하는 '왕(王)'보다 앞에 있다. 이에 대해 히하라 도시구니(日原利國)는 "왕자는 하늘의 뜻을 받들어 정치적 명령을 제정하기 때문에 왕의 앞에 하늘의 시작인 '봄[春]'을 둔다"라고 풀이했다[日原利國, 『漢代思想の硏究』(硏文出版, 1986), 12쪽].

27_ 서언의 소에서 "공자의 도가 요순과 같기 때문에 『춘추』를 지어서 요순을 말하고 서술했으며, 공자의 덕이 요·순과 합치하기 때문에 그들을 사모하여 『춘추』를 지어서 그 뜻을 같이했다"라고 풀이했다.

부족하다. 마지막에 태평을 완성하는 데 이르러야만 요임금과 순임금의 도가 된다.

『春秋』據亂, 未足爲堯·舜之道. 至終致太平, 乃爲堯·舜之道.

12-2-3

공자가 말했다. "하나라의 역법을 시행하고, 은나라의 수레를 타며, 주나라의 면류관을 착용하고, 음악은 [순임금의] 「소무(韶舞)」를 사용한다. 정(鄭)나라의 음악을 추방하고, 말주변이 뛰어난 사람을 멀리 해야 한다."[28] 도에 따라서 세상에 그것을 실행하면 비록 요·순과 같은 임금은 아니지만, 그 또한 요임금과 순임금이다.(『신어』「사무」)

孔子曰, "行夏之時, 乘殷之輅, 服周之冕, 樂則「韶舞」. 放鄭聲, 遠佞人." 道而行之于世, 雖非堯·舜之君, 則亦堯·舜也(『新語』「思務」)

12-2-4

공자는 혼란한 시대에 태어나서 요임금과 순임금의 도를 사모했는데, 사방으로 돌아다니면서 머리는 햇볕에 시커멓게 타고 발은 물에 축축하게 젖는 고생을 했지만, 세상의 군주들이 각성하기를 기대했다.(『염철론』「대론」)

孔子生于亂世, 思堯·舜之道, 東西南北, 灼頭濡足, 庶幾世主之悟.(『鹽鐵論』「大論」)

28_ 이상에서 인용한 내용은 『논어』「위령공」편에도 보인다. 이 책의 제9권 제2절 〈9-2-1〉에서 이미 『논어』를 인용했으므로 자세한 주석은 앞의 내용을 참조 바람.

12-2-5[29]

옛날 요임금을 살펴보면[30] [이전 시대의] 공적을 본받아서 교화를 베풀었으니,[31] 공경하고 밝으며 문채가 나고 사려가 깊은 [네 가지 덕으로] 편안해야 될 백성들을 편안하게 해주고,[32] 진실로 공손하고 겸양하여 그 빛이 사방에 퍼지고, 상하 천지에까지 이르렀다.[33] 큰 덕을 밝힘으로써 모든 친족을 화목하게 하니,[34] 모든 친족이 이미 화목해지자 백성들[35]을 고르게 밝혔고, 백성들이 밝아지자 온 나라를 함께 화합시켰

29_ 『고문상서(古文尙書)』에는 「요전(堯典)」과 「순전(舜典)」이 나누어져 있는데, 『금문상서(今文尙書)』에는 「요전」에 합쳐져 있고, 「순전」의 가장 앞에 있는 "曰若稽古帝舜, 曰重華協于帝, 濬哲文明, 溫恭允塞, 玄德升聞, 乃命以位."의 28자가 없다. 캉유웨이는 『금문상서』의 문장에 따라 인용했는데, 이하에서도 「요전」과 「순전」을 구분하지 않고, 캉유웨이의 인용을 그대로 따라 해석했다.

30_ 『서경집전』에서는 '왈약(曰若)'이 발어사라고 했다. 『상서정의』에서는 "약(若)은 따르다[順], 계(稽)는 상고하다[考]는 뜻으로, 옛날의 도를 따르고 살펴서 그것을 실행한 자는 요임금이다"라고 풀이했다.

31_ 방훈(放勳)은 『서경집전』에서는 방(放)을 지(至)자의 의미로 보고, "요임금의 공적이 커서 이르지 않는 곳이 없다"라고 했는데, 『상서정의』에서는 "요임금이 앞 시대의 공훈을 본받아 교화를 베풀었다"라고 했다. 한편 마융은 방훈(放勳)이 요임금의 이름이라고 했고, 요임금의 아들의 이름이라는 주장도 있다. 여기에서는 『상서정의』의 해석에 따랐다.

32_ 『상서정의』에서는 "공경하고 밝으며 문채가 나고 사려가 깊은 네 가지 덕으로써 천하에서 편안해야 할 사람들을 편안하게 했다"라고 해석했는데, 『서경집전』에서는 안안(安安)을 "힘써서 억지로 하는 것이 없다"라고 했다.

33_ 『서경집전』에서 광(光)은 드러남[顯]이라고 했다. 그런데 『상서정의』에서는 가득참[充]이라고 하여, "그 명성이 사방에 가득차서 천지에 이르렀다"라고 해석했다.

34_ 준덕(俊德)은 『서경집전』에서는 요임금의 큰 덕이라고 보았는데, 『상서정의』에서는 "큰 덕을 가진 선비들을 밝혀서 그들을 임용함으로써 고조와 현손의 친족을 화목하게 했다"라고 해석했다. 구족(九族)은 『상서정의』에 의하면, 위로 고조(高祖)로부터 아래로 현손(玄孫)에 이르는 친족으로, 모든 친족을 의미한다.

35_ 백성(百姓)은 『서경집전』에서는 경기(京畿) 내의 백성이라고 했는데, 『상서정의』에서는 모든 관료[百官]라고 하고, 공영달은 뒤에 백성[黎民]이 나오기 때문에 여기의 백성은 백관이 되어야 한다고 했다. 여기에서는 『서경집전』의 해석에 따라서 앞의 백성은 경기 내의 백성, 뒤의 백성을 온 천하의 백성으로 해석했다.

다. 온 천하의 백성들이 이에 변화하여 조화되었다.[36] 이에 희씨(羲氏)와 화씨(和氏)[37]에게 명령하여 하늘을 공경스럽게 따라서 해와 달, 별들의 운행을 추산하여 기록하고 기구로 관측하여,[38] 백성들에게 농사의 절기[39]를 공경스럽게 주도록 했다.

曰若稽古帝堯, 曰放勳, 欽明文思安安, 允恭克讓, 光被四表, 格于上下. 克明俊德, 以親九族, 九族旣睦, 平章百姓, 百姓昭明, 協和萬邦. 黎民於變時雍. 乃命羲·和, 欽若昊天, 曆象日月星辰, 敬授人時.

희중(羲仲)[40]에게 따로 명령하여 우이(嵎夷)[41]에 거처하게 했는데, 그곳을 양곡(暘谷)[42]이라고 한다. 그에게 동쪽에서 뜨는 해를 공경스럽게 맞이하여 봄철의 일[43]을 고르게 차례매기게 했다. [그 시기는] 해가 중간인

36_ 여민(黎民)은 『서경집전』에서 백성들의 머리가 다 검기 때문에 이렇게 말했다고 했고, 『상서정의』에서는 '많은[衆] 백성들'로 풀이했다. 어(於)는 『서경집전』에서는 감탄사의 의미인 오(於)로 보았고, 『상서정의』에서는 '이에[於是]'라는 의미로 보아서, "이에 변화하여 윗사람을 따랐다"라고 해석했다. 시(時)는 두 책에서 모두 시(是)의 의미라고 했다.

37_ 희화(羲和)는 『서경집전』에서는 역상(曆象)으로 농사철을 알려주는 것을 맡은 관원이라고 했고, 『상서정의』에서는 대대로 천지와 사시를 관장하는 관리라고 했다. 마융은 희씨는 하늘을 맡은 관리, 화씨는 땅을 맡은 관리라고 구분했다.

38_ 역상(曆象)은 천체의 운행을 추산하여 책력으로 기록하고, 관측하는 기계로 관찰하는 것이다. 『서경집전』에서 역(曆)은 수(數)를 기록하는 책이고, 상(象)은 하늘을 관찰하는 기구라고 했다.

39_ 인시(人時)는 『서경집전』에서 밭갈고 수확하는 기후라고 했다. 즉 농사의 절기이다.

40_ 희중(羲仲)는 『상서정의』에서 동방에 거처하면서 다스리는 관직이라고 했다.

41_ 우이(嵎夷)는 『상서정의』에서 동쪽 밖의 땅이라고 했다.

42_ 양곡(暘谷)은 『서경집전』에 의하면, 희중이 거처했던 관사의 이름으로, 관원은 국도에 있지만, 관측하는 곳은 우이의 동쪽 밖의 땅에 있다고 한다. 『상서정의』에서는 "양(暘)은 밝다[明]라는 뜻으로, 해가 계곡[谷]에서 떠서 천하가 밝아지기 때문에 양곡(暘谷)이라고 했다. 양곡과 우이는 같은 곳이다"라고 했다.

43_ 동작(東作)은 『서경집전』에서 "봄철에는 한 해의 일이 한창 일어나니, 마땅히 시작해야 할 일이다"라고 했고, 『상서정의』에서는 "한 해가 동쪽에서 시작되어 처음

춘분(春分)이고, 주조(朱鳥)의 별자리이니, 이로써 중춘(仲春)의 절기를 바로잡았다.[44] 그러자 그 백성들은 [늙은이와 젊은이가 각자의 일에 따라] 흩어지고,[45] 새와 짐승들은 새끼를 치고 교미를 했다.[46] 희숙(羲叔)에게 거듭 명령하여 남교(南交)[47]에 거처하게 했는데, [그곳을 명도(明都)라고 한다.][48] 그에게 여름철의 일[49]을 고르게 차례매겨 공경스럽게 최선을 다하도록 했다.[50] [그 시기는] 해가 긴 하지(夏至)이고,[51] 대화(大火)의 별자리이니,[52] 이로써 중하(中夏)의 절기를 바로잡았다. 그러자 그 백성들은 [노약자들이 젊은이의 도움에] 의지하고,[53] 새와 짐승들은 털

으로 곧 경작을 하는 것이다"라고 했다. 즉 한 해를 시작하는 봄철의 일을 말한다.

44_ 『상서정의』에서 "일중(日中)은 춘분(春分)의 해[日]이고, 성조(星鳥)는 남방의 주조(朱鳥) 즉 주작(朱雀) 7수(宿)이다. 은(殷)은 바로잡는다[正]는 뜻이니, 춘분의 저녁에 조성(鳥星)이 다 보이면 이로써 중춘(仲春)의 절기를 바로잡고, 다시 이로써 계춘과 맹춘을 추산하여 알 수 있다"라고 했다. 『시경집전』에서는 은(殷)을 알맞음[中]으로 보아서, "알맞은 중춘이 되게 한다"라고 풀이했다.

45_ 석(析)은 『시경집전』에서 "앞서 겨울에는 추워서 백성들이 아랫목에 모여 있었는데, 이 시기에 이르면 백성들이 흩어져 삶으로써 그 기후가 온화해졌다는 것을 징험한다"라고 했다. 한편 『상서정의』에서는 "추운 겨울에는 일이 없어서 함께 방으로 들어가서 거처하다가, 봄 일이 시작되면 장정들은 곧 일을 하니, 그 백성들 중에 노인과 젊은이가 나누어짐을 말한다"라고 풀이했다.

46_ 『시경집전』에서 자(孳)는 새끼를 치는 것이고, 미(尾)는 교미하는 것이라고 했다.

47_ 남교(南交)는 『서경집전』에서 남방의 교지(交趾)의 땅이라고 했다. 『상서정의』에서는 봄과 여름이 만난다는 의미라고 했다.

48_ 『서경집전』에서 인용한 진씨(陳氏)는 남교(南交) 다음에 '왈명도(曰明都)' 세 글자가 있어야 한다고 했는데, 위의 문장과 비교하면 옳은 듯하다. 여기에서는 본문에는 넣지 않고 해석에만 삽입했다.

49_ 남와(南訛)는 『서경집전』에서 "와(訛)는 변화함[化]이다. 여름철에는 사물이 장성하니, 마땅히 변화해야 하는 일이다"라고 했고, 『상서정의』에서는 "여름을 관장하는 관리는 남방의 화육의 일을 고르게 차례매긴다"라고 했다. 즉 한 해에서 변화하는 여름철의 일을 말한다.

50_ 경치(敬致)는 『서경집전』에서는 "공경하게 맞이한다"라고 풀이했고, 『상서정의』에서는 "공경하게 그 가르침을 실행함으로써 그 노력을 다한다"라고 풀이했다.

51_ 일영(日永)은 해가 길어지는 하지(夏至)의 해[日]를 말한다.

52_ 성화(星火)는 동방의 창룡(蒼龍)의 7수로, 대화(大火)를 말한다.

이 빠지고 새로운 털이 생겼다.[54] 화중(和仲)에게 따로 명령하여 서쪽에 거처하게 했는데, 그곳을 매곡(昧谷)이라고 한다.[55] 그에게 서쪽으로 들어가는 해를 공경스럽게 전송하여[56] 가을철의 일을 고르게 차례매기도록 했다.[57] [그 시기는] 한밤중인 추분(秋分)이고, 허수(虛宿)의 별자리이니,[58] 이로써 중추(仲秋)의 절기를 바로잡았다. 그러자 그 백성들은 화평하고, 새와 짐승들은 털갈이를 하여 윤택해졌다.[59] 화숙(和叔)에게 거듭 명령하여 삭방(朔方)에 거처하게 했는데, 그곳을 유도(幽都)라고 한다.[60] 그에게 겨울철의 일을 고르게 살피게 했다.[61] [그 시기는] 해가 짧

53_ 인(因)은 『서경집전』에서 "흩어지고 또 흩어지는 것이니, 기후가 더욱 더워져서 백성들이 더욱더 흩어져 사는 것이다"라고 했다. 『상서정의』에서는 "노약자들이 밭에 있는 장정들에 의지하여 농사의 도움을 받는다"라고 했다.

54_ 희혁(希革)은 새나 짐승들이 묵은 털이 빠지고 새로운 털이 생기는 것이다.

55_ 『서경집전』에서 "서(西)는 서쪽 끝의 땅을 말하며, 매곡(昧谷)은 해가 들어간다는 의미로 이름붙인 것이다"라고 했다. 『상서정의』에서는 "매(昧)는 어둡다[冥]는 뜻이다. 해가 계곡[谷]으로 들어가면 천하가 어둡기 때문에 매곡(昧谷)이라고 했다. 매곡이 서쪽에 있으니, 우이(嵎夷)가 동쪽에 있는 것을 알 수 있다"라고 했다.

56_ 전(餞)은 전송하는 것이다. 납일(納日)은 『서경집전』에서 "막 들어가는 해이니, 추분(秋分)의 저녁에 막 들어가는 해를 보고 그 그림자를 기록하는 것이다"라고 했다.

57_ 서성(西成)은 『서경집전』에서 "가을철은 만물이 이루어지는 때이니, 마땅히 성취해야 할 일이다"라고 했고, 『상서정의』에서는 "가을은 서쪽이니, 만물이 완성된다"라고 했다.

58_ 성허(星虛)는 『서경집전』에서 "북방의 현무(玄武) 7수니, 추분날 해가 질 무렵의 중성(中星)이다"라고 했고, 『상서정의』에서는 "일곱 개의 별이 추분날에 모두 보이니, 이로써 삼추(三秋)를 바로잡는다"라고 했다.

59_ 『서경집전』에서 "이(夷)는 평안함[平]이니, 더위가 물러가서 사람의 기운이 평안한 것이고, 모선(毛毨)은 새와 짐승이 털이 빠지고 다시 나서, 윤택하고 아름다운 것이다"라고 했다.

60_ 삭방(朔方)은 북쪽의 황량한 땅이다. 유도(幽都)는 『서경집전』에서 "해의 운행이 이에 이르면 땅 속으로 들어가서 만상이 어둡기 때문에 유도라고 한다"라고 했다.

61_ 『서경집전』에서 "재(在)는 살피는 것[察]이며, 삭역(朔易)은 겨울철에 한 해의 농사일이 이미 끝나서 옛것을 버리고 새것으로 바꾸니, 마땅히 바꾸어야 할 일이다"라고 했고, 『상서정의』에서는 "고르게 그 정사를 살펴서 하늘의 법칙을 따른다"라고 했다.

은 동지(冬至)이고, 묘수(昴宿)의 별자리이니,[62] 이로써 중동(中冬)의 절기를 바로잡았다. 그러자 그 백성들은 방안에서 추위를 피하고, 새와 짐승들은 연하고 가는 털이 생겨났다.[63]

分命羲仲, 宅嵎夷, 曰暘谷. 寅賓出日, 平秩東作. 日中, 星鳥, 以殷仲春. 厥民析, 鳥獸孳尾. 申命羲叔, 宅南交. 平秩南訛, 敬致. 日永, 星火, 以正仲夏. 厥民因, 鳥獸希革. 分命和仲, 宅西, 曰昧谷. 寅餞納日, 平秩西成. 宵中, 星虛, 以殷仲秋. 厥民夷, 鳥獸毛毨. 申命和叔, 宅朔方, 曰幽都. 平在朔易. 日短, 星昴, 以正仲冬. 厥民隩, 鳥獸氄毛.

요임금이 말했다. "아! 너희 희씨(羲氏)와 화씨(和氏)야. 1년은 366일이니, 윤달로써 사시(四時)의 절기를 정하고, 한 해의 역상(歷象)를 완성하면[64] 진실로 백관을 다스려서 모든 공적이 다 넓혀질 것이다."[65] 요임금이 "누가 때를 잘 따르는 사람의 등용 문제를 자문해줄 수 있는가?"라고 하니,[66] 방제(放齊)가 "맏아들인 단주가 사리에 통달하고 밝습니다"라고

62_ 성묘(星昴)는 『서경집전』에서 "서방의 백호(白虎) 7수의 묘수(昴宿)이니, 동짓날 해가 질 무렵의 중성(中星)이다"라고 했다. 『상서정의』에서는 "일단(日短)은 동지의 해이다. 묘(昴)는 백호의 중성이니, 일곱 개의 별이 함께 보이면 이로써 겨울의 세 절기를 바로잡는다"라고 했다.

63_ 『서경집전』에서 "오(隩)는 집의 안이니, 기후가 추워져서 백성들이 집안에 모인 것이다. 용모(氄毛)는 새와 짐승들이 연한 털과 가는 털이 나서 스스로 따뜻하게 하는 것이다"라고 했고, 『상서정의』에서는 "백성들이 방안으로 들어가서 바람과 추위를 피한다"라고 했다.

64_ 『상서정의』에서 "반드시 남는 달을 가지고 윤달을 그 사이에 둔 이후에야 사시(四時)가 어긋나지 않고 한 해의 공적이 이루어진다"라고 했고, 『상서정의』에서는 "윤달을 두어서 사시의 절기를 정하고, 한 해의 역상(歷象)을 이룬다"라고 했다.

65_ 희(熙)는 『상서정의』에서 '넓어진다[廣]'는 의미라고 했는데, 백관들이 담당하는 모든 영역에서 많은 공적을 이룰 수 있다는 뜻이다.

66_ 주(疇)는 누구[誰]라는 뜻이고, 자(咨)는 자문한다는 뜻이다. 『서경집전』에서는 "누가 나를 위하여 때에 잘 따라서 정치하는 사람을 수소문하여 등용할 수 있겠는가?"라고 했고, 『상서정의』에서는 "모든 공적을 넓히는 이 일을 잘 따르는 자가 누가 있어서, 그를 등용할 수 있겠는가?"라고 했다. 즉 "누가 때를 잘 따라서 정치할

대답했다.[67] 요임금이 말했다. "아! 어리석고 다투기를 좋아하니,[68] 어찌 가능하겠는가?" 요임금이 "누가 나의 일을 잘 수행할 자를 자문해 줄 수 있는가?"라고 하니,[69] 환도(驩兜)가 "아! 공공(共工)[70]이 막 공적을 모아서 드러내고 있습니다"라고 대답했다.[71] 요임금이 말했다. "아! 교묘하게 말을 잘 꾸미지만 등용하면 위배하고,[72] 외모는 공손하게 보이지만 마음은 오만함으로 가득 차 있다."[73] 요임금이 말했다. "아! 사악(四岳)[74]아. 넘쳐흐르는 홍수가 막 피해를 끼치고 있는데,[75] 세차게 흘러 산을 에워싸고 언덕을 뒤덮어서 거대하게 하늘에 닿을 정도이다.[76] 백

사람의 등용 문제를 자문해줄 수 있는가"라는 의미이다.

67_ 윤자(胤子)는 맏아들이고, 주(朱)는 요임금의 맏아들인 단주(丹朱)이다. 계명(啓明)은 사리에 통달하고 밝다는 의미이다.

68_ 은(嚚)은 말이 충실하고 믿음직하지 않는 것으로, 어리석다는 뜻이다. 송(訟)은 다투기를 좋아하는 것이다.

69_ 채(采)는 일[事]이다. 요임금의 일을 잘 수행할 자에 대해 물은 것이다.

70_ 도(都)는 오(於)와 마찬가지로 탄미하는 말이다. 공공(共工)은 관칙의 명칭이다.

71_ 구잔(鳩僝)은 『서경집전』에서 "구(鳩)는 모은다[聚]는 의미이고, 잔(僝)은 보인다[見]는 의미로, 공공이 바야흐로 그 공적을 모이서 나타냄을 말한 것이다"라고 했다. 『상서정의』에서는 방(方)을 사방의 뜻으로 보고, "공공이 사방으로 공적을 모아서 드러내었음을 찬미했다"라고 풀이했다.

72_ 정언용위(靜言庸違)는 『서경집전』에서 "고요할 때에는 말을 잘하지만 등용하면 위배되는 것이다"라고 했다. 『상서정의』에서는 정(靜)을 모(謀)자의 의미로 보고, "공공은 스스로 교묘하게 꾸미는 말을 하지만, 기용하여 일을 하면서 그것을 위배한다"라고 풀이했다.

73_ 『서경집전』에서 "상공(象恭)은 외모는 공손하지만 마음은 그렇지 않은 것이고, 도천(滔天)은 미상이다"라고 했다. 『상서정의』에서는 도천(滔天)을 만천(漫天)으로 보고, "외모는 공경스럽게 보이지만 마음은 오만함이 가득 차 있다"라고 했다.

74_ 사악(四岳)은 『서경집전』에서 "관명이니, 한 사람으로서 사악에 있는 제후의 일을 총괄하는 것이다"라고 했는데, 『상서정의』에서는 "앞에서 나온 희씨와 화씨 등의 네 사람으로, 사악의 제후를 나누어서 맡았다"라고 했다.

75_ 상상(湯湯)은 물이 넘쳐흐르는 모양이고, 할(割)은 피해를 끼친다는 뜻이다.

76_ 탕탕(蕩蕩)은 물길이 세차게 부딪치며 흐르는 모양이고, 양(襄)은 높이 위로 올라가는 모습이다. 도천(滔天)은 큰 물이 하늘에까지 닿을 정도로 세차고 대단한 것을 말한다.

성들이 한탄하고 있으니, 능력이 있는 자가 있으면 그로 하여금 다스리도록 하겠다." 모든 신하들이 "아! 곤(鯀)[77]입니다"라고 했다. 요임금이 "아! 너희들의 말이 틀렸다. 명령을 거역하고 선한 부류들을 해친다"[78]라고 하니, 사악이 "[다른 사람은 다] 그만두었습니다. 곤이 가능한지를 시험해보고 나서 그만두게 해야 합니다"[79]라고 했다. 요임금이 "가서 공경스럽게 일을 수행하라"라고 했는데, 9년이 되었는데도 공적이 이루어지지 않았다.

帝曰, "咨! 汝羲暨和. 朞三百有六旬有六日, 以閏月, 定四時成歲, 允釐百工, 庶績咸熙." 帝曰, "疇咨若時, 登庸?" 放齊曰, "胤子朱啓明." 帝曰, "吁! 嚚訟, 可乎?" 帝曰, "疇咨若予采?" 驩兜曰, "都! 共工方鳩僝功." 帝曰, "吁! 靜言庸違, 象恭滔天." 帝曰, "咨! 四岳. 湯湯洪水方割, 蕩蕩懷山襄陵, 浩浩滔天. 下民其咨, 有能俾乂." 僉曰, "於! 鯀哉." 帝曰, "吁! 咈哉. 方命圮族." 岳曰, "異哉. 試可乃已." 帝曰, "往欽哉." 九載, 績用弗成.

요임금이 말했다. "아! 사악아. 짐이 재위한 지 70년인데, 네가 나의 명령을 잘 따르니, 짐의 자리를 선양하겠다."[80] 사악이 "저는 덕이 없어서 임금의 자리를 욕되게 할 것입니다"라고 하니, 요임금이 "밝은 자를 드러내 밝히되 미천한 지위에 있는 자도 천거하라"라고 했다.[81] 모두가

77_ 곤(鯀)은 『상서정의』에서 "숭백(崇伯)의 이름으로, 조정의 신하들이 그를 천거했다"라고 했다.

78_ 『서경집전』에서 "방명(方命)은 명령을 거역하고 행하지 않는 것이다. 비족(圮族)은 여러 사람과 불화하여 남을 상하게 하고 사물을 해치는 것이다"라고 했다. 족(族)은 『상서정의』에서 '선한 부류들[善類]'이라고 했다.

79_ 이(異)는 『서경집전』에서 "이미 폐했다가 억지로 다시 천거했다는 의미인 것 같다"라고 했다. 『상서정의』에서는 "이(異)는 이(已)이니, 그만두었다[退]는 뜻이다. 다른 사람들은 이미 다 그만두고, 오직 곤만을 시험할 수 있으니, 성과가 없으면 그만두게 해도 된다"라고 했다.

80_ 손(巽)은 『상서정의』에서 마융이 양(讓)의 의미라고 했다.

요임금에게 “홀아비가 아래 백성 중에 있으니, 우순(虞舜)이라고 합니다”라고 의견을 제시했다.[82] 요임금이 “그렇다.[83] 나도 들었는데, 어떤 사람인가?”라고 하니, 사악이 “장님의 아들인데, 아버지는 완악하고 어머니는 어리석으며 [이복동생인] 상(象)[84]은 오만한데, 효도로 잘 화합시켜서 선(善)으로 나아가 스스로 다스리게 하여, 간악한 데에 이르지 않게 했습니다”라고 했다.[85] 요임금이 말했다. “내가 그를 시험해 보겠다. 딸들을 그에게 시집보내어, 두 딸에게 그의 법도를 관찰하도록 하겠다.” 규수(嬀水)의 북쪽[86]으로 두 딸을 치장하여 시집보내 우순의 아내가 되게 했다. 요임금이 [두 딸에게] “공경하라!”라고 말했다.

帝曰, “咨! 四岳. 朕在位七十載, 汝能庸命, 巽朕位.” 岳曰, “否德忝帝位.” 曰, “明明揚側陋.” 師錫帝曰, “有鰥在下, 曰虞舜.” 帝曰, “兪. 予聞, 如何?” 岳曰, “瞽子, 父頑, 母嚚, 象傲, 克諧以孝, 烝烝乂, 不格

81_ 『서경집전』에서 “앞의 명(明)자는 드러내는 것이고, 뒤의 명(明)자는 이미 현달한 지위에 있는 자를 말한다. 측루(側陋)는 미천한 사람이니, 오직 덕이 있는 사람을 등용하여 귀천에 구애받지 않음을 말한 것이다”라고 했다. 『상서정의』에서는 “요임금이 사기 사식이 불초한 것을 알고, 자리를 선양할 뜻을 가지고 있었다. 따라서 밝은 사람을 미천한 곳에서 밝게 등용하여 널리 어진 사람을 구했다.” 즉 밝은 자를 드러내 밝히되 아무리 미천한 지위에 있는 자라도 모두 천거하라는 의미이다.

82_ 사석(師錫)은 『상서정의』에서 사(師)는 무리[衆]이고, 석(錫)은 준다[與]의 의미라고 했다. 즉 모든 신하들이 요임금에게 의견을 제시했다는 뜻이다.

83_ 유(兪)는 『상서정의』에서 연(然)과 같다고 했다. 그들의 의견을 인정한다는 의미이다.

84_ 상(象)은 순의 이복동생이다.

85_ 증증(烝烝)은 나아간다는 뜻이다. 『상서정의』에서 “지극한 효도로 완악하고 어리석으며 오만한 것을 화합시켜서, 그들로 하여금 나아가고 나아가서 선(善)으로 스스로 다스리게 하고, 간악한 데 이르지 않게 했다”라고 했다.

86_ 규예(嬀汭)는 『서경집전』에서 “규(嬀)는 물 이름이다. 지금의 하중부(河中府) 하동현(河東縣)에 있으니, 역산(歷山)에서 나와 황하로 들어간다. 예(汭)는 『이아(爾雅)』에서 ‘물의 북쪽을 예(汭)라고 한다’라고 했다. 작은 물이 큰 물로 들어가는 것을 나타내는 이름이니, 두 물이 합류하는 안쪽이다. 순이 거주하던 곳의 땅이다”라고 했다.

姦." 帝曰, "我其試哉. 女于時, 觀厥刑于二女." 釐降二女于嬀汭, 嬪于虞. 帝曰, "欽哉!"

[순(舜)이] 오상(五常)의 가르침[五典][87]을 삼가 아름답게 시행하니, 오상의 가르침이 잘 수행되었으며,[88] [순을] 백규(百揆)[89]의 자리에 앉히니 백규의 모든 일들이 때에 맞게 시행되었다. 또 사방의 문에서 손님을 맞이하게 하니 사방의 문이 화목해졌으며,[90] 큰 산기슭에 들어가게 하니 맹렬한 바람과 번개와 비에도 정신을 잃지 않았다. 요임금이 말했다. "오너라! 너 순(舜)아. 네가 일을 도모한 것을 너의 말을 통해 살펴보건대, 네가 이루겠다고 말하고서 공적을 세운 것이 3년이니,[91] 네가 임금의 자리에 올라라." 순이 덕이 있는 사람에게 사양하고, 자리를 계승하지 않았다. 정월 초하루에[92] [순이] 요임금이 마친 제위의 일을 요임금의 사당에서 받았다.[93] 선기(璇璣)와 옥형(玉衡)[94]이라는 천체 관측기구를 살

87_ 오전(五典)은 『상서정의』에서 "오상(五常)의 가르침이니, 부의(父義), 모자(母慈), 형우(兄友), 제공(弟恭), 자효(子孝)이다"라고 했는데, 『서경집전』에서는 "부자유친(父子有親), 군신유의(君臣有義), 부부유별(夫婦有別), 장유유서(長幼有序), 붕우유신(朋友有信)"이라고 했다.

88_ 『서경집전』에서는 "요임금이 순으로 하여금 사도(司徒)의 관원이 되도록 한 것이다"라고 하여, '신휘오전(愼徽五典)'을 요임금이 순에게 명령한 말로 이해했다. 그런데 『상서정의』에서는 "순임금이 이 도리를 삼가 아름답게 하고 독실하게 실행하고, 고신씨(高辛氏)의 여덟 재자(才子)를 등용하여 그들로 하여금 사방에 전파하게 하니, 오상의 가르침이 잘 수행되어 명령을 어기는 자가 없었다"라고 풀이했다.

89_ 백규(百揆)는 『서경집전』에서 "여러 정사를 헤아리는 관원으로, 오직 요순시대에만 있었으니, 주나라의 총재(冢宰)와 같은 것이다"라고 했다.

90_ 『상서정의』에서 "순이 사방의 흉악한 족속들을 추방하고, 사방의 제후들 중에 조회를 오는 자들을 맞이하니, 모두가 아름다운 덕이 있고, 흉악한 사람이 없었다"라고 했다.

91_ 『서경집전』에서는 "너의 말이 공적을 이룰 수 있음을 본 것이 지금 3년이 되었다"라고 했고, 『상서정의』에서는 "네가 이루겠다고 말하고서 공적을 세운 것이 3년이다"라고 했다.

92_ 상일(上日)은 초하루이다.

펴서, 일월(日月)과 오성(五星)의 운행[95]을 고르게 바로잡았다. 드디어 상제(上帝)에게 류(類)제사[96]를 지내고, 높여야 할 여섯 대상[六宗][97]에게 인(禋)제사[98]를 지냈으며, 명산대천에 망(望)제사[99]를 지내고, 여러 신들에게 두루 제사지냈다.[100]

愼徽五典, 五典克從, 納于百揆, 百揆時敍. 賓于四門, 四門穆穆, 納于大麓, 烈風雷雨弗迷. 帝曰, "格! 汝舜. 詢事考言, 乃言底可績, 三載, 汝陟帝位." 舜讓于德, 弗嗣. 正月上日, 受終于文祖. 在璇璣玉衡, 以齊七政. 肆類于上帝, 禋于六宗, 望于山川, 遍于群神.

제후들의 다섯 가지 부신(符信)[101]을 거두어들이되, 정월 한 달 전체 동

93_ 종(終)은 『상서정의』에서 "요임금이 제위의 일을 마친 것이다"라고 했다. 『서경집전』에서는 "수종(受終)은 요임금이 제위의 일을 마쳐서 순이 받은 것이다. 문조(文祖)는 요임금의 시조의 사당이다"라고 했다.

94_ 선기(璇璣)와 옥형(玉衡)은 모두 고대에 천체의 운행을 관측하는 기계로, 혼천의(渾天儀)와 같다.

95_ 칠정(七政)은 『상서정의』에서는 "일월(日月)과 오성(五星)이 각각 정사를 달리한다"라고 했고, 『서경집전』에서는 "일곱 가지가 하늘에 운행함에 느린 것도 있고 빠른 것도 있으며, 순한 것도 있고 거스르는 것도 있어서, 마치 군수에게 정사가 있는 것과 같다"라고 했다.

96_ 류(類)는 『서경집전』에서는 일월성신(日月星辰)에게 사교(四郊)에서 지내는 제사라고 했는데, 『상서정의』에서는 제위를 섭정하는 것과 관련된 일이라고 하여, "마침내 섭정의 일을 하늘 및 오제(五帝)에게 고했다"라고 풀이했다.

97_ 육종(六宗)은 『서경집전』에서는 높여서 제사지내야 할 제사로, "사시(四時), 한서(寒暑), 일(日), 월(月), 수한(水旱)"이라고 했고, 『상서정의』에서 마융은 "천지(天地)와 사시(四時)"라고 했다.

98_ 인(禋)은 『서경집전』에서 "깨끗하게 하여 제향하는 것"이라고 했고, 『상서정의』에서는 "뜻을 정성스럽게 해서 제향하는 것"이라고 했다.

99_ 망(望)은 『서경집전』에서는 명산대천을 바라보고 제사지낸다는 의미라고 했다.

100_ 군신(群神)은 『상서정의』에서 "구릉이나 물가와 평지, 옛날의 성현들에게 모두 제사지낸다"라고 했다.

101_ 오서(五瑞)는 다섯 등급의 제후가 부신(符信)으로 사용하던 다섯 가지의 옥이다. 『서경집전』에 의하면, 공(公)은 환규(桓圭), 후(侯)는 신규(信圭), 백(伯)은 궁규(躬圭), 자(子)는 곡벽(穀璧), 남(男)은 포벽(蒲璧)이다.

안 했는데, 날마다 사악(四岳)과 구주(九州)의 우두머리를 만나보고, 여러 제후들에게 부신을 돌려주셨다. [부신을 돌려준] 그 해의 2월[102]에 동쪽 지방을 순수(巡狩)하였는데, 태산(泰山)에 이르러 나무를 태워서 제사를 지내고,[103] 명산대천을 바라보면서 그 절차에 따라서 제사지냈으며,[104] 마침내 동쪽의 제후들을 만나보았다. 사시(四時)의 절기와 달의 대소를 맞추고 날짜를 바로잡았으며,[105] 길이와 용량과 무게의 표준을 동일하게 통일하였다.[106] 다섯 가지 예법과 다섯 가지 옥과 세 가지 폐백, 두 가지 살아 있는 희생과 한 가지 죽은 희생의 예물[을 가지고 만났는데],[107] 다섯 가지 규벽(圭璧)과 같은 경우는 예법이 끝나면 돌려주었다.[108] 5월에는 남쪽 지방을 순수하였는데, 형산(衡山)[109]에 이르러 처

102_ 세이월(歲二月)은 『서경집전』에서는 "순수하는 해의 2월"이라고 했고, 『상서정의』에서는 "부신을 돌려준 다음 달"이라고 했다.

103_ 대종(岱宗)은 사악(四岳) 중의 으뜸인 태산(泰山)을 말한다. 시(柴)는 『상서정의』에서 "나무를 태워서 하늘에 제사지내고 왔다는 것을 고하는 것"이라고 했다.

104_ 망(望)은 『상서정의』에서 "동악 제후들의 경내에 있는 명산대천을 바라보면서 그 차례에 따라서 제사를 지내는 것이다. 오악(五岳)의 희생 예법은 삼공(三公)에 견주어서 하고, 사독(四瀆)은 제후에 견주어서 하며, 그 나머지는 백(伯)·자(子)·남(男)에 견주어서 한다"라고 했다.

105_ 『서경집전』에서 "시(時)는 사시(四時)이고, 월(月)은 달의 크고 작음, 일(日)은 날의 일진(日辰)"이라고 했다. 『상서정의』에서 "사시의 절기와 달의 대소와 날의 일진을 맞추어 가지런하게 만드는 것이다"라고 했다.

106_ 율도(律度)는 황종률(黃鐘律)로 계산한 길이의 표준을 말하고, 량(量)은 용량의 표준, 형(衡)은 무게의 표준을 말한다.

107_ 『상서정의』에서 다음과 같이 풀이했다. "오례(五禮)은 길(吉)·흉(凶)·빈(賓)·군(軍)·가(嘉)의 예법이며, 다섯 등급의 제후들이 각자의 옥을 가지고 만난다. 삼백(三帛)은 제후의 세자는 붉은 비단, 공의 고경(孤卿)은 검은 비단, 부용(附庸)의 군주는 노란 비단을 가지고 만난다. 이생(二生)은 경(卿)은 염소, 대부는 기러기를 가지고 만난다. 일사(一死)는 사(士)는 꿩을 가지고 만난다. 이러한 옥과 비단과 산 희생과 죽은 희생을 예물로 가지고 만나는 것이다."

108_ 오기(五器)는 『상서정의』에서 "제후들이 가지고 있던 다섯 가지 규벽(圭璧)이니, 다섯 가지 규벽과 같은 경우는 예법이 끝나면 돌려주며, 나머지 예물은 그렇게 하지 않는다"라고 했다. 한편 『서경집전』에서는 오기(五器)를 오례의 기물로 보고, "다섯 가지 기물을 똑같이 하고, 마치면 다시 순수했다"라고 해석했다.

음 태산의 예법과 같이 예법을 거행하였으며, 8월에는 서쪽 지방을 순수하였는데, 화산(華山)[110]에 이르러 처음의 예법과 같이 거행하였으며, 11월에 북쪽 지방을 순수하였는데, 항산(恒山)[111]에 이르러 서쪽의 예법과 같이 거행하였다. 돌아와서는 요임금의 시조의 사당에 이르러 한 마리의 소를 사용하여 제사지냈다.[112] 5년에 한 번 순수하면 여러 제후들이 네 곳에서 조회를 오니,[113] 말로써 진술하여 아뢰게 하고, 공적으로써 밝게 시험하여 수레와 의복으로 공적을 표창했다.[114]

輯五瑞, 旣月, 乃日覲四岳群牧, 班瑞于群后. 歲二月, 東巡守, 至于岱宗, 柴, 望秩于山川, 肆覲東后. 協時月正日, 同律度量衡. 修五禮·五玉·三帛·二生·一死贄, 如五器, 卒乃復. 五月, 南巡守, 至于南岳, 如岱禮, 八月, 西巡守, 至于西岳, 如初, 十有一月, 朔巡守, 至于北岳, 如西禮. 歸格于藝祖, 用特. 五載一巡守, 群后四朝, 敷奏以言, 明試以功, 車服以庸.

처음으로 12개의 주(州)를 만들고,[115] 12개의 주의 산에 흙을 쌓아서 경계를 표시하고,[116] 하천을 준설했다. 떳떳한 형벌로 법을 사용하되,[117]

109_ 남악(南岳)은 형산(衡山)이다.

110_ 서악(西岳)은 화산(華山)이다.

111_ 북악(北岳)은 항산(恒山)이다.

112 예조(藝祖)는 『상서정의』에서 문조(文朝), 즉 요임금의 시조의 사당이며, 예(藝)가 곧 문(文)의 의미라고 했다. 특(特)은 소 한 마리이다.

113_ 『서경집전』에 의하면, 천자가 순수한 다음 해에 동방, 남방, 서방, 북방의 순서로 제후들이 천하에게 와서 조회하고, 그 다음 해에 천자가 다시 순수한다.

114_ 『상서정의』에서 "제후들이 네 곳에서 조회를 오면 각각으로 하여금 자신의 정치 이치에 대한 말을 진술하여 아뢰게 하고, 그 말을 밝게 시험함으로써 그 공적을 조사하니, 공적이 이루어졌으면 수레와 의복을 하사하여 그의 능력을 드러내 보였다"라고 했다.

115_ 『상사정의』에 의하면, 우(禹)가 치수를 한 이후에, 순임금이 기주(冀州)를 나누어 유주(幽州)와 병주(幷州)를 만들고, 청주(淸州)를 나누어 영주(營州)를 만들어서, 처음으로 12주를 설치했다.

유배를 보내는 법[118]으로 오형(五刑)을 용서해주며, 채찍으로 때리는 것을 관청의 형벌로 만들고, 회초리로 때리는 것을 학교의 형벌로 만들되, 황금으로 형벌을 속죄해 주었다. 과실로 인한 재해[119]는 풀어주어 사면하고, 간사함을 믿고 다시 범죄를 저지르면 사형에 처했는데,[120] 공경하고 공경하여, 형벌을 신중하게 집행했다.[121] 공공(共工)을 유주(幽州)로 유배보내고, 환도(驩兜)를 숭산(崇山)으로 추방했으며, 삼묘(三苗)[122]를 삼위(三危)로 쫓아냈고, 곤(鯀)을 우산(羽山)에 가두니,[123] 네 사람에게 죄를 주자 천하가 모두 복종했다. 28년이 지나서 요임금이 죽으니,[124] 백성들은 마치 부모의 상을 당한 것처럼 했고, 3년 동안 온 천하에는 모든 음악[八音][125]을 멈추고 조용히 했다.

116_ 봉(封)은 흙을 쌓아서 경계를 표시하는 봉표(封表)를 말한다. 『상서정의』에서 "모든 주의 명산을 특별하게 크게 만들어, 그것으로 주의 진(鎭)을 삼았다"라고 했다.

117_ 상(象)은 『상서정의』에서 "떳떳한 형벌로 법(法)을 사용했다"라고 했고, 『서경집전』에서는 "사람들에게 떳떳한 형벌을 보여주는 것으로, 오형(五刑)의 바른 것이다"라고 했다.

118_ 유(流)는 죄인을 먼곳으로 추방하여 그곳에서 노역을 하게 하는 형벌로, 유배형을 말한다.

119_ 생재(眚災)는 『상서정의』에서는 '과실로 인한 재해'라고 했고, 『서경집전』에서는 '과실과 재해'라고 했다.

120_ 호종적형(怙終賊刑)은 『서경집전』에서 "호(怙)는 믿는 것이고, 종(終)은 다시 저지르는 것이니, 비록 관대한 처벌에 해당하거나 속죄에 해당하더라도 반드시 형벌을 준다"라고 했다. 『상서정의』에서는 "간사함을 믿고 스스로 재범을 저지르면 당연히 사형에 처한다"라고 했다.

121_ 『상서정의』에서 "순이 떳떳한 형벌의 의의를 진술하고, 천하에 칙령을 내려서 그 형벌을 공경하도록 하되, 중도에 맞게 하고자 근심했다"라고 했다.

122_ 삼묘(三苗)는 남방 지역의 오랑캐인데, 『서경집전』에 의하면, 강남(江南)의 형주(荊州)와 양주(揚州) 사이에 있었는데, 지형의 험준함을 믿고 난리를 일으켰다고 한다.

123_ 극(殛)은 『서경집전』에서 가두어서 곤궁하게 하는 것이라고 했다.

124_ 조락(殂落)은 죽는 것이다. 『서경집전』에서 "혼기(魂氣)가 하늘로 돌아가기 때문에 조(殂)라고 하고, 체백(體魄)이 땅으로 돌아가기 때문에 락(落)이라고 한다"라고 했다.

肇十有二州, 封十有二山, 濬川. 象以典刑, 流宥五刑, 鞭作官刑, 扑作教刑, 金作贖刑. 眚災肆赦, 怙終賊刑, 欽哉, 欽哉, 惟刑之恤哉. 流共工于幽州, 放驩兜于崇山, 竄三苗于三危, 殛鯀于羽山, 四罪而天下咸服. 二十有八載, 帝乃殂落, 百姓如喪考妣, 三載, 四海遏密八音.

정월 초하루에 순임금이 요임금의 시조의 사당에 나아가서 고했다.[126] 사악(四岳)에게 자문하여, 사방의 문을 개방하고, 사방의 눈을 밝히고, 사방의 귀를 소통하게 했다.[127] 12명의 주(州)의 우두머리에게 상의했다. "양식은 오직 농사철을 잘 맞추는 데 달려 있다. 멀리 있는 자를 어루만져주고, 가까이 있는 자를 길들이며,[128] 덕이 있는 자를 후대하고, 어진 자를 믿으며,[129] 간사한 자를 차단하면[130] 오랑캐들도 서로 이끌고 와서 복종할 것이다." 순임금이 말했다. "아! 사악아. 노력을 분발해서 요임금의 일을 넓힐 수 있는 자가 있으면[131] 백규(百揆)의 자리에 거처하게 하여, 자신의 일을 밝혀서 자기 무리들을 순조롭게 다스리도록 하겠다."[132] 모두가 "백우(伯禹)가 사공(司空)이 되었습니다"라고 대답했

125_ 팔음(八音)은 금(金), 석(石), 사(絲), 죽(竹), 포(匏), 토(土), 혁(革), 목(木)을 재료로 한 악기로, 모든 음악을 가리킨다.

126_ 월정(月正)은 정월(正月)이고, 원일(元日)은 초하루이다. 『상서정의』에서 "순이 요임금의 삼년상이 끝나서, 장차 정치에 나아가고자 했기 때문에 다시 요임금의 시조의 사당에 가서 고한 것이다"라고 했다.

127_ 『상사정의』에서 "사방에서 널리 보고 들어서 천하게 막힌 것이 없게 했다"라고 했다.

128_ 『서경집전』에서 "유(柔)는 너그럽게 대하여 어루만지는 것이고, 능(能)은 길들여서 익숙하게 하는 것이다"라고 했다.

129_ 원(元)은 『서경집전』에서는 "어질고 후한 사람"이라고 했고, 『상서정의』에는 "가장 선한 사람"이라고 했다.

130_ 임(任)은 『서경집전』에서 "임(壬)과 같은 말로, 흉악함을 마음속에 감추고 있는 사람이다"라고 했다. 난(難)은 막아서 차단하는 것이다.

131_ 『상서정의』에서 "여러 신하들에게 노력을 분발해서 요임금의 일을 넓힐 수 있는 자를 물은 것이다"라고 했다.

132_ 량(亮)은 밝힌다, 채(采)는 일, 혜(惠)는 잘 따른다, 주(疇)는 무리라는 뜻이다.

다.[133] 순임금이 말했다. "그렇다. 아! 우야. 네가 수토(水土)를 잘 다스렸으니, 이 백규의 자리를 힘써 수행하라." 우가 절을 하고 머리를 조아리면서 직(稷)과 설(契) 및 고요(皐陶)에게 사양했는데, 순임금이 "그렇다. 네가 가서 백규의 자리를 수행하라"라고 했다.[134] 순임금이 말했다. "기(棄)야! 백성들이 힘들고 굶주리니,[135] 너는 후직(后稷)이 되어, 이 곡식들을 파종하도록 해라." 순임금이 말했다. "설(契)아! 백성들이 친애하지 않고 오상(五常)의 관계[136]가 순조롭게 이루어지지 않으니, 너는 사도(司徒)[137]가 되어, 공경스럽게 오상(五常)의 가르침을 펼치되 관대함에 힘쓰라." 순임금이 말했다. "고요(皐陶)야! 오랑캐들이 중국[138]을 어지럽히는데, 약탈하고 사람을 죽이고, 밖에서 난리를 일으키고 안에서 난리를 일으키니,[139] 너는 사(士)[140]가 되어, 다섯 가지 형벌에 복종함이

『상서정의』에서는 "마땅한 사람을 구하여 그로 하여금 백규의 관직에 거처하게 하고, 진실로 그 공적을 세우고, 그 일을 잘 처리할 자는 누구인가?"라고 했고, 『서경집전』에서는 "백규의 지위에 거처하게 하여, 여러 일을 밝혀 여러 무리들을 순조롭게 다스리도록 하겠다"라고 했다.

133_ 『상서정의』에서 "우가 곤을 대신하여 숭백(崇伯)이 되어, 들어가서 천자의 사공(司空)이 되었다. 홍수를 다스리는 데 성공했기 때문에 등용할 만하다고 한 것이다"라고 했다.

134_ 『상서정의』에서 "그러나 그가 추천한 현자들이 그가 사양하는 것을 허락하지 않았기 때문에 칙령을 내려 그로 하여금 가서 백규의 자리에 거처하게 했다"라고 했다.

135_ 조기(阻饑)는 힘들고 굶주린다는 뜻이다. 『상서정의』에서는 "백성들의 곤란은 굶주림에 있다"라고 풀이했다.

136_ 오품(五品)은 부자, 군신, 부부, 장유, 붕우 등의 오상(五常)의 관계를 말한다.

137_ 사도(司徒)는 교육을 관장하는 관리이다.

138_ 하(夏)는 화화(華夏), 즉 오랑캐와 대비해서 중국을 일컫는 말이다. 『서경집전』에서는 하(夏)를 "밝고 크다[明而大也.]"라고 풀이했다.

139_ 구적간귀(寇賊姦宄)는 『상서정의』에서 "무리지어 행동하면서 공격하고 겁박하는 것을 구(寇)라고 하고, 사람을 죽이는 것을 적(賊)이라고 하며, 밖에 있는 것을 간(姦)이라고 하고, 안에 있는 것을 귀(宄)라고 하니, 오상의 가르침이 없는 극치를 말한 것이다"라고 했다.

140_ 사(士)는 죄를 다스리고 재판하는 것을 담당하는 관리이다.

있게 하되,[141] 다섯 가지 형벌에 복죄(服罪)하는 것을 세 가지 장소에 나아가서 시행해야 한다.[142] 그리고 다섯 가지 유배형에는 거처하는 곳이 있게 하되, 다섯 가지 거처하는 장소에 세 가지 등급을 두어 거처하게 해야 할 것이다.[143] 오직 분명하게 밝혀야 백성들이 믿을 것이다."[144]

月正元日, 舜格于文祖. 詢于四岳, 闢四門, 明四目, 達四聰. 咨十有二牧曰, "食哉, 惟時. 柔遠能邇, 惇德允元, 而難任人, 蠻夷率服." 舜曰, "咨! 四岳. 有能奮庸, 熙帝之載, 使宅百揆, 亮采惠疇." 僉曰, "伯禹作司空." 帝曰, "俞. 咨! 禹. 汝平水土, 惟時懋哉." 禹拜稽首, 讓于稷·契暨皐陶, 帝曰, "俞. 汝往哉." 帝曰, "棄! 黎民阻饑, 汝后稷, 播時百穀." 帝曰, "契! 百姓不親, 五品不遜, 汝作司徒, 敬敷五教, 在寬." 帝曰, "皐陶! 蠻夷猾夏, 寇賊姦宄, 汝作士, 五刑有服, 五服三就. 五流有宅, 五宅三居. 惟明克允."

순임금이 말했다. "누가 나의 모든 공인(工人)들의 일을 순조롭게 다스

141_ 『상서정의』에서 "형벌의 경중이 중정(中正)에 맞도록 함을 말한다"라고 했다. 즉 형벌이 중정에 맞아서 복종하여 따를 수 있도록 한다는 뜻으로, 복죄(服罪)의 의미이다.

142_ 『상서정의』에서 "형벌의 시행은 당연히 세 장소에 나아가서 시행해야 하니, 큰 죄는 들에서 하고, 대부는 조정에서 하고, 사(士)는 시장에서 한다"라고 했다.

143_ 『상서정의』에서 "차마 형벌을 가하지 못하면 유배하여 추방하는데, 사흉(四凶)과 같은 경우이다. 유배형은 각각 거처하는 장소가 있는데, 다섯 가지의 거처의 차이가 있고, 세 가지 등급의 거처가 있다. 큰 죄는 사방의 변방, 다음은 구주의 바깥, 다음은 천리의 바깥에 거처하게 한다"라고 했다. 『서경집전』에 의하면, 유배형이 비록 다섯 가지이지만, 거처하게 하는 장소는 단지 세 등급으로 만드니, 관작이 다섯 가지이지만, 땅을 나누어주는 것은 세 가지 등급인 것과 같다.

144_ 『상서정의』의 공영달의 소에서 "유명(惟明)은 고요의 밝음이고, 극윤(克允)은 죄를 받는 자가 믿고 복종하는 것이다. 따라서 왕숙(王肅)이 '오직 그 죄를 분명하게 밝혀야 그들로 하여금 믿고 복종하게 할 수 있다'라고 한 것이다"라고 풀이했다.

리겠는가?" 모두가 "수(垂)입니다"라고 대답했다. 순임금이 "그렇다. 아! 수(垂)야. 네가 공공(共工)이 되어라"라고 하자, 수가 절을 하고 머리를 조아리면서 수(殳)와 장(斨) 및 백여(伯與)[145]에게 사양하니, 순임금이 말했다. "그렇다. 가거라! 너는 이 직책을 조화롭게 수행하라."[146] 순임금이 말했다. "누가 나의 산택(山澤)[147]의 초목과 조수를 순조롭게 다스리겠는가?" 모두가 "익(益)입니다"라고 대답했다. 순임금이 "그렇다. 아! 익아. 네가 짐의 우(虞)[148]가 되어라"라고 하자, 익이 절을 하고 머리를 조아리면서 주(朱)·호(虎)·웅(熊)·비(羆)에게 사양하니, 순임금이 말했다. "그렇다. 가거라! 너는 이 직책을 조화롭게 수행하라." 순임금이 말했다. "아! 사악(四岳)아. 짐의 삼례(三禮)[149]를 맡을 수 있는 자가 있는가?" 모두가 "백이(伯夷)입니다"라고 대답했다. 순임금이 "그렇다. 아! 백아. 너는 질종(秩宗)[150]이 되어, 밤낮으로 오직 공경하여 곧고 깨끗하게 하라." 백(伯)이 절을 하고 머리를 조아리면서 기(夔)와 용(龍)에게 사양하니, 순임금이 말했다. "그렇다. 가서 공경스럽게 이 직책을 수행하라."

帝曰, "疇若予工?" 僉曰, "垂哉." 帝曰, "俞. 咨! 垂. 汝共工." 垂拜稽首, 讓于殳·斨暨伯與, 帝曰, "俞. 往哉! 汝諧." 帝曰, "疇若予上下草

145_ 『상서정의』에서는 수장(殳斨)과 백여(伯與) 두 신하라고 했는데, 『서경집전』에서는 수(殳), 장(斨), 백여(伯與) 세 사람이라고 했다.

146_ 『상서정의』에서 "너는 이 직책을 조화롭게 수행하라"는 의미라고 했다.

147_ 상하(上下)는 『상서정의』에서 "상(上)은 산(山)이고, 하(下)는 택(澤)이다"라고 했다.

148_ 우(虞)는 산택(山澤)을 관장하는 관리이다. 『서경집전』에서 인용한 『주례(周禮)』에 의하면, 이 직책을 우인(虞人)과 형인(衡人)으로 만들어 하관(夏)에 소속시켰다.

149_ 삼례(三禮)는 『서경집전』에서 "천신(天神)에게 제사하고, 인귀(人鬼)에게 제향하고, 지기(地祇)에게 제사하는 예이다"라고 했다.

150_ 질종(秩宗)은 『상서정의』에서 '교외의 사당을 주관하는 관직'이라고 했고, 『서경집전』에서는 "백신(百神)을 차례로 제사지내는 것을 주관하는 관직인데, 오직 질종이라고만 말한 것은 종묘를 위주로 말한 것 같다"라고 했다.

木鳥獸?" 僉曰, "益哉." 帝曰, "兪. 咨! 益. 汝作朕虞." 益拜稽首, 讓于朱・虎・熊・羆, 帝曰, "兪. 往哉! 汝諧." 帝曰, "咨! 四岳. 有能典朕三禮?" 僉曰, "伯夷." 帝曰, "兪. 咨! 伯汝作秩宗, 夙夜惟寅, 直哉惟淸." 伯拜稽首, 讓于夔・龍, 帝曰, "兪. 往欽哉."

순임금이 말했다. "기(夔)야! 네가 전악(典樂)이 되기를 명하니, 맏아들[151]을 가르치되, 곧으면서도 온화하고, 관대하면서도 장엄하며, 강하면서도 사나움이 없고, 고상하면서도 오만함이 없게 해야 한다. 시(詩)는 뜻을 말한 것이고, 노래[歌]는 말을 길게 읊조리는 것이며, 소리[聲]는 길게 읊조리는 것에 의지하는 것이고, 음율[律]은 소리를 조화시키는 것이니,[152] 팔음(八音)이 잘 어우러져서 서로 차례를 빼앗지 않아야 신과 사람이 조화될 수 있다." 기(夔)가 말했다.[153] "아! 제가 석경(石磬)을 세게 치고 석경을 가볍게 치자,[154] 온갖 짐승들이 따라서 춤을 추었습니다." 순임금이 말했다. "용(龍)아! 짐은 참소하는 말이 군자의 행동을 차단하여,[155] 짐의 무리들을 동요시키고 놀라게 하는 것을 미워한다. 네가 납언(納言)[156]이 되기를 명하니, 밤낮으로 짐의 명령을 전달

151_ 주자(冑子)는 맏아들이다. 『상서정의』에서 "천자의 원자(元子)로부터 경대부의 자제들을 말한다"라고 했다.

152_ 성(聲)은 궁・상・각・치・우의 오성(五聲)이고, 율(律)은 육률(六律)과 육려(六呂)이다.

153_ 기(夔)가 대답한 내용은 『서』「익직(益稷)」편에도 보인다. 『서경집전』에서는 이 내용이 「익직」편의 글인데, 책이 뒤섞여서 잘못하여 여기에 중복되어 나왔다고 했다.

154_ 『서경집전』에서 "무겁게 치는 것을 격(擊)이라고 하고, 가볍게 치는 것을 부(拊)라고 한다"라고 했다.

155_ 즉(堲)은 미워한다는 뜻이다. 진행(殄行)은 『서경집전』에서 "착한 사람의 일을 해치고 끊는 것이다"라고 했고, 『상서정의』에서는 "군자의 행동을 차단한다"라고 했다.

156_ 납언(納言)은 임금의 명령을 선포하고, 신하의 말을 임금에게 전하는 일을 주관한 관직이다. 『서경집전』에 의하면, 주나라 때의 내사(內史)와 한나라 이후의 중

하되, 오직 진실되게 하라." 순임금이 말했다. "아! 너희들 22명의 사람들아.[157] 공경하라! 때에 맞게 하늘의 일을 도와라."

帝曰, "夔! 命汝典樂, 教胄子, 直而溫, 寬而栗, 剛而無虐, 簡而無傲. 詩言志, 歌永言, 聲依永, 律和聲, 八音克諧, 無相奪倫, 神人以和." 夔曰, "於! 予擊石拊石, 百獸率舞." 帝曰, "龍! 朕堲讒說殄行, 震驚朕師. 命汝作納言, 夙夜出納朕命, 惟允." 帝曰, "咨! 汝二十有二人. 欽哉! 惟時亮天功."

3년마다 관리의 성적을 조사하고,[158] 세 번 살펴서 우매한 관리를 강등시키고 현명한 관리를 승진시키니, 모든 공적이 다 흥성해졌다. 또한 삼묘(三苗)[의 착한 사람과 악한 사람]을 나누어 분리시켰다.[159] 순임금은 태어나서 30년 뒤에 부름을 받고 등용되었고, 30년 후에 임금의 자리에 올라서 50년 만에 승천하여 죽었다.[160](『상서』「요전」)

三載考績, 三考黜陟幽明, 庶績咸熙. 分北三苗. 舜生三十, 徵庸三十在位, 五十載陟方乃死.(『尙書』「堯典」)

康12-5

「요전(堯典)」의 한 글자 한 글자는 모두 공자가 지었다. 대체로 네 가지

서문하(中書門下)는 모두 이 직책이다.

157_ 22명은 사악(四岳)과 9개 직책의 관원, 그리고 12개 주(州)의 우두머리이다.

158_ 고적(考績)은 일정 기준에 의하여 관리의 성적을 조사하여 평가하는 것이다.

159_ 분배(分北)는 나누어서 분리시키는 것이다. 『상서정의』의 공영달의 소에 의하면, 삼묘의 군신들 중에도 선한 사람과 악한 사람이 있으니, 순임금이 선한 사람은 남겨두고 악한 사람은 쫓아 보내, 서로 나누어 분리시켰다는 의미이다.

160_ 척방(陟方)은 『상서정의』에서는 "방(方)은 도(道)이니, 순임금이 즉위한 지 50년에 남방의 순수길에 올랐다가 창오(蒼梧)의 들에서 죽어서 그곳에서 장례지냈다"라고 했는데, 『서경집전』에 "만일 순수하다가 죽었다고 말한다면 당연히 하방(下方)이라고 하지, 척방(陟方)이라고 하지 않는다"는 한유(韓愈)의 주장을 인용하여, 척방(陟方)을 조락(徂落), 즉 죽었다는 의미로 해석했다.

의 증거가 있다. 왕충(王充)의 『논형(論衡)』에서 "『상서』의 '공경하고 밝으며 문채가 나고 사려가 깊다[欽明文思]' 이하의 글은 누가 지은 것인가? 대답하기를, 저술가이다. 저술가는 누구인가? 글쓰기에 뛰어난 재주를 지닌 사람이다. 글쓰기에 뛰어난 재주를 지닌 사람은 누구인가? 대답하기를, 공자이다"라고 했으니,[161] 왕충은 이러한 주장을 일찍이 알고 있었다. 이것이 첫 번째 증거이다. 「요전」의 제도와 「왕제(王制)」가 완전히 동일하며, 순수(巡狩)와 관련된 한 장(章)의 문장도 완전히 동일하다. 「왕제」는 소왕(素王)의 제도이다. 이것이 두 번째 증거이다. 문장 중에서 예를 들어 "그 빛이 사방에 퍼지고, 상하 천지에까지 이르렀다. 큰 덕을 밝힘으로써 모든 친족을 화목하게 했다" 등은 리듬이 조화롭고 말이 정돈되어, 『역』「건괘(乾卦)」「단전(彖傳)」의 효사(爻辭)인 "구름이 가고 비가 내려 만물이 형체를 갖춘다. 끝과 시작을 크게 밝히면 육위(六位)가 때에 맞게 이루어진다"라는 말과 마찬가지로 모두 공자의 문필이다. 이것이 세 번째 증거이다. 하(夏)는 우임금의 연호이니, 요임금과 순임금 때에 우임금은 아직 연호를 고치지 않았는데, 어찌 하나라가 있을 수 있었겠는가? 그런데 '오랑캐들이 당(唐)나라를 어지럽히고 우(虞)나라를 어지럽힌다'라고 말하지 않고, '하(夏)를 어지럽힌다[猾夏.]'라고 말했는데,[162] 하나라는 큰 왕조로, 중국이 하나로 통일된 것은 사실 우임금이 수토(水土)를 평정한 이후에야 서역을 소통시켰기 때문이다. 따라서 주나라 때의 사람들은 종종 이하(夷夏)·화하(華夏)라는 말을 하니, 마치 근대에 한나라와 당나라를 말하는 것과 같다. 따라서 비록

161_ 『논형』「수송(須頌)」편에 보이는데, 문장이 조금 다르다. "問說『書』者, '欽明文思'以下, 誰所言也? 曰, 篇家也. 篇家誰也? 孔子也. 然則孔子鴻筆之人也."

162_ 『서』「순전(舜典)」편에 "帝曰, 皐陶, 蠻夷猾夏, 寇賊姦宄."라는 기록이 보인다. 이 문장에서 하(夏)는 『상서정의』와 『서경집전』에서 모두 화하(華夏), 즉 오랑캐와 대비되는 중국이라는 의미로 사용되었다. 따라서 『서경집전』에서는 하(夏)의 의미를 "밝고 크다[明而大也.]"로 해석했다. 캉유웨이가 이것을 하나라로 해석한 것은 다소 무리가 있는 듯하다.

공자와 같은 성인도 곧 문장에서 그것을 말하면서 또한 '하(夏)를 어지럽힌다[猾夏]'라고 말한 것이다. 이것이 네 번째 증거이다. 『춘추』와 『시』는 모두 군주에 대해 말했는데, 오직 「요전」에서만 유독 민주(民主)의 뜻을 드러내 밝혔다. '하늘을 공경스럽게 따른다[欽若昊天]' 이후부터는 바로 후계자를 버려두고 제위를 선양하거나, 혹은 사악(四岳)이 공화(共和) 정치를 하거나, 혹은 모든 신하들이 아래에서 의견을 제시했으며,[163] 요임금의 시조의 사당에 나아가서 명당(明堂)에 모이거나, 사방의 문을 열어 의회를 열기도 했으며, 높여야 할 여섯 대상[六宗][164]에게 제사를 지내거나, 만물을 변화시키고 자라게 하기도 하고, [형벌을 주지 않고] 유배형을 보내어 형벌을 사용하지 않는 것[165]을 기약하기도 하였으니, 이와 같은 종류는 모두 매우 특이한 뜻을 가탁한 것이다. 따라서 「요전」은 공자의 은미한 말이다. 소왕(素王)의 큰 제도가 이보다 더 나은 것은 없다.

「堯典」一字皆孔子作. 凡有四證. 王充『論衡』"『尙書』自'欽明文思'以下, 何人所作也? 曰, 篇家也. 篇家者誰也? 鴻筆之人也. 鴻筆之人, 何人也? 曰, 孔子也." 則仲任尙知此說. 其證一. 「堯典」制度與「王制」全同, 巡狩一章文亦全同. 「王制」爲素王之制. 其證二. 文辭若"光被四表, 格于上下. 克明俊德, 以親九族"等, 調諧詞整, 與「乾卦」彖辭爻辭"雲行雨施, 品物流行. 大明終始, 六位時成"同, 幷爲孔子文筆. 其證三. 夏爲禹年號, 堯·舜時, 禹未改號, 安有夏? 而不云'蠻夷猾唐, 猾

163_ 사석(師錫)은 『상서정의』에서 사(師)는 무리[衆]이고, 석(錫)은 준다[與]의 의미라고 했다. 즉 모든 신하들이 요임금에게 의견을 제시했다는 뜻이다.

164_ 육종(六宗)은 『서경집전』에서는 높여서 제사지내야 할 제사로, "사시(四時), 한서(寒暑), 일(日), 월(月), 수한(水旱)"이라고 했고, 『상서정의』에서 마융은 "천지(天地)와 사시(四時)"라고 했다.

165_ 형조(刑措)는 형조(刑錯)라고도 하며, 형벌을 두고 사용하지 않는 것이다. 나라가 잘 다스려져서 형벌을 사용하지 않아도 되는 상태로, 주나라 성왕(成王)과 강왕(康王)의 치세 약 40여 년이 이러한 시대였다고 한다. 『사기』 「주본기(周本紀)」에 "成·康之際, 天下安寧, 刑錯四十餘年不用."이라는 기록이 보인다.

虞' 而云'猾夏', 蓋夏爲大朝, 中國一統, 實自禹平水土後, 乃通西域. 故周時人動稱夷夏·華夏, 如近代之稱漢一唐. 故雖以孔子之聖, 便文稱之, 亦曰'猾夏'也. 證四. 『春秋』·『詩』皆言君主, 惟「堯典」特發民主義. 自'欽若昊天'後, 卽舍嗣而巽位, 或四岳共和, 或師錫在下, 格文祖而集明堂, 闢四門以開議院, 六宗以祀, 變生萬物, 象刑以期刑措, 若斯之類, 皆非常異義託焉. 故「堯典」爲孔子之微言. 素王之巨制, 莫過于此.

12-2-6

요임금과 순임금이 나와서 『역(易)』의 변화를 통하게 하여 백성들로 하여금 게으르지 않게 했으며, 신묘하게 조화시켜서 백성들로 하여금 거기에 맞게 살도록 했다.(『역』「계사전 하」)

堯·舜氏作, 通其變, 使民不倦, 神而化之, 使民宜之.(『易』「繫辭傳 下」)

12-2-7[166]

공자와 묵자는 모두 요(堯)·순(舜)에 대해 말하지만, [주장의] 취사선택이 같지 않으면서 모두가 스스로를 요·순의 정통이라고 말한다. 요·순은 다시 살아날 수 없으니, 장차 누구에게 [요·순에 대한] 유가와 묵가의 진실성을 판정하도록 할 수 있겠는가? 은(殷)나라와 주(周)나라는 700여 년, 우(虞)나라와 하(夏)나라는 2,000여 년이 지난 상황에서도 유가와 묵가의 정통성도 판정할 수 없는데, 이제 3,000년 전의 요·순의 법도를 살피고자 하니, 아마도 반드시 그렇다고 단정짓기는 불가능할 것이다. 참고하여 검증할 자료도 없는데 반드시 이렇다고 단정하는

166_ 이하에서 인용한 『한비자』「현학」편의 내용은 이 책의 제1권〈1-9〉에서 이미 인용했다. 자세한 주석은 앞의 내용을 참조 바람.

것은 어리석은 일이며, 반드시 이렇다고 단정할 수도 없는데 그것을 근거로 삼는 것은 남을 속이는 일이다. 따라서 선왕(先王)을 드러내 밝히거나 근거로 삼아서, 요·순[의 법도에 대해] 반드시 이렇다고 판정하는 것은 어리석은 짓이 아니면 남을 속이는 짓이다.(『한비자』「현학」)

孔子·墨子俱道堯·舜, 而取舍不同, 皆自謂眞堯·舜. 堯·舜不復生, 將誰使定儒·墨之誠乎? 殷·周七百餘歲, 虞·夏二千餘歲, 而不能定儒·墨之眞, 今乃欲審堯·舜之道於三千歲之前, 意者其不可必乎. 無參驗而必之者, 愚也, 弗能必而據之者, 誣也. 故明據先王, 必定堯·舜者, 非愚則誣也.(『韓非子』「顯學」)

康12-6

유가와 묵가는 똑같이 요·순에 대해 말하지만 서로 상반된다. 당시에 요·순에 가탁한 것은 마치 허행(許行)이 신농(神農)에게 가탁하고, 제자백가들이 황제(黃帝)를 말한 것과 같이, 시대적 유행에서 나온 것이니, 학자들은 그것을 잘 알고 있었다. 한비자가 비록 믿을 만한 근거는 부족하지만, 유가와 묵가 모두의 영역 밖에 있었기 때문에 그가 조사하여 징험한 것이 없다고 굳이 말할 필요가 없었으니, 또한 그 당시 [유가와 묵가] 외부의 논의를 드러낸 것이다. 『효경위(孝經緯)』에서 말한 "선왕에게 가탁하여 권도를 드러내 밝혔다"라고 했는데, 공자가 아니면 누가 그것을 실행할 수 있었겠는가?

儒·墨同道堯·舜而相反. 當時託堯·舜, 如許行託神農, 百家稱黃帝, 出于時風, 學人頗知之. 韓非雖不足信據, 而并在儒·墨外, 謂其無參驗, 不可必, 亦見其時外論. 『孝經緯』所謂"託先王以明權", 非聖人孰可行之?

12-2-8

공자가 말했다. "위대하도다, 요임금의 임금됨이여! 높고 크도다, 오직 하늘이 가장 위대한데, 요임금만이 그것을 본받았으니, 넓고 넓어서 백성들이 거기에 이름을 붙일 수가 없었다."(『논어』「태백」)

子曰, "大哉, 堯之爲君也! 巍巍乎, 惟天爲大, 唯堯則之, 蕩蕩乎, 民無能名焉."(『論語』「泰伯」)

康12-7

[달항(達巷)] 마을의 사람이 "위대하도다. 공자여! 이름을 붙일 것이 없다"[167]라고 말한 것은 공자가 요임금을 말한 것과 마찬가지이다. 순자와 열자는 모두 오제(五帝)는 정치가 전해지지 않고, 요임금은 전해지는 정치가 없다고 말했으니,[168] 누가 이름을 붙일 수 있었겠는가?

167_ 『논어』「자한」편에 "達巷黨人曰, 大哉孔子! 博學而無所成名."이라는 말이 보인다. 『논어』에서는 공사의 박학을 징잔하면서 어느 한 분야에 이름을 이룰 만한 특별한 장점이나 기예가 없는 것을 애석하게 여긴 것으로 풀이된다. 여기에서는 캉유웨이의 의도에 따라서 앞의 「태백」편에 나온 '民無能名焉'과 같은 의미로 해석했다.

168_ 『순자』「비상(非相)」편에서 "오제(五帝) 이전의 [상고시대에] 사적이 전해지는 사람이 없는 것은 현명한 사람이 없어서가 아니라 세월이 오래되었기 때문이다. 오제(五帝)[의 정치] 가운데 전해지는 정치가 없는 것은 좋은 정치가 없어서가 아니라 세월이 오래되었기 때문이다[五帝之外無傳人, 非無賢人也, 久故也. 五帝之中無傳政, 非無善政也, 久故也.]"라고 했고, 『열자』「양주(楊朱)」편에서 "양주(楊朱)가 말했다. 태고(太古) 시대의 일은 사라져 버렸는데, 누가 그것을 기록했는가? 삼황(三皇) 때의 일은 있었던 것 같기도 하고 없었던 것 같기도 하며, 오제(五帝) 때의 일은 깨어 있을 때의 일인 것 같기도 하고 꿈속의 일인 것 같기도 하다. 그리고 삼왕(三王)의 일은 어떤 사실은 감추어져 있고 어떤 사실은 드러나 있으니, 억만 가지 일 중에서 하나도 제대로 알지 못하고 있다[楊子曰, 太古之事滅矣, 孰誌之哉? 三皇之事若存若亡, 五帝之事若覺若夢. 三王之事或隱或顯, 億不識一.]"라고 했다.

黨人稱"大哉. 孔子! 無所成名", 與孔子稱堯同. 荀子·列子皆謂五帝不傳政, 堯無政傳, 安能名之?

12-2-9

공자가 말했다. "억지로 작위하지 않고 다스린 사람은 순임금일 것이다. 무엇을 하겠는가? 자기 몸을 공손하게 하고 바르게 남쪽을 향하고 있었을 뿐이다."(『논어』「위령공」)

子曰, "無爲而治者, 其舜也與. 夫何爲哉? 恭己正南面而已矣."(『論語』「衛靈公」)

12-2-10

공자가 말했다. "순임금은 큰 지혜를 가졌을 것이다. 순임금은 묻기를 좋아하고, 수준 낮은 말을 살피기를 좋아했는데, 악을 숨겨주고 선을 드러내 보이고, 그 두 끝을 잡아서 그 중간을 백성에게 사용하니, 이 때문에 순임금이 된 것이다."(『예기』「중용」)

子曰, "舜其大知也與. 舜好問而好察邇言, 隱惡而揚善, 執其兩端, 用其中于民, 其斯以爲舜乎."(『禮記』「中庸」)

12-2-11

공자가 말했다. "순임금은 큰 효자일 것이다. 덕으로는 성인이 되고, 존귀하기로는 천자가 되며, 부유하기로는 사해(四海)의 안을 소유했다. 종묘의 제사를 흠향하고, 자손을 보존했다. 따라서 큰 덕은 반드시 그에 맞는 지위를 얻고, 반드시 그에 맞는 봉록을 얻으며, 반드시 그에 맞는 이름을 얻고, 반드시 그에 맞는 수명을 얻는다."(『예기』「중용」)

子曰, "舜其大孝也與. 德爲聖人, 尊爲天子, 富有四海之內. 宗廟饗之, 子孫保之. 故大德必得其位, 必得其祿, 必得其名, 必得其壽."(『禮記』「中庸」)

12-2-12

공자가 말했다. "순임금은 지극한 효자일 것이다. 50세까지 [부모를] 사모했다."[169](『맹자』「고자 하」)

孔子曰, "舜其至孝矣. 五十而慕."(『孟子』「告子 下」)

12-2-13

따라서 공자가 "효도와 공경이 지극하여 신명(神明)에 통하고, 온 천하에 빛난다"라고 하니, 순임금을 말한다.(『신서』「잡사」)

故孔子曰, "孝弟之至, 通于神明, 光于四海." 舜之謂也.(『新序』「雜事」)

12-2-14

공자가 말했다. "「소소(簫韶)」는 순(舜)임금이 남긴 음악이다. 따뜻하고 인자함으로써 조화하는 것이 마치 지극히 온화한 남쪽 바람과 같

169_ 순임금은 부모로부터 사랑을 받지 못하여 50세까지도 끊임없이 원망하고 사모했다는 뜻이다. 『맹자집주』에서 인용한 조씨(趙氏)에 의하면, 자식은 부모와 마땅히 친해야 하는데, 만약 소원하다면 원망하고 사모하여 하늘에 부르짖게 된다. 따라서 순임금이 원망하고 사모한 것은 허물이 되지는 않는다고 했다. 『맹자』「만장 상(萬章 上)」편에도 "만장(萬章)이 물었다. '순임금은 밭으로 가서 하늘에 부르짖으며 통곡했으니, 무엇 때문에 부르짖으며 통곡했습니까?' 맹자가 말했다. '[부모를] 원망하고 사모했기 때문이다.'[萬章問曰, '舜往于田, 號泣于旻天, 何爲其號泣也?' 孟子曰, '怨慕也.']"라는 내용이 보인다.

다.[170] 그 음악은 마치 추위와 더위, 바람과 비가 사물을 움직이는 것과 같으니, 마치 사물이 사람을 움직이고 우레가 금수를 움직이며, 바람과 비가 물고기와 용을 움직이고, 인의(仁義)가 군자를 움직이며, 재물과 여색이 소인을 움직이는 것과 같다. 이 때문에 성인은 그 근본에 힘쓴다."[171](『악위 · 동성의』)

孔子曰, "「簫韶」者, 舜之遺音也. 溫潤以和, 似南風之至. 其爲音如寒暑 · 風雨之動物, 如物之動人, 雷動獸禽, 風雨動魚 · 龍, 仁義動君子, 財色動小人. 是以聖人務其本."(『樂緯 · 動聲儀』)

12-2-15

음악은 [순임금의] 「소무(韶舞)」를 사용한다.(『논어』 「위령공」)

樂則「韶舞」.(『論語』 「衛靈公」)

12-2-16

공자가 「소(韶)」 음악에 대해, 지극히 아름답고, 또 지극히 선하다고 평가했다.(『논어』 「팔일」)

子謂「韶」, 盡美矣, 又盡善也.(『論語』 「八佾」)

12-2-17

[음악은 순임금의 소무(韶舞)를 가까이 하는 것이 마땅하기 때문에] 순

170_ 남풍(南風)은 남쪽에서 불어오는 온화한 바람인데, 순임금이 지었다고 전해지는 악곡 이름이기도 하다. 『예기』 「악기(樂記)」편에 "昔者, 舜作五弦之琴, 以歌南風."이라는 기록이 보인다.

171_ 이 내용은 『옥함산방집일서』(3)의 송균(宋均)의 주에 의하면, 『태평어람』 권81에서 인용한 것이다.

임금을 친한 대상으로 기록했다.(『춘추번로』「삼대개제질문」)

以虞錄親樂.(『春秋繁露』「三代改制質文」)

康12-8

공자가 음악을 기록할 때 「소(韶)」를 취했으니, 「소악(韶樂)」은 바로 공자의 음악이다. 이에 대한 변론은 앞에 보인다.

孔子錄樂取「韶」, 「韶樂」卽孔子樂. 辨見前.

12-2-18

「하도(河圖)」는 천명의 기록이다. 천지(天地) 사이 제왕들의 종시(終始)와 존망(存亡)의 정해진 시기를 그림으로 그리고, [왕조] 교체의 법칙을 기록한 것이다.[172] 제왕들에게 천명을 받아서 나의 도를 사용하게 하고, 요임금이 대대로 평화롭게 다스린 것을 따라서 예(禮)를 만들어 요임금의 문화를 본받고, 교화가 퍼지면 음악을 지어서 여기에서 이름을 붙였다.[173](『상서위 · 선기검』)

「河圖」命紀也. 圖天地帝王終始存亡之期, 錄代之矩. 使帝王受命用吾道, 述堯理代平, 制禮放唐之文, 化洽, 作樂名斯在.[174](『尙書緯 · 璇機鈐』)

172_ 『문선(文選)』 권36 「영명십일년책수재문오수(永明十一年策秀才文五首) · 장원장(王元長)」의 이선의 주에 인용되어 있다.

173_ 『후한서』 「조포열전(曹褒列傳)」에 "『尙書璇璣鈐』曰, 述堯理世平, 制禮樂放唐之文."이라는 기록이 있는데, 범엽의 주에서 "緯本文云"이라고 해서 인용한 것이다. 송균(宋均)의 주에서 "술(述)은 수(脩)이다"라고 했다.

174_ 이 문장은 『옥함산방집일서』(3)에는 '하도(河圖)'부터 '록대지구(錄代之矩)'까지, 그리고 '사제왕(使帝王)'부터 '사재(斯在)'까지가 각각 별도의 문장으로 수록되어 있다.

12-2-19

옛날의 임금을 살펴보면 거듭 문덕(文德)이 빛나니,[175] 하늘의 역수(歷數)를 공경스럽게 받들어, 1월로 세수(歲首)를 삼는 역법을 시행하고,[176] 정삭(正朔)을 나누어주었다.[177](『상서위 · 상서중후』)

若稽古帝曰重華, 欽翼皇象, 建寅, 授正朔.(『尙書緯 · 尙書中候』)

<이상 공자가 요 · 순을 본보기로 삼다: 右孔子法堯 · 舜>

3. 공자가 문왕을 본보기로 삼다 [孔子法文王]

12-3-1

공자가 광(匡) 땅에서 경계심을 품고 있었는데,[178] 다음과 같이 말했다.

175_『상서』「순전(舜典)」편에도 "若稽古帝舜, 曰重華, 協于帝."라는 내용이 보인다. 『상서정의』에서 "화(華)는 문덕(文德)을 말하니, 그 빛나는 문덕이 거듭 요임금과 합치되어, 성스럽고 밝음을 갖추었다"라고 했다.

176_ 건인(建寅)은 북두칠성의 자루가 인(寅)을 가리키는 달인 인월(寅月), 즉 1월로 세수(歲首)를 삼는 역법이다. 하(夏)나라가 이 역법을 사용했다.

177_ 이 내용은 『태평어람』 권81 「황왕부 육(皇王部 六) · 제순유우씨(帝舜有虞氏)」에 인용되어 있다. 『태평어람』의 주에서 "익(翼)은 받든다[奉]는 의미이고, 상(象)은 역(歷)의 의미로, 순임금이 황천(皇天)의 역수(歷數)를 공경스럽게 받들었다"라고 풀이했다.

178_『사기』「공자세가(孔子世家)」에 의하면, 공자가 위(衛)나라에서 진(陳)나라로 갈 때 광 땅 사람들에게 5일간 포위되어 목숨의 위협을 당했다. 이전에 양호(陽虎)라는 인물이 광 땅 사람들을 괴롭혔는데, 공자가 그곳을 지나다가 광 땅 사람들이 양호로 오인하여 포위한 것이다. 외(畏)는 『논어집주』에서 포위를 당해서 경계심을 품고 있었다고 풀이했다.

"문왕이 이미 죽었으니, [주나라의] 문화 제도가 여기 나에게 있지 않겠는가? 하늘이 장차 이 문화 제도를 없애버리려고 했다면 [문왕보다] 뒤에 죽는 내가 이 문화 제도에 동참할 수 없었겠지만, 하늘이 이 문화 제도를 아직 없애지 않았으니, 광 땅 사람들이 나를 어떻게 하겠는가?"(『논어』「자한」)

子畏于匡, 曰, "文王旣沒, 文不在玆乎? 天之將喪斯文也, 後死者不得與于斯文也, 天之未喪斯文也, 匡人其如予何?"(『論語』「子罕」)

康12-9

공자가 [주나라의] 문화 제도[의 계승]을 스스로 자임하여, 문왕을 곧바로 계승한 것을 결코 사양하지 않았으며, 반복해서 그것을 말하면서 이 문화 제도[斯文]라고 호칭했으니, 결코 [문(文)이라는 것을] 시호를 정하는 방법[謚法]으로 삼은 것이 아니다.[179] 이 일은 『논어』에 나오니, 이것이 공자 문하의 은미한 말이라는 것의 상당히 믿을 만한 증거가 될 수 있다.

孔子以文自任, 直繼文王, 絶不辭讓, 反覆言之, 號爲斯文, 幷不以爲謚法. 事出『論語』, 此爲孔門微言, 至可信據.

12-3-2

원년, 봄, 왕의 정월. 왕(王)이란 누구를 말하는가? 문왕을 말한다.(『공양전』「은공」 원년)

元年, 春, 王正月. 王者孰謂? 謂文王也.(『公羊傳』「隱公」元年)

179_ 시법(謚法)은 시호를 정하는 방법인데, 문(文)이라는 글자로 문왕의 시호를 정하려고 한 것이 아니라, 문화 제도라는 의미로 사용했다는 뜻이다.

12-3-3

『춘추』에서 '왕정월(王正月)'이라고 했는데, 『공양전』에서 "왕(王)이란 누구를 말하는가? 문왕을 말한다"라고 했다.(『춘추번로』「삼대개제질문」)

『春秋』曰, '王正月.' 傳曰, "王者孰謂? 謂文王也."(『春秋繁露』「三代改制質文」)

12-3-4

문왕은 주나라에서 처음으로 천명을 받은 왕이다. 하늘이 명했기 때문에 위로 하늘의 시작[春]과 연결해 놓았다.[180] 천명을 받아서 정월을 제정한 일을 진술했기 때문에 [문왕에게] 가탁하여 왕자의 법으로 삼았다.[181] [문왕의] 시호를 말하지 않은 것은 그가 살아 있을 때 한 일을 본받지 죽은 이후를 본받지 않아서, 뒤에 올 왕과 [정월을 제정하는 것을] 공유함을 의미하니,[182] 인도(人道)의 시작이다.(『공양전』「은공」 원년 하휴 주)

文王, 周始受命之王. 天之所命, 故上系天端. 方陳受命制正月, 故假以爲王法. 不言謚者, 法其生, 不法其死, 與後王共之, 人道之始也.(『公

180_ 봄[春]은 하늘의 시작이고, 문왕은 하늘로부터 처음으로 천명을 받은 사람이기 때문에 둘을 서로 관련시켜서 『춘추』 원문에서 '왕(王)'자 앞에 '춘(春)'자를 두었다는 말이다.

181_ 서언의 소에서 다음과 같이 풀이했다. "공자는 새로운 왕이 천명을 받아서 정월을 제정한 일을 진술했기 때문에 문왕이 처음으로 천명을 받아서 역법을 정한 것을 빌어서 취하여, 장래에 그것을 법으로 삼으려고 했으니, 사실은 한나라를 위해서이다."

182_ 서언의 소에서 다음과 같이 풀이했다. "죽은 이후에 시호를 사용하는 것이 주나라의 법도인데, 문왕이 죽은 지 이미 오래되었는데도 시호를 말하지 않은 것은 바로 그가 살아 있을 때 정교(政敎)를 베풀고 역법을 바로잡은 것을 본받는다는 것을 말한다. 따라서 그가 살아 있을 때 한 일을 본받지 그가 죽은 이후를 본받지 않는다고 했다. 뒤의 왕과 함께한다는 것은 시호를 말하지 않음으로써 뒤의 왕과 통할 수 있다는 것이다. 뒤의 왕은 한나라의 왕을 말한다."

羊傳』「隱公」元年 何休 注)

康12-10

문왕은 단지 가탁하여 왕자의 법으로 삼은 것일 뿐, 진짜 왕자는 아니다. 또한 [문왕이] 살아 있을 때 한 일을 본받지 죽은 이후를 본받지 않아서, 뒤에 올 왕과 [정월을 제정하는 것을] 공유했다고 말하니, 살아 있을 때의 문왕은 누구인가? 공자가 아니면 누구이겠는가? [『공양전』의] 핵심을 서술하고 의리를 밝히면서[183] 특별히 기치를 내걸었으니, 이것은 공자 문하의 은미한 말이다. 그 본래의 근원을 알아야만 큰 도를 이해할 수 있다.

文王但假爲王法, 非眞王也. 又云法生不法死, 與後王共之, 生文王爲誰? 非孔子而何? 開宗明義, 特揭徽號, 此爲孔門微言. 知其本原, 乃可通大道.

12-3-5

문왕은 예악(禮樂)이 파괴되고 무너져서 도가 의지할 주체가 없음을 보았기 때문에 『예경(禮經)』 3백과 『위의(威儀)』 3천[을 만들었다.][184] 올바른 법칙이 삼백 다섯 가지이며, 구체적인 행동의 준칙이 삼천 네 가지이다.[185](『예위 · 계명징』)

文王見禮壞樂崩, 道孤無主, 故『禮經』三百 · 『威儀』三千. 正經三百

183_ 개종명의(開宗明義)는 핵심을 서술하고 의리를 밝힌다는 뜻으로, 어떤 저술이나 발언의 핵심 요지를 말한다. 『효경』 제1장의 편명이기도 하다.

184_ 이상에서 인용한 『예위 · 계명징』의 내용은 이 책의 제8권 제4절〈8-4-5〉에서 이미 인용했다. 자세한 주석은 앞의 내용을 참조 바람.

185_ 『예기주소(禮記注疏)「원목(原目)」의 공영달의 소에 "禮說云, 有正經三百五也 … 禮說云, 動儀三千四."라고 인용되어 있다.

五, 動儀三千四.[186](『禮緯 · 稽命徵』)

康12-11

주나라 문왕 때에는 예악이 파괴되고 무너지지 않았다. 그렇다면 여기의 문왕은 공자가 아니면 누구겠는가? 따라서 『예경』 3백과 『위의』 3천은 모두 공자가 제작한 것이다.

周文王之時, 無禮壞樂崩. 然則此文王, 非孔子而何? 故『禮經』三百 · 『威儀』三千, 皆孔子所制.

12-3-6

왕자는 누구인가? 문왕을 말한다. 아마도 삼대는 오로지 문왕만을 말하는 것은 아닌 듯하다.[187](『춘추위 · 원명포』)

王者孰謂? 謂文王也. 疑三代謂疑文王.(『春秋緯 · 元命苞』)

12-3-7

문왕을 끌어들인 것은 문왕이 처음으로 천명을 받아서 법도를 제정했기 때문이다.[188](『공양전』「문공」 9년 하휴 주)

186_ 이 문장은 『옥함산방집일서』(3)에는 '문왕(文王)'부터 '위의삼천(威儀三千)'까지, 그리고 '정경(正經)'부터 '삼천사(三千四)'까지가 각각 별도의 문장으로 수록되어 있다.

187_ 이 내용은 『공양전』「은공」 원년의 서언의 소에서 인용한 것으로, "春秋說云, 王者孰謂? 謂文王也. 疑三代, 謂疑文王, 而傳專云文王, 不取三代何?"라고 기록되어 있다. 완원(阮元)의 교감기에서는 '위의(謂疑)' 두 글자를 '부전위(不專謂)'로 고쳐서 '疑三代不專謂文王'으로 해야 의미가 통한다고 했다. 여기에서도 완원의 교감에 따라 해석했다.

188_ 『춘추』「문공」 9년에 "모나라 백작이 노나라에 와서 금을 요구했다[毛伯來求

引文王者, 文王始受命, 制法度.(『公羊傳』「文公」九年 何休 注)

12-3-8[189]

왕자는 [제후들에게] 요구하는 것이 없다. 말하자면, 천자의 자리를 계승한 후계자[子][190]는 문왕의 체제를 계승하고, 문왕의 법도를 지켜야 하니, 문왕의 법도에서는 [제후에게] 요구해서는 안 되는데도 요구하기 때문에 비난한 것이다.(『공양전』「문공」9년)

王者無求. 曰是子也, 繼文王之體, 守文王之法度, 文王之法無求, 而求. 故譏之也.(『公羊傳』「文公」九年)

康12-12

대체로 후세에는 유가의 책을 암송하고, 유가의 전통대로 따르고, 유가의 옷을 입으니, 모두가 이른바 문왕의 체제를 계승하고, 문왕의 법도를 지키는 자들이다.

凡後世誦儒書, 任儒統, 衣儒服, 皆所謂繼文王之體, 守文王之法度者.

金.]"라는 기사가 있다. 당시 천자의 대부인 모나라 백작이 천자의 사신으로 노나라에 와서 금을 요구한 사건인데, 『공양전』에서는 이것을 비판하면서 문왕을 끌어들여서 다음과 같이 말했다. "문왕의 체제를 계승하고, 문왕의 법도를 지켜야 하니, 문왕의 법도에서는 [제후에게] 요구해서는 안 되는데도 요구하기 때문에 비난한 것이다[繼文王之體, 守文王之法度, 文王之法無求, 而求, 故譏之也.]"

189_ 이 부분은 『춘추』「문공」9년의 "모나라 백작이 노나라에 와서 금을 요구한 사건[毛伯來求金.]"에 대한 『공양전』의 내용이다.

190_ 자(子)는 천자의 자리를 계승한 후계자를 가리킨다. 당시 천자가 죽어서 아직 삼년상을 치르지 않았기 때문에 그 후계자가 비록 천자의 자리에 올랐지만, 천자로 일컫지 않고, 자(子)라고 일컬은 것이다.

12-3-9

공자가 "문왕이 이미 죽었으니, [주나라의] 문화 제도가 여기 나에게 있지 않겠는가?"라고 말했으니, 문왕의 문화 제도는 공자에게 있고, 공자의 문화 제도는 동중서에게 있다.(『논형』「초기」)

孔子曰, "文王旣沒, 文不在玆乎?", 文王之文在孔子, 孔子之文在仲舒.(『論衡』「超奇」)

12-3-10

공자가 "문왕이 이미 죽었으니, [주나라의] 문화 제도가 여기 나에게 있지 않겠는가?"라고 말했으니, 문왕의 문화 제도는 공자에게 전수되었고, 공자가 한(漢)나라를 위해 제정한 문화 제도는 한나라에 전수되었다.(『논형』「일문」)

孔子曰, "文王旣沒, 文不在玆乎?", 文王之文, 傳在孔子, 孔子爲漢制文, 傳在漢也.(『論衡』「佚文」)

康12-13

주나라의 문왕은 주(周)나라의 제도를 만들었고, 공자라는 문왕은 한(漢)나라의 제도를 만들었다.

周文王爲周制, 孔子之文王爲漢制.

12-3-11

옛날에 『시(詩)』가 3천여 편이었는데, 공자에 이르러 그중에 중복된 것을 제거하고, 예의(禮義)에서 시행될 만한 것만을 가려서 뽑았다. 위로는 설(契)과 후직(后稷)에 대한 시를 채록하고, 중간에는 은나라와 주나라의 흥성함에 대한 시를 서술했으며, 유왕(幽)와 여왕(厲王)의 잘못에 대한 시에까지 이르렀다. 그런데 주변의 일상적인 일[191]을 시의 첫 부분에 두었다. 따라서 "「관저(關雎)」편의 남녀 사이의 이치를[192] 「풍(風)」의 시작으로 삼았고, 「녹명(鹿鳴)」편을 「소아(小雅)」의 시작으로 삼았으며, 「문왕(文王)」편을 「대아(大雅)」의 시작으로 삼았고, 「청묘(淸廟)」편을 「송(頌)」의 시작으로 삼았다"라고 했다.[193] 305편을 공자가 모두 현악기를 타면서 노래를 부름으로써 「소(韶)」·「무(武)」·「아(雅)」·「송(頌)」의 음악에 맞추려고 시도했다. 예악(禮樂)이 이때부터 전해질 수 있어서, 이로써 왕도(王道)가 갖추어지고 육예(六藝)가 완성되었다.(『사기』「공자세가」)

古者詩三千餘篇, 及至孔子, 去其重, 取可施于禮義. 上采契·后稷, 中述殷·周之盛, 至幽·厲之缺. 始[194]于衽席. 故曰, "「關雎」之亂以爲「風」始, 「鹿鳴」爲「小雅」始, 「文王」爲「大雅」始, 「淸廟」爲「頌」始." 三百五篇孔子皆弦歌之, 以求合「韶」·「武」·「雅」·「頌」之音. 禮樂自此可得而述, 以備王道, 成六藝.(『史記』「孔子世家」)

12-3-12

자하(子夏)가 "「관저(關雎)」는 무엇 때문에 「국풍(國風)」의 시작이 되었습

191_ 임석(衽席)은 요와 자리로, 연회를 베푸는 자리 또는 남녀 사이의 감정이나 관계 등 주변의 일상적인 일을 의미한다.

192_ 난(亂)은 『사기정의』에서 이치[理]라고 했다. 남녀 사이의 이치라는 뜻이다.

193_ 모씨(毛氏)의 「소서(小序)」에 의하면, 「관저」는 "후비(后妃)의 덕을 읊은 것으로, 교화의 시초이니, 천하를 교화하고 부인을 바로잡는 것이다"라고 했고, 「녹명」은 "여러 신하들과 아름다운 손님을 연향하는 시이다"라고 했다. 「문왕」은 "문왕이 천명을 받아서 주나라를 만든 것이다"라고 했고, 「청묘」는 "문왕을 제사시낸 것이다"라고 했다.

194_ 시(始)가 『공자개제고』에 위(謂)로 되어 있는데, 『사기』 원문에 따라 고쳤다.

니까?"라고 묻자, 공자가 대답했다. "「관저」는 지극하도다! 저 「관저」를 지은 사람은 우러러 하늘을 본받고 굽혀 땅을 본받으니, [「관저」는] 지극히 오묘하고 그윽하게 덕이 저장되어 있는 것이며, 이리저리 끊임없이 도가 실행되는 것으로,[195] 마치 신령스러운 용의 변화처럼 문장이 화려하게 빛난다. 위대하구나! 「관저」의 도여! 만물이 모두 관계되어 있고, 모든 생물의 생명이 여기에 달려 있다. 하수(河水)와 낙수(洛水)에서 도서(圖書)가 나오고,[196] 기린과 봉황이 교외에서 노니니,[197] 「관저」의 도를 따르지 않는다면 「관저」의 일이 장차 어디로부터 이르러 올 수 있겠는가! 육경(六經)의 기록 모두가 끊임없이 귀결되는 논리는 대체로 「관저」에서 취했으니, 「관저」의 일은 위대하구나! 수많은 사람들이[198] '서쪽에서나 동쪽에서나, 남쪽에서나 북쪽에서나 생각하여 복종하지 않는 자가 없다'라고 했으니,[199] 너는 이것을 힘써 노력하고, 복종할 것을 생각하여라. 천지 사이의 백성의 무리와 왕도의 근원이 여기에서 벗어나지 않는다." 자하가 크게 감탄하면서 "위대하구나! 「관저」는 천지의 기틀이로다"라고 했다. 『시』에서 "종과 북으로 즐겁게 해준다"라고 했다.[200](『한시외전』)[201]

子夏問曰, "「關雎」何以爲「國風」始也?" 孔子曰, "「關雎」至矣乎! 夫

195_ 분분(紛紛)은 이리저리 뒤섞여서 많은 모양이고, 비비(沸沸)는 물이 용솟음치며 흐르는 모양이다. 도가 이리저리 끊임없이 실행되는 모습을 형용한 것이다.

196_ 『역』 「계사전 상」편에 "河出圖, 洛出書, 聖人則之."라는 기록이 보인다. 「하도(河圖)」와 「낙서(洛書)」는 하수와 낙수에서 용마(龍馬)와 거북이 등에 지고 나왔다는 그림을 말한다.

197_ 『논어』 「자한(子旱)」편의 "子曰, 鳳鳥不至, 河不出圖, 吾已矣夫."라는 기록과 『춘추』 「애공(哀公)」 14년의 "春, 西狩獲麟."이라는 기록이 보인다.

198_ 빙빙익익(馮馮翊翊)은 매우 많고 성한 모양으로, 수많은 사람들이 「관저」의 일을 따른다는 의미이다.

199_ 『시』 「대아 · 문왕유성(文王有聲)」편의 한 구절인데, 무왕(武王)에 대해 칭송한 시이다. 시에는 '자동자서(自東自西)'가 '자서자동(自西自東)'으로 되어 있다.

200_ 『시』 「주남(周南) · 관저(關雎)」편에 보인다.

201_ 『한시외전(韓詩外傳)』 권5에 실려 있다.

「關雎」之人, 仰則天, 俯則地, 幽幽冥冥, 德之所藏, 紛紛沸沸, 道之所行, 如神龍變化, 斐斐文章. 大哉!「關雎」之道也! 萬物之所繫, 群生之所懸命也. 河洛出書圖, 麟鳳翔乎郊, 不由「關雎」之道, 則「關雎」之事將奚由至矣哉! 夫六經之策皆歸論汲汲, 蓋取之乎「關雎」,「關雎」之事大矣哉! 馮馮翊翊, '自東自西, 自南自北, 無思不服.' 子其勉强之, 思服之. 天地之間, 生民之屬, 王道之原, 不外此矣." 子夏喟然嘆曰, "大哉!「關雎」乃天地之基也."『詩』曰, "鍾鼓樂之."(『韓詩外傳』)

康12-14

사시(四始)[202]의 뜻은『한시외전』과 사마천이 모두 같으니, 이것은 공자 문하의 미언대의(微言大義)이다.「관저」·「녹명」·「문왕」·「청묘」는 모두 문왕에 관한 시이다.「생민(生民)」·「공유(公劉)」·「사문(思文)」은 모두 문왕의 먼 조상에 관한 시인데, 그 시가 도리어 [「관저」 등의 시보다] 뒤에 있으니, 공자가 문왕이 지극한 덕이 있다는 이유로 문왕에게 처음을 가탁했을 뿐이다.『시』는 문왕에게 시작을 가탁했고,『서』는 요임금과 순임금에게 시작을 가탁했으며,『춘추』는 시작을 문왕에게 가탁하고, 끝을 요임금과 순임금에게 가탁했으니, 공자의 성스러운 마음을 거기에 가탁한 것이다. 위서(僞書)『모시(毛詩)』의「대서(大序)」[203]에서「풍」·「소아」·「대아」·「송」을 사시(四始)라고 한 이후로부터, 이에 문왕에게 시작을 가탁한 뜻이 사라져 버렸다. 시작[始]이란 "처음[初哉]이고, 머리의 기틀[首基]"을 말하니,[204] 어찌「풍」·「소아」·「대아」·「송」

202_ 사시(四始)는「풍」·「소아」·「대아」·「송」의 첫 번째 시인「관저關雎)」·「녹명(鹿鳴)」·「문왕(文王)」·「청묘(淸廟)」편을 말한다.

203_『모시』의「모서(毛序)」중에서「관저」편에 대한 서(序)를「대서(大序)」라고 하고, 나머지 각 편의 서(序)는 소서(小序)라고 한다.「관저」편의 서(序)에서는『시』의 육의(六義)의 전체에 대해 풀이했기 때문에「대서」라고 한다. 한편 정현은「대서」는 자하(子夏)가 지었고,「소서」는 자하와 모공(毛公)이 함께 지었다고 했다.

이 거기에 해당될 수 있겠는가? 의미가 통하지 않음이 또한 너무 심하다. 그런데도 거짓으로 자하의 작품이라고 가탁했는데, 비록 『사기』와 『한시외전』의 증거가 있더라도 사람들은 또한 그것을 믿으니, 어찌 이상하지 않은가? 대체로 유흠(劉歆)이 공자의 대의(大義)에 대해 공격하여 없애버린 것이 이와 같다.

四始之義, 『韓詩』 · 史遷皆同, 此爲孔門微言大義. 「關雎」 · 「鹿鳴」 · 「文王」 · 「淸廟」, 皆文王之詩也. 「生民」 · 「公劉」 · 「思文」, 皆文王遠祖, 而詩反在後, 蓋孔子以文王至德, 託始焉爾. 『詩』託始文王, 『書』託始堯 · 舜, 『春秋』始終之, 蓋孔子聖心所託焉. 自僞『毛詩』「大序」以「風」 · 「雅」 · 「頌」爲四始, 于是託始文王之義滅焉. 始者, "初哉, 首基"之謂, 豈可以「風」 · 「雅」 · 「頌」當之? 不可通亦極矣. 而僞假子夏之作, 雖有『史記』 · 『韓詩』之證, 人亦信之, 豈不異哉? 蓋劉歆于孔子大義無不攻滅如此.

12-3-13

[문왕이] 천하를 삼등분하여 그 둘을 소유하고도 은나라에 복종하여 섬겼으니, 주나라 문왕의 덕은 지극한 덕이라고 할 만하다.[205](『논어』「태백」)

三分天下, 有其二, 以服事殷, 周之德, 其可謂至德也已矣.(『論語』「泰伯」)

康12-15

공자의 도는 싸우고 빼앗는 것을 싫어하고, 양보하는 것을 귀하게 여

204_ 『이아(爾雅)』「석고(釋詁)」편에서 "初哉首基肇祖元胎俶落權輿, 始也."라고 했는데, 주에서 "初, 衣始制也, 哉, 艸木始生也, 首元, 皆人之首也."라고 했다.

205_ 『논어집주』에서 "『춘추전(春秋傳)』에서 '문왕이 상나라를 배반한 나라를 거느리고 주왕을 섬겼다'[文王率商之畔國以事紂.]"라고 풀이했다. 문왕이 은나라 주왕을 정벌하지 않은 것은 천자에 대해 제후는 절대적으로 복종하는 순신(純臣)의 위치이기 때문이라고 공자는 생각했다.

기니, 요임금과 순임금, 문왕, 은공(隱公), 태백(泰伯), 백이(伯夷)에 대해 모두 그들의 양보를 귀하게 여겼다. 자서(子西)가 공자에게 땅을 봉해 주지 않으려고 한 것은 공자의 수많은 제자들이 재능이 뛰어난 것을 두려워했기 때문이다.[206] 맹자와 순자는 모두 100리의 땅을 얻어서 임금노릇을 하면, 제후들에게 조회를 받고, 천하를 소유할 수 있다고 말했으니, 이것은 당시의 실제적인 일이다. 그런데 공자는 한 사람이라도 죄가 없는 사람을 죽이는 것을 걱정하여 하지 않았으니,[207] 그 도는 춘추시대 말기에 또한 거의 천하를 삼등분하여 그 둘을 소유할 정도여서, 문왕과는 동등했다. 따라서 공자는 문왕을 가장 즐겨 기록했으니, 지극한 덕이 서로 가깝기 때문이다.

孔子之道, 惡爭奪而貴讓, 堯・舜・文王・隱公・泰伯・伯夷皆貴其讓也. 子西不欲封孔子, 畏其群弟子之多才. 孟子・荀子俱謂得百里之地而君之, 可朝諸侯, 有天下, 是當時實事. 然孔子慮殺一不辜而不爲, 其道在春秋末亦幾三分有二, 有類文王. 故孔子最樂記之, 以至德相近也.

206_ 자서(子西)는 초(楚)나라 소왕(昭王) 때의 영윤(令尹)이었던 공자(公子) 신(申)으로, 초나라 평왕(平王)의 서제(庶弟)이다. 『사기』「공자세가」에 의하면, 초(楚)나라 소왕(昭王)이 공자에게 700리에 달하는 땅을 봉해주려고 했다. 이때 초나라의 영윤(令尹)이었던 자서가 "공자가 초나라에서 분봉을 받아 그 땅을 얻게 되면 현명한 제자들의 보좌를 받아서 나라가 크게 번성할 것이다. 그것은 초나라에 결코 도움이 되는 일이 아니다"라고 반대했다. 결국 소왕은 자서의 말을 듣고 공자를 봉하지 않았다.

207_ 『맹자』「공손추 상」편에서 맹자가 백이(伯夷)와 이윤(伊尹), 공자의 공통점을 다음과 같이 말했다. "100리의 땅을 얻어서 임금노릇을 하면 모두가 제후들에게 조회를 받고, 천하를 소유할 수 있는데, 한 가지라도 불의한 짓을 행하거나 한 사람이라도 죄가 없는 사람을 죽이고서 천하를 얻는 것은 모두 하지 않을 것이니, 이것은 공통점이다[得百里之地而君之, 皆能以朝諸侯有天下. 行一不義, 殺一不辜而得天下, 皆不爲也, 是則同.]"

12-3-14

안은 문채나고 밝으며 밖은 부드럽고 순하여, 그로써 큰 재난을 견디어내었으니, 문왕이 그 도를 사용했다.(『역』 하경)[208]

內文明而外柔順, 以蒙大難, 文王以之.(『易』 下經)

12-3-15

천명을 보전하기가 쉽지 않으니, 너의 몸에서 천명을 단절시키지 마라. 좋은 명예를 선양하고 밝히며,[209] 천명을 통해서 은나라를 헤아려보아야 한다.[210] 하늘의 일은 소리도 없고 냄새도 없는데, 문왕을 본받으면 온 나라가 흥기하여 믿을 것이다.(『시』 「대아 · 문왕」)

命之不易, 無遏爾躬. 宣昭義問, 有虞殷自天. 上天之載, 無聲無臭, 儀刑文王, 萬邦作孚.(『詩』 「大雅 · 文王」)

12-3-16[211]

따라서 군자는 [송(宋)나라 양공(襄公)이] 전군이 대열을 완전히 갖추지

208_ 『역』 「명이괘(明夷卦)」의 「단전(彖傳)」에 보인다.

209_ 『시경집전』에서 의(義)는 좋다[善]는 말이고, 문(問)은 명예[聞]라고 했다.

210_ 『시경집전』에서 "은나라가 망하고 흥한 까닭을 천명에 맞추어 헤아려보아야 한다"라고 했다.

211_ 이 부분은 『춘추』 「희공」 22년의 "송나라 양공(襄公)이 초나라 사람과 홍(泓) 땅에서 전쟁했는데, 송나라 군대가 크게 패배했다[宋公及楚人戰于泓, 宋師敗績.]"에 대한 『공양전』의 내용이다. 『공양전』에 의하면, 송나라 양공은 초나라 군대와 싸우면서 그들이 홍수(泓水)를 건너는 과정에는, 군자는 남의 곤경을 이용하지 않는다는 이유로, 또 건너와서 진열을 갖추기 전에는, 군자는 대열을 갖추지 않으면 북을 치지 않는다는 이유로 공격하지 않았다. 마침내 그들이 대열을 완전히 갖춘 이후에야 북을 치면서 싸웠는데, 크게 패배했다.

않았을 때 공격의 북을 치지 않았고, 전쟁이라는 큰일에 임해서도 큰 예법을 잊어버리지 않은 것을 크게 여겼다. [덕이 있는] 임금은 있는데 [보좌할 만한] 신하가 없었으니,[212] 비록 문왕의 전쟁이라고 하더라도 이보다 더 뛰어나지는 못할 것이라고 여겨진다.(『공양전』「희공」 22년)

故君子大其不鼓不成列, 臨大事而不忘大禮. 有君而無臣, 以爲雖文王之戰, 亦不過此也.(『公羊傳』「僖公」 二十二年)

康12-16

문왕에게 가탁하여 전쟁의 방법을 세웠으니, 이른바 사람을 죽이는 가운데에도 또한 예법이 있다는 것이다. 이미 전쟁을 중지할 수 없다면,[213] 또한 의리를 세우지 않을 수 없다.

託文王以立戰法, 所謂殺人之中又有禮焉. 旣不能寢兵, 亦不能不爲立義也.

12-3-17[214]

문왕의 제사는 죽은 사람을 섬기기를 마치 산 사람을 섬기는 것처럼 했으니, 지극한 효자이다.(『공양전』「환공」 8년 하휴 주)

212_ 하휴는 양공을 극찬하면서 보좌를 잘못한 자어(子魚)에게 패배의 잘못을 돌려 다음과 같이 말했다. "양공이 왕의 덕은 있지만, 왕의 보좌가 없는 것을 애석하게 여긴 것이다. 양공의 행위와 같은 것은 제왕의 군대가 할 수 있는 행위이다. 제왕의 군주가 있으면 마땅히 제왕의 신하가 있어야 하고, 제왕의 신하가 있으면 마땅히 제왕의 백성이 있어야 한다. 제왕의 군주가 갖추어야 할 사항들을 다 갖추지 않은 상태에서 그 예법만을 지켰기 때문에 패배했다."

213_ 침병(寢兵)은 전쟁을 중지하는 것이다. 『관자』「입정(立政)」편에 "寢兵之說勝, 則險阻不守."라는 말이 보인다.

214_ 이 부분은 『공양전』「환공」 8년의 "군자는 제사를 지낼 때, 공경하지 하찮게 여기지 않는다[君子之祭也, 敬而不黷.]"에 대한 하휴의 주이다

文王之祭, 事死如事生, 孝子之至也.(『公羊傳』「桓公」八年 何休 注)

12-3-18

[『시』에서 말했다.] "깊고 원대한 덕을 지닌 문왕이여, 아! 계속 밝혀 공경하여 그쳤다."[215] 임금이 되어서는 어짊[仁]에 그치고, 신하가 되어서는 공경[敬]에 그쳤으며, 자식이 되어서는 효도[孝]에 그치고, 부모가 되어서는 자애[慈]에 그쳤으며, 나라 사람과 사귈 때에는 신의[信]에 그쳤다.(『예기』「대학」)

"穆穆文王, 於緝熙敬止." 爲人君, 止于仁, 爲人臣, 止于敬, 爲人子, 止于孝, 爲人父, 止于慈, 與國人交, 止于信.(『禮記』「大學」)

康12-17

문왕에 가탁하여 인륜의 지극함으로 삼은 것이다.

託文王爲人倫之至.

12-3-19

공자가 말했다. "문왕은 원년(元年)과 같고, 무왕은 춘왕(春王)과 같으며, 주공은 정월(正月)과 같다.[216] 문왕은 왕계(王季)를 아버지로 삼고, 태임

215_ 『시』「대아 · 문왕」편에 나오는 구절이다. 『시경집전』에서 "목목(穆穆)은 심원(深遠)하다는 뜻이고, 집(緝)은 계속한다[續]는 뜻이니, 또한 그치지 않는다는 뜻이다. 지(止)는 어조사이다"라고 했다. 그런데 『대학장구』에서는 경지(敬止)를 '공경하지 않음이 없어서 그치는 바에 편안함'이라고 풀이했다. 여기에서는 『대학장구』의 풀이에 따라 해석했다.

216_ 『춘추번로』「삼대개제질문」편에 "따라서 군자가 무왕(武王)은 정월과 같다고 말한 것이다[故君子曰, 武王其似正月矣.]"라는 내용이 보인다. 『춘추번로의증』에

(太任)을 어머니로 삼았으며, 태사(太姒)를 부인으로 삼고, 무왕과 주공을 자식으로 삼았으며, 태전(泰顚)과 굉요(閎夭)를 신하로 삼았으니,[217] 그 근본이 아름답다."(『설원』「군도」)

孔子曰, "文王似元年, 武王似春王, 周公似正月. 文王以王季爲父, 以太任爲母, 以太姒爲妃, 以武王·周公爲子, 以泰顚顚·閎夭爲臣, 其本美矣."(『說苑』「君道」)

12-3-20

왕자가 천명을 받으면 반드시 먼저 하늘에 제사를 지내고, 그런 다음 왕자의 일을 실행한다. 『시』에서 "용모가 아름다운 문왕이여, 좌우의 신하들이 옥술잔을 받들어 올리도다"라고 했으니,[218] 이것은 [천지(天地)에 지내는] 문왕의 교(郊)제사이다.[219](『시위·범력추』)

서 소여는 이 문장을 『설원』의 이 내용과 관련시켜 다음과 같이 풀이했다. "주나라가 천명을 받은 것이 비록 문왕으로부터 시작되지만, 그 왕업을 확대하여 천하로 하여금 거기에 호응하여 바르게 되도록 만든 것은 무왕이다. 따라서 '무왕이 정월과 같다'라고 했다. 한편 『설원』「군도(君道)」편에서는 '공자가 발하기를, 문왕은 원년(元年)과 같고, 무왕은 춘왕(春王)과 같으며, 주공은 정월과 같다[文王似正月, 武王似春王, 周公似正月.]'라고 하여, 이 문장과는 다르다. 그런데 「군도」편에서는 이 문장에 이어서 '문왕은 그 몸을 바르게 함으로써 그 나라를 바르게 했고, 그 나라를 바르게 함으로써 천하를 바르게 했다. 무도한 나라를 정벌하고, 죄가 있는 사람에게 형벌을 주어, 한 번 움직이자 천하가 바로잡혔으니, 그 일이 올바르기 때문이다. 봄이 그 올바른 시기에 이르니, 만물이 모두 생겨나게 되었고, 군주가 그 도리를 다하니, 백성들이 모두 다스려지게 되었다'라고 하니, 『춘추번로』의 문장과 의미가 일치한다."

217_ 문왕이 기(岐) 땅에 거처할 때, 문왕을 보좌했던 4명의 신하가 있었는데, 『사기』「은본기(殷本紀)」에 의하면, 산의생(散宜生)과 태전(泰顚)·굉요(閎夭)·육자(鬻子)이다. 태전은 태전(太顚)이라고도 한다.

218_ 『시』「대아·역복(棫樸)」편의 한 구절이다. 제제(濟濟)는 용모가 아름다운 것이고, 장(璋)은 옥술잔이다.

219_ 이 내용은 『옥함산방집일서』(3)에는 보이지 않고, 『설부(說郛)』 권5상 「삼분서(三墳書)」의 「시기역추(詩紀歷樞)」라는 조목에 수록되어 있다. 한편 『춘추번로』

王者受命, 必先祭天, 乃行王事. 『詩』曰, "濟濟辟王, 左右奉璋", 此文王之郊也.(『詩緯 · 汎歷樞』)

12-3-21

듣자하니, 공자와 묵자는 낮에는 익혀야 할 일들을 읽으면서 외웠고, 밤에는 문왕과 주공 단(旦)을 [꿈속에서] 직접 만나서 물어보았다고 한다.[220](『여씨춘추』「박지」)

蓋聞孔丘 · 墨翟, 晝日諷誦習業, 夜親見文王 · 周公旦而問焉.(『呂氏春秋』「博志」)

12-3-22

공자가 말했다. "문왕은 네 명의 신하를 얻었는데, 나도 네 명의 벗을 얻었다. 내가 안회(顔回)를 얻은 이후로 문인들이 더욱 친숙하게 대하니, 이것이 바로 소원한 사람이 귀의하는 것이 아니겠는가? 내가 자공(子貢)을 얻은 이후로 먼 지방의 선비들이 날마다 찾아오니, 이것이 바로 달려와 모여서 서로 돕는 것이 아니겠는가? 내가 자장(子張)을 얻은 이후로 앞에도 뛰어난 제자가 있고 뒤에도 뛰어난 제자가 있으니, 이것이 바로 앞뒤에서 서로 도우며 인도하는 것이 아니겠는가? 내가 자로(子路)를 얻은 이후로 나를 욕하는 말이 문 안으로 들어오지 않으니, 이것이 바로 남의 업신여김을 막아주는 것이 아니겠는가?"[221](『상서대전』

「사제(四祭)」편에도 "已受命而王, 必先祭天, 乃行王事, 文王之伐崇是也. 『詩』曰, '濟濟辟王, 左右奉璋. 奉璋峩峩, 髦士攸宜.' 此文王之郊也."라는 문장이 보인다.

220_『논어』「술이」편에 "子曰, 甚矣吾衰也! 久矣, 吾不復夢見周公."이라는 내용이 보인다.

221_『시』「대아 · 면(緜)」편에서 문왕이 자신을 돕는 네 부류의 신하에 대해 말했는데, 공자는 자신의 제자들을 여기에 비유했다. "우나라와 예나라가 분쟁을 질정하

「서백감기」)

孔子曰, "文王得四臣, 丘亦得四友焉. 自吾得回也, 門人加親, 是非胥附與? 自吾得賜也, 遠方之士日至, 是非奔輳與? 自吾得師也, 前有輝後有光, 是非先後與? 自吾得由也, 惡言不入于門, 是非禦侮與?"(『尙書大傳』「西伯戡耆」)

12-3-23[222]

얼마 지나서[223] [공자가] 말했다. "아득하게 멀리 바라보니, 넓고 넓으며 장엄하고 웅장하구나![224] 틀림없이 이 음악을 지은 사람은 조용히 깊이 생각하고, 근심스럽게 슬퍼했으니,[225] 그런 마음으로 천하에서

자, 문왕이 흥기할 형세를 움직이니, 내 말하기를 소원한 사람이 귀의하는 자가 있으며, 내 말하기를 앞뒤에서 서로 도우며 인도하는 자가 있으며, 내 말하기를 달려와 모여서 서로 돕는 자가 있으며, 내 말하기를 남의 업신여김을 막아주는 자가 있다고 했다[虞芮質厥成, 文王蹶厥生, 予曰有疏附, 予曰有先後, 予曰有奔奏, 予曰有禦侮.]" 서부(胥附)는 소원한 사람이 귀의하는 것을 말한다. 분주(奔輳)는 달려와서 모이는 것으로, 모여서 함께 힘을 다해 도와준다는 의미이다. 『시경집전』에서 "덕으로 깨우치고 명예를 선양하는 것이다"라고 풀이했다. 선후(先後)는 앞뒤에서 서로 도우면서 지도하는 것을 말한다. 어모(禦侮)는 남의 업신여김을 옆에서 막아주는 것이다. 『시경집전』에서는 "무신(武臣)이 적의 예봉을 꺾는 것이다"라고 풀이했다.

222_ 이하의 내용은 공자가 사양자(師襄子)에게 거문고 타는 법을 배우면서 그 곡조를 만든 사람이 문왕이라는 것을 아는 경지까지 올랐다는 이야기이다. 『사기』「공자세가」에도 보인다.

223_ 공자가 거문고의 곡조를 익히는 방법, 그 속뜻, 그리고 지은 사람에 대해서는 이해했지만, 아직 어떤 부류의 사람인지는 이해하지 못하고 있었는데, 그 후 얼마의 시간의 지난 상태를 말한다.

224_ 양양(洋洋)은 넓고 넓은 모양이고, 익익(翼翼)은 장엄하고 웅장한 모양이다.

225_ '默然思, 戚然而悵.'이 『공자개제고』에는 '黯然黑, 幾然而悵.'으로 되어 있는데, 『한시외전』 원문에 따라 고쳤다. 한편 『사기』「공자세가」에는 이 문장이 '시커멓게 얼굴이 검고, 커다랗게 키가 크다[黯然而黑, 幾然而長.]'로 되어 있는데, 여기에서는 『한시외전』의 글자에 따라 해석했다. 척연이창(戚然而悵)은 근심스럽게

왕노릇을 하고, 제후들의 조회를 받은 자는 오직 문왕이 아니겠습니까?" 사양자(師襄子)[226]가 자리를 옮겨 앉아서 두 번 절하면서, "좋습니다. 저의 스승이 문왕의 곡조라고 했습니다"라고 말했다. 따라서 공자는 문왕의 음악 소리를 가지고 문왕의 사람됨을 알았던 것이다.(『한시외전』)[227]

有閒曰, "邈然遠望, 洋洋乎, 翼翼乎! 必作此樂也, 默然思, 戚然而悵, 以王天下, 以朝諸侯者, 其惟文王乎?" 師襄子避席再拜曰, "善. 師以爲文王之操也." 故孔子持文王之聲, 知文王之爲人.(『韓詩外傳』)

12-3-24[228]

옛날에 공자는 문왕에 마음을 집중하여 그 경지에 도달했다.(『법언』「문신」)

昔乎仲尼潛心于文王矣, 達之.(『法言』「問神」)

12-3-25[229]

문왕과 무왕의 도가 아직 땅에 떨어지지 않고, 사람들에게 남아 있다.

슬퍼하는 모습이다.

226_ 『사기색은』에 의하면, 『공자가어』에서 사양자(師襄子)가 "나는 비록 경쇠를 치는 것으로 관직을 삼았지만, 거문고에 더 능숙하다[吾雖以擊磬爲官, 然能於琴.]"라고 했다. 그는 노나라 사람으로, 『논어』「미자(微子)」편의 "경쇠를 치는 양(襄)은 바다의 섬으로 들어갔다[擊磬襄, 入於海.]"라는 기록에 보이는 그 사람이라고 했다.

227_ 『한시외전』 권5에 보인다.

228_ 이하의 내용은 '성(聖)에 마음을 집중하는 방법[潛心于聖]'을 질문한 것에 대한 대답이다.

229_ 이하의 내용은 위(衛)나라의 공손조(公孫朝)라는 사람이 "공자는 무엇을 배웠는가?"라고 질문한 것에 대한 자공의 대답이다.

현명한 사람은 그중의 큰 것을 기억하고, 현명하지 못한 사람은 그중의 작은 것을 기억하여, 문왕과 무왕의 도가 남아 있지 않음이 없다. 선생님이 어찌 배우지 않았을 것이며, 또한 어찌 일정하게 정해진 스승이 있었겠는가?(『논어』「자장」)

文·武之道, 未墜于地, 在人. 賢者識其大者, 不賢者識其小者, 莫不有文·武之道焉. 夫子焉不學, 而亦何常師之有?(『論語』「子張」)

12-3-26[230]

공자가 말했다. "문왕과 무왕의 정치가 서적[231] 속에 펼쳐져 있으니, 그러한 사람이 존재하면 그러한 정치가 거행된다."(『예기』「중용」)

子曰, "文·武之政, 布在方策, 其人存, 則其政擧."(『禮記』「中庸」)

康12-18

이 세 조목에서는 비록 문왕과 무왕을 함께 말했지만, 묵자는 공자가 주나라를 본보기로 삼았지 하나라를 본보기로 삼은 적은 없다고 말했고,[232] 『중용』과 『논어』에도 공자가 주나라를 따랐다고 말했기 때문에 무왕을 함께 말한 것이다. 사실 공자의 마음에는 단지 문왕을 본보기로 삼았을 뿐이며, 무왕은 진선(盡善)하지는 않았기 때문에 공자에게 만족스럽지 못한 점이 있었다.

此三條雖幷稱文·武, 墨子稱孔子法周, 未嘗法夏, 『中庸』·『論語』

230_ 이하의 내용은 노나라 애공(哀公)이 정치가 무엇인가를 질문한 것에 대한 공자의 대답이다.

231_ 방책(方策)은 『중용장구』에서 주희가 "방(方)은 판자이고, 책은 죽간이나 목간이다"라고 했다. 즉 책이나 서적을 말한다.

232_ 『묵자』「공맹(公孟)」편에 보인다.

稱孔子從周, 故兼稱武王. 其實孔子之心但法文王, 武未盡善, 孔子有不滿意焉.

<이상 공자가 문왕을 본보기로 삼다: 右孔子法文王>

4. 공자가 제도를 개혁한 후 제자와 후학이 모두 요·순을 말하다 [孔子改制後, 弟子後學皆稱堯·舜]

12-4-1

맹자는 성선(性善)을 말했는데, 말할 때마다 반드시 요임금과 순임금을 언급했다.(『맹자』「등문공 상」)

孟子道性善, 言必稱堯·舜.(『孟子』「滕文公 上」)

康12-19

공자의 도는 요임금과 순임금에게 가탁했기 때문에 맹자는 말할 때마다 반드시 그들을 언급했다. 대체로 맹자가 말한 요임금과 순임금은 바로 공자이다.

孔子之道託之堯·舜, 故孟子言必稱之. 凡孟子之堯·舜, 卽孔子也.

12-4-2

안연(顏淵)이 말했다. "순임금은 어떤 사람이며, 나는 어떤 사람인가? 훌륭한 일을 하는 자는 또한 이 순임금과 같은 사람이 될 것이다."[233]

(『맹자』「등문공 상」)

顔淵曰, "舜何人也, 予何人也? 有爲者亦若是."(『孟子』「滕文公 上」)

12-4-3[234]

요임금과 순임금도 일반적인 사람과 똑같을 뿐이다.(『맹자』「이루 하」)

堯·舜與人同耳.(『孟子』「離婁 下」)

12-4-4

요임금과 순임금이 지혜롭지만 두루 사물을 알지 않았던 것은 먼저 해야 할 일을 급선무로 여겼기 때문이고, 요임금과 순임금이 어질지만 두루 사람을 사랑하지 않은 것은 현명한 사람을 친애하는 것을 급선무로 여겼기 때문이다.(『맹자』「진심 상」)

堯·舜之知而不遍物, 急先務也, 堯·舜之仁不遍愛人, 急親賢也.(『孟子』「盡心 上」)

康12-20

공자의 도는 백성들의 뜻에 힘쓰는 것을 급선무로 여겼고, 현명한 사람을 친애하는 것을 중요하게 여겼으니, 바로 요임금과 순임금의 도이다.

孔子之道, 務民義爲先, 親賢爲大, 堯·舜之道也.

233_ 『맹자집주』에서 '유위자역약시(有爲者亦若是)'는 "사람이 훌륭한 일을 하면 모두 순임금과 같은 사람이 된다는 것을 말한다"라고 했다.

234_ 이하의 내용은 제(齊)나라 사람인 저자(儲子)가 요임금과 순임금이 다른 사람과 다른 점이 있는지 질문한 것에 대한 맹자의 대답이다.

12-4-5[235]

요임금과 순임금의 도는 효도와 공경일 뿐이다. 그대가 요임금의 옷을 입고, 요임금의 말을 외우며, 요임금의 행실을 실천한다면 이것이 바로 요임금일 뿐이다.(『맹자』「고자 하」)

堯・舜之道, 孝弟而已矣. 子服堯之服, 誦堯之言, 行堯之行, 是堯而已矣.(『孟子』「告子 下」)

康12-21

공자의 도는 인(仁)에 있으며, 효도와 공경은 인(仁)을 실천하는 근본이다.[236] 따라서 요임금과 순임금의 도는 효도와 공경일 뿐이다.

孔子之道在仁, 孝弟也者, 其爲仁之本. 故堯・舜之道, 孝弟而已.

12-4-6

임금이 되고 싶다면 임금의 도리를 다해야 하고, 신하가 되고 싶다면 신하의 도리를 다해야 하니, 이 두 가지는 모두 요임금과 순임금을 본받을 뿐이다. 순임금이 요임금을 섬기던 도리로써 임금을 섬기지 않으면 그 임금을 공경하지 않는 자이며, 요임금이 백성을 다스리던 도리로써 백성을 다스리지 않으면 그 백성을 해치는 자이다.(『맹자』「이루 상」)

欲爲君, 盡君道, 欲爲臣, 盡臣道, 二者皆法堯・舜而已矣. 不以舜之

235_ 이하의 내용은 조(曹)나라 군주의 아우인 조교(曹交)라는 사람이 "사람은 누구나 다 요임금과 순임금이 될 수 있는가?"라고 질문한 것에 대한 맹자의 대답이다.

236_ 『논어』「학이」편에 "君子務本, 本立而道生. 孝弟也者, 其爲仁之本與."라는 말이 보인다.

所以事堯, 事君, 不敬其君者也, 不以堯之所以治民, 治民, 賊其民者也.(『孟子』「離婁 上」)

12-4-7[237]

[원인(原人)은] 자기 스스로 옳다고 여기지만, 요임금과 순임금의 도에는 들어갈 수가 없다.(『맹자』「진심 하」)

自以爲是, 而[238]不可與入堯·舜之道.(『孟子』「盡心 下」)

12-4-8

"요임금과 순임금이 선양(禪讓)[239]을 했다"라고 하는데, 이것은 근거가 없는 말이다. 이것은 천박한 자가 전한 것이고, 고루한 자가 말한 것이니, 역순(逆順)의 이치, 대소(大小) 및 지당함과 부당함의 차이를 모르는 자이며,[240] 천하의 큰 이치를 함께 말할 수 없는 자이다. 세속의 논자가 다음과 같이 말한다. "요임금과 순임금은 교화를 하지 못했으니, 이 말은 무엇 때문인가? 단주(丹朱)와 상(象)[241]이 교화되지 않았기 때문이다."

237_ 이하의 내용은 맹자의 제자인 만장(萬章)이 원인(原人), 즉 향원(鄕愿)을 공자가 무엇 때문에 덕을 해치는 자라고 했는지를 질문한 것에 대한 맹자의 대답이다. 『논어』「양화(陽貨)」편에서 공자가 "향원(鄕愿)은 덕을 해치는 자이다[鄕愿, 德之賊也.]"라고 했는데, 향원은 시골 사람 중에서 세속에 영합하여 덕이 있다고 칭송받는 자이다.

238_ 이(而)가 『공자개제고』에는 빠져 있는데, 『맹자』 원문에 따라 보충했다.

239_ 천(擅)은 양경에 의하면, 선(禪)과 같고, 선(墠)도 같은 의미이다. 하늘에 고해서 자리를 전해주는 것인데, 나중에는 그것을 선위(禪位)라고 했다. 선위(禪位), 즉 선양(禪讓)은 임금의 자리를 덕이 있는 사람에게 물려주는 것이다.

240_ 양경이 "소대(小大)는 하나의 나라와 천하, 지부지(至不至)는 당연함과 부당함이다"라고 했다.

241_ 단주(丹朱)는 요임금의 아들이고, 상(象)은 순임금을 죽이려고 했던 이복동생이다.

이것은 그렇지 않다. 요임금과 순임금은 천하에 지극히 교화를 잘 베푼 사람들이다. 천자가 되어 천하를 다스릴 때, 백성의 무리들 중에서 떨쳐 일어나서 복종함으로써 교화되어 순종하지 않는 자가 없었다. 그런데 단주와 상이 유독 교화되지 않았으니, 이것은 요임금과 순임금의 잘못이 아니라, 단주와 상의 죄이다.[242] 요임금과 순임금은 천하에서 뛰어난 인물이며, 단주와 상은 천하에서 음험한 인물이자 한 때의 간사하고 속이 좁은 소인이다.[243] 지금 세속의 논자가 단주와 상을 이상하게 여기지 않고 요임금과 순임금을 비난하니, 어찌 너무 심하지 않겠는가?(『순자』「정론」)

夫曰"堯・舜擅讓", 是虛言也. 是淺者之傳, 陋者之說也, 不知順逆之理, 小大・至不至之變者也, 未可與及天下之大理者也. 世俗之爲說者曰, "堯・舜不能敎化, 是何也? 曰, 朱・象不化." 是不然也. 堯・舜至天下之善敎化者也. 南面而聽天下, 生民之屬莫不振動從服以化順之. 然而朱・象獨不化, 是非堯・舜之過, 朱・象之罪也. 堯・舜者, 天下之英也, 朱・象者, 天下之嵬, 一時之瑣也. 今世俗之爲說者, 不怪朱象, 而非堯・舜, 豈不過甚矣哉?(『荀子』「正論」)

12-4-9

저 요임금과 순임금이 천하를 하나로 통일하더라도 이러한 [요건에] 털끝도 더 보탤 수가 없을 것이다.[244](『순자』「왕제」)

242_ 양경이 "단주와 상은 마땅히 죽임을 당해야 하는 죄인이니, 어찌 요임금과 순임금의 잘못이겠는가? 『논어』에서 '상지(上知)와 하우(下愚)는 개변할 수 없다'라고 한 것이 이것이다"라고 했다.

243_ 영(英)은 뛰어나다는 뜻이다. 외(嵬)는 마음이 음험한 자이고, 쇄(瑣)는 간사하고 속이 좁은 소인을 말한다.

244_ 여기에서 순자는 '요건이 구비되어 왕자가 되는 것[具而王]'을 주장했다. 따라서 권위를 귀중하게 여기고, 병력을 굳세게 하며, 명성을 뛰어나게 하는 것[權者重之,

夫堯·舜者, 一天下[245]也, 不能加毫末于是矣.(『荀子』「王制」)

12-4-10

청컨대, 노래를 부르면서[246] 성왕(聖王)에 대해 말해보겠다.[247] 요임금과 순임금은 현명한 사람을 숭상하고 몸을 낮추어 임금 자리를 사양했으며, 허유(許由)[248]와 선권(善卷)[249]은 의리를 중시하고 이익을 가볍게 여겨서 그 행동이 밝게 드러났다. 요임금이 현명한 사람에게 자리를 물려준 것은 백성을 위했기 때문이며, 널리 이롭게 하고 두루 사랑하여, 덕이 고루 베풀어졌으며, 위아래를 구분하여 다스리고, 귀천에 등급을 두어 군신의 관계를 명확하게 했다. 요임금은 유능한 사람에게 임금 자리를 주었고, 순임금은 적절한 때를 잘 만났으니, 현명한 사람을 숭상하고 덕 있는 사람을 추대하여 천하가 다스려졌다. 비록 현명한 사람과 성인이 있더라도 적절한 시대를 잘 만나지 못한다면 누가 그를

兵者勁之, 名聲者美之], 이러한 요건이 구비되면 요임금과 순임금이 천하를 통일하더라도 더 이상 할 일이 없을 것이라고 했다.

245_ 하(下)자 뒤에 『공자개제고』에는 자(者)자가 있는데, 『순자』 원문에 따라 삭제했다.

246_ 성상(成相)은 유월이 "옛날 사람들이 노역을 할 때, 반드시 노래를 불러 서로를 권면했으니, 청성상(請成相)은 이러한 곡조를 불러줄 것을 요청하는 것이다"라고 했다. 이운구의 번역본에서는 "상(相)은 방아 찧는 저구가(杵臼歌)로, 박자에 맞추어 흥을 돋우는 일종의 노동가요"라고 했다.

247_ 양경이 도(道)를 말한다[說]의 의미로 보았는데, 왕선겸은 따른다[從]의 의미로 보았다.

248_ 허유(許由)는 상고시대 전설상의 고사(高士)이다. 요임금이 천하의 왕위를 양위하려고 하자 이를 거절하고 기산(箕山)에 은거했다고 한다. 또한 구주(九州)의 장(長)으로 삼고자 한다는 이야기를 듣고 영수(潁水)의 물가에서 귀를 씻었다고 한다. 『장자』 「소요유(逍遙游)」편과 『사기』와 『회남자』 등에 관련 내용이 보인다.

249_ 선권(善卷)은 순임금 때의 은사(隱士)로, 순임금이 자리를 물려주려고 하자, 받지 않고 깊은 산속으로 숨어 버렸다고 한다. 『장자』 「양왕(讓王)」편에 관련 내용이 보인다.

알아주겠는가? 요임금은 [선양을] 은덕이라고 여기지 않았고, 순임금은 그것을 사양하지 않았으니, [순임금에게] 두 딸을 시집보내고 일을 맡겼다. 대인이로다, 순임금이여! 천자가 되어 즉위하니, 모든 만물이 갖추어졌다. 순임금도 우임금에게 천하를 주니,[250] 덕 있는 사람[251]을 숭상하고, 현명한 사람을 추대하여 [선양의] 순서를 어지럽히지 않았다. 밖으로는 원수를 피하지 않고, 안으로는 자기 자식을 두둔하지 않았으며,[252] 현명한 자에게 주었다. 우임금은 몸과 마음으로 노력했고, 요임금은 덕이 있었기 때문에 무기를 사용하지 않고도 삼묘(三苗)가 복종했다. 농사를 짓던[253] 순임금을 등용하여 그에게 천하를 맡기고 자기 스스로는 휴식했다.(『순자』「성상」)

請成相, 道聖王. 堯・舜尙賢身辭讓, 許由・善卷, 重義輕利行顯明. 堯讓賢, 以爲民, 氾利兼愛德施均, 辨治上下, 貴賤有等, 明君臣. 堯授能, 舜遇時, 尙賢推德, 天下治. 雖有賢聖, 適不遇世, 孰知之? 堯不德, 舜不辭, 妻以二女, 任以事. 大人哉, 舜! 南面而立, 萬物備. 舜授禹, 以天下, 尙得推賢, 不失序. 外不避仇, 內不阿親, 賢者予. 禹勞心力, 堯有德, 干戈不用, 三苗服. 擧舜甽畝, 任之天下, 身休息.(『荀子』「成相」)

12-4-11

옛날에 요임금이 천하를 다스릴 때, 한 사람을 죽이고 두 사람을 처벌

250_ 양경이 '이천하(以天下)'를 앞에 나온 '이위민(以爲民)'과 마찬가지로 보았는데, 왕선겸은 이 문장은 원래 '舜以天下授禹'인데, 단지 운을 맞추기 위해 도치했을 뿐이라고 했다.

251_ 득(得)은 양경이 당연히 덕(德)이 되어야 한다고 했다.

252_ 양경이 "곤(鯀)을 죽였는데, 그의 아들인 우임금에게 선양하고, 자기 자식에게 사사로이 주지 않았다"라고 했다. 즉 자기 자식인 상균(商均)을 두둔하지 않고, 현명한 사람에게 선양한 것을 말한다.

253_ 견(甽)은 견(畎)과 같은 말이다. 견묘(甽畝)는 밭 가운데의 수로와 밭이랑이라는 말인데, 농사를 짓는다는 뜻이다

하여 천하가 잘 다스려졌다.[254](『순자』「의병」)

古者, 帝堯之治天下也, 蓋殺一人, 刑二人, 而天下治.(『荀子』「議兵」)

12-4-12

자하(子夏)가 『서』를 다 읽고 나서 공자를 만나보았는데, 공자가 "너는 무엇 때문에 『서』를 읽었는가?"라고 물었다. 자하가 대답했다. "『서』에서 정치의 일을 논한 것이 환하게 드러나는 것이 마치 해와 달처럼 밝고, 질서정연한 것이 마치 서쪽의 진성(辰星)과 동쪽의 삼성(參星)이 서로 엇갈리는 것과 같이 분명하며,[255] 위로는 요임금과 순임금의 도리가 있고, 아래로는 삼왕의 의리가 있습니다. 제가 선생님께 전수받은 뜻을 감히 잊어버릴 수가 없습니다. 비록 물러나 하수(河水)와 제수(濟水) 사이의 깊은 산 속에서 곤궁하게 살면서, 무너진 집에 쑥대를 엮어서 그 가운데 문을 만들었지만, 가야금을 타면서 선왕의 도를 읊조리니, 발분하여 감개무량하다고 할 수 있습니다."(『상서대전』「약설」)

子夏讀書畢, 見夫子, 夫子問焉, "子何爲于『書』?" 對曰, "『書』之論事也, 昭昭若日月之明, 離離若參辰之錯行, 上有堯·舜之道, 下有三王之義. 商所受于夫子者, 志弗敢忘也. 雖退而窮居河·濟之間, 深山之中, 壤室編蓬, 爲戶于中, 彈琴咏先王之道, 則可謂發憤慷慨矣."(『尚書大傳』「略說」)

254_ 『서』「요전」편에 의하면, 한 사람을 죽인 것은 치수사업을 실패한 곤(鯀)을 우산(羽山)에서 죽인 일을 말하고, 두 사람을 처벌한 것은 공공(共工)을 유배보내고, 환두(驩兜)를 추방한 일을 말한다.

255_ 리리(離離)는 질서정연한 모습이다. 삼진(參辰)은 삼성(參星)과 진성(辰星)을 말한다. 삼성(參星)은 서쪽에 있는 별이고, 진성(辰星)은 동쪽에 있는 별인 수성(水星)으로, 두 별이 서로 엇갈려서 나타나기 때문에 함께 볼 수가 없다.

12-4-13

자장(子張)이 말했다. "요임금과 순임금이 왕노릇할 때는 한 사람도 형벌을 받지 않고도 천하가 다스려졌다고 하니, 어떻게 한 것입니까? 가르침이 성실하고 사랑이 깊었기 때문입니다. 그런데 지금은 한 명의 남자가 이러한 다섯 가지 형벌을 받고 있습니다." 자룡자(子龍子)가 "아직 책을 제대로 읽었다고 말할 수 없습니다"라고 하자, 공자가 말했다. "그렇지 않다. 다섯 가지 형벌에는 이러한 [요임금과 순임금의] 가르침이 있다."(『상서대전』「보형」)

子張曰, "堯·舜之王,[256] 一人不刑而天下治, 何則? 教誠而愛深也. 今一夫而被此五刑." 子龍子曰, "未可謂能爲書." 孔子曰, "不然也. 五刑有此教."(『尙書大傳』「甫刑」)

12-4-14

요(堯)라는 것은 높다는 뜻이고, 아름답다는 뜻이니, 그가 융성하게 흥기하는 것이 환하게 빛나고, 가장 높고 밝다는 것을 말한다. 순(舜)이라는 것은 넓힌다는 뜻이고, 따른다는 뜻이니, 그가 도덕을 확충하여 실행하고, 요임금의 일을 따랐다는 것을 말한다.(『상서대전』「약설」)

堯者, 高也, 饒也, 言其隆興煥炳, 最高明也. 舜者, 推也, 循也, 言其推行道德, 循堯緒也.(『尙書大傳』「略說」)

12-4-15

「요전(堯典)」은 [요임금의] 아름다움을 볼 수 있다.(『상서대전』「보형」)

256_ 왕(王)이 『상서대전』 원문에는 성(聖)으로 되어 있는데, 『상서대전』의 주에 의하면, 『노사(路史)』 주에서 이 책을 인용하면서 '堯舜之王'이라고 했다. 여기에서는 그대로 두었다.

「堯典」可以觀美.(『尙書大傳』「甫刑」)

12-4-16

『시(詩)』는 일에 대해서, 환하게 드러나서 마치 해와 달의 빛이 밝은 것과 같고, 밝고 분명하여 마치 서쪽의 진성(辰星)과 동쪽의 삼성(參星)이 서로 엇갈리는 것과 같이 분명하며, 위로는 요임금과 순임금의 도리가 있고, 아래로는 삼왕의 의리가 있다.(『한시외전』)[257]

『詩』之于事也, 昭昭乎若日月之光明, 燎燎乎如星辰之錯行, 上有堯·舜之道, 下有三王之義.(『韓詩外傳』)

12-4-17

그렇기 때문에 사물의 움직임을 관찰하여 그 맹아를 먼저 감지하며, 장차 그렇게 되겠지만 아직은 행해지지 않은 시점에서 난리를 차단하고 재해를 막는 것이 『춘추』의 뜻이니, 그 밝음이 지극하다. 요임금과 순임금의 지혜를 가지고 예(禮)의 근본을 아는 자가 아니라면 누가 이것을 해낼 수 있겠는가?[258](『춘추번로』「인의법」)

然則觀物之動而先覺其萌, 絶亂塞害于將然而未行之時, 『春秋』之志也, 其明至矣. 非堯·舜之智, 知禮之本, 孰能當此?(『春秋繁露』「仁義法」)

12-4-18

진실로 『춘추』의 법을 따라서 그 도를 실행할 수 있다면 어찌 다만 재

257_ 『한시외전』 권2에 보인다.

258_ 『춘추번로의증』에서 소여가 "예의 근본은 혐의를 구별하고, 미세한 것을 삼가는 것이다. 따라서 아직 드러나지 않았을 때 환란을 막으니, 지혜의 지극함이다"라고 했다.

앙을 제거할 뿐이겠는가? 그것은 곧 요임금과 순임금의 덕이다.(『춘추번로』「유서」)

荀能述『春秋』之法, 致行其道, 豈徒除禍哉? 乃堯・舜之德也.(『春秋繁露』「兪序」)

12-4-19

교화가 크게 시행되기 때문에 법이 어겨지지 않고, 법이 어겨지지 않기 때문에 형벌이 사용되지 않으니, 형벌이 사용되지 않는 것은 요임금과 순임금의 공덕(功德)이며, 이것은 큰 다스림의 도리이다.(『춘추번로』「신지양중어의」)[259]

化大行, 故法不犯, 法不犯, 故刑不用, 刑不用, 則堯・舜之功德, 此大治之道也.(『春秋繁露』「身之養重於義」)

12-4-20

요임금과 순임금의 성대함은 『상서』에 기록되어 있다.(『사기』「태사공자서」)

堯・舜之盛, 『尙書』載之.(『史記』「太史公自序」)

12-4-21

유가의 책에서는 요임금과 순임금의 덕이 지극히 뛰어나고 지극히 커서 천하가 태평했다고 말한다.(『논형』「유증」)

儒書稱堯・舜之德, 至優至大, 天下太平.(『論衡』「儒增」)

259_ 『공자개제고』에는 출전이 『춘추번로』「양지신(身之養)」으로 잘못 기록되어 있어서 바로잡았다.

12-4-22

오제(五帝)와 삼왕(三王) 중에 안연(顔淵)이 유독 순임금을 흠모한 것은 자기가 나아가는 길이 요임금과 일치하는 점이 있다는 것을 알았기 때문이다.(『논형』「안서」)

五帝 · 三王, 顔淵獨慕舜者, 知己步騶有同也.(『論衡』「案書」)

12-4-23

성인 중에서 요임금과 순임금보다 더 뛰어난 사람은 없으니, 요임금과 순임금의 정치는 가장 평화로웠다.(『논형』「시응」)

聖王莫過堯 · 舜, 堯 · 舜之治, 最爲平矣.(『論衡』「是應」)

12-4-24

지금 문학(文學)들이 정치에 대해 말할 때는 요임금과 순임금을 거론한다.(『염철론』「상자」)

今文學言治, 則稱堯 · 舜.(『鹽鐵論』「相刺」)

12-4-25

맹자가 말했다. "요임금과 순임금의 도는 사람과 멀리 떨어져 있지 않으니, 사람들이 그것을 생각하지 않을 뿐이다."[260](『염철론』「집무」)

260_ 현행본 『맹자』에는 이 내용은 보이지 않고, 「이루 상」편에 "도가 가까운 곳에 있는데도 먼 곳에서 구하며, 일이 쉬운 데 있는데도 어려운 데서 찾는다. 사람마다 자기 부모를 친애하고, 어른을 어른으로 공경하면 천하가 평화로워진다[道在爾而求諸遠, 事在易而求諸難, 人人親其親, 長其長, 而天下平.]"라는 말이 보인다. 그리고 『중용』 제13장에 "도가 사람과 멀리 떨어져 있지 않으니, 사람이 도를 행하면

孟子曰, "堯·舜之道, 非遠人也, 而人不思之耳."(『鹽鐵論』「執務」)

康12-22

공자는 요임금과 순임금을 조술했는데, 맹자는 말할 때마다 반드시 요임금과 순임금을 언급했으니, [공자보다] 더욱더 많이 가탁하여 인도(人道)의 극치로 삼은 것이다. 따라서 일마다 모두 그들을 거론했다. 이하의 내용도 이와 마찬가지이다.

孔子祖述堯·舜, 孟子言必稱堯·舜, 尤多託以爲人道之極. 故隨事皆稱焉. 下倣此.

12-4-26

만장(萬章)이 물었다. "순임금은 밭으로 가서 하늘에 부르짖으며 통곡했으니,[261] 무엇 때문에 부르짖으며 통곡했습니까?" 맹자가 대답했다. "[부모를] 원망하고 사모했기 때문이다."[262] 만장이 말했다. "부모가 사랑하면 기뻐하면서 잊지 말고, 부모가 미워하면 노력하면서 원망하지 말아야 하는데, 그렇다면 순임금은 부모를 원망했습니까?" 맹자가 대

서 사람을 멀리한다면 도라고 할 수 없다[道不遠人, 人之爲道而遠人, 不可以爲道.]"라는 공자의 말이 보인다.

261_ 『서』「대우모(大禹謨)」편에 "순임금이 처음 역산에서 밭으로 가서 날마다 하늘에 부르짖으며 통곡했다[帝初于歷山, 往于田, 日號泣于旻天.]"라는 기록이 보인다.

262_ 원모(怨慕)는 『맹자집주』에서 "자기가 부모에게 사랑을 받지 못한 것을 원망하면서 부모를 사모한 것이다"라고 했다. 『맹자』「고자 하(告子 下)」편에도 "순임금은 지극한 효자일 것이다. 50세까지 [부모를] 사모했다[舜其至孝矣. 五十而慕.]"라는 말이 보이는데, 요임금은 부모로부터 사랑을 받지 못하여 50세까지도 끊임없이 원망하고 사모했다는 뜻이다. 『맹자집주』에서 인용한 조씨(趙氏)에 의하면, 자식은 부모와 마땅히 친해야 하는데, 만약 소원하다면 원망하고 사모하여 하늘에 부르짖게 된다. 따라서 순임금이 원망하고 사모한 것은 허물이 되지는 않는다고 했다.

답했다. "장식(長息)이 공명고(公明高)[263]에게 '순임금이 밭으로 간 것은 제가 이미 말씀하신 것을 들었지만, 하늘과 부모에게 부르짖으며 통곡한 것은 제가 알지 못합니다'라고 묻자, 공명고가 '이것은 네가 알 수 있는 것이 아니다'라고 대답했다. 저 공명고라는 사람은 효자의 마음이 이와 같이 아무런 근심이 없을 수가 없으니,[264] '내가 힘을 다하여 밭을 갈아서 공손하게 자식의 직분을 다할 뿐이니, 부모가 나를 사랑하지 않는 것은 나에게 무슨 잘못이 있는 것이 아닌가?'라고 여긴 것이다. 요임금이 자기의 자식인 9명의 아들과 2명의 딸에게 백관(百官)과 양과 소, 곡식창고를 구비하여 밭 가운데에서 순임금을 섬기게 하니,[265] 천하의 선비들 중에 그에게 나아가는 자가 많았다. 요임금이 천하 사람들의 반응을 살펴보고 그에게 임금 자리를 물려주니, [순임금은] 부모를 잘 따르지 않았기 때문에 마치 궁지에 몰린 사람이 돌아갈 곳이 없는 것처럼 여겼다.[266] 천하의 선비들로부터 좋아하는 대상이 되는 것은 사람이라면 누구나 원하는 것이지만, 그의 근심을 풀기에는 부족했고, 보기 좋은 여색은 사람이라면 누구나 원하는 것이지만, 요임금의 두 딸을 아내로 삼았는데도 그의 근심을 풀기에는 부족했으며, 부유함은 사람이라면 누구나 원하는 것이지만, 천하를 소유할 정도로 부유했는데도 그의 근심을 풀기에는 부족했고, 존귀함은 사람이라면 누구나 원하는 것이지만, 천자가 될 정도로 존귀했는데도 그의 근심을

263_ 장식(長息)은 『맹자집주』에서 공명고(公明高)의 제자이며, 공명고는 증자(曾子)의 제자라고 했다.

264_ 괄(恝)은 근심이 없이 무관심한 것이다. 효자라면 부모가 사랑하지 않는다고 해서 무관심하게 그냥 있을 수 없기 때문에 온 힘을 다해 밭을 갈아서 자식의 직분을 다한다는 뜻이다.

265_ 『사기』「오제본기(五帝本紀)」에 "요임금이 두 딸을 순에게 시집보내 그의 집안일을 관찰하게 하고, 9명의 아들에게 그와 함께 거처하면서 그의 바깥일을 관찰하게 했다[堯乃以二女妻舜以觀其內, 使九男與處以觀其外.]"라는 기록이 보인다.

266_ 『맹자집주』에서 "부모를 원망하면서 사모하는 것이 너무나도 절박함을 말한 것이다"라고 했다.

풀기에는 부족했다. 다른 사람들로부터 좋아하는 대상이 되는 것과 보기 좋은 여색과 부유함과 존귀함으로는 근심을 풀 수 있는 방법이 없었고, 오직 부모를 잘 따라야만 근심을 풀 수 있었다. 사람이 어릴 때는 부모를 사모하다가 보기 좋은 여색을 알게 되면 어리고 예쁜 여자를 사모하고, 처자식이 있으면 처자식을 사모하며, 벼슬을 하면 임금을 사모하고, 임금에게 마음을 얻지 못하면 마음이 조급해져서 어쩔 줄을 모른다.[267] 큰 효도는 종신토록 부모를 사모하는 것이니, 50세까지 부모를 사모한 사람을 내가 순임금에게서 보았다."(『맹자』「만장 상」)

萬章問曰, "舜往于田, 號泣于旻天, 何爲其號泣也?" 孟子曰, "怨慕也." 萬章曰, "父母愛之, 喜而不忘, 父母惡之, 勞而不怨, 然則舜怨乎?" 曰, "長息問于公明高曰, '舜往于田, 則吾旣得聞命矣, 號泣于旻天, 于父母, 則吾不知也.' 公明高曰, '是非爾所知也.' 夫公明高以孝子之心, 爲不若是恝, '我竭力耕田, 共爲子職而已矣, 父母之不我愛, 于我何哉?' 帝使其子九男二女, 百官牛羊倉廩備, 以事舜于畝之中, 天下之士多就之者. 帝將胥天下而遷之焉, 爲不順于父母, 如窮人無所歸. 天下之士悅之, 人之所欲也, 而不足以解憂, 好色, 人之所欲, 妻帝之二女, 而不足以解憂, 富, 人之所欲, 富有天下, 而不足以解憂, 貴, 人之所欲, 貴爲天子, 而不足以解憂. 人悅之, 好色, 富貴, 無足以解憂者, 惟順于父母, 可以解憂. 人少則慕父母, 知好色則慕少艾, 有妻子則慕妻子, 仕則慕君, 不得于君則熱中. 大孝終身慕父母, 五十而慕者, 予于大舜見之矣."(『孟子』「萬章 上」)

12-4-27

맹자가 말했다. "천하 사람들이 크게 좋아하여 장차 자신에게 귀의하

267_ 열중(熱中)은 『맹자집주』에서 조급하여 마음에 열병이 나는 것이라고 했다. 즉 임금에게 마음을 얻지 못하여 마음이 조급해져서 어쩔 줄을 모르는 것이다.

려고 하는데, 천하 사람들이 좋아하여 자신에게 귀의하는 것을 마치 풀이나 지푸라기처럼 하찮게 여긴 것은 오직 순임금만이 그러했다. 부모의 마음이 기뻐하도록 하지 못하면 사람이 될 수 없고, 부모가 [도를] 따르도록 하지 못하면 자식이 될 수 없다.[268] 순임금이 부모를 섬기는 도리를 다하자 고수(瞽瞍)가 기쁨을 이루었으니,[269] 고수가 기쁨을 이루자 천하 사람들이 교화되었고, 고수가 기쁨을 이루자 천하의 부모와 자식이 안정되었다. 이것을 큰 효도라고 한다."(『맹자』「이루 상」)

孟子曰, "天下大悅而將歸己, 視天下悅而歸己猶草芥也, 惟舜爲然. 不得乎親, 不可以爲人, 不順乎親, 不可以爲子. 舜盡事親之道而瞽瞍底豫, 瞽瞍底豫而天下化, 瞽瞍底豫而天下之爲父子者定. 此之謂大孝."(『孟子』「離婁 上」)

12-4-28

요임금은 천하에 모범이 되어 후세에 전해질 만하지만, 나는 여전히 시골 사람됨을 면치 못하니, 이것은 근심할 만한 것이다. 근심하면 어떻게 해야 하는가? 요임금과 같이 할 뿐이다.(『맹자』「이루 하」)

舜爲法于天下, 可傳于後世, 我猶未免爲鄕人也, 是則可憂也. 憂之如何? 如舜而已矣.(『孟子』「離婁 下」)

12-4-29

순임금은 이들보다 더 위대한 점이 있다.[270] 다른 사람과 선(善)을 함께

268_ 『맹자집주』에서 "득(得)은 곡진하게 받들어 순종하여 부모의 마음이 기뻐할 수 있도록 하는 것이며, 순(順)은 도를 깨달아서 마음이 도와 하나가 되어 그것을 떠나게 하지 않는 것이다"라고 했다.

269_ 지(底)는 이룬다[致]는 의미이고, 예(豫)는 기쁨[悅樂]의 의미이다.

공유하여 자기를 버리고 다른 사람을 따랐으며, 다른 사람에게 [선을] 취하여 선을 실천하는 것을 좋아했다. 농사를 짓고, 질그릇을 구우면서 고기를 잡을 때부터 임금이 된 때에 이르기까지[271] 다른 사람에게 [선을] 취하지 않은 것이 없다. 다른 사람에게 취하여 선을 실천하는 것, 이것은 다른 사람이 선을 실천하도록 도와주는 것이다.[272] 따라서 군자는 다른 사람이 선을 실천하도록 도와주는 것보다 더 위대한 것이 없다.(『맹자』「공손추 상」)

大舜有大焉. 善與人同, 舍己從人, 樂取于人以爲善. 自耕稼陶漁, 以至爲帝, 無非取于人者. 取于人以爲善, 是與人爲善者也. 故君子莫大乎與人爲善.(『孟子』「公孫丑 上」)

12-4-30

이와 같다면[273] 순임금과 우임금[과 같은 상태]에 곧바로 이르고,[274] 왕업이 곧바로 흥기하여 공적은 천하를 하나로 통일하고, 명성은 순임금과 우임금에 짝할 만하게 된다. 일 중에 어떤 일을 통해서 이와 같이

270_ 맹자가 이 문장의 앞에서 "자로는 다른 사람이 그에게 자신의 과실을 말해주면 기뻐했고, 우임금은 좋은 말을 들으면 절을 했다"라고 했는데, 순임금은 이들보다 더 위대한 점이 있다는 것이다.

271_ 『사기』「오제본기」에 "옛날 순임금이 역산(歷山)에서 농사를 짓고, 뇌택(雷澤)에서 고기를 잡았으며, 황하 근처에서 질그릇을 구웠다.[舜耕歷山, 漁雷澤, 陶河濱.]"라는 기록이 보인다.

272_ 여(與)는 『맹자집주』에서 돕다[助]라는 뜻으로, "저 사람의 선을 취하여 내 스스로가 실천한다면 저 사람은 더욱더 선의 실천에 노력할 것이니, 이것이 바로 내가 그의 선의 실천을 도와주는 것이다"는 의미라고 했다.

273_ 앞부분에서 군주는 마음을 넓혀서 친소에 구애받지 않고, 귀천에 치우침이 없이 오직 성실하고 유능한 자만을 구해서 등용해야 하며, 그렇게 되면 신하가 직책에 매달리지 않고, 현명한 자에게 양보하여 이에 그 뒤를 따를 것이라고 말했다.

274_ 환(還)은 왕선겸이 곧바로[卽]라는 뜻이라고 했다. 뒤의 환(還)자도 마찬가지이다.

그 아름다움을 즐거워할 만한 것이 있겠는가?(『순자』「왕패」)

如是, 則舜·禹還至, 王業還起, 功壹天下, 名配舜·禹. 物由有可樂如是其美焉者乎?(『荀子』「王霸」)

12-4-31

옛날에 순임금이 천하를 다스릴 때, 일을 가지고 [신하들에게] 고하여 지시하지 않아도 모든 일이 잘 이루어졌다.[275](『순자』「해폐」)

昔者, 舜之治天下也, 不以事詔而萬物成.(『荀子』「解蔽」)

12-4-32

의(義)를 좋아하는 자는 많지만, 순임금만이 홀로 전해지는 것은 한결같이 했기 때문이다.(『순자』「해폐」)

好義者衆矣, 而舜獨傳者, 壹也.(『荀子』「解蔽」)

12-4-33

[군자의 지혜는] 우임금과 순임금의 자취를 잘 이어서 따르는 것이 아니겠는가?(『순자』「부」)[276]

法禹·舜而能弇[277]迹者邪?(『荀子』「賦」)

275_ 양경이 "순임금은 도에 한결같을 수 있었기 때문에 다만 여러 현명한 신하들에게 일을 위임할 뿐, 몸소 친히 일을 가지고 신하들에게 고하지 않았다"라고 했다.

276_ 『공자개제고』에는 출전이 『순자』「부편(賦篇)」으로 잘못 기록되어 있어서 바로잡았다.

277_ 엄(弇)이 『공자개제고』에 엄(揜)으로 되어 있는데, 『순자』 원문에 따라 고쳤다.

12-4-34

옛날에 순임금은 백성을 부리는 것이 훌륭했고, 조보(造父)[278]는 말을 부리는 것이 훌륭했다. 순임금은 자기 백성을 궁지로 몰지 않았고, 조보도 자기 말을 궁지로 몰지 않았다. 이 때문에 순임금에게는 달아나는 백성이 없었고, 조보에게도 달아나는 말이 없었다.(『순자』「애공」)

昔舜巧于使民, 而造父巧于使馬. 舜不窮其民, 造父不窮其馬. 是舜無失民, 造父無失馬.(『荀子』「哀公」)

12-4-35

순임금은 직접 올라가지 않고도 높이 올라가고, 직접 걸어가지 않고도 멀리 가니, 두 손을 마주 잡고 읍하면서 천하에 공손하니,[279] 천하에서 어진 사람이라고 일컬었다.(『상서대전』「약기」)

舜不登而高, 不行而遠, 拱揖于天下, 而天下稱仁.(『尚書大傳』「略記」)

12-4-36

옛날에 순임금은 음악을 가지고 천하에 가르침을 전하려고 했다.(『여씨춘추』「찰전」)

昔者, 舜欲以樂傳教于天下.(『呂氏春秋』「察傳」)

<이상 공자가 제도를 개혁한 후 제자와 후학이 모두 요·순을 말하다: 右孔子改制後, 弟子後學皆稱堯·舜>

278_ 조보(造父)는 주나라 목왕(穆木)의 마부로, 세상에서 가장 말을 잘 부리는 사람으로 일컬어진다. 『순자』「유효(儒效)」편에도 "造父者, 天下之善御者也, 無輿馬則無所見其能."이라는 말이 보인다.

279_ 공읍(拱揖)은 두 손을 마주 잡고 읍하면서 공손하게 경의를 표하는 것이다.

5. 공자가 제도를 개혁한 후 제자와 후학이 모두 문왕을 말하다 [孔子改制後, 弟子後學皆稱文王]

12-5-1

"아! 드러나지 않는가?[280] 문왕의 덕의 순일함이여!"라고 했으니,[281] 문왕이 문(文)이라는 이름이 된 까닭이 순일함이 또한 그치지 않았기 때문임을 말한 것이다.(『예기』「중용」)

"於乎! 不顯? 文王之德之純!" 蓋曰文王之所以爲文也, 純亦不已.(『禮記』「中庸」)

康12-23

문왕이 문(文)이라는 이름이 된 까닭은 바로 공자이기 때문이다. 공자의 도는 순수하여 그치게 할 수가 없다.

文王所以爲文, 卽孔子也. 孔子之道, 純粹不可以已.

12-5-2

공명의(公明儀)가 말했다.[282] "[주공(周公)이] 문왕은 나의 스승이라고 했

280_ 불현(不顯)은 『중용장구』에서 "어찌 드러나지 않겠는가?[豈不顯?]"라는 의미라고 했다.

281_ 『시』「주송(周頌) · 유천지명(維天之命)」편에 보인다.

282_ 공명의(公明儀)는 노나라의 현인이다. 앞에서 안연(顔淵)이 "순임금은 어떤 사람이며, 나는 어떤 사람인가? 훌륭한 일을 하는 자는 또한 이 순임금과 같은 사람이 될 것이다[舜何人也, 予何人也? 有爲者亦若是.]"라고 했는데, 공명의가 안연의

다."[283](『맹자』「등문공 상」)

公明儀曰, "文王, 我師也."(『孟子』「滕文公 上」)

12-5-3

만약 그것을 부끄러워한다면[284] 문왕을 본받는 것만한 것이 없으니, 큰 나라는 5년, 작은 나라는 7년 만에 반드시 천하에서 정치를 하게 될 것이다.(『맹자』「이루 상」)

如耻之, 莫若師文王, 師文王, 大國五年, 小國七年, 必爲政于天下矣.(『孟子』「離婁 上」)

12-5-4

제후들 중에서 문왕의 정치를 시행하는 자가 있으면 7년 안에 반드시 천하에서 정치를 하게 될 것이다.(『맹자』「이루 상」)

諸侯有行文王之政者, 七年之內, 必爲政于天下矣.(『孟子』「離婁 上」)

康12-24

문왕을 본받는 것은 공자의 법도이다. "문왕이 이미 죽었으니, 그 문화 제도가 여기 나에게 있지 않겠는가?"라고 말했으니, 문왕을 본받아서 공자를 본받는 것이다.

말을 이어서 이렇게 말한 것이다.

283_ 『맹자집주』에 의하면, 이 말은 공명의의 말이 아니라, 주공(周公)이 말한 것인데, 공명의도 문왕을 스승으로 삼아야 한다고 생각했다는 의미이다.

284_ 앞에서 맹자가 "지금 약소국 나라가 강대국의 행위를 본받아서 명령을 받는 것을 부끄러워하니, 이것은 제자이면서 스승에게 명령을 받는 것을 부끄러워하는 것과 같다"라고 했다.

以文王爲師, 孔子之法也. "文王旣沒, 文不在玆?", 則師文王而師孔子也.

12-5-5

문왕을 기다린 이후에 흥기하는 자는 일반 백성이니, 저 호걸의 선비와 같은 경우는 비록 문왕이 없더라도 오히려 흥기한다.[285](『맹자』「진심 상」)

待文王而後興者, 凡民也, 若夫豪傑之士, 雖無文王猶興.(『孟子』「盡心上」)

康12-25

맹자는 공자와의 시간적 거리가 조금 멀고, 의리는 단지 사숙(私淑)[286]을 했을 뿐인데, 우뚝 솟아서 큰 도의 전수를 접했으니, 호걸(豪傑)이라고 할 수 있다.

孟子去孔子少遠, 義僅私淑, 而崛然接大道之傳, 所謂豪傑也.

12-5-6

옛날에 문왕이 기(岐)[287] 땅을 다스릴 때, 농사짓는 자에게 9분의 1의 조세법을 시행했고, 벼슬하는 자에게는 대대로 봉록을 주었으며, 관문과 시장은 순찰만 하지 세금을 징수하지 않았고,[288] 고기잡는 것[289]을 금

285_ 『맹자집주』에서 "호걸은 남들보다 뛰어난 재주와 지혜가 있는 자이기 때문에 가르침을 기다리지 않더라도 스스로 분기하여 훌륭한 일을 할 수 있는 자이다"라고 했다.

286_ 사숙(私淑)은 직접 가르침을 받지는 못했고, 마음속으로 그 사람을 존경하면서 본받고 배우는 것을 말한다.

287_ 기(岐)는 주나라의 옛 수도이다.

지하지 않았으며, 죄인은 처자에게까지 연좌하지 않았다. 늙어서 아내가 없는 자를 홀아비라고 하고, 늙어서 남편이 없는 자를 과부라고 하며, 늙어서 자식이 없는 자를 독신자라고 하고, 어려서 부모가 없는 자를 고아라고 한다. 이 네 부류는 천하에서 곤궁한 백성들이면서 하소연할 곳이 없는 자들이다. 문왕은 정치를 시행하여 인(仁)을 베풀면서 반드시 이 네 부류를 먼저 [돌보았다.] 『시』에서 "부유한 사람은 괜찮지만, 이 외롭고 고독한 사람이 불쌍하구나"[290]라고 했다.(『맹자』「양혜왕 하」)

昔者, 文王之治岐也, 耕者九一, 仕者世祿, 關市譏而不征, 澤梁無禁, 罪人不孥. 老而無妻曰鰥, 老而無夫曰寡, 老而無子曰獨, 幼而無父曰孤. 此四者, 天下之窮民而無告者. 文王發政施仁, 必先斯四者. 『詩』云, "哿矣富人, 哀此煢獨."(『孟子』「梁惠王 下」)

康12-26

문왕의 정치는 곧 공자의 정전법(井田法)과 학교(學校) 등의 어진 정치이다.

文王之政, 卽孔子井田·學校之仁政也.

12-5-7

서백(西伯),[291] 즉 문왕이 노인을 잘 봉양했다는 것은 그들의 농토와 택

288_ 기(譏)는 살핀다[察]는 말이다. 『맹자집주』에서 "관문과 시장의 관리들은 이상한 복장과 이상한 말을 하는 사람들을 살피기만 하고, 상가의 세금은 징수하지 않는 것이다"라고 했다.

289_ 택량(澤梁)은 연못이나 강에서 고기를 잡는 기구로, 물을 가로막고 한 못만을 터놓고 거기에 통발이나 살을 놓아서 고기를 잡는 장치이다.

290_ 『시』「소아·정월(正月)」편에 보인다.

지를 만들어주어,[292] 그들에게 곡식을 심고 가축을 기르는 것을 가르쳐주고, 그 처자들을 인도하여 그들로 하여금 자신들의 노인을 봉양하도록 한 것이다. 50세에는 비단옷이 아니면 따뜻하지 않고, 70세에는 고기가 아니면 배부르지 않으니, 따뜻하지 않고 배부르지 않는 것을 추위에 떨고 굶주린다고 말한다. 문왕의 백성들 중에 추위에 떨고 굶주리는 노인이 없었다는 것은 바로 이것을 말한다.(『맹자』「진심 상」)

所謂西伯善養老者, 制其田里, 敎之樹畜, 導其妻子, 使養其老. 五十非帛不煖, 七十非肉不飽, 不暖不飽, 謂之凍餒. 文王之民無凍餒之老者, 此之謂也.(『孟子』「盡心 上」)

康12-27

노인을 봉양하는 것도 공자의 어진 정치이다.

養老亦孔子之仁政.

12-5-8

백이(伯夷)가 주왕(紂王)을 피하여 북해(北海) 근처에 거처했는데, 문왕이 들고 일어났다는 말을 듣고, 흥분하면서 "어찌 돌아가지 않겠는가? 나는 서백이 노인을 잘 봉양하는 사람이라고 들었다"라고 했다. 태공(太公)이 주왕을 피하여 동해(東海) 근처에 거처했는데, 문왕이 들고 일어났다는 말을 듣고, 흥분하면서 "어찌 돌아가지 않겠는가? 나는 서백이 노인을 잘 봉양하는 사람이라고 들었다"라고 했다. 천하에 노인을 잘

291_ 서백(西伯)은 서쪽 제후의 우두머리로, 당시 은나라의 주왕(紂王)이 문왕을 서백으로 임명했다.

292_ 전리(田里)는 『맹자집주』에서 "전(田)은 100무(畝)의 농지를 말하고, 리(里)는 5무의 택지를 말한다"라고 했다. 한 명의 지아비와 한 명의 부인이 농지 100무(畝)를 받아서 부모와 처자를 부양했다.

봉양하는 자가 있으면 어진 사람들이 자신들이 귀의할 대상으로 여긴다.(『맹자』「진심 상」)

伯夷辟紂, 居北海之濱, 聞文王作, 興曰, "盍歸乎來? 吾聞西伯善養老者." 太公辟紂, 居東海之濱, 聞文王作, 興曰, "盍歸乎來? 吾聞西伯善養老者." 天下有善養老, 則仁人以爲己歸矣.(『孟子』「盡心 上」)

12-5-9

문왕이 백성들의 힘을 이용하여 누대를 만들고, 연못을 만들었는데, 백성들이 그 일을 즐거워했으며, 그 누대를 '영대(靈臺)'라고 하고, 그 연못을 '영소(靈沼)'라고 하여, 문왕이 사슴과 고기와 자라를 소유한 것을 즐거워했다. 옛날 사람들은 백성들과 함께 즐거워했기 때문에 잘 즐길 수가 있었다.(『맹자』「양혜왕 상」)

文王以民力爲臺爲沼, 而民歡樂之, 謂其臺曰'靈臺', 謂其沼曰'靈沼', 樂其有麋鹿魚鼈. 古之人與民偕樂. 故能樂也.(『孟子』「梁惠王 上」)

康12-28

영대(靈臺)도 공자의 삼옹(三雍)[293]의 제도이다.

靈臺亦孔子三雍之制.

12-5-10

문왕의 동산은 사방 70리였는데, 꼴을 베고 나무를 하는 사람들[294]이

293_ 삼옹(三雍)은 삼옹궁(三雍宮)이라고도 하며, 한나라 때의 벽옹(辟雍)·명당(明堂)·영대(靈臺)를 총칭한 말이다. 『후한서』「유림열전 상」에 "中元元年, 初建三雍. 明帝卽位, 親行其禮."라는 기록이 보인다.

거기에 들어갈 수 있었고, 꿩과 토끼를 잡는 사람들이 거기에 들어갈 수 있어서 백성들과 함께 그곳을 공유했으니, 백성들이 그곳을 작다고 여기는 것이 또한 당연하지 않겠는가?[295](『맹자』「양혜왕 하」)

文王之囿方七十里, 芻蕘者往焉, 雉兎者往焉, 與民同之民, 以爲小, 不亦宜乎?(『孟子』「梁惠王 下」)

12-5-11

[제(齊)나라] 선왕(宣王)이 춘자(春子)에게 물었다. "과인이 효제(孝弟)의 의리를 실천하고자 하는데, 그것을 실천하는 데 방법이 있는가?" 춘자가 말했다. "옛날에 제가 악정자(樂正子)[296]에게 다음과 같이 들었습니다. '문왕이 기(岐) 땅을 다스릴 때, 50세가 된 자는 집에서 지팡이를 짚고, 60세가 된 자는 마을에서 지팡이를 짚으며, 70세가 된 자는 나라 안에서 지팡이를 짚되,〈원주: 조(朝)는 국(國)이 되어야 한다.〉 임금을 만날 때는 지팡이를 치워야 한다.[297] 80세가 된 자는 조정에서 지팡이를 짚고, 임금을 만날 때도 지팡이를 옆에 가지고 있는데,[298] 임금은 『빨리 가서 손님을 만나야지, 조정에서 기다리게 해서는 안 된다』[299]라고 말하고, 조정에서 하사되는 바퀴살이 없는 편안한 작은 수레를 이용하여 임금

294_ 추요(芻蕘)는 꼴이나 나무를 베는 사람을 말한다.

295_ 이상의 내용은 제(齊)나라 선왕(宣王)이 자신의 동산은 사방 40리인데도 백성들이 크다고 여긴다고 불평하자, 맹자가 대답한 말이다.

296_ 악정자(樂正子)는 맹자의 제자로, 노나라에서 벼슬을 했다. 『맹자』「양혜왕 하」에 그와 관련된 이야기가 보인다.

297_ 주희의 『의례경전통해(儀禮經傳通解)』 권19 「학례(學禮)」편에 『상서대전』의 이 내용이 인용되어 있는데, 그 주에서 "조(朝)는 국(國)이 되어야 하고, 읍(揖)은 거(去)가 되어야 한다"라고 했다.

298_ 『의례경전통해』의 주에서 읍(揖)은 협(挾)의 의미라고 했다.

299_ 『의례경전통해』의 주에서 "오랫동안 노인을 세워두지 않고자 한 것이다. 옛날에는 70세에 벼슬을 그만두고 찾아오는 자는 손님으로 대접했다"라고 했다.

의 마부가 그의 마부가 되어[300] 집에까지 모셔다주니, 효제의 의리가 제후들에게까지 통용되었다. 90세가 된 자는 지팡이를 짚고 조정에 와서, 임금을 만날 때도 지팡이를 짚고 서 있는데, 임금은 『빨리 가서 손님을 만나야지, 조정에서 기다리게 해서는 안 된다』라고 말하고, 조정의 수레로 관사까지 모신다. 천자는 시골의 노인을 예로써 식사 대접하는 것을 중시하여,[301] 무당과 의사가 그 앞에서 기도하고, 노인이 목이 메이지 않도록 축원하면서 식사하도록 하며,[302] 바퀴살이 없는 편안한 작은 수레를 준비해 놓고, 악관이 식사가 끝날 때까지 음악을 연주하며,[303] 집에까지 모셔준다. 임금이 만약 물어볼 것이 있으면 다음날 그 집을 찾아가되, 맛있고 진귀한 음식을 가지고 가니, 효제의 의리가 온 천하에까지 통용되었다. 이것이 바로 문왕이 기 땅을 다스린 방법이다.' 임금께서 만약 효제의 큰 의리를 실천하고자 한다면, 어찌 문왕이 기 땅을 다스린 방법을 돌이켜 생각하지 않습니까?"(『상서대전』「약설」)

宣王問于春子曰, "寡人欲行孝弟之義, 爲之有道乎?" 春子曰, "昔者, 衛聞之樂正子曰, '文王之治岐也, 五十者, 杖于家, 六十者, 杖于鄕, 七十者, 杖于朝,〈朝當作國.〉 見君揖杖. 八十者, 杖于朝, 見君揖杖, 君曰, 『趣見客, 毋俟朝.』 以朝乘車輲輪, 御爲僕, 送至于家, 而孝弟之義達于諸侯. 九十杖而朝, 見君建杖, 君曰, 『趣見, 毋俟朝.』 以朝車送

300_ 『의례경전통해』의 주에 의하면, 승거(乘車)는 안거(安車)이며, 어(御)는 임금의 마부이다. 천륜(輲輪)은 정현(鄭玄)이 "그 수레의 크기가 작음을 밝힌 것으로, 바퀴살이 없는 통나무바퀴의 수레이다"라고 했다. 안거(安車)는 편안히 앉을 수 있는 작은 수레로, 고관이 은퇴하거나 명망이 있는 높은 사람을 부를 때 하사되는 수레이다.

301_ 향(鄕)은 시골의 노인을 예로써 대우하는 것이다. 『의례경전통해』의 주에서 양(養)은 예(禮)로써 식사를 대접하는 것이라고 했다.

302_ 축인축경(祝咽祝哽)은 노인이 음식을 먹을 때 목이 메이지 않도록 축원하는 일을 말한다.

303_ 『의례경전통해』의 주에서, 서(胥)는 악관(樂官)으로, 음악을 연주하여 그들의 식사를 돕도록 한다고 했다.

之舍. 天子重鄉養, 卜筮巫醫御于前, 祝咽祝哽以食, 乘車輲輪, 胥與就膳徹, 送至于家. 君如有欲問, 明日就其室, 以珍從, 而孝弟之義達于四海. 此文王之治岐也.' 君如欲行孝弟之大義, 盍反文王之治岐?" (『尙書大傳』「略說」)

12-5-12

『시』에서 "마음에 걱정하기를 시름겹게 하는데, 여러 소인들에게 노여움을 샀구나"라고 하니,[304] 공자를 말했다. "그러므로 그 노여움을 완전히 없애지 못했지만, 또한 그 명성을 실추시키지 않았다"라고 하니,[305] 문왕을 말한다.(『맹자』「진심 하」)

『詩』云, "憂心悄悄, 慍于群小." 孔子也. "肆不殄厥慍, 亦不隕厥問." 文王也.(『孟子』「盡心 下」)

12-5-13

탕(湯)임금으로부터 문왕까지가 5백여 년이니, 이윤(伊尹)과 내주(萊朱)[306]와 같은 경우는 직접 보고서 [탕임금의 도를] 알았고, 문왕과 같은 경우는 들어서 알았다. 문왕으로부터 공자까지가 5백여 년이니, 태공망(太公望)과 산의생(散宜生)과 같은 경우는 직접 보고서 알았고, 공자와 같은 경우는 들어서 알았다.(『맹자』「진심 하」)

304_ 『시』「패풍(邶風) · 백주(柏舟)」편의 한 구절이다. 『시경집전』에서는 군소(群小)를 여러 첩[衆妾]이라고 했는데, 『맹자집주』에서는 여러 소인들이라고 하고, 공자의 일이 여기에 해당된다고 맹자가 말한 것이라고 했다.

305_ 『시』「대아 · 면(綿)」편의 한 구절이다. 사(肆)는 발어사이고, 문(問)은 명성이다.

306_ 내주(萊朱)는 『맹자집주』에 의하면, 탕임금의 현명한 신하라고도 하고, 탕임금의 좌상(左相)인 중훼(仲虺)라고도 한다.

由湯至于文王, 五百有餘歲, 若伊尹·萊朱, 則見而知之, 若文王, 則聞而知之. 由文王至于孔子, 五百有餘歲, 若太公望·散宜生, 則見而知之, 若孔子, 則聞而知之.(『孟子』「盡心 下」)

12-5-14

문왕도 큰 유학자라고 말할 수 있다.(『한시외전』)[307]

文王亦可謂大儒已矣.(『韓詩外傳』)

12-5-15

문왕은 마침내 천명을 받아서 문물을 만들어 하늘과 배합하고, 법제를 만들어 땅[의 도]를 그대로 따랐으며,[308] 천체의 운행 법칙을 따라서 실천했다.[309] 친한 이를 사랑하고, 현명한 이를 숭상하니, 백성이 가르침을 밝게 깨달아 온 천하에 통용되었다.(『대대례기』「소한」)

文王卒受天命, 作物配天, 制法任地, 行三明. 親親, 尙賢, 民明敎, 通于四海.(『大戴禮記』「少閒」)[310]

12-5-16

하늘이 문왕에게 천명을 내릴 때, 자상하게 말로 가르쳐 준 것이 아니

307_『한시외전』 권5에 보인다.

308_『대대례기』의 주에 의하면, '제법임지(制法任地)' 네 글자가 '제무용(制無用)' 세 글자로 잘못 기록되어 있는 판본도 있다.

309_ 삼명(三明)은 해·달·별을 말하는데, 여기에서는 천체의 운행 법칙을 그대로 따라서 실천했다는 의미이다.

310_ 한(閒)이 『공자개제고』에 간(間)으로 되어 있는데, 『대대례기』 원문에 따라 고쳤다.

다.[311] 문왕이 임금 자리에 있자 천하가 크게 복종했고, 정치를 시행하자 대상들이 모두 명령을 따랐으니, 금령을 시행하면 즉시 그치고, 요동을 시켜도 하늘의 도를 어기지 않았다. 따라서 "하늘이 문왕에게 크게 명하고, 문왕이 천명을 받았다"라고 말한 것이다.[312](『상서대전』「강고」)

天之命文王, 非啍啍然有聲音也. 文王在位而天下大服, 施政而物皆聽命, 則行禁則止, 搖動而不逆天之道. 故曰, 天乃大命文王, 文王受命.(『尙書大傳』「康誥」)

12-5-17

이와 같은데도 날짜를 늦추지 않는 것은 아마도 [태자가] 문왕을 본받는 것을 부끄럽게 여기는 것이 아닌가?[313](『여씨춘추』[314]「개춘」)

若此而不爲, 意者羞法文王也?(『呂氏春秋』「開春」)

<이상 공자가 제도를 개혁한 후 제자와 후학이 모두 문왕을 말하다: 右孔子改制後, 弟子後學皆稱文王>

311_ 톤톤(啍啍)은 순순(諄諄)과 같은 말로, 자상하게 가르쳐서 인도하는 것이다.

312_『서』「강고(康誥)」편에 "天乃大命文王, 殪戎殷, 誕受厥命."이라는 말이 보인다.

313_『여씨춘추』에 기록된 내용에 의하면, 위(魏)나라 혜왕(惠王)이 죽고, 그의 장례식 날짜가 다가오는데, 눈이 너무 많이 내리자, 신하들이 태자에게 기한을 늦출 것을 요청했다. 그러나 태자는 그 요청을 거절하고, 정해진 시간에 장례식을 거행하려고 했다. 이때 혜공(惠公)이 날짜를 늦추어 장례를 거행하는 것은 문왕의 의리라고 간언했다. 그리고 사정이 이와 같은데도 날짜를 늦추지 않는 것은 태자가 문왕을 본받는 것을 부끄러워하는 것이 아닌가 반문했다. 그러자 태자는 그 의견을 받아들여 기한을 늦추고 장례 날짜를 다시 잡았다고 한다.

314_『공자개제고』에는 출전이 『여람(呂覽)』으로 잘못 기록되어 있어서 바로잡았다.

찾아보기

孔子改制考